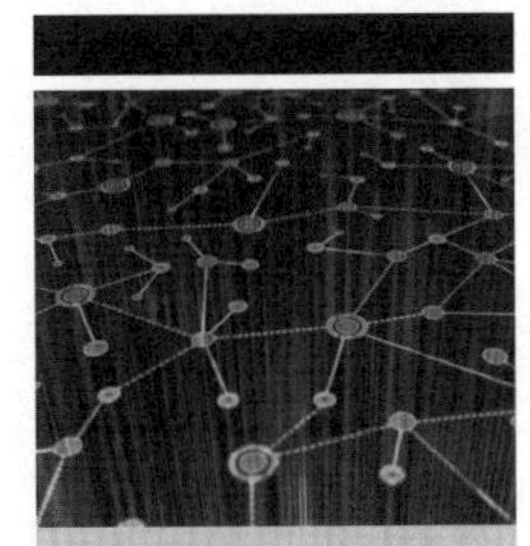

인지 컴퓨팅(Cognitive Computing)

Judith S. Hurwitz

Marcia Kaufman

Adrian Bowles

WILEY

제4차 산업혁명의 핵심 기술 인지 컴퓨팅

Judith S. Hurwitz가 CEO이자 회장으로 있는 Hurwitz & Associates, LLC는 빅데이터, 인지컴퓨팅, 클라우드 컴퓨팅, 서비스관리, 소프트웨어 개발, 그리고 보안과 거버넌스까지 떠오르는 기술 분야에 집중하고 있는 리서치 및 컨설팅 회사다. 그녀는 기술전략가, 쏘트 리더(thought leader)이자 저술가다. 기술의 혁신과 적용을 예측하는 분야의 선구자로서, 그녀는 수년간 다양한 산업의 리더들에게 신뢰할 수 있는 어드바이저로서 역할을 해왔다. Judith는 이러한 기업들이 새로운 비즈니스 모델로의 전환을 통해 새로운 플랫폼이 주는 비즈니스적 가치로 중심을 옮겨가는 것을 돕고 있다.

그녀는 CycleBridge와 Hurwitz Group의 설립자였는데, 각각 라이프사이언스 소프트웨어 컨설팅 회사였고 리서치와 컨설팅 서비스를 제공하는 회사였다. 그녀는 Apollo Computer와 John Hancock 같은 다양한 기업에서 일했다. Judith는 기업과 분산 소프트웨어의 모든 측면에 대해서 심도 있는 저술활동을 해왔다. 그녀는 또한 Smart or Lucky? How Technology Leaders Turn Chance into Success (Jossey Bass, 2011)의 저자이다.

Judith는 여섯 개의 더미시리즈(For Dummies)의 공동저자였는데, 빅데이터 포 더미, 하이브리드 클라우드 포 더미, 클라우드 컴퓨팅 포 더미, 서비스 관리 포 더미, 그리고 서비스지향 아키텍처 포 더미가 그것이다 (1st and 2nd Editions, all John Wiley & Sons).

Judith는 Boston University의 B.S.와 M.S. 학위를 가지고 있다. 그녀는 다수의 신생기업에서 자문위원 역할을 했다. 그녀는 Boston University 동문회 위원이다.

그녀는 2005년에 Boston University의 College of Arts & Sciences에의해 성공한 동문으로 선정되었다. 그녀는 또한 2005년 Massachusetts Technology Leadership Council에서 주는 상을 수상하기도 했다.

Marcia A. Kaufman은 Hurwitz & Associates, LLC의 COO이자 선임분석가다. 그녀는

고급분석에 대한 주요 연구서들의 저자이며, 클라우드 인프라스트럭처, 빅데이터, 그리고 보안 분야의 심도 있는 저술가다. Marcia는 비즈니스 전략, 산업 리서치, 분산 소프트웨어, 소프트웨어 품질, 정보관리, 그리고 분석 영역에서 20년 이상의 경력을 가지고 있다. Marcia는 금융 서비스, 제조, 그리고 서비스 산업을 대상으로 일해왔다. Data Resources Inc. 에서의 재임기간 동안, 그녀는 계량경제산업모델과 예측모델을 개발했다. 그녀는 Connecticut College, mathematics and economics의 A.B. 학위 그리고 Boston University의 M.B.A. 학위를 가지고 있다. Marcia 역시 위의 여섯 개 더미시리즈의 공동저자이다.

Dr. Adrian Bowles는 STORM Insights, Inc.의 설립자인데, 이 회사는 첨단기술을 위한 시장에서 구매자, 판매자, 그리고 투자자들을 위한 서비스를 제공하는 리서치 및 자문 기업이다. 이전에 Adrian은 Governance, Risk Management & Compliance Roundtable for the Object Management Group, IT Compliance Institute with 101 Communications, 그리고 Atelier Research를 설립했다. 그는 Ovum(Datamonitor), Giga Information Group, New Science Associates, 그리고 Yourdon, Inc. 에서 경영자의 지위를 가지고 있다. Adrian은 대학원 졸업 이후 자연스럽게 인지컴퓨팅과 분석에 관심을 가지게 되었다. 그의 첫 번째 자연어 시뮬레이션 어플리케이션은 International Symposium on Cybernetics and Software의 논문집에 실려있다. Adrian은 또한 Drexel University와 SUNY-Binghamton의 컴퓨터 사이언스 학과에서 교수직을, 그리고 NYU와 Boston College 비즈니스 스쿨의 겸임교수직을 가지고 있다. Adrian은 SUNY-Binghamton에서 심리학 B.A. 학위와 컴퓨터 사이언스 M.S. 학위를 받았고, Northwestern University에서 컴퓨터 사이언스 Ph.D. 학위를 취득했다.

목차

2장   인지시스템의 설계 원칙

3장   인지시스템을 지원하는 자연어처리

7장   인지컴퓨팅에서 클라우드와 분산컴퓨팅의 역할

8장   인지컴퓨팅의 비즈니스적 의미

13장 인지컴퓨팅 시대의 도래

14장 인지컴퓨팅의 미래 어플리케이션

지난 30년 동안 이루어진 획기적인 기술의 발전에도 불구하고, 데이터로부터 인사이트를 얻고 이를 실행에 옮길 수 있는 능력은 많이 변하지 않았다. 일반적으로, 어플리케이션은 여전히 미리 결정된 기능을 수행하도록 설계되거나 비즈니스 프로세스를 자동화시키도록 설계됨으로써, 어플리케이션 개발자들은 모든 사용 시나리오에 따른 로직을 코드화해야만 한다. 이렇게 만들어진 어플리케이션은 데이터에서의 변화에 대응할 수 없고 경험으로부터 학습할 수 없다. 컴퓨터는 빠르고 저렴해졌으나, 그만큼 스마트하지는 못하다. 물론 사람들도 30년 전보다 더 스마트하지는 못하다. 다시 말하면, 기계와 사람 모두, 변화에 대한 관점에서 더 스마트해지지 못했다는 것이다. 그러나 새로운 세대의 정보시스템이 나타나고 있는데, 이는 프로세스를 자동화하는 기존 모델에서 벗어나서, 새로운 발견을 위한 협업 플랫폼을 제공하는 방향으로 가고 있다. 이러한 시스템의 첫 번째 물결은 이미 다양한 분야에서 사람의 인지능력을 확장시켜주고 있다. 사용자의 파트너 또는 협력자로써 작동하는 이러한 시스템들은, 자연어 텍스트로부터 의미를 도출하고, 사람이 일생 동안 받아들이게 될 정보의 양보다 더 많은 데이터를 분석해서 가설들을 생성하고 평가한다. 이것이 인지컴퓨팅이 펼치는 세계다.

사람의 지능 + 기계의 지능

전통적인 어플리케이션은 잘 정의된 프로세스를 자동화하는데 적합하다. 재고관리나 일기예보처럼 속도가 성공의 핵심성공요인인 경우와 프로세스를 사전에 알고 있는 경우는, 요구사항을 정의하고 로직을 코딩하는 등 전통적인 방식의 어플리케이션 수행 방식이 적절하다. 그러나 데이터 요소들 사이의 잘 알려지지 않은 관계를 다이내믹하게 발견하고 활용해야 하는 경우, 그리고 특별히 데이터의 볼륨과 복잡성이 급격히 증가하는 영역에서, 전통적인 접근방식은 실패한다. 변화, 불확실성, 그리고 복잡성은 전통적인 시스템을 무용지물로 만들기 때문이다.

프로그램의 변경 없이 학습을 수행하고 인지작업을 자동화시키는 소프트웨어와 하드웨어를 바탕으로 한 인지컴퓨팅은 어플리케이션 개발의 새로운 모델 또는 패러다임이다. 우리가 이미 수행하고 있는 비즈니스를 자동화시키는 방식 대신, 새로운 어플리케이션의 능력을 가지고 사람의 두뇌가 할 수 있는 것을 어떻게 하면 최대화 시킬 수 있는지를 생각해보자. 기업의 내부와 외부에 있는 데이터를 유입시키는 프로세스와, 저널, 책, 소셜미디어, 또는 이미지와 사운드에 있는 자연어 텍스트와 같이 볼륨이 크고 때로는 비정형 형태의 데이터 세트들로부터 패턴과 복잡한 관계들을 식별하고 평가하는 기능을 구현한다. 이러한 결과로, 맥락에 따라 데이터를 평가하고 사용자의 질문에 대한 응답과 함께 이를 뒷받침할 수 있는 내용들을 제시함으로써 사람의 추론을 지원할 수 있는 시스템이 탄생한다. 이러한 방식은 전통적인 어플리케이션과 마찬가지로 사용자를 보다 효율적으로 만들어주지만, 이는 지치지 않는 빠른 협력자(인지컴퓨팅 어플리케이션)에게 사람이 하는 추론과 학습 프로세스의 일부가 부여되어 자동화되기 때문에 또한 효과적이기도 하다.

전통적 컴퓨팅의 본질처럼, 스마트한 기계가 뒷받침하는 개념도 새로운 것이 아니다. 심지어 디지털 컴퓨터가 등장하기 이전에도 엔지니어와 과학자들은 사람의 문제해결 능력과 커뮤니케이션 능력을 모방할 수 있는 학습 기계의 개발에 대해서 생각했었다. 비록 머신러닝, 컴퓨터 언어학, 인공지능, 뉴럴네트워크, 그리고 전문가시스템 등 의 기반 기술에 대한 개념들이 수십 년 동안 전통적인 솔루션에서 사용되었지만, 이러한 기술들도 이제 시작단계에 있다. 지능적 컴퓨팅의 새로운 시대가 다음과 같은 요인들에 의해 열리고 있다.

- 시스템, 인텔리전트 디바이스, 센서, 비디오 등에 의해 생성되는 데이터의 급격한 증가
- 컴퓨팅 리소스의 가격 하락
- 생성되자마자 복잡한 데이터를 빠르게 분석할 수 있는 정교한 기술의 발달
- 사람과 기계의 협업에 대해 오랫동안 지속되어온 믿음을 바탕으로, 전세계의 신생 기업들이 수행하고 있는 심도 있는 연구

조각 맞추기

좀더 스마트해지고자 하는 비즈니스의 요구에 따라, 컴퓨팅 경제학에서의 변화를 빅데이터 기술과 결합시킴으로써 근본적인 변화의 시작점에 서게 된다. 이러한 패러다임의 변화를 의미하는 다양한 이름들이 있는데, 이는 머신러닝, 인지컴퓨팅, 인공지능, 지식관리, 그리고 학습기계 등이다. 불리어지는 이름에 관계없이 이러한 변화는, 다양한 유형으로 구성된 엄청난 양의 데이터를 전례 없는 속도로 해석하는 새로운 컴퓨팅 시스템의 경탄할 만한 파워와, 인간이 지닌 세상에 대한 최고의 지식을 실제로 통합하는 것이다. 그러나 데이터를 해석하거나 분석하는 것으로는 충분하지 않다. 인지컴퓨팅을 위한 새로운 솔루션들은 특정한 주제에 대한 엄청난 양의 데이터

를 모으고, 그 주제 영역의 전문가와 상호작용하며, 그 주제에 대한 맥락과 언어를 학습해야만 한다. 이러한 새로운 인지 시대는 막 태동 단계에 있지만, 우리가 이 책을 쓰는 이유는 이러한 시스템에 대한 엄청난 시장 가능성이 멀지 않을 것으로 예상하기 때문이다. 인지컴퓨팅은 마술이 아니다. 이것은 시장과 산업을 변화시킬 학습기계를 가지고 사람의 문제 해결을 실질적으로 지원하는 방식이다.

이 책의 주안점

이 책은 인지컴퓨팅의 구성요소와 이것이 어떻게 문제를 해결하는데 사용될 수 있는지 깊이 살펴본다. 또한 복잡한 데이터를 해석하는데 필요한 충분한 맥락을 가지고, 헬스케어, 제조, 운송, 소매, 그리고 금융서비스 등과 같은 영역에서 운영될 수 있는 시스템을 만들고 있는 사람들의 노력에 대해서도 살펴본다. 이러한 시스템들은 기계와 사람이 협업할 수 있도록 설계된다. 이 책은 보다 체계적인 의사결정을 지원하기 위해서 설계된 다양한 프로젝트들도 검토한다. 훌륭한 의사결정을 내리기 위해서 전문적으로 훈련되고 고도로 숙련된 전문가들이 어떻게 데이터와 지식을 이용하는가? 이들은 깊이 있는 지식으로 올바른 의사결정을 내린다. 그러나 시간이 지나면서, 사람들의 가정과 편향이 의사결정에 영향을 미치기 때문에 의사결정이 맞지 않을 수도 있다. 인지시스템을 처음으로 구현하고 있는 많은 기업들은 복잡한 빅데이터 분석의 메커니즘과 관련된 심도 있는 경험을 활용할 수 있는 기술들을 찾고 있다. 비록 이러한 노력이 시작단계지만, 초기단계에 구현된 많은 인지컴퓨팅 사례들로부터 배울 수 있는 것들이 많이 있을 것이다.

이 책과 인지컴퓨팅 기술에 대한 개요

이 책의 저자인 Judith Hurwitz, Marcia Kaufman, 그리고 Adrian Bowles는 컴퓨터 산업의 베테랑들이다. 우리 모두는 다양한 기술들 사이의 관계와, 어떻게 이들이 비즈니스와 산업을 변화시킬 수 있는가에 대해, 통합된 관점을 견지하는 독자적인 산업 분석가이자 컨설턴트들이다. 우리는 진정한 협업을 통해서 이 책을 집필했다. 우리 각자는 소프트웨어 개발부터 새로운 기술의 평가에 이르는 다양한 경험을 바탕으로, 중요한 기술적 혁신에 대해 깊이 있는 연구를 수행했다.

많은 새로운 기술들과 마찬가지로, 인지컴퓨팅도 쉽지 않다. 첫 번째, 인지컴퓨팅은 비즈니스와 리서치 목표를 지원하는 어플리케이션을 새로운 방식으로 만들어내는 것을 의미한다. 두 번째, 인지컴퓨팅은 상업적으로 가능할 정도로 충분히 성숙된 다양한 기술들의 조합이다. 따라서, 이 책에서 상세하게 설명하고 있는 대부분의 기술들은 수년 또는 심지어 지난 십여 년 동안 회자되어온 연구와 제품에 뿌리를 두고 있다. 머신러닝과 자연어처리와 같은 몇 가지 기술들 또는 방법들은 수십 년 동안 인공지능 어플리케이션에 등장해왔다. 고급분석과 같은 기술은 많은 시간에 걸쳐 보다 정교하게 진화하고 성장해왔다. 클라우드 컴퓨팅과 분산 컴퓨팅 기술과 같은 전개 모델에 있어서의 드라마틱한 변화는 컴퓨팅 파워를 단지 십 년 전만 해도 불가능했던 수준으로 끌어올릴 수 있는 경제성과 기술력을 제공하고 있다.

이 책은 머신러닝, 자연어처리, 고급분석, 뉴럴네트워크, 사물인터넷, 분산컴퓨팅 그리고 클라우드 컴퓨팅과 같은 개별적인 주제에 대한 훌륭한 기술 서적들을 대체하고자 하는 것이 아니다. 실제로 우리는, 이러한 조각들이 어떻게 함께 맞추어질 수 있는지 이해하고, 각 주제에 대해서 자세히 탐색함으로써 좀더 깊은 이해를 얻기 위해서 이 책을 사용하는 것이 바람직하다고 생각한다.

이 책의 구성

이 책은 인지시스템 구축에 있어서 기본적이면서 근간이 되는 중요한 기술들을 다루고 있다. 또한 인지컴퓨팅을 위한 비즈니스 동인과 인지컴퓨팅을 초기에 도입한 몇 가지 사례들도 살펴본다. 그리고 이 책의 마지막 장에서는 인지컴퓨팅의 미래를 심도 있게 전망해볼 것이다.

- **1장: "인지컴퓨팅의 기본 개념."** 이 장은 인공지능부터 머신러닝까지 인지컴퓨팅으로의 진화에 대해 설명한다.
- **2장: "인지컴퓨팅의 설계 원칙."** 이 장은 인지컴퓨팅의 아키텍처와 구성요소들이 어떻게 서로 조합되는지 설명한다.
- **3장: "인지시스템을 지원하는 자연어처리."** 이 장은 인지시스템이 자연어처리 기술을 어떻게 사용하는지 그리고 이러한 기술들이 어떻게 문장을 이해하는지 설명한다.
- **4장: "빅데이터와 인지컴퓨팅과의 관계."** 이 장은 인지시스템의 근간이 되는 빅데이터 기술과 적용방식을 살펴본다.
- **5장: "분류체계와 온톨로지를 이용한 지식 표현."** 인지시스템을 구축하기 위해서는 콘텐츠의 조직적 구조가 필요하다. 이 장은 온톨로지가 어떻게 비정형 콘텐츠의 의미를 제공하는지 설명한다.
- **6장: "인지컴퓨팅을 위한 고급 분석."** 정형과 비정형 콘텐츠의 의미를 파악하기 위해서는 폭넓은 분석기술과 도구들이 필요하다. 이 장은 필요한 것이 무엇인지에 대한 인사이트를 제공한다.
- **7장: "인지컴퓨팅에서 클라우드와 분산컴퓨팅의 역할."** 분산컴퓨팅 능력과 리소스 없이는 인지시스템을 확장하기 어려울 것이다. 이 장은 빅데이터와 클라우드 서비스 그리고 분산 분석서비스 사이의 연관성에 대해서 설명한다.
- **8장: "인지컴퓨팅의 비즈니스적 의미."** 비즈니스에서 인지컴퓨팅이 필요한 이유는 무엇인가? 이 장은 비즈니스에서 인지컴퓨팅이 도움이 되는 상황에 대해 설명한다.
- **9장: "인지시스템, IBM 왓슨."** IBM은 "그랜드 챌린지"라는 기치아래 인지시스템을 구축하기 시작했다. 이는 컴퓨터가 세계에서 가장 훌륭한 제퍼디

플레이어가 될 수 있는지 시험하기 위해서 시작되었다. 이 실험에서의 성공으로 IBM은 왓슨으로 불리는 인지 플랫폼을 구축하기에 이르렀다.

- **10장: "인지 어플리케이션 구축 프로세스."** 어떤 조직이 자신의 인지시스템을 구축하기 위해서 무엇을 해야 하는가? 이 장은 어떤 프로세스가 필요하고 무엇이 고려되어야 하는지에 대한 개요를 제공한다.

- **11장: "인지 헬스케어 어플리케이션 구축."** 헬스케어는 인지솔루션이 처음으로 구축된 영역이다. 이 장은 헬스케어 영역에서 구축되고 있는 다양한 유형의 솔루션에 대해서 살펴본다.

- **12장: "스마터 시티: 공공의 인지컴퓨팅."** 인지컴퓨팅이 대도시에서 제공되는 서비스를 지원할 수 있는 가능성은 매우 크다. 이 장은 대도시 지역에 적용된 몇 가지 초기 사례와 기술들을 살펴본다.

- **13장: "인지컴퓨팅 시대의 도래."** 다양한 시장과 산업이 인지컴퓨팅을 통해 도움을 얻을 수 있다. 이 장은 어떤 유형의 시장이 혜택을 볼 수 있는지 예시한다.

- **14장: "인지컴퓨팅의 미래 어플리케이션."** 우리가 지금 인지컴퓨팅으로의 진화 초기단계에 있다는 것은 명백하다. 다가오는 10년에는, 가능성의 한계를 뛰어넘기 위해 소프트웨어와 하드웨어에서 새로운 혁신이 일어날 것이다.

COGNITIVE COMPUTING

AND

BIG DATA ANALYTICS

인지컴퓨팅의 기본 개념

인지컴퓨팅은 사람과 컴퓨터의 협업을 가능하게 해주는 기술이다. 사람의 두뇌가 동작하는 방식과 유사하게, 인지컴퓨팅에서도 데이터베이스에 있는 정형화된 데이터뿐만 아니라, 텍스트, 이미지, 사운드, 센서, 그리고 비디오와 같은 비정형데이터까지 모든 형식의 데이터가 분석 대상이다. 인지컴퓨팅은 이러한 데이터들을 분석하고 또한 학습하기 때문에 전통적인 IT시스템과는 다른 차원에서 동작한다. 인지시스템에는 다음과 같은 세가지 기본적인 원칙이 있다.

- **학습(Learn)** – 인지시스템은 학습한다. 인지시스템은 도메인, 주제, 또는 이슈에 대하여 추론하기 위해서 데이터를 사용하는데, 이는 빅데이터(Variety, Volume, Velocity)에 대한 관찰과 학습을 기반으로 이루어진다.

- **모델(Model)** – 학습을 위해서는 (내부 데이터와 필요 시 외부 데이터까지 포함하는) 도메인 모델과 학습 알고리즘이 필요하다. 어떤 상황에서 데이터가 모델에 맞아 들어 가는지를 이해하는 것이 인지시스템의 핵심이다.

- **가설의 생성(Generate Hypotheses)** – 인지시스템은 하나의 정답만 존재한다고 가정하지 않는다. 가장 적절한 해답은 데이터 그 자체에 있으므로 인지시스템은 확률적이다. 가설이라는 것은 이미 이해하고 있는 데이터에 대한 하나의 설명이다. 인지시스템은 가설의 생성에 필요한 트레이닝, 테스트, 또는 스코어링을 위해서 데이터를 사용한다.

이 장에서는, 무엇이 시스템이 인지능력을 갖게 하는지, 그리고 학습시스템을 만들기 위해서 데이터를 사용하는 방식을 어떻게 변화시켜야 하는지 논의할 것이다. 이를 통해 학습하는 시스템은 많은 데이터를 통해 스스로 변화할 수 있다는 것을 이해할 수 있을 것이다. 이러한 것이 어느 정도 실현 가능한지 알기 위해서 기반 기술들이 어떻게 발전하고 있는지 이해할 필요가 있다. 따라서, 인공지능, 인지과학, 그리고 컴퓨터

과학이 어떻게 인지컴퓨팅의 개발을 이끌어왔는지 그 배경 지식을 알아보고, 인지컴퓨팅 시스템을 구성하는 요소들에 대해 개괄적으로 알아볼 것이다.

새로운 세대로서의 인지컴퓨팅

인지컴퓨팅은 모든 유형의 데이터에 담겨 있는 복잡한 세상을 이해하고자 하는 기술의 진화로 볼 수 있다. 인지컴퓨팅의 등장으로 어떤 목적이나 문제해결을 위한 인사이트(insight)를 얻기 위해 사람이 컴퓨터와 협업하는 방식이 완전히 바뀌게 되는 새로운 시대로 접어드는 것이다. 수십 년간의 기술혁신이 여러 산업을 변화시켜왔고 개인의 일상적 행동도 변화시켜왔다. 1950년대에는, 거래처리와 운영 프로세스를 자동화시킨 어플리케이션들이 기업과 정부의 운영에 거대한 효율을 가져다 주었다. 프로세스가 표준화되었으며 데이터를 훨씬 더 효율적이고 정확하게 다룰 수 있게 되었다. 그러나 데이터의 볼륨과 다양성이 기하급수적으로 증가함에 따라, 그러한 데이터가 실제 활용 가능한 정보로 전환되는 것이 어렵게 되었다. 또한 개인이 바람직한 의사결정을 내리기 위해 압도적으로 많은 양의 새로운 정보를 이해하고 분석하는 것이 필요해졌다. 따라서 차세대 솔루션은 조직이 성가신 문제를 풀어갈 수 있도록 전통적인 기술 기법들을 혁신해나가고 있다. 인지컴퓨팅은 초기 성숙단계와 와있다. 시간이 지남에 따라, 이 책에서 논의되는 기술들이 미래 대다수 시스템에 스며들 것이다. 이 책은 시스템의 문제해결능력이 확대될 수 있게 해주는 새로운 컴퓨팅 기술과 방식에 초점을 맞출 것이다.

인지시스템의 활용

인지시스템은 아직 진화의 초기단계에 있지만, 앞으로 10년동안 다양한 어플리케이션과 시스템에 인지 능력이 내재되는 것을 볼 수 있을 것이다. 모든 분야에 공통적으로 해당되는 (보안과 같은)수평적 이슈 또는 특정 산업에 국한된 (수요를 예측하고 판매를 증가시키는 최적의 방법을 결정하거나 질병을 진단하는 것과 같은) 문제를 해결하는 새로운 방법들이 나타날 것이다. 오늘날, 이러한 방법들이 새로운 첨단 분야와 산업계에서 오랫동안 해결하지 못했던 문제에 시범적으로 적용되고 있다. 예를 들어, 날씨의 변화에 따라 교통상황이 언제 문제가 될 것인지 그리고 이러한 교통문제를 해결하기 위해 어떻게 새로운 길로 운전자들을 안내할 것인지에 대해 교통관리자가 예측할 수 있는 시스템이 개발되고 있다. 헬스케어 산업에서는 병원의 전자의료기록 누락을 방지하고 정확성을 높이기 위한 인지시스템이 개발되고 있다. 인지시스템은 경험이 적은 의사에게 중요사례를 알려줄 수 있고 임상 진단의 정확성을 개선시킬 수 있으며, 다른 산업에서도 이와 같이 지식과 중요사례의 공유를 도와줄 수 있다. 인지시스템은 사람과 컴퓨터가 서로 대화할 수 있도록 설계됨으로써, 사전 정의된 규칙으로써 프로그램 되는 방식과 달리 중요사례가 시스템에 의해 학습될 수 있는 것이다.

인지시스템의 활용 사례는 시간이 지남에 따라 계속 증가할 것이다. 텍스트 기반의 풍부한 데이터 소스에 힘입어, 인지컴퓨팅의 초기 개척이 헬스케어 영역에서 이루어져 왔다. 헬스케어 에서는 환자가 가지고 있는 문제를 완벽하게, 정확하게, 그리고 최신의 지식을 기반으로 이해하고 있느냐에 따라 치료의 성공이 좌우된다. 따라서 인지어플리케이션의 지속적인 학습을 통해, 의사와 보호자가 다양한 치료방법들을 더 잘 이해할 수 있게 된다면, 환자를 치료할 수 있는 능력이 획기적으로 개선될 수 있을 것이다. 다른 많은 산업 영역에서도 인지 어플리케이션을 개발하고 테스트하고 있다. 예를 들어, 도시지역에서 비정형데이터(unstructured data)와 반정형데이터(semi-structured data)가 함께 활용될 수 있다면, 시민들에게 제공되는 서비스를 개선할 수 있는 방법에 대해 더 잘 이해할 수 있을 것이다. "스마터 시티(smarter city)" 어플리케이션은 공해를 다루고, 교통흐름을 개선하고, 범죄와 싸울 수 있는 다양한 방법들을 기획할 수 있도록 도와줄 것이다. 시스템이 학습을 통해 문제에 대한 빠른 해결책을 제공해줄 수 있다면, 심지어 전통적인 고객관리 프로그램과 헬프데스크 어플리케이션도 극적으로 개선될 수 있을 것이다.

무엇이 시스템을 인지 가능하게 만드는가?

시스템에 인지능력이 있다고 하기 위해서는 다음과 같은 세가지 중요한 조건이 필요하다. 즉, 모델을 기반으로 맥락(context)을 이해하는 것, 현상을 설명할 수 있는 가설을 만들어 내는 것, 그리고 시간이 흐름에 따라 데이터로부터 지속적으로 학습하는 것이 그것이다. 실제로, 인지컴퓨팅은 인사이트와 함께 필요한 대응방안을 제공하기 위해서, 매우 다양한 유형의 데이터를 조사하고 해석할 수 있다. 인지컴퓨팅의 핵심은 문제를 해결하는데 필요한 적합한 규모의 정보를 수집하고 분석하는 것이다. 인지시스템은 어떤 상황에서 데이터가 가치를 제공할 수 있는 지, 즉 데이터의 맥락을 이해해야 한다. 데이터가 수집되고 처리되고 분석될 때마다, 인지시스템은 반드시 데이터의 패턴과 연관성을 식별하고 기억해야 한다. 이러한 반복적인 프로세스 덕분에 시스템이 학습하고 그 깊이를 더해갈 수 있기 때문에, 시간이 흐름에 따라 데이터에 대한 이해도가 향상되는 것이다. 인지시스템의 가장 중요한 실질적인 특징중의 하나는, 판단이 필요한 사람에게 선택 가능한 여러 개의 대답을 합리적인 설명 또는 근거와 함께 제공할 수 있다는 것이다.
인지컴퓨팅 시스템은, 빅데이터 분석(Big Data and analytics), 머신러닝(machine learning), 사물인터넷(IoT), 자연어처리(NLP: Natural Language Processing), 인과관계 귀납법(causal induction), 확률적 추론(probabilistic reasoning), 데이터 시각화(data visualization)와 같은 도구와 기술들로 구성되어 있다. 인지시스템은, 어떤 조직이나 개인 사용자의 상황에 따라, 학습하고, 기억하고, 불러내고, 분석하고, 해결책을 제시할 수 있는 능력을 갖는다. 매우 복잡한 문제를 해결하기 위해서는, 모든 유형의 데이터 그리고 다양한 정형 반정형 비정형 데이터로부터 얻을 수 있는 지식을 완전히 이해해야 하는데, 대상이 되는 데이터 소스는 저널기사, 산업 데이터,

이미지, 센서데이터, 운영 및 거래 데이터베이스로부터 얻을 수 있는 정형데이터 등 매우 다양하다. 어떻게 인지시스템이 이러한 데이터를 활용할 수 있는가? 이 장의 뒷부분에서 볼 수 있듯이, 인지시스템은 정보를 이해하고 체계화하기 위해서 매우 복잡하고 지속적인 학습 기술을 사용한다.

인지시스템의 차별적 특징

인지시스템을 설계하기 위한 방식은 매우 다양하지만, 이들은 모두 다음과 같은 몇 가지 공통적인 능력을 갖는다:

- 데이터 또는 어떤 증거로부터 얻은 경험을 바탕으로 학습하고 프로그램 수정 없이 자신의 지식과 성능을 개선한다.

- 자신이 보유한 현재의 지식을 기반으로 서로 상충되는 가설들을 생성하고 스코어링 한다.

- 증거에 대한 신뢰도를 기반으로 결론을 정당화시키는 방식으로 결과를 제시한다.

- 사용자가 평가하고 있는 패턴에 대한 명시적인 가이드를 가지고 데이터에서 패턴을 발견하거나 또는 가이드 없이 데이터에서 패턴을 발견한다.

- 자연 학습 시스템에서 발견되는 프로세스나 구조(즉, 기억 관리, 지식 구조화 과정, 또는 신경시냅스로 이루어진 두뇌 구조와 프로세스의 모델)를 모방한다.

- 텍스트 데이터로부터 의미를 추출하기 위해서 자연어처리(NPL)를 이용하고, 이미지, 비디오, 음성, 그리고 센서들로부터 특징을 추출하기 위해서 딥러닝(deep learning) 도구를 이용한다.

- 다양한 예측적 분석 알고리즘과 통계기법들을 활용한다.

데이터로부터 인사이트 얻기

인지시스템이 새로운 상황에 계속해서 적절하게 반응하기 위해서는, 추가로 수집된 정보의 반영과 지속적인 학습이 필요하다. 이렇게 새로운 정보를 이해하고 인사이트를 얻기 위해서는 여러 가지 기술들을 이용해서 다양한 유형의 데이터를 이해해야 한다. 오늘날 요구되는 대다수의 데이터가 텍스트 기반이다. 자연어처리는 사용자와의 대화 또는 문서로부터 비정형 텍스트의 의미를 포착하는데 필요하며, 텍스트를 해석하는데 가장 많이 사용되는 기술이다. 딥러닝은 비디오나 센서 데이터처럼 텍스트 기반이 아닌 정보로부터 의미를 파악하는데 필요한 기술이다. 예를 들어, 시계열분석 (time series analysis)은 센서 데이터를 분석하는 반면, 다양한 유형의 이미지 분석 도구들은 이미지와 비디오를 해석하는데 사용된다. 이처럼 다양한 유형의 데이터들이 인지시스템에 의해서 이해되고 처리되기 위해서 변형되는 절차를 거치게 되는데, 이러한 변형과정을 거치더라도 데이터 소스들간의 관계를 사용자가 이해할 수 있도록 해야 한다. 이렇게 복잡한 데이터에 대한 이해를 돕고 접근성을 제공하는 것이 시각화 기술들이다. 시각화는 대량의 복잡한 데이터에서 패턴을 쉽게 인식할 수 있도록 해주는 가장 강력한 기술중의 하나이다. 인지컴퓨팅 방식으로 접근하기 위해서는 지속적인 학습을 통해 인사이트를 얻는 것이 필요한데, 이를 위해 정형 반정형 비정형 데이터 소스들이 함께 다루어져야 할 필요가 커지고 있다. 결과를 얻기 위해서 이러한 데이터 소스들이 프로세스 내에서 어떻게 결합될 것인가 하는 것이 인지컴퓨팅의 핵심이다. 그러므로 인지시스템은 데이터와 프로세스 차원에서 사용자들에게 서로 다른 경험을 제공하게 된다.

인지컴퓨팅이 적합한 도메인

인지컴퓨팅 시스템은, 하나의 질문에 대해 또는 일련의 데이터가 생성하는 가설에 대해 다수의 대답이 도출될 수 있는 도메인에서 주로 사용된다. 때때로 그 대답은 상호 배타적(mutually exclusive)이지 않은데, 예를 들면 동시에 하나 이상의 증상을 가진 환자에 대하여 서로 연관된 다른 의학적 진단을 내릴 수 있다. 이러한 유형의 시스템은 결정적(deterministic)이라기 보다는 확률적(probabilistic)이다. 확률적 시스템(probabilistic system)에서는 현재 보유한 지식을 기준으로 판단할 수 있는 상황, 신뢰수준, 또는 확률에 따라 매우 다양한 대답이 존재할 수 있다. 결정적 시스템(deterministic system)은 증거를 바탕으로 하나의 대답을 제시하거나 불확실한 상황이라면 대답을 제시하지 않을 것이다.

도메인이 복잡해서 질문한 사람과 데이터의 다양성에 따라 결론이 달라질 수 있는 경우에 인지컴퓨팅이 가장 적합할 수 있다. 비록 어떤 전문가가 어떤 문제에 대한 답을 가지고 있다고 할지라도, 결과를 변화시킬 수 있는 새로운 데이터 또는 새로운 상황이 있다는 것을 인지하지 못하고 있을 수 있다. 보다 진보된 시스템은 누락된 데이터 때문에 결과의 신뢰도에 영향을 줄 수 있음을 알아채고, 사용자가 행동을 취해도 좋을 정도로 충분히 신뢰할 수 있는 결과를 위해 사용자에게 추가적인 정보를 요구할 수 있다. 의학적 진단의 예를 들면, 인지시스템은 어떤 진단을 배제하거나 선택하기 위해 의사에게 추가적인 검사를 요구할 수 있다.

자연어처리의 정의

자연어처리는 컴퓨터시스템이 사람의 언어로 쓰여지거나 녹음된 문장을 처리하는 능력을 말한다. 사람의 언어는 애매한 측면이 있다. 예를 들어, 하나의 단어가 여러 의미로 쓰일 수 있는데, 이는 그 단어가 문장에서 어떻게 사용되느냐에 따라 다르다. 이뿐만 아니라, 문장의 의미가 단지 하나의 단어를 추가하거나 제거함으로써 극적으로 바뀔 수 있다. 자연어처리는 컴퓨터시스템이 언어의 의미를 해석할 수 있게 해주고, 자연어로 반응할 수 있게 해준다.

인지시스템은 일반적으로 말뭉치(corpus)를 포함하고 있는데, 이는 다양한 정형 비정형 데이터 소스를 축적함으로써 생성된다. 이러한 데이터 소스의 대다수는 문자기반의 문서들이다. 자연어처리는 단어, 구, 문장, 절, 문서 내의 언어적 구성과 의미를 식별하기 위해 사용된다. 인지시스템에서 자연어처리의 중요한 역할 중에 하나는 통계적 패턴을 식별하고 데이터 요소들간의 관련성을 제공함으로써 비정형 데이터의 의미가 올바른 상황에서 해석될 수 있도록 해준다는 것이다.

3장에서 자연어처리에 대해 좀더 많은 논의가 있을 것이다.

인지컴퓨팅의 토대가 되는 인공지능(Artificial Intelligence)

지난 50년 동안의 이루어진 인공지능의 발전이 인지컴퓨팅에 가장 큰 영향을 주었다. 현대의 인공지능은 뇌 신경세포의 작동을 바탕으로 마음의 작동을 모방할 수 있는 논리적 구성과 모델을 만들었다. 컴퓨터과학이 발전함에 따라 과학자들은 사람의 복잡한 생각을 이진 코드로 변환함으로써 컴퓨터가 사람처럼 생각할 수 있게 만드는 것이 가능할 것으로 생각했다.

윈스턴 처칠(Winston Churchill)이 2차 세계대전의 승리에 필수적이라고 여겼던 암호학 분야를 연구하던 영국의 수학자인 알란 튜링(Alan Turing)은 컴퓨터과학에서도 선구자였다. 튜링은 1940년대에 그의 관심사를 머신러닝으로 돌렸다. 그는 1950년에 영국의 학문저널인 마인드(Mind)에 게재된 "컴퓨터와 지능"이라는 논문에서 '기계도 생각을 할 수 있을까?' 라는 질문을 제기했다. 그는 '기계는 사람의 정서를 가지고 있지 않기 때문에 결코 생각할 수 없다' 는 주장을 무시했다. 그는 이러한 주장이 '사람이 생각한다는 것을 알 수 있는 오직 한가지 방법은 그러한 특별한 사람이 되는 것' 과 같다고 주장했다. 튜링은, 디지털컴퓨팅의 진보로 내부 프로세스가 알려지지 않거나 블랙박스인 학습기계가 가능할 수 있다고 주장했다. 비유하자면, '교사는 자기 학생의 행동을 여전히 어느 정도 예측할 수 있을지라도 내부에서 무엇이 진행되고 있는지 상당부분 모르고 있을 수 있다' 고 할 수 있다.

튜링은 그의 후기 논문에서, '기계가 지능을 가지고 있는가? 또는 우리가 지능과 연관 짓는 어떤 행동을 모방할 수 있는 가?' 를 판단하기 위한 실험을 제안했다. 이 실험은 두 명의 사람과, 이들을 위해 타이프라이터를 통해 질문을 입력하는 세 번째 참여자로 구성된다. 이 게임의 목표는 게임 참여자들이, 세 번째 참여자가 사람인지 컴퓨터인지 판단하는 것이었다. 다시 말해, 이 게임은 사람과 기계간의 대화를 바탕으로 이루어지는 것이었다. 튜링은 시대를 앞서간 사람임에 틀림이 없었다. 그는 사람이 복잡한 세계에서 직관적으로 행동하는 능력과, 기계가 이러한 특징을 얼마나 잘 모방할 수 있는가를 구별하고 있었다.

또 다른 중요한 혁신가는 노버트 위너(Norbert Weiner)인데, 1948년에 쓰여진 '동물과 기계에서의 사이버네틱스 또는 제어와 통신(Cybernetics or Control and Communication in the Animal and Machine)'이라는 그의 책에서 인공두뇌학(Cybernetics)에 대해 정의했다. 그는 MIT의 제2차 세계대전 연구 프로젝트에서, 유도미사일 시스템과 이것이 운용되는 환경 사이에서 발생하는 지속적인 피드백에 대해서 연구했다. 위너는 이러한 지속적인 피드백 프로세스가 기계, 동물, 사람과 조직 등 다른 많은 복합시스템에서도 발생한다는 것을 알아냈다. 인공두뇌학은 이러한 피드백 메커니즘에 대한 학문이다. 피드백 원리는 복합시스템이, 예를 들어 유도미사일 시스템이, 어떻게 주어진 환경에 따라 행동을 바꾸는가를 설명한다. 지능적인 행동과 피드백 메커니즘의 관계에 대한 위너의 이론은 기계가 사람의 피드백 메커니즘을 시뮬레이션 할 수 있다는 결론에 이르게 했다. 그의 연구와 이론들은 인공지능 영역의 발전에 지대한 영향을 끼쳤다.

게임, 특별히 완벽한 정보를 가진 두 사람의 (양측 모두 모든 움직임을 볼 수 있고 움직이기 전에 이론적으로 미래의 모든 움직임에 대해서 예측할 수 있는) 제로섬 게임이 인공지능의 여명기부터 학습 행동에 대한 아이디어를 검증하기 위해 사용되어 왔다. 나중에 IBM에서 일하게 된 연구자 아더 리 사무엘(Arthur Lee Samuel)은 학습행동의 초기 사례로서, 체커를 위한 최초의 자기학습 프로그램 개발에 기여했다. 1959년 IBM의 R&D 저널에 발표한 논문에서 사무엘은 그의 연구를 다음과 같이 요약했다:

> *체커게임을 이용해서, 두 가지의 머신러닝 절차가 어느 정도 상세하게 연구되어 왔다. 체커게임 개발자보다 게임을 더 잘할 수 있는 체커게임 프로그램이 만들어질 수 있는지 확인하기 위해 충분한 연구가 이루어져 왔다. 게임의 룰, 방향감각, 그리고 게임과 관련되었다고 생각할 수 있는 중복되고 불완전한 파라미터 리스트가 프로그램에게 주어졌지만, 파라미터의 정확한 부호와 상대적인 가중치가 주어지지 않은 상태에서도, 게임을 시작한 후 8~10시간 정도의 상당히 짧은 시간 내에 개발자보다 게임을 더 잘할 수 있게 학습할 수 있었다. 이러한 실험에서 검증된 머신러닝의 원리들은 다른 많은 상황들에 적용 가능할 것이다.*

사무엘의 연구는 이후 수십 년 동안 후속된 연구들을 위한 중요한 선구자의 역할을 하였다. 그의 목표는 체커게임에서 상대방을 물리칠 방법을 찾는 것이 아니었고 어떻게 사람이 학습하는가를 알아내는 것이었다. 사무엘의 체커실험 초기에 그가 성취한 최고의 성과는 사람을 상대로 무승부를 기록할 수 있는 프로그램을 갖게 된 것이었다. 1956년에, 인공지능이라는 분야가 태동되는데 도움을 주었던 뉴햄프셔(New Hampshire)에 있는 다트마우스 칼리지(Dartmouth College)에서 컨퍼런스가 개최되었다.

이 분야의 가장 중요한 연구자들이 참여하였는데 이들은, 카네기멜론 대학(Carnegie Mellon University) 카네기 테크(Carnegie Tech)의 앨런 뉴웰(Allen Newell)과 허버트 사이먼(Herbert A. Simon), MIT의 마빈 민스키(Marvin Minsky), 그리고 스탠포드 (Stanford)에 새로운 연구실을 만들기 위해 1962년에 MIT에 남은 매카시(McCarthy) 와 같은 연구자들이었다. 다트마우스 컨퍼런스에서 매카시와 그의 공동저자들은 그들의 논문을 통해 수십 년 동안 인공지능 연구에 영향을 준 핵심적인 가설들을 제시하였는데, "원칙적으로 학습의 모든 측면 또는 지능의 특성은 기계가 시뮬레이션 할 수 있도록 상세히 서술될 수 있다"는 것이었다. (McCarthy, John; Minsky, Mar- vin; Rochester, Nathan; Shannon, Claude (1955), A Proposal for the Dartmouth Summer Research Project on Artificial Intelligence.) 또한 1956년에 앨런 뉴웰, 허버트 사이먼, 그리고 클리프 쇼(Cliff Shaw)가 "논리 이론가(Logic Theorist)"라고 불리는 프로그램을 만들었다. 이 프로그램은 사람의 특정 문제해결 능력을 시뮬레이션 함으로써 수학적 정리(theorems)를 증명하기 위해 만들어졌는데, 아마도 인공지능 분야 최초의 컴퓨터 프로그램이라고 할 수 있을 것이다.

1978년에 노벨 경제학상을 수상한 허버트 사이먼은 사람의 인지와 의사결정에 지속 적인 관심을 가지고 있었으며 이것이 그의 모든 연구의 중심이 되었다. 그는 '사람은 상황에 적응할 수 있는 합리적인 에이전트(agents)다' 라는 이론을 제시하였다. 그는 사람의 지식과 인공지능시스템 사이의 간단한 인터페이스가 존재할 수도 있다고 가정하였다. 그는 그의 전임자와 마찬가지로 지식을 하나의 정보시스템으로 표현하는 방법을 찾는 것이 상대적으로 쉬울 수도 있다고 가정했다. 그는 변화에 대한 요구를 기반으로 단순히 규칙을 적용함으로써 인공지능으로의 전이가 성취될 수 있다고 주장했다. 사이먼과 앨런 뉴웰과 같은 그의 동료들은, 지능적 기계를 만들기 위해 지능을 표현하는 것이 간단한 상황적응(adaptive) 메커니즘을 통해서 가능할 수 있다고 가정했다.

이렇게 급성장하는 분야에서 사이먼의 중요한 기여 중 하나는, 그가 지능표현의 미래와 필수 요소에 대해 쓴 기고문이었다. 사이먼은 자연어처리의 개념과 시각을 모방할 수 있는 컴퓨터의 가능성을 제시하였다. 그는 컴퓨터가 그랜드 마스터(grand master) 수준으로 체스 게임을 할 것이라고 예측하였다. (Allen Newell, Cliff Shaw, Herbert Simon. "Chess Playing Programs and the Problem of Complexity." IBM Journal of Research and Development, Vol. 4, No. 2, 1958.)

비록 대다수의 초기 연구자들이 지나치게 낙관적이었지만 그들은 인공지능을 올바른 방향으로 이끌었다. 대다수의 컴퓨터과학자들은 20년이내에 컴퓨터가 학습의 근본이 되는 인지프로세스를 모방할 수 있을 것으로 생각했다. 1980년대에 인공지능 분야의 많은 상업적인 스타트업들(start-ups)이 지속적인 비즈니스를 창출하는데 실패함 으로써, 상업적인 인공지능을 위해서는 새로운 연구와 좀더 많은 시간이 필요하다는 것이 명백해졌다. 과학자와 연구자들은 기호추론(symbolic reasoning), 전문가시스템 (expert systems), 패턴인식(pattern recognition), 머신러닝(machine learning)과 같은 영역에서 지속적으로 혁신을 이루어 냈을 뿐만 아니라, 로봇공학(robotics)과 신경회로망(neural networks) 같이 인공지능과 연관된 수평영역에서도 심도 있는 발전이 이루어졌다.

에드워드 파이겐바움(Edward Feigenbaum) 교수 역시 인공지능 연구에 상당한 기여를 한 사람이다. 1965년 스탠포드대학교의 컴퓨터과학과 학부 교수진으로 합류한 이후에 파이겐바움과 노벨 조슈아 렌더버그(Nobel laureate Joshua Lederberg)는 DENDRAL 프로젝트를 시작했는데, 이것은 나중에 최초의 전문가시스템으로 인정되었다. 인공지능 영역에서 이 프로젝트의 중요성은, 뒤따르는 다른 전문가시스템을 위해 프레임 워크를 만들었다는 것이다. 파이겐바움은 DENDRAL 프로젝트가 "실제로 지능적인 기계가 가능하다는 꿈을 보여주었다. 이 프로그램은 질량 스펙트럼 분석 문제와 같이 오직 박사들만이 해결할 수 있는 문제에서 세계적 수준의 문제해결 능력을 보여주었다" 고 말했다. 오늘날 전문가시스템은 군사분야와 제조업, 헬스케어 같은 산업에서 사용 되고 있다.

전문가시스템

전문가시스템 기술은 수십 년 동안 이어져 왔으며, 1980년대에 들어서 대중화되었다. 전문가시스템은 특정영역의 전문가로부터 지식베이스 또는 규칙베이스 형태로 지식을 수집한다. 전문가시스템 개발자는 사전에 규칙들을 결정해야 하는데, 이때 지식베이스의 데이터에 신뢰도가 부여될 수 있다. 변화가 발생했을 때, 전문가시스템은 해당 주제 전문가에 의해 갱신되어야 하기 때문에 시간이 지나더라도 현격하게 변하지 않는 지식 영역에 적용했을 때 가장 유용하다. 데이터가 유입된 전문가시스템은 여러 가지 가설들을 평가하고 선정된 가설의 후속결과를 알아보기 위해서 사용될 수 있다. 뿐만 아니라, 전문가시스템은 시스템 내에 포함된 특정 규칙의 확률을 평가하는 방법으로 퍼지 로직(fuzzy logic)을 사용할 수 있다. 그리고 비정형 데이터를 어떻게 관리할지 결정하기 위한 분류 기술로서 전문가시스템이 이용되기도 한다.

미국방위고등연구계획국(DARPA: The U.S. Defense Advanced Research Projects Agency)은 수많은 인공지능 연구를 지원했다. DARPA는 군사용 목적으로 새로운 기술을 개발하는 책임을 지고 있으며, 1969년 이전에는 수백만 달러가 연구활동의 유형에 관계없이 인공지능 연구에 제공되었으나, 그 이후부터는 DARPA의 자금지원이 법적으로 자동화된 탱크나 전장관리시스템 등 군사적으로 이루어지도록 제한되었다. 전문가시스템은 전장에서 개인을 가이드 하기 위해 설계되었다. 인공지능 시스템들은 전장의 여러 분야에서 이미 발생한 사건들을 학습할 수 있었다. 예를 들면, 1980년대 DARPA는 FORCES 프로젝트를 지원하였는데, 이는 공지전투관리프로그램(Air Land Battle Management Program) 중 일부였다. 이 프로그램은 역사적인 중요사례들을 기반으로 지상 전투원의 의사결정을 지원할 수 있도록 설계된 전문가시스템 이었다. 이 시스템을 이용하는 지휘관은 "패튼장군이라면 지금 무엇을 할까?"라고 질문할 수 있었다. 이 시스템은 실제로 배치되지 않았으나 이후에 만들어질 지식기반의 방위 프로 젝트를 위한 훌륭한 경험이 되었다.

1970년대와 1980년대에 걸쳐, 과학자들이 인공지능 프로젝트를 위한 자금을 지원 받는데 매우 어려운 시절이 있었다. 비록 DARPA에 의해 군사 기반의 연구가 지속적으로 지원되었지만, 상업적인 자금지원은 거의 존재하지 않았다. 컴퓨터 과학자들이 자금을 확보하기 위해 인공지능이라는 명칭보다는 "전문가시스템" 또는 "지식기반 시스템"이라는 용어를 사용한 경우도 있었다. 그러나 인공지능의 하부영역, 즉 머신러닝, 온톨로지, 규칙관리, 패턴매칭 그리고 자연어처리 등은 해가 갈수록 무수히 많은 연구결과를 남길 수 있었다. 심지어 현금자동입출금기(ATM: Automated Teller Machine)도 이러한 기술들을 적용시키면서 계속 진화하였다.

인공지능과 머신러닝을 다시 중요하게 인식시킨 초기의 상업적 프로젝트는 아메리칸 익스프레스에 의해 시작되었다. 이 프로젝트는 신용카드의 부정사용 패턴을 찾기 위해 설계되었다. 이 프로젝트의 결과는 대단히 성공적이었다. 이는 긍정적으로 평가 받지 못하던 기술이 급작스럽게 비즈니스적 가치를 보여주는 계기가 되었다. 이 프로젝트가 크게 성공한 비결은 아메리칸 익스프레스가 이 시스템에 엄청난 양의 데이터를 투입했다는 것이다. 일반적으로 이러한 양의 데이터를 저장하는데 매우 많은 비용이 소요되었다. 아메리칸 익스프레스는 대규모 투자가 그만한 값어치를 할 수도 있다고 도박을 한 것이나 다름 없었다. 결과는 드라마틱 했다. 부정사용일지도 모르는 패턴이 감지됨으로써 아메리칸 익스프레스는 어마어마한 양의 돈을 절감할 수 있었다. 아메리칸 익스프레스 프로젝트는 부정 거래가 발생할 수 있는 경우 이러한 거래를 중단시킬 것인가를 결정하기 위해 대량의 데이터와 머신러닝을 결합시킴으로써 투자대비 막대한 수익을 얻을 수 있었다. 이것은 머신러닝과 패턴기반 알고리즘이 비즈니스 혁신을 위한 엔진이 될 수 있었던 초기 사례가 되었으며, 인공지능 개념으로 부터 시작된 머신러닝이라는 떠오르는 영역에 다시 투자가 시작되는 시작점이 되었다. 인공지능의 주요 관심사는 지식을 표현하는 방식에 있는데, 이는 사람이 데이터로부터 추론을 할 수 있도록 데이터가 조정될 수 있는 방식이어야 한다. 이러한 영역은 수십 년 동안 진화되어 왔는데, 오늘날의 가장 큰 주안점은 컴퓨터가 체계적인 방식으로 데이터를 처리할 수 있는 메커니즘을 제공하는 머신러닝 알고리즘 영역에 있다. 그러나 머신러닝은 모호성을 어떻게 다룰 것인가에 집중하고 있는데, 이는 대부분의 데이터가 비정형이고 다양한 해석이 가능하기 때문이다.

인지에 대한 이해

사람의 두뇌가 어떻게 작동하고 정보를 처리하는 가에 대한 이해를 통해 인지컴퓨팅을 구현하는 방식에 대해 생각해볼 수 있다. 그러나 사람의 훌륭한 협력자가 되는 것이 목적이라 하더라도, 사람 두뇌의 모든 능력들을 복제한 시스템을 만들 필요는 없다. 인지한다는 것이 무엇인지 이해함으로써 새로운 정보에 적응하고 지속적으로 학습하는 시스템을 만들 수 있다. 인지를 뜻하는 cognition이라는 단어는 15세기 이전 라틴어원 gnosis에서 왔으며 그 의미는 알고 배운다는 뜻이다. 그리스 철학자들은 귀납적 추론에 대단한 관심을 가지고 있었던 것이다.

인지컴퓨팅에는 다음과 같은 두 가지 학문분야가 함께 관련된다:

- **인지과학**(Cognitive science) – 마음의 과학.
- **컴퓨터과학**(Computer science) – 계산(computation)과 그 응용에 대한 과학적이고 실용적인 접근. 이 이론을 실현하는 것이 시스템적 기술이다.

인지과학의 주요 가지(branches)는 심리학(정신/행동의 상태를 진단하는데 필요한 주요 응용과학)과 신경학(신경학적 상태의 진단과 치료에 중요한 응용과학)이다. 수년에 걸쳐 사람 두뇌가 작동하는 방식과 컴퓨터 공학 사이에 대단히 밀접한 관계가 있다는 것이 명백해졌다. 예를 들어, 사람의 마음을 연구하는 인지과학자는, 사람의 인지가 외부 입력으로부터 정보를 받아들일 수 있게 해주는 체계들이 하나로 연결된 시스템이라는 것을 이해하는데 이르렀으며, 정보가 입력되고 나면, 저장되고, 검색되고, 변형되고, 전송된다. 이와 유사하게, 컴퓨터 분야의 성숙은 인지과학 분야의 발전을 가속화하고 있으며, 이 두 분야는 점점 뗄 수 없는 관계가 되고 있다.
인지과학의 핵심 원리는 지능이 있는 시스템은 서로 상호작용할 수 있는 수많은 특화된 프로세스와 기능들이 (사람의 두뇌 속에) 구성되어 있다는 것이다. 예를 들어, 소리는 신호를 두뇌에 전달함으로써 사람이 반응하도록 한다. 만일 큰 소리가 고통스럽다면, 두뇌는 손으로 귀를 덥거나 멀리 도망치도록 반응하는 것을 학습한다. 이것은 선천적인 반응이 아니고 자극에 반응함으로써 학습되는 것이다. 물론 유전적인 차이에 따라 인지에서도 차이가 있다. 예를 들어, 소리를 매우 잘 듣는 사람에 비해 듣지 못하는 사람은 소리에 다르게 반응한다. 그러나 이러한 차이는 규칙이 아니고 예외일 뿐이다. 두뇌에서 여러 프로세스들이 어떻게 서로 연관이 되고 영향을 주는지 알기 위해서, 인지 과학자들은 인지 구조와 프로세스의 모델을 만들었다. 단 하나의 인지 구조가 존재하는 것은 아니며, 상호작용하는 모델에 따라 다양한 접근이 가능하다. 예를 들어, 보는 것, 말을 이해하는 것, 그리고 맛과 냄새 접촉에 반응하는 것과 같이 사람의 감각과 관련된 구조가 있을 것이다. 인지 구조는, 어떻게 두뇌의 신경세포들이 특정한 임무를 수행하고, 새로운 입력을 역동적으로 받아들이고, 그 의미를 이해하는가에 직접적으로 관련되어 있다. 두뇌는 암묵적인 정보를 보완할 수 있기 때문에 비록 데이터가 부족하더라도 이 모든 것들이 가능하다. 사람의 두뇌는 지각, 기억, 판단과 학습의 정신적 과정을 처리할 수 있도록 구조화 되어 있다. 사람은 주어진 일부의 정보로부터 논리를 전개하거나 추론할 수 있는 능력을 바탕으로 빠르게 생각하고 결론을 내릴 수 있다.
사람은 사색적으로 추측할 수 있고, 상상에 의한 시나리오를 구성할 수 있고, 직관을 사용할 수 있으며, 단순히 정보를 처리하는 수준을 뛰어넘는 다른 인지적 프로세스를 가지고 있다. 사람이 희박한 데이터를 기반으로 추정할 수 있는 능력은 사람 인지의 탁월한 면을 보여준다. 그러나 이러한 추론의 부정적 결과도 있을 수 있다. 사람은 잘못된 결론으로 이끌 수 있는 편견을 가지고 있을 수 있다. 예를 들면, 초콜릿에 의학적 이점이 있다고 진술하고 있는 어떤 연구결과를 보고 많은 양의 캔디를 먹는 것이 좋은 일일 것이라고 결론지을 수 있다. 반면에, 인지 구조는 결론에 이를 수 있는 실질적 증거가 없으면 하나의 연구 또는 하나의 결론에 압도당하는 실수를 하지 않는다. 사람과 달리 기계는 편견이 시스템 내로 프로그램 되지 않는 한 편견을 가지지 않는다.

전통적인 구조는 프로세스를 코드로 변환하는 사람에 따라 달라진다. 인공지능은 컴퓨터가 사람의 생각 프로세스를 대체할 수 있다고 가정한다. 사람은 인지컴퓨팅을 통해서 정보를 처리하고 관리하고 연관 짓는 컴퓨터의 유일한 능력을 훨씬 더 효과적으로 이용하고 있다.

판단과 선택의 두 가지 시스템

사람의 생각과 행동의 복잡성을 시스템으로 담아내는 것은 매우 어려운 일이다. 사람인 우리는 종종 감정, 직감, 습관, 그리고 세상에 대한 잠재의식적 추정에 의해 영향을 받는다. 인지라는 것은 단지 우리가 어떻게 생각하느냐가 아니라, 어떻게 우리가 행동하고 어떻게 우리가 의사결정을 내리느냐에 관련되는 기본적인 방식이다. 동일한 질병에 대해서 어떤 의사가 다른 의사와 완전히 다른 처방을 내리는 이유는 무엇인가? 같은 가정에서 비슷한 성장 경험을 가지고 있는 두 사람이 세상에 대해 전혀 반대되는 관점을 갖게 되는 이유는 무엇인가? 우리가 어떻게 결론에 이르는지 무엇이 설명할 수 있는가? 그리고 이것이 우리에게 인지와 인지컴퓨팅에 대해 말해주는 것은 무엇인가?

이 주제에 대한 가장 영향력 있는 사상가들 중 한 사람은 대니얼 카너먼(Daniel Kahneman) 박사인데, 이스라엘 출신의 미국인 심리학자이고 2002년 노벨 경제학상을 수상했다. 그는 심리학의 판단과 의사결정 분야에서의 연구와 논문으로 잘 알려져 있다. 인지컴퓨팅에 있어서 그의 가장 훌륭한 공로는, 경험과 편견으로부터 발생하는 공통적인 사람의 오류를 설명할 수 있는 인지적 근거에 대한 연구다. 컴퓨터과학에 인지를 어떻게 적용하는가를 이해하기 위해서 우리가 어떻게 생각하는가에 대한 카너먼의 이론을 이해할 필요가 있다. 2011년에, 그는 인지컴퓨팅에 대한 중요한 통찰력을 제공하는 "Thinking Fast and Slow"라는 책을 출간했다. 이어지는 섹션에서는, 카너먼이 생각하는 "생각"과 그것이 인지컴퓨팅에 어떻게 연결되는지를 이해할 수 있는 설명을 제공한다. 카너먼은 판단과 추론에 대한 그의 접근을 두 가지 형태로 나누었다: 시스템1: 직관적 생각, 시스템2: 통제되는 규칙중심의 생각. 다음 섹션은 생각에 대한 이러한 두 가지 관점, 그리고 인지컴퓨팅이 작동하는데 그들이 어떻게 연관되는지에 대해 서술한다. 시스템1 생각은 쉽게 자동화할 수 있는 유형의 프로세스로 볼 수 있는 직관적 추론이다. 반면에, 시스템2 생각은 우리의 경험과 다양한 데이터 소스로부터 받아들인 입력 값을 기반으로 우리가 데이터를 처리하는 방식이다. 시스템2의 생각이 인지컴퓨팅의 복잡성과 관계가 있다.

시스템1 – 자동화된 생각: 직관과 편견

시스템1 생각은 우리 두뇌에서 자동적으로 일어나는 것인데, 결론을 도출하기 위해서 직관을 사용하므로 상대적으로 노력이 적게 든다. 시스템1 생각은 거의 우리가 태어나는 순간부터 시작되었다. 우리는 사물을 보는 것 그리고 그것과 우리 자신과의 관계를 이해하는 것을 배운다. 예를 들면, 우리는 엄마의 목소리를 안전한 것으로, 매우 큰 소리는 위험한 것으로 연관 짓는다. 이러한 연관들은 우리가 세상을 경험하는 방식의 기반이 된다. 엄한 엄마를 가진 아이와 자상한 엄마를 가진 아이가 갖는 엄마 목소리에 대한 연관성은 서로 다를 것이다. 물론 다른 이슈도 논의 선상에 있다. 자상한 엄마를 가진 아이는 비상식적인 행동을 유발할 수 있는 드러나지 않는 정신적인 질환을 가지고 있을지도 모른다. 큰 소리를 즐거움과 연관 짓는 보통의 아이들은 위험을 느끼지 못할지도 모른다. 사람은 시간의 흐름 속에서 학습함에 따라, 세상에 대해 그들이 이해하는 방식이 담겨있는 자동적 생각에 동화되기 시작한다. 마스터가 된 체스 수련생은 올바른 말의 이동을 자동적으로 배운다. 체스 마스터는 다음 움직임이 어디로 향해야 할지 뿐만 아니라 상대방이 다음에 어디로 움직일지 예측할 수 있다. 체스 마스터는 심지어 체스보드에 손을 대지 안고서도 마음속으로 전체 게임을 진행해볼 수 있다. 이와 비슷하게, 세상에 대한 감성과 태도 역시 자동적이다. 만일 어떤 사람이 도시의 위험한 지역에 놓이게 되면 그를 둘러싼 사람들에게 무의식적으로 자동 선택된 태도를 보일 것이다. 이러한 태도는 그가 생각해낸 그 무엇도 아니고 쉽게 통제할 수 있는 것도 아니다. 이러한 태도는 단순히 그 자신의 일부분이고, 그가 어떻게 그의 환경과 경험에 동화되는 가를 보여준다.

시스템1 생각의 이점은 우리를 둘러싼 세상으로부터 데이터를 얻을 수 있고 이벤트들 사이의 연결고리를 찾을 수 있다는 것이다. 시스템1은 인지컴퓨팅에게도 중요한데, 이는 우리의 관찰과 이벤트로부터 수집한 많지 않은 정보를 사용해서 신속한 결정을 내릴 수 있도록 해주기 때문이다. 시스템1은 관찰된 것들을 연결지음으로써 예측을 할 수 있다. 그러나 이러한 직관적 유형의 생각은, 카너먼이 시스템2라고 한 것(해결하고자 하는 문제와 관련된 대량의 정보를 분석하고 신중한 태도로 추론 할 수 있는 능력)에 의해 점검되고 모니터링 되지 않는다면, 부정확하며 오류로 이어질 수 있다. 시스템1의 직관적 생각과 시스템2의 깊이 있는 분석을 결합하는 것은 인지컴퓨팅에 있어서 핵심적이다. 그림 1-1은 직관적 생각과 깊이 있는 분석의 상호작용을 보여준다.

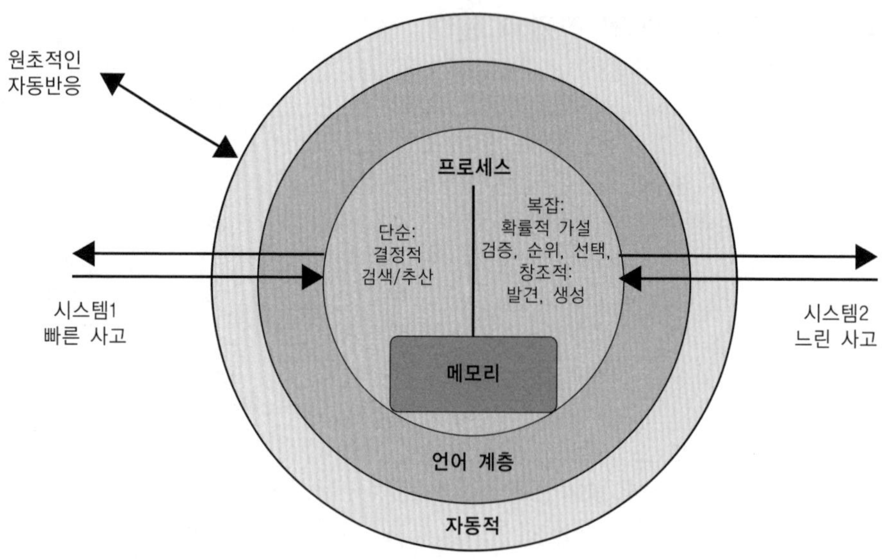

그림 1-1: 직관적 사고와 깊이 있는 분석의 상호작용

시스템2 – 관리되는, 규칙 중심의, 그리고 집중적인 노력

시스템1 생각과 다르게, 시스템2 생각은 보다 의도적인 프로세스에 기반한 추론 시스템이다. 시스템2 생각은 가정된 것들에 기반해서 결론으로 점프하는 대신에, 추정된 것들과 관찰된 것들을 테스트한다. 시스템2 생각은 가정을 받아들이기 위해서 가정을 시뮬레이션을 하고 가정이 초래할 수 있는 영향을 조사한다. 이런 유형의 시스템은 많은 양의 데이터를 수집할 것과 시스템1 직관을 테스트하기 위한 모델을 수립할 것을 요구하는데, 이는 시스템1 생각이 전형적으로 어떤 상황에 대한 사일로(silo)와 같은 좁은 관점에 기반을 두기 때문에 특별히 중요하다. 비록 하나의 아이디어가 좁은 관점에서 보았을 때는 훌륭한 것으로 판명될 수도 있지만, 다른 데이터의 관점에서 보면 결론은 달라질 수 있다. 약물 시험이 이러한 현상에 대한 매우 적합한 예가 될 수 있다. 어떤 잠재적 암 치료가 유망해 보일 수 있다. 모든 예비 데이터가 그 약물이 암 세포들을 근절시킬 것이라고 말하고 있다. 그러나 그 치료는 유독성이기 때문에 건강한 세포도 파괴할 것이다. 시스템1 생각은 암 세포가 파괴된다는 사실이 그 약품이 시장에 즉시 출시되도록 결정하는데 충분하다고 가정한다. 그러나 시스템1 생각은 때로 편견을 포함할 수 있다. 비록 어떤 접근방식이 받아들일 만 하더라도 발생할 수 있는 문제는 잘 정의되지 않았을 수 있다. 시스템2 생각은 평가과정을 늦추고, 문제의 전체적인 맥락을 살피고, 사일로를 넘어 보다 많은 데이터를 수집하고, 최종적으로 해결책에 다다른다. 시스템2는 데이터와 모델에 근간을 두기 때문에 여러 가지 왜곡을 고려하여 보다 좋은 결과를 제공한다. 매우 많은 요소들이 결과를 바꿀 수 있기 때문에 결과를 예측하는 것은 매우 복잡한 일이다. 이러한 이유 때문에

직관적 생각과 계산적 모델을 결합하는 것이 매우 중요한 것이다.

시스템 사이의 복잡한 관계에 대한 이해

인지컴퓨팅의 출현으로, 잘 정의된 특정한 문제를 해결할 목적으로 획일적으로 시스템을 설계하는 시대를 넘어서기 시작했다. 새로운 세상에서는 복잡한 시스템이 반드시 거대한 프로그램을 의미하지 않는다. 오히려 어떤 이벤트로부터 얻어진 데이터와 활동을 기반으로 작동하면서 특정한 기능을 수행하는 서비스 모듈로 만들어질 수 있다. 이러한 상황적응 시스템은, 복잡한 문제에 대한 대답을 결정하기 위해, 적절한 시점에 다른 요소들과 결합될 수 있도록 설계된다. 이를 어렵게 만드는 것은 매우 다양한 소스들로부터 데이터 통합이 요구된다는 것이다. 이를 위한 프로세스는 데이터 소스들을 물리적으로 유입하는 것으로부터 시작된다. 통합하는 프로세스 그리고 통합된 데이터 소스들간의 연관성을 발견하기 위한 프로세스, 두 가지 프로세스가 다 복잡하다. 비정형 문자 기반의 정보 소스들은 어떤 내용이 고유명사, 동사, 목적어 인지 명확히 구별하기 위해서 문법적으로 분석되어야 한다. 이러한 분류 프로세스는 데이터가 일관되게 관리되기 위해서 필요한 작업이다. 이미지, 비디오, 음성과 같은 비정형 소스로부터 얻어진 데이터는 패턴과 특이점(outliers)을 찾아내기 위해 심도 있게 분석되어야만 한다. 예를 들어, 코와 눈 같은 개체로 해석될 수 있는 패턴을 식별하고 이미지의 외곽선을 분석함으로써 사람의 얼굴 이미지 인식이 가능할 수 있다. 분석은 서로의 관계하에서 모든 데이터들을 평가함으로써 중심이 되는 카테고리를 발견하기 위해 수행한다. 이러한 복잡한 프로세스를 성공적으로 수행하기 위한 핵심 요소는, 분류된 카테고리들에 충분한 데이터를 유입시킴으로써, 데이터를 지속적으로 정제할 수 있는 머신러닝 알고리즘의 적용을 가능하게 하는 것이다. 지식의 범위가 넓을수록 이러한 프로세스도 더 어려워질 것이다.

다양한 소스들로부터 데이터들이 결합될 때, 이들은 일종의 데이터베이스 구조로 분류되어야 한다. 이때 다양한 지식분야와 관련된 어떤 프레임워크가 제공되는 것이 매우 도움이 될 것인데, 이 프레임워크는 관련성이 가장 높은 정보 소스들을 지속적으로 정제함으로써 개별적으로 어떤 기본적인 질문에 대한 대답을 찾는데 도움을 줄 수 있다. 예를 들어, 만일 시스템이 고유명사를 판독하고 동사와 그 동사의 목적어를 찾을 수 있다면, 그 데이터의 맥락을 쉽게 결정함으로써 데이터의 의미를 파악하고 문제영역에 그 데이터를 적용할 것이다.

이미지, 비디오, 오디오 분석

사람의 두뇌는 자동으로 이미지를 의미로 해석할 수 있는 능력을 가지고 있다. X선 이미지를 판독하도록 훈련된 의사는 거의 동시에 수백만 환자의 촬영결과에서 차이점을 찾아낼 수 있다. 이미지, 비디오, 그리고 음성으로부터 데이터를 추출할 수 있는 능력은 모든 유형의 데이터를 이해하기 위해 중요하다. 클라우드 기반 서비스의 출현이 이러한 분석에 매우 큰 도움이 되었다. 이런 서비스들은 기계의 시각과 음성 인식으로부터 수집되는 모든 정보에 대한 고급분석을 가능하게 해주고, 실시간으로 전송되는 이미지와 비디오에서 인사이트를 얻을 수 있는 능력을 제공해준다. 인지시스템에서 텍스트가 형태가 아닌 데이터로부터 의미를 얻기 위해 이러한 데이터를 분석할 수 있는 능력은 필수적이다. 예를 들어, 수천 개의 얼굴로부터 얻어진 이미지 데이터를 분석함으로써 범죄자나 테러리스트를 식별할 수 있고, 움직임과 사운드 데이터의 분석은 지진의 심각성에 대한 정보를 제공할 수도 있다. 정교한 알고리즘은 이러한 유형의 비정형 또는 반정형 데이터에서 패턴을 결정하는데 도움이 될 수 있다.

상황적응(Adaptive) 시스템 유형

인지시스템은 상황에 적응하는 방식으로 실제 세상의 문제를 해결하고자 한다. 상황적응 시스템은 의사결정자에게 데이터의 고급분석을 기반으로 도출된 인사이트를 제공하는 방식이다. 지식베이스는 데이터의 모든 의미적 맥락이 분석 프로세스에서 사용될 수 있도록 관리되고 갱신된다. 예를 들어, 시스템이 주식시장, 개별 회사에 대한 복잡한 정보들, 경제성과에 대한 통계자료, 그리고 경쟁환경을 자세히 살펴보고 있다고 하자. 이때 상황적응 시스템의 목적은 이러한 요소들을 함께 고려함으로써 사용자가 요인들 사이의 관계에 대한 전체적인 관점을 얻을 수 있게 하는 것이다.

상황적응 시스템이 의료분야에 적용됨으로써, 의사가 질병을 다루는 방법을 더 잘 이해하기 위하여, 본인이 학습한 지식과 말뭉치에 있는 임상시험, 연구, 저널 논문 등의 정보를 결합할 수 있을 것이다.

컴퓨터와 사람의 상호작용을 통해서, 인지시스템은 특정 주제나 도메인에 대해 다이내믹하고 전체적인 관점을 얻을 수 있게 된다. 이것이 실현되기 위해서는, 인지시스템 내의 많은 구성요소들에게 적절한 수준의 상황과, 올바른 소스들로부터 수집된 적합한 양의 정보가 제공되어야 한다. 이러한 구성요소들은 사람의 두뇌가 정보를 이해하고, 결론에 도달하며, 내린 결론을 검증하는 방식을 모방하는 자율형성(self-organization)의 원리를 기반으로 조직화되어야 한다. 이렇게 만드는 것은 매우 다양한 소스로부터 충분한 정보를 필요로 하기 때문에 단순하지 않다. 그러므로 이러한 시스템은 엄청난 양의 데이터를 발견하고, 유입하고, 적응해야 하며, 이를 통해 사람의 육안으로는 보이지 않는 패턴과 관계를 찾아야 한다. 이러한 상황적응 시스템은, 때로는 충분치 않은 데이터를 가지고도, 사람의 두뇌가 연관성을 찾아내는 방식을 모방한다.

인지시스템 구성요소

인지시스템은 하드웨어와 전개모델부터 머신러닝과 어플리케이션까지 많은 요소들로 구성된다. 인지시스템을 만들기 위한 방식은 다양하지만, 반드시 포함되어야 하는 공통 구성요소들이 있다. 그림 1-2는 인지시스템의 전반적인 아키텍처를 나타내는데, 상세한 내용은 다음 섹션에서 서술된다. 2장의 "인지시스템의 설계 원칙"에서, 각 구성요소들에 대해 보다 상세하게 언급할 것이다.

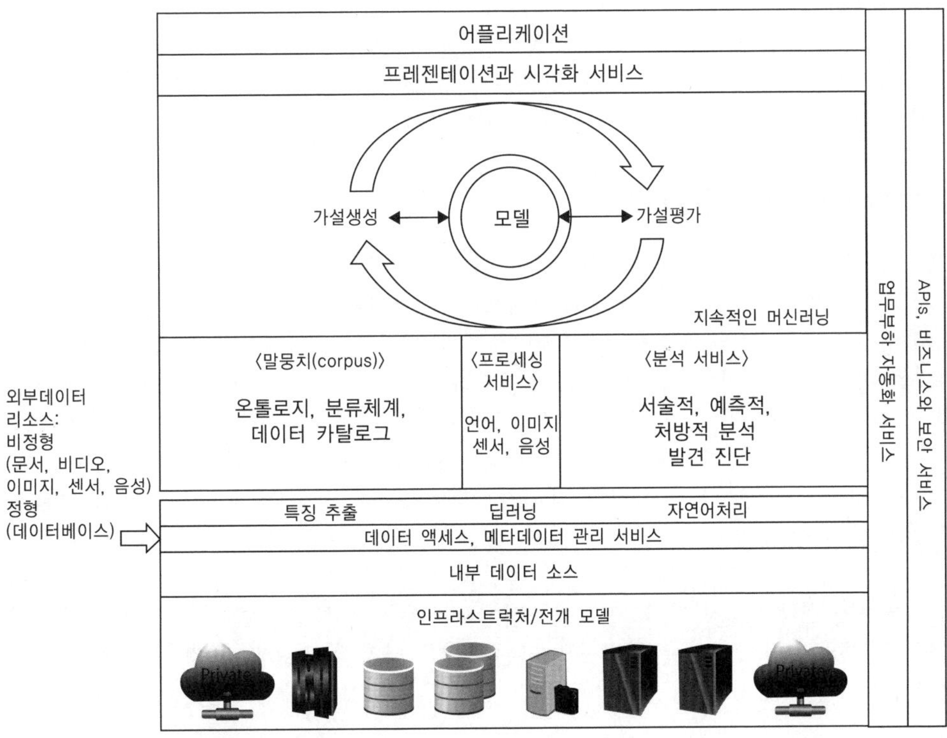

그림 1-2: 인지시스템 구성요소

인프라스트럭처와 전개방법

시간이 지남에 따라 지속적으로 증가하는 어플리케이션을 지원하기 위해서 유연하고 민첩한 인프라스트럭처를 갖는 것이 매우 중요하다. 인지솔루션 시장이 성숙해감에 따라 다양한 공공 데이터와 민간 데이터를 활용할 필요가 생겼을 뿐만 아니라, 기업들은 소프트웨어를 산업의 특성에 맞추어진 일종의 서비스(SaaS: Software as a Service)로서 어플리케이션을 활용할 수 있게 되었다. 이를 위해서는, 컴퓨팅과 스토리지 클라우드 서비스를 포함하는 고도로 병렬적이고 분산된 환경이 반드시 필요하다.

데이터 액세스, 메타데이터, 그리고 관리서비스

인지컴퓨팅은 데이터를 중심으로 하기 때문에, 데이터를 소싱하고, 액세스하고, 관리하는 것이 중심이 된다는 것은 당연한 일이다. 데이터를 추가하고 사용하기 전에, 일련의 사전작업이 이루어져야 한다. 유입된 데이터의 사용을 준비하기 위해서, 그 데이터의 원천과 이력을 알아야 한다. 그러므로, 예를 들어 텍스트 소스 또는 데이터 소스가 언제 누구에 의해 생성되었는지 등과 같은, 데이터의 특성을 분류할 수 있는 방법이 필요하다. 인지시스템에서는 이러한 데이터 소스들이 정적(static)이지 않다. 다양한 내부 외부 데이터 소스들이 말뭉치에 포함될 것이다. 이러한 데이터 소스들이 의미를 갖기 위해서는, 말뭉치 내에서 사용될 데이터를 준비하는 일련의 관리 서비스들이 필요하다. 그러므로 전통적 시스템과 마찬가지로, 데이터는 정확성을 위해서 점검되고, 정제되고, 모니터링 되어야 한다.

말뭉치(corpus), 분류체계, 그리고 데이터 카탈로그

'데이터 액세스 및 데이터 관리 레이어'와 밀접하게 연결된 것이, 말뭉치 그리고 데이터 분석 서비스다. 말뭉치는 축적된 데이터의 지식베이스이며 분류된 지식을 관리하기 위해 사용된다. 시스템의 도메인을 수립하는데 필요한 데이터는 말뭉치에 포함된다. 다양한 형태의 데이터가 시스템으로 유입된다 (그림 1-2 참조). 대다수의 인지시스템에서, 이러한 데이터는 주로 텍스트 기반이다 (문서, 텍스트북, 환자 기록, 고객 보고서 등). 또한 인지시스템은 다양한 형태의 비정형 반정형 데이터를 포함한다 (비디오, 이미지, 센서, 사운드 등). 이뿐만 아니라, 말뭉치는 특정한 개체(entity)들과 그들의 관계를 정의하는 온톨로지를 포함할 수 있다. 온톨로지는 산업 내에서, 예를 들어 표준 화합물, 기계 부품, 또는 의학적 질병과 처방 등과 같이, 산업에 특화된 요소들을 분류하기 위해 만들어진다. 인지시스템에서는 중점을 두고 있는 것과 관련된 데이터들만 포함하는, 산업기반 온톨로지의 부분집합을 사용할 필요가 있을 때도 있다. 분류체계는 온톨로지와 밀접하게 관련되는데, 온톨로지와 함께 맥락을 제공한다.

데이터 분석 서비스

데이터 분석 서비스는 말뭉치로 유입되고 관리되는 데이터를 이해하기 위해 사용되는 기술이다. 특별히, 사용자는 말뭉치에 유입된 정형, 비정형, 반정형 데이터와 정교한 알고리즘을 활용해서 결과를 예측하거나, 패턴을 발견하거나, 차선의 행동을 결정할 수 있다. 이러한 분석 서비스들은 독립적으로 존재할 수 없고, 데이터 액세스 계층으로부터 지속적으로 새로운 데이터를 액세스하고 말뭉치로부터 데이터를 가져와야 한다. 인지시스템을 위해 개발되는 모델에 적용되는 고급 알고리즘은 무수히 많다.

지속적인 머신러닝

머신러닝은 명시적인 프로그래밍 없이 데이터를 학습할 수 있는 능력을 제공하는 기술이다. 인지시스템은 정적이지 않다. 모델은 새로운 데이터와 분석 그리고 상호작용에 이해 지속적으로 갱신된다. 머신러닝 프로세스에는 두 가지 핵심 요소가 있는데, 그것은 가설의 생성과 스코어링 이다. 머신러닝은 2장에서 상세히 다룰 것이다.

가설의 생성과 스코어링

가설(hypothesis)은 검증 가능한 명제인데, 이는 어떤 관찰된 현상을 설명하는 증거에 기반을 두고 있다. 인지컴퓨팅 시스템에서는 가설을 뒷받침하거나 반박할 수 있는 증거를 찾는다. 이때, 다양한 소스들로부터 데이터를 수집하고, 모델을 생성하고, 그 모델이 얼마나 잘 작동하는지 테스트할 필요가 있다. 이러한 작업은 데이터를 통해 트레이닝 하는 반복적인 프로세스를 통해 수행된다. 트레이닝은 시스템의 데이터 분석을 바탕으로 자동적으로 발생하거나 사용자의 관여에 의해 이루어질 수 있다. 트레이닝 이후에는 가설이 데이터에 의해 뒷받침되는지 여부를 쉽게 파단 할 수 있게 된다. 만일 가설에 적합한 데이터가 없다면 사용자는 여러 가지 선택을 할 수 있다. 예를 들어, 말뭉치에 추가함으로써 데이터를 정제하거나, 가설을 바꿀 수 있다. 가설의 평가를 위해서는 인지시스템과 구성원들 사이의 협력 프로세스, 즉 상호작용이 필요하다. 가설의 생성과 마찬가지로, 결과에 대한 평가는 그 결과를 정제하게 되고 다시 트레이닝 시키게 된다.

학습 프로세스

데이터로부터 학습하기 위해서는 정형과 비정형 데이터 둘 다 처리할 수 있는 도구가 필요하다. 비정형 텍스트 데이터의 경우는 자연어처리 서비스가 데이터를 해석하고 패턴을 인식할 수 있다. 이미지, 비디오, 사운드와 같은 비정형 데이터에는 딥러닝 툴이 필요하다. 센서에서 얻어지는 데이터는 새로 등장하고 있는 인지시스템들에게 중요하다. 운송부터 헬스케어에 이르는 산업에서는 센서 데이터를 사용해서, 스피드, 성능, 실패율, 그리고 기타 지표를 모니터링하고 나서, 행동과 결과변화를 예측하기 위해서 이러한 데이터를 실시간으로 수집하고 분석한다. 2장에서 인지시스템에서 분석되는 다양한 형태의 데이터를 처리하는데 사용하는 도구에 대해 논의할 것이다.

표현과 시각화 서비스

복잡하고 때로는 대량인 데이터를 해석하기 위해서는 새로운 시각화 인터페이스가 필요하다. 데이터 시각화(data visualization)는 다양한 시각적 방법으로 데이터를 검토하는 것뿐만 아니라 데이터를 시각적으로 표현하는 것이다. 예를 들면, 바-차트 또는 파이-차트는 차트를 이루는 데이터의 시각적 표현이다. 데이터에 있는 패턴과 관계는 구조와 컬러 등으로 시각화 되었을 때 식별되고 이해되기 쉽다. 데이터 시각화의 기본적 유형에는 정적 그리고 동적 두 가지가 있다. 둘 중의 하나 또는 둘 다, 대화형 작업을 필요로 할 수 있다. 때로는 시각적으로 표현된 데이터를 살펴보는 것만으로 충분하지 않고, 드릴 다운하고, 위치를 조정하고, 확장하고 축소하는 등의 작업이 필요하다. 이러한 대화형 작업을 통해 데이터의 관점을 사용자 개인에게 맞춤으로써, 데이터의 분명하지 않은 부분, 관계, 대체성 등을 추적할 수 있다. 컬러, 위치, 그리고 근접성에 따라 시각화가 달라질 수 있다. 시각화에 영향을 주는 다른 필수 요소들은 형태, 크기, 그리고 움직임 등이다. 결과물을 보여주기 위한 준비가 프레젠테이션 서비스인데, 이는 데이터간의 관계를 보여줄 수 있는 방법을 제공함으로써 결과에 대한 커뮤니케이션에 도움을 준다.

인지시스템은 인사이트를 얻기 위해서 텍스트 또는 비정형 데이터를 시각적 데이터와 함께 다룬다. 뿐만 아니라, 이미지, 움직임 그리고 사운드 역시 분석되고 이해될 필요가 있는 요소들이다. 시각화 인터페이스를 통해서 이러한 데이터를 대화형으로 처리할 수 있게 되면, 인지시스템은 보다 접근이 쉽고 유용해질 것이다.

인지 어플리케이션

인지시스템은 어플리케이션을 생성할 때 반드시 근간이 되는 서비스들을 최대한 활용해야 한다. 특정 문제 해결에 중점을 두고 있는 어플리케이션들은, 사용자들이 시스템으로부터 인사이트와 지식을 얻을 수 있도록, 사용자와 상호작용해야 할뿐만 아니라, 예방 정비나 어려운 질병을 다루는 것과 같이 복잡한 영역에 대한 활동들을 프로세스에 주입시킬 필요도 있다. 어떤 어플리케이션은 가장 스마트한 고객 서비스 에이전트가 될 수 있도록 설계될 수 있다. 최종적인 목적은 평범한 직원을 다년간의 경험을 가진 가장 스마트한 직원으로 탈바꿈시키는 것이다. 잘 설계된 인지시스템은 역할, 프로세스, 그리고 해결하고자 하는 이슈에 따라, 상황에 맞는 인사이트를 사용자에게 제공하게 된다. 이 솔루션은 반드시 사용자에게 인사이트를 제공함으로써, 그들이 쉽게 접근할 수 없지만 존재하는 데이터에 기반하여 더 좋은 의사결정을 내릴 수 있도록 하는 것이다.

요약

인지컴퓨팅 시스템은 데이터로부터의 학습을 기반으로 가설을 해결할 수 있는 플랫폼을 제공하고자 만들어졌다. 이러한 시스템은 데이터가 풍부한 도메인에 가장 적합하다. 확률론적 접근으로 시스템을 설계함으로써 복잡한 세상을 이해하는데 집중할 수 있는 새로운 시대의 시스템이 될 것이다.

2

인지시스템의 설계 원칙

인지컴퓨팅 시스템에서 모델은, 질문에 대답하기 위해서 가설을 생성하고 스코어링하거나, 문제를 해결하거나, 또는 새로운 인사이트를 발견하기 위한, 말뭉치와 일련의 가정들 그리고 알고리즘을 참조한다. 세상을 모델링 하는 방법에 따라, 가능한 예측의 종류, 감지할 수 있는 패턴과 이상징후들, 취할 수 있는 행동이 결정된다. 초기의 모델은 시스템 설계자에 의해 개발되지만, 문제에 대답하거나 인사이트를 제공하기 위해, 인지시스템이 그 모델을 갱신하고 사용한다. 말뭉치는 지식의 집합체인데, 머신러닝이 사용자의 피드백을 포함한 자신의 경험을 바탕으로 지속적으로 모델을 갱신하기 위해 말뭉치를 사용한다.

인지시스템은 결과를 예측하기 위해 도메인 모델을 사용하도록 설계된다. 인지시스템은 여러 단계를 거쳐 설계된다. 수집 가능한 데이터를 이해하고, 요청될 필요가 있는 질문의 유형을 정의하고, 이에 적합한 말뭉치의 생성이 필요한데, 말뭉치는 관찰된 사실들에 기반하여 도메인에 대한 가설의 생성을 지원할 수 있도록 충분히 포괄적이어야 한다. 그러므로 인지시스템은, 데이터로부터 가설들을 생성하고, 대안이 될 수 있는 가설들을 분석하고, 문제를 해결하기 위해 증거를 제공할 수 있도록 설계된다.

머신러닝 알고리즘, 질문 분석, 그리고 정형 또는 비정형일 수 있는 관련된 데이터에 대한 고급 분석을 최대한 활용함으로써, 인지시스템은 사용자에게 강력한 학습과 의사결정 방식을 제공할 수 있다. 인지시스템은 데이터에 의한 자신의 경험으로부터 학습 하도록 설계된다. 일반적인 인지시스템은, 문제에 대답이나 인사이트를 제공하기 위한 모델을 구축하기 위해, 머신러닝 알고리즘을 사용한다. 인지시스템 설계시 다음과 같은 차별화된 특징을 고려할 필요가 있다:

- 데이터의 액세스, 관리, 그리고 상황에 맞는 분석

- 시스템에 축적된 지식을 기반으로 한 복수의 가설 생성과 스코어링. 인지시스템은

해결하고자 하는 모든 문제에 대해 복수의 솔루션을 생성하고, 신뢰도가 동반된 인사이트와 해답을 제공한다.

- 시스템은 사용자와의 상호작용과 새로운 데이터를 기반으로 모델을 지속적으로 갱신한다. 인지시스템은 시간이 흐름에 따라 자동화된 방식으로 점점 더 스마트해진다.

이 장에서는 인지컴퓨팅 시스템의 학습을 지원하는 주요 컴포넌트들에 대해 설명하고, 이러한 컴포넌트들 사이의 종속성에 대해 기술하며, 각 컴포넌트 내의 프로세스에 대한 개략적인 설명을 제공한다.

인지시스템의 컴포넌트들

인지컴퓨팅 시스템은 말뭉치라는 내부 지식저장고를 가지고 있고, 추가적인 데이터를 수집하고 필요 시 외부 시스템을 갱신하기 위해, 외부 환경과 상호작용한다. 1장 "인지컴퓨팅의 기본 개념"에서 논의 하였듯이, 인지시스템은 다양한 데이터 소스로부터 인사이트를 얻는 새로운 방식을 제시한다. 인지시스템은 텍스트를 이해하기 위해서 자연어처리를 이용하지만, 이외에도 다른 프로세싱, 딥러닝 능력, 그리고 이미지, 음성, 비디오, 위치 등을 이해할 수 있는 도구들도 필요하다. 이러한 프로세싱 능력은 인지시스템이 상황에 따라 데이터를 이해하고 특정한 도메인 영역의 지식을 이해할 수 있게 해준다. 인지시스템은 가설들을 생성하고 다양한 대답이나 인사이트를 신뢰도와 함께 제공한다. 뿐만 아니라, 인지시스템은 특정 주제 영역이나 산업에 맞춘 딥러닝 능력을 필요로 한다. 인지시스템의 라이프사이클은 반복적 프로세스이며, 이 프로세스 내에서 중요사례의 데이터가 트레이닝을 위해 제공된다.

그림 2-1은 인지컴퓨팅 아키텍처의 전형적인 구성요소들을 나타내며, 인지컴퓨팅 아키텍처에 대한 일반적인 가이드가 될 수 있다. 실제로 인지 컴포넌트들, API, 그리고 패키지화된 서비스들은 시간이 지남에 따라 등장하게 될 것이다. 그러나 이러한 서비스들이 시스템으로 내장되는 바로 그 순간, 이들 구성요소들은 시스템의 기본적인 토대가 될 것이다.

이제 말뭉치를 분석하는 것으로부터 출발해서 인지컴퓨팅 시스템의 설계에 대해서 알아보자. 말뭉치는 인지시스템의 지식베이스이기 때문에, 말뭉치를 정의함으로써 특정 도메인의 모델을 구축할 수 있다.

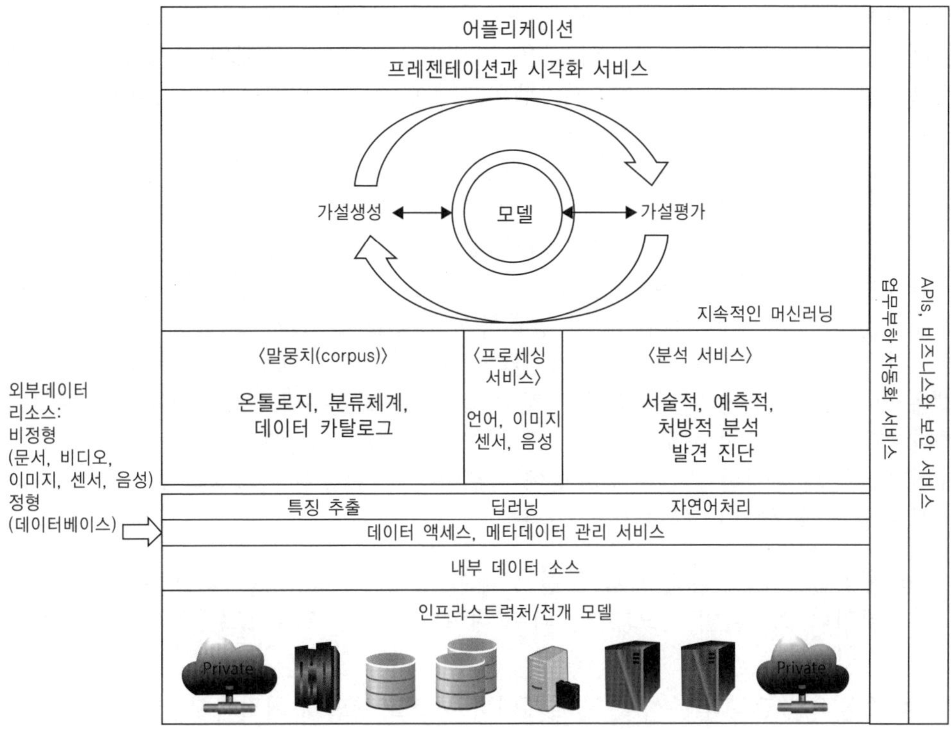

그림 2-1: 인지시스템 아키텍처

말뭉치(Corpus) 생성

말뭉치는 특정한 도메인이나 주제에 대해 기계가 읽을 수 있는 방식으로 표현된 완전한 형태의 기록이다. 다양한 분야의 전문가들은, 문체를 연구하기 위해 또는 어떤 작품에 대한 진본 여부를 판단하기 위한 언어분석과 같은 작업을 위해서 말뭉치를 사용한다. 예를 들어, 윌리엄 셰익스피어(William Shakespeare)의 전집은 16세기와 17세기 영국의 르네상스(English Renaissance)를 연구하는 누군가에게 흥미 있는 말뭉치가 될 수 있다. 동시대의 연극작품을 연구하는 학자에게는 셰익스피어의 말뭉치에 그와 동시대를 커버할 수 있는 다양한 다른 작품을 추가할 필요가 있을 것이다. 이러한 말뭉치의 수집은, 그들이 서로 다른 소스들로부터 온 것이고, 서로 다른 서식으로 기록되어 있고, 연구하고자 하는 도메인과 무관한 대량의 정보를 포함하고 있다면 특별히, 급격히 다루기 힘들어질 것이다. 예를 들어, 연극작품을 연구하는 어떤 사람은 셰익스피어 풍의 14행시에는 관심이 없을지도 모른다. 무엇을 버릴 것인가를 결정하는 일은 무엇을 포함시킬 것인가를 결정하는 것만큼 중요하다.

인지컴퓨팅 어플리케이션에서 말뭉치는, 시스템이 질문에 답변하고, 새로운 패턴이나 관계를 발견하고, 그리고 새로운 통찰력을 전달하는 데 사용하는 지식체를 표현한다.

시스템이 시작되기 전에 기본적인 말뭉치가 반드시 생성되고 데이터가 유입되어야 한다. 이러한 기본적인 말뭉치의 내용이 해결될 수 있는 문제의 유형을 제한하게 되고, 말뭉치 내의 데이터 구조가 시스템의 효율에 막대한 영향을 미치게 된다. 따라서 필요한 데이터의 소스를 결정하기 전에 인지시스템이 적용될 도메인 영역에 대한 깊은 이해가 필요하다. 어떤 유형의 문제를 해결하고자 하는가? 만약 말뭉치가 지나치게 협소하게 정의되면 기대하지 못했던 새로운 인사이트를 놓치게 될 것이다. 만일 데이터가 말뭉치로 유입되기 전에 외부 소스에서 사전에 손질된다면, 머신러닝의 핵심이라고 할 수 있는 가설의 생성과 스코어링에 사용되지 못할 것이다. 말뭉치에는, 기대되는 시간 내에 인지시스템이 정확하게 반응할 수 있게 해줄 수 있는, 관련된 데이터 소스들이 적절히 혼합되어야 한다. 인지시스템이 개발될 때, 필요 이상으로 많은 데이터 또는 지식을 수집하는 것이 좋을 수도 있는데, 이는 언제든지 예상치 못한 연관성이 중요한 새로운 지식으로 이어질 수 있기 때문이다.

데이터 소스의 적절한 혼합의 중요성에 비추어, 인지컴퓨팅 시스템의 초기 설계 단계에서 수많은 질문들이 고려되어야 한다:

- 해결하고자 하는 문제와 특정 도메인 영역을 고려했을 때, 어떤 내부 외부 데이터 소스들이 필요한가? 외부 데이터 소스는 전부 또는 일부만 유입시킬 것인가?

- 효율적인 검색과 분석을 위해 데이터 구조를 어떻게 최적화시킬 것인가?

- 여러 개의 말뭉치들로부터 어떻게 데이터를 통합할 것인가?

- 기본적인 말뭉치에 존재하는 지식 갭을 메우기 위해 어떻게 말뭉치를 확장할 것인가? 어떤 데이터 소스를 어떤 주기로 갱신할 것인가?

초기 말뭉치에 포함시킬 소스를 선택하는 것은 매우 중요하다. 의학 저널부터 위키피디아에 이르는 소스들은 인지시스템을 출발시키기 위한 말뭉치에 효율적으로 유입될 수 있다. 이뿐만 아니라, 비디오, 이미지, 음성, 그리고 센서에서 정보를 유입하는 것 역시 중요하다. 이러한 소스들은 데이터 액세스 계층에서 유입된다(그림 2-1 참조). 주제에 특화된 정형 데이터베이스, 온톨로지, 분류체계, 그리고 카탈로그도 데이터 소스에 포함된다.

만일 인지컴퓨팅 어플리케이션이 공개된 또는 판매되는 데이터베이스같이 다른 시스템에서 생성되거나 저장된 고도의 정형 데이터를 액세스를 해야 한다면, 설계 시 고려해야 할 것은 그러한 데이터가 얼마나 많이 초기에 유입되어야 하는가 이다. 그리고 언제 데이터를 갱신하거나 리프레시 할지 여부를 결정하는 것도 중요하다(예를 들어, 주기적으로, 지속적으로, 또는 요청에 대한 응답에서 더 많은 데이터가 더 좋은 대답을 제공할 수 있을 것으로 인지했을 때).

대부분의 경우, 분류체계는 고려해야 하는 요소들간의 수직적인 관계를 나타낸다. 예를 들어, GAAP(the U.S. Generally Accepted Accounting Principles)는 회계표준으로서 업무의 수직적 구조를 나타낸다. 온톨로지(ontology)는 분류체계와 유사하지만 보다 복잡한 관계를 표현하는데 예를 들면, 미국 정신의학회의 진단 및 통계편람(Diagnostic and Statistical Manual of the American Psychiatric Association)에 있는 증상과 진단기준 사이를 매핑하는 것이 온톨로지이다. 이와 같이 어떤 영역에 보편적으로 사용되는 분류체계 또는 온톨로지가 존재한다면, 동일한 데이터를 위해서 새로운 구조를 생성하는 것보다 전체 또는 부분적으로 데이터와 함께 그 구조도 받아들이는 것이 유용하다. 5장 "분류체계와 온톨로지를 이용한 지식 표현"에서 분류체계와 온톨로지의 역할에 대해 좀더 자세히 다룰 것이다.

인지시스템의 설계단계에서 핵심고려사항은 해당 도메인에 이미 존재하는 분류체계나 온톨로지가 없는 경우 이를 구축할 것인가에 대한 판단이다. 이러한 구조체를 가지고 있다면 시스템 운영이 보다 단순하고 효율적일 수 있다. 그러나, 분류체계나 온톨로지를 완벽하고 최신의 것으로 유지하기 위해서는, 설계자가 고정화된 구조로 생성하는 것 보다, 시스템이 도메인 요소들간의 관계를 지속적으로 평가할 수 있도록 하는 것이 보다 효과적일 수 있다.

데이터 구조의 선택은, 가설을 생성하고 스코어링 하기 위해 지식을 검색하는 것과 같이 반복적인 작업을 하는 경우, 시스템의 성능에 지대한 영향을 미칠 수 있다.

따라서 특정한 구조를 확정하기 전에 설계 단계에서 일반적인 작업부하를 모델링 또는 시뮬레이션 해보는 것이 좋다. 시맨틱 정보 또는 포인터와 같은 메타데이터는 데이터를 보다 효율적으로 관리하는데 사용될 수 있다. 데이터베이스를 추상화(abstraction)한 카탈로그는 보다 간결하기 때문에 빠르게 조작할 수 있다.

여러 사례와 다이어그램에서, 여러 개의 말뭉치들이 하나의 말뭉치로 통합될 수 있는데, 그렇게 했을 때 시스템의 로직을 단순화시키거나 성능을 향상시킬 수 있다는 것을 주목해야 한다. 하나의 시스템을 보다 작은 시스템들의 통합으로 정의하는 것과 매우 유사하게, 말뭉치들의 모음으로부터 데이터를 합친다는 것은 하나의 새로운 말뭉치를 만들어내는 결과를 낳는다. 분리된 말뭉치들을 유지하는 것은 일반적으로 성능을 위한 것인데, 이는 테이블들을 하나의 보다 복잡한 구조로 결합시키는 것 보다는 쿼리를 용이하게 하기 위해 데이터베이스의 테이블을 정규화하는 것과 매우 유사한 것이다.

말뭉치 관리와 보안 고려사항

데이터 소스와 데이터의 이동에 대한 규제가 점점 더 엄격해지고 있는데, 특히 개인식별정보에 대한 규제가 강화되고 있다. 정보의 보호, 보안, 법령준수를 위한 정책에 대한 일반적인 이슈는 모든 어플리케이션들에게 공통적이지만, 인지컴퓨팅 어플리케이션이 학습하고 만들어내는 새로운 데이터 또는 지식에 대한 주, 연방, 국제 규제 역시 증가하고 있다.

말뭉치가 초기에 개발되었을 때, 많은 양의 데이터가 ETL(extract-transform-load) 도구에 의해서 유입될 것이다. 이러한 툴은 리스크관리, 보안, 그리고 규제대응 등의 기능을 가지고 있을 수 있는데, 이는 데이터소스가 민감한 데이터를 포함하고 있을 때 데이터의 잘못된 사용으로부터 사용자를 보호하거나 적절한 가이드를 제공할 수 있다. 그러나 이러한 도구의 기능은 데이터와 메타데이터가 적용 가능한 규칙과 규제의 준수범위 내에 있다는 것을 보장해주지 않는다. 말뭉치가 인지컴퓨팅 시스템에 의해 갱신되었을 때, 보호해야 할 데이터가 유입되거나 (예, 개인 식별정보) 또는 생성될 수 있다 (예, 의학적 진단). 말뭉치를 제대로 운영하기 위한 계획에는 말뭉치에 있는 데이터에 영향을 줄 수 있는 관련정책들을 점검하는 것이 반드시 포함되어야 한다. 다음 섹션에서 설명될 데이터 액세스 계층의 도구들은 유입되거나 파생된 데이터와 메타데이터가 규제 대응에 문제가 없는지 확신할 수 있는 정책과 절차들을 포함하고 있어야 한다. 또한 지정학적인 경계를 넘어서 데이터를 분산시킬 수 있는 클라우드 컴퓨팅과 같은, 다양한 전개 방법도 고려해야 한다.

인지시스템으로 데이터 가져오기

많은 전통적인 시스템들과 다르게, 말뭉치로 유입되는 데이터는 고정되어 있지 않다. 원하는 도메인 영역을 적절히 정의할 수 있는 지식 베이스를 생성하고 나면, 중요하다고 판단되는 데이터들로 지식 베이스를 채워나갈 것이다. 그리고, 인지시스템에서 모델이 개발됨에 따라 말뭉치도 정제된다. 그러므로 모델의 발전과 지속적인 학습을 기반으로 데이터 소스들이 끊임없이 추가되고 변환되고 정제되고 클린징될 것이다. 다음 섹션에서는 말뭉치를 생성하기 위해서 조직 내부의 데이터소스와 조직 외부의 데이터소스가 어떻게 사용될 수 있는지 논의할 것이다.

내 외부 데이터 소스의 효과적 활용

대부분의 기업들은, 거래시스템과 비즈니스 어플리케이션에 있는 대량의 정형 데이터와, 양식이나 노트에 포함된 문자와 같은 비정형 데이터, 그리고 문서나 회사의 비디오 소스에 있는 이미지들을 관리하고 있다. 비록 일부 기업들이 뉴스나 소셜미디어 피드(feeds)와 같은 외부 소스들을 모니터링 하기 위한 어플리케이션을 개발하고 있지만, 대다수의 IT 조직들은 이러한 소스들을 효과적으로 활용하고 내부 데이터 소스들과 통합하기 위한 준비가 아직 잘 갖추어져 있지 않다.

한 개인이 의사결정에 도움이 되는 적절한 외부 소스들(뉴스페이퍼부터 네트워크 뉴스 그리고 인터넷의 소셜미디어까지)을 구별하는 것을 배우는 것과 마찬가지로, 인지컴퓨팅 시스템도 일반적으로 자신이 운영되고 있는 도메인에 대한 최신 정보를 유지하기 위해서 다양한 최신의 데이터 소스를 자주 액세스할 필요가 있다. 또한 자신의 경험과 외부의 뉴스 또는 데이터와의 균형을 잡아야 하는 전문가들처럼, 인지 시스템도 외부 증거에 어떻게 가중치를 줄 것인지, 시간이 지남에 따라 내용뿐만 아니라 소스의 신뢰성을 평가하는 것을 배워야 한다. 예를 들어, 심리학에 관한 기사가 있는 어떤 인기 있는 잡지가 가치 있는 리소스가 될 수 있지만, 만일 그것이 동일한 주제에 대해 인용되는 학술지의 논문과 모순되는 데이터를 포함하고 있다면, 시스템은 그 반대 입장에 어떻게 가중치를 줄 것인지 알아야 한다. 유용할 수도 있는 모든 데이터 소스의 유입이 고려될 수 있다. 그러나 그렇다고 해서 모든 소스가 동일한 가치가 있다는 것을 의미하지는 않는다.

예를 들어, 헬스케어 산업에서 EMR(electronic medical records)은 가치 있는 정보 소스다. 사람들이 늘 정확하게 기억하는 것은 아니기 때문에, EMR에 있는 내용과 다양한 케이스들을 저장하고 있는 데이터베이스는, 만일 의사나 연구원이 그들 자신이나 기관의 기록들만 참고했다면 놓칠 수도 있는, 증상과 장애 또는 질병의 관계에 대한 정보를 담고 있을 수 있다. 통신산업에서는, 어떤 회사가 통신량과 사용 패턴과 같은 내부 정보와, 과부하와 물리적 손실을 발생할 수 있는 심각한 기상 위협과 같은 외부 정보에 기반해서, 기계의 고장을 예측하기 위해 인지시스템을 사용할 수 있다. 12장 "스마터 시티: 공공의 인지컴퓨팅"에, 내부 외부 데이터 소스의 통합이 보다 많이 예시되어 있다. 인지시스템의 설계 단계에서 기억해야 할 중요한 것은, 어떤 데이터가 보다 나은 의사결정이나 제안을 가능하게 해준다면, 그 데이터가 있는 외부 소스로부터 추가적으로 필요한 데이터를 식별하고 유입해야 한다는 것이다. 의사결정에 필요한 적절한 시점과 적절한 데이터를 결정하는 것은 늘 어려운 문제지만, 인지컴퓨팅 시스템의 경우는 추가적인 데이터에 대한 유입은 당면한 필요성에 따라 이루어질 것이다.

데이터 액세스와 특징 추출 서비스

그림 2-1에 있는 다이어그램의 데이터 액세스 레이어는 인지컴퓨팅 시스템과 외부 세상과의 주요 연결 통로를 나타낸다. 외부로부터 유입되는 모든 데이터는 이 레이어를 통해서 처리되어야 한다. 인지컴퓨팅 어플리케이션은 자연어 텍스트, 비디오 이미지, 오디오 파일, 센서 데이터, 그리고 머신 프로세싱을 위해 고도로 정형화된 데이터 등 다양한 서식으로 존재하는 외부 데이터 소스들을 활용할 수 있다. 사람의 학습과 유사점은 이러한 수준의 외부 데이터 활용이 센스(어떤 것을 이해, 판단할 줄 아는 감각)라는 것에 해당한다는 것이다. 특징 추출 레이어는 두 가지 임무를 수행해야 한다. 첫째, 분석할 필요가 있는 관련된 데이터를 식별하는 것이고, 둘째는 머신러닝에 적합하도록 데이터를 추상화시키는 것이다.

데이터 액세스 레이어가 분리되어있지만 특징 추출 레이어와 가깝게 위치하는 것은, 데이터가 수집되고 나서 특정 도메인에 적합한 말뭉치로 통합되기 전에 반드시 분석되거나 정제되어야 한다는 것을 의미한다. 비디오와 이미지부터 자연어 텍스트까지 비정형이라고 인식되는 모든 데이터는 기반 구조를 발견하기 위해 반드시 이 레이어에서 처리되어야 한다. 특징 추출과 딥러닝은, 주로 통계학적 알고리즘인데, 머신러닝 알고리즘에 의해 처리될 수 있도록 보다 추상화된 형태의 핵심적인 특성들이 나타날 수 있도록 데이터를 변환시키는데 사용된다. 예를 들어, 이미지 데이터는 일반적으로 개개의 픽셀에 대한 데이터를 담아내는 저밀도의 이진 표현으로 이루어져 있고, 이미지에 표현된 목적물을 직접 표현하지는 않는다. 고양이 이미지 또는 고양이 스캔 이미지는 근간을 이루는 구조가 식별되고 보다 의미 있는 방식으로 표현되기 전까지는 수의과 또는 방사선과의 인지컴퓨팅 시스템에게는 의미가 없을 것이다. 유사하게, 비정형 텍스트는 자연어처리에 의해서 그 의미가 발견되었을 때에만 인지시스템에게 유용한 데이터가 될 수 있다. 자연어처리는 3장 "인지시스템을 지원하는 자연어처리"에서 보다 상세히 다룰 것이다.

비록 이러한 레이어들이 데이터를 직접 유입하고 정제하는 프로세스지만, 시간이 지남에 따라 가설의 생성과 스코어링의 필요성에 따라 외부 소스들이 추가되거나 제거될 수 있다. 예를 들면, 의학 진단 시스템은 케이스가 기록된 새로운 외부 소스를 추가할 수도 있고, 신뢰할만한 증거를 제시하고 있지 못하다고 판단되는 저널은 삭제할 수도 있다. 규제가 있는 산업에서 가설을 지지하는 증거를 제시하는 인지시스템의 경우, 데이터 액세스 레이어의 프로세스 내에 또는 말뭉치 관리 프로세스 내에 로그를 유지함으로써, 감사인(auditor)이 특정한 시점의 시스템 상태를 알 수 있어야 한다. 이것은 매우 중요한데, 예를 들어, 만일 인지시스템의 권고가 부정적인 결과를 초래하는 경우(의학적 오진부터 회계사의 형편없는 권고)가 그렇다.

분석 서비스

분석은 데이터의 집합에서 매우 중요한 특징 또는 관계를 발견하는 기술들이다. 일반적으로 분석 기술은 데이터를 기반으로 어떤 대응이나 의사결정으로 이끄는 인사이트를 제공한다. 회귀분석 같은 많은 수의 패키지화된 알고리즘들이 솔루션 내에서 폭넓게 사용되고 있다. 인지시스템 내에서 매우 다양한 표준화된 분석 컴포넌트들이 데이터를 묘사하고, 미래를 예측하고, 상황에 대한 처방을 내리기 위해 사용 가능한데, 이들은 통계 소프트웨어 패키지 또는 상업적 컴포넌트 라이브러리 형태로 존재한다. 인지 컴퓨팅 시스템 내에는 다양한 작업을 지원하는 도구들이 매우 많이 있다 (그림 2-1 참조). 일반적으로 인지컴퓨팅 시스템은 머신러닝의 순환 알고리즘에 내재되어 있는 추가적인 분석 컴포넌트들을 가지고 있다. 6장 "인지컴퓨팅을 위한 고급 분석"에서 관련된 분석 방법들이 자세히 설명될 것이다.

머신러닝

모든 인지컴퓨팅 솔루션의 핵심은 프로그램을 다시 수정하는 일 없이 지속적으로 학습하는 것이다. 데이터를 수집하고, 처리하고, 학습하는데 사용되는 기술들은 매우 다양하지만, 그 기술들의 핵심에는 머신러닝 분야의 학자들에 의해 개발된 알고리즘들이 적용되고 있다. 머신러닝은 컴퓨터과학, 통계학, 심리학이 연관된 학문 분야다.

데이터에서 패턴의 발견

전형적인 머신러닝 알고리즘은 데이터에서 패턴을 찾는다 그리고 발견된 것을 기반으로 어떤 행동을 취하거나 권고한다. 패턴은 유사한 구조 (예, 얼굴을 나타내는 그림의 요소들), 유사한 값 (예, 어떤 값들의 클러스터와 다른 데이터 셋에서 발견되는 클러스터의 유사성), 또는 근접성 (어떤 아이템의 추상적 표현이 다른 것과 얼마나 가까운지) 등을 나타낸다. 근접성은 패턴 식별이나 매칭에서 매우 중요한 개념이다. 실제 세계에서 어떤 사물이나 개념을 나타내는 두 개의 데이터 스트링은 그들의 추상화된 이진 표현이 유사한 특징을 가질 때 가깝다(close)고 한다.

인지컴퓨팅 시스템은 그들의 행동을 가이드 하는 패턴을 탐지(detect)하거나 발견(discovery)하기 위해 추론적 통계에 기반을 둔 머신러닝 알고리즘을 사용한다. 적용할 기초적인 학습방식을 선택하기 위해서는 – 패턴의 탐지 vs 발견 – 해결하고자 하는 문제의 본질과 가용한 데이터가 고려되어야 한다. 머신러닝은 전형적으로 추론적 통계 기법을 사용한다 (묘사 보다는 예측을 위해서).

이제 패턴을 서로 다른 방식으로 사용하는 머신러닝의 상호보완적인 두 가지 방식, 감독학습(supervised learning)과 자율학습(unsupervised learning)을 살펴보자. 어떤 시스템을 위해서 언제 이 두 가지 방법들 중 하나를 또는 둘 다를 사용할지는, 가용한 데이터의 속성과 시스템의 목적에 따라 결정된다.

다음과 같은 몇 가지 사항들을 고려하여 인지컴퓨팅 어플리케이션에 적절한 머신러닝 알고리즘 또는 알고리즘을 선정한다:

- 문제를 해결하기 위한 데이터 소스가 존재하며 데이터 요소들간에 연관성이 존재하는가?

- 데이터가 어떤 패턴을 가지고 있는지 알고 있는가?

- 이러한 패턴들을 어떻게 식별하고 활용하는지 수작업으로 예시를 보여줄 수 있는가?

모든 질문에 긍정적으로 답변할 수 있다면 감독학습의 적용을 검토하는 것이 좋다.

감독학습(Supervised Learning)

감독학습이라는 것은 샘플 데이터로 트레이닝 하는 동안에 시스템이 패턴을 탐지하거나 맞추어낼 수 있도록 가르치는 방식을 의미한다. 트레이닝 데이터는 반드시 시스템이 처리할 예정인 패턴 유형이나 문답의 샘플을 포함하고 있어야 한다. 사례 또는 모델링을 통한 학습은 시스템을 트레이닝 시켜서 복잡한 문제를 해결하는데 사용할 수 있도록 해주는 강력한 학습 기술이다. 시스템이 운영단계가 된 후에, 감독학습 시스템은 패턴매칭 과업의 성능을 향상시키기 위해서 실제 운영단계에서의 경험도 사용할 수 있다.

감독학습은 결과를 예측할 수 있는 데이터와 함께 사용될 수 있다. 즉, 감독학습은 개발자 또는 사용자와 같은 외부의 도움을 필요로 하는데, 이들은 감독학습 시스템이 운영단계에서 처리해야 하는 도메인 데이터를 대표할 수 있는 샘플 데이터 세트를 제공할 수 있어야 한다.

감독학습에서 알고리즘의 역할은 입력과 출력 사이를 매핑하는 것이다. 감독학습

모델은 원하는 수준의, 일반적으로 테스트 데이터의 정확성으로 표현되는, 유효성에 도달하기에 충분한 데이터를 처리해야 한다. 트레이닝 데이터 세트, 그리고 독립적인 테스트 데이터 세트 둘 다 시스템이 운영단계에서 처리하게 될 데이터 유형을 대표할 수 있어야 한다. 시작 시점에서 일반적으로, 관계가 없는 많은 내용들을 포함하고 있는 노이지(noisy) 데이터가 포함될 수 있는데, 이들은 트레이닝이 진행됨에 따라 제거될 수 있다. 따라서 여러 가설들로부터 가장 적절한 가설을 정확히 찾아내는 것이 가능할 수 있을 만큼 충분히 트레이닝 시킬 수 있는 데이터의 양이 필요하다.

감독학습 데이터를 통해서 이러한 목표를 달성하기 위해서는 트레이닝 데이터로부터 정확한 가설을 찾아낼 수 있는 최적화된 방식이 필요하다. 편향과 가정은 트레이닝 데이터 세트에 언제나 내재되어 있는데, 시스템의 성능에 영향을 줄 수 있다. 초기 가정에 이해 생성된 모델로부터 주제 또는 반응이 벗어날 때 시스템을 다시 트레이닝 시켜야 할 수도 있다.

감독학습은 주로 분류(classification) 또는 회기(regression) 문제를 다루는 시스템에 적용된다. 이러한 문제를 풀기 위해서는 사람이 수작업으로 경험이나 증거에 의해서 패턴을 인식하고, (분류) 문제의 모든 제약조건을 만족시키는 하나 또는 그 이상의 해답을 찾아내거나, (회기)문제에서 기대되는 값들을 채워나가야 한다. 고정 고객을 위하여 적절한 휴가 구성요소를 찾고자 하는 여행에이전트부터 집의 매도가격을 예측하고자 하는 부동산업자까지, 경험이 있는 사람들은 이러한 작업에 익숙하다.

인지컴퓨팅을 위한 감독학습 시스템 측면에서 보면, 이러한 시스템은 사람이 다룰 수 있는 데이터보다 훨씬 많은 양의 데이터를 처리할 수 있기 때문에, 단지 좀더 효율적이라는 것을 넘어서, 충분한 경험을 가진 사람보다 더 효과적일 수 있다는 것이다.

학습 프로세스는 준비된 데이터 세트와, 문제와 해답의 속성들 사이의 관계 등 이들 데이터가 어떻게 구성되어 있는지에 대한 이해로부터 시작한다. 그리고 나서 귀납적 학습으로 특정한 사례들을 일반화시키는 작업까지 진행된다. 그러므로 감독학습 개발자는 트레이닝에 사용되는 데이터 세트로부터 파라미터를 구별해낼 수 있는 모델을 가지고 시작할 필요가 있다.

분류를 위한 시스템의 목적은 대상이 되는 데이터 세트와 하나의 해결책을 매칭 시키는 것이다. 예를 들어, 인지 여행 어플리케이션은 여행자의 요구사항에 맞는 여행구성을 제안하는 것을 학습할 필요가 있다. 매칭 알고리즘은 과거의 많은 여행 요구사항들과 제안된 여행 구성의 특징들을 비교하게 된다. 이 알고리즘은 이러한 상황에서 고객이 재 방문한 고객인지 신규 고객인지를 고려할지도 모른다. 문답 프로세스를 통해서, 시스템은 고객이 누구이고 그 고객이 흥미를 느낄 수 있는 제안 스타일이 무엇인지 이해하기 시작할 것이다. 그러므로 시스템은 그 사람과 관련된 특징들을 구별함으로써 제안 가능한 여행 구성의 범위를 점점 줄여나갈 필요가 있다.

시간이 지남에 따라, 이 시스템은 많은 이용자들로부터 얻은 데이터를 점점 더 많이 축척할 것이다. 학습 프로세스는 보다 많은 패턴을 알게 되고 관련성과 상황을 구성하게 될 것이다. 예를 들어, 이 알고리즘은, 서로 다른 카테고리들 사이의 관계에 또는 여행자 집단과 그들이 선호하는 것들의 관계에 대한 인사이트를 얻게 될 것이다. 말뭉치에 더해질 데이터 소스가 많을수록, 여행자를 만족시킬 수 있는 학습시스템의 제안은 더 좋아질 것이다.

분류 문제와 다르게, 회기 문제에서는 시스템이 가격과 같이 연속된 값을 갖는 변수의 값을 결정해야 한다. 시스템은 반드시 알려진 대답과 유사한 데이터를 기반으로 변수 값을 결정해야 한다. 예를 들어, 어떤 특정 지역의 자동차 판매에 대한 최근의 데이터 (제조사, 모델, 주행거리, 상태 등)를 이용하여, 시스템은 간단한 회귀분석을 이용하여 가장 근접하게 매치되는 점을 찾아서 특정 자동차의 판매가격에 대한 추정치를 제공할 수 있다. 이것은 전형적인 예측 분석 문제이다. 감독학습 시스템은 가격과 연관된 추가적인 특성들을 찾고 보다 많은 데이터로부터 얻은 경험을 학습함으로써 정확도를 더 높이도록 학습될 수 있다.

강화학습 (Reinforcement Learning)

강화학습은 감독학습의 특별한 경우라고 할 수 있는데, 이 학습이 채택된 인지컴퓨팅 시스템은 설정된 목표나 만족스러운 결과에 얼마나 잘 다다랐는가에 대한 피드백을 받게 된다. 그러나 강화학습에서는 다른 감독학습 방식과 다르게, 시스템이 샘플 데이터로 명확하게 훈련되지 않는다. 강화학습에서는 시행착오를 기반으로 다음에 어떤 액션을 취할 것인가를 학습하게 된다. 강화학습의 전형적인 적용사례로 로봇공학이나 게임 플레이를 예로 들 수 있다. 머신러닝 알고리즘은 최선의 또는 효과적인 액션이나 방침을 선택하고, 가장 효과적인 액션에 보상을 한다. 연속적으로 성공적인 의사결정을 하게 되면 이러한 방침이 강화되고, 결과적으로 해결하고자 하는 문제에 가장 적절한 방침이 생성되는 데 도움이 된다.

일련의 연속된 작업을 위해 대표적인 트레이닝 데이터 세트를 만들기에 어려울 정도로 변수의 개수가 너무 많은 경우, 강화학습이 가장 적절하다. 예를 들면, 강화학습은 로봇공학이나 자율주행차 등에 사용된다. 학습 알고리즘은 보상과 보상에 이르게 하는 연속적인 이벤트들 사이의 연관성을 반드시 알아내야 한다. 그리고 나면 알고리즘은 보상을 받을 수 있는 상태를 계속 유지하기 위해 앞으로의 행동을 최적화하려고 노력할 수 있게 된다. 동물들에게 있어서 보상이란 칭찬이나 먹이 또는 심지어 현금이지만, 머신러닝 환경에서의 보상기능이라는 것은 본질적으로 숫자 또는 논리적인 것이다.

자율학습 (Unsupervised Learning)

자율학습이란 데이터에 있는 패턴이나 유사성을 탐지(detect)하는 것 보다는 발견 (discover)하기 위해서 추론통계적 모델링을 사용하는 방식의 머신러닝을 의미한다. 자율학습 시스템은 트레이닝을 하는 동안 경험하게 되는 기존의 패턴들을 맞추어 내려고 노력하는 대신 새로운 패턴을 식별한다. 자율학습은 감독학습과 다르게, 샘플 데이터로 트레이닝 한다기 보다는, 온전히 데이터로부터 스스로 얻는 경험을 기반으로 한다. 자율학습은 시스템이 데이터 요소 또는 구조들 사이에 어떤 관계가 중요한지 발견하도록 요구하는데, 이는 발생빈도, 상황(예, 이전에 무엇이 발생 했었는지)

그리고 근접성 등과 같은 특성을 분석함으로써 이루어진다.

자율학습은 외부의 전문가나 시스템 사용자가 시스템을 트레이닝 시키기 위한 전형적인 샘플이나 문답들을 제공할 수 없을 때 인지컴퓨팅 시스템을 위해 가장 좋은 방식이다. 이는 데이터의 복잡성, 고려해야 할 너무 많은 변수, 또는 알 수 없는 데이터의 구조 때문일 수 있다. 예를 들어, 군중들 속에서 다르게 행동하는 사람들을 감지하기 위해 감시카메라의 이미지를 분석하는 경우이다. 이 경우 시스템은 대상자를 먼저 식별하고 나서 그들의 행동 그리고 행동의 이상징후를 찾아야 한다.

자율학습은 새로운 패턴이 사람이 인지할 수 없을 정도로 빠르게 나타나서 정규적인 트레이닝이 어려울 때 적절하다. 예를 들어, 네트워크 위험을 평가하는 인지컴퓨팅 시스템은 이전에 알려진 적은 없지만 공격 또는 취약성을 나타낼 수도 있는 이상징후를 반드시 인지해야 한다. 과거의 데이터와 현재 네트워크의 상태를 비교함으로써, 자율학습 시스템은 이전에 경험해 본적이 없는 변화 또는 상태를 찾아내어 의심행동의 신호를 보낼 수 있다. 만일 공격하는 행동이 아니었다면 시스템은 이번 경험을 학습하고, 미래에 이러한 상태가 다시 발생한다면 위험신호를 보내지 않을 것이다.

발견될지도 모르는 패턴, 관계 또는 연관성에 대해 미리 생각해볼 필요 없이 엄청나게 큰 데이터를 가지고 학습을 시작할 수 있다는 것이 자율학습의 본질이다. 자율학습에서는, 통계적 분석을 통해 데이터가 패턴과 이상징후들을 나타낼 것이라고 기대할 수 있다. 그러므로 자율학습의 목표는 명확한 트레이닝 모델 없이 데이터에서 패턴을 발견(discover)하는 것이다. 이러한 유형의 학습은 복잡한 수학을 필요로 하고 때로는 클러스터링(clustering: 비슷한 데이터 요소들을 모으는 것)과 히든마코브모델(hidden Markov model: 시간의 흐름에 따른 패턴을 발견하는 것)을 필요로 한다. 자율학습은 전형적으로 영상 분석, 이미징, 그리고 유전자를 위한 생물정보학 또는 단백질 서열 분석과 같은 영역에서 사용된다.

감독학습과는 다르게 자율학습에서는, 트레이닝과 테스트 데이터 사이에 구별이 없고, 새롭게 주어진 테스트 데이터에서 발견될 것으로 기대되는 패턴을 포함하는 특정한 트레이닝 데이터도 없다.

자율학습에서 발견된 패턴으로 감독학습 수행하기

감독과 자율 둘 다 사용하는 하이브리드 방식이 가장 효과적인 도메인이 있다. 자율학습 시스템이 흥미 있는 패턴을 발견하면, 패턴에 존재하는 연관성과 관계에 대한 지식이 감독학습 시스템을 위한 트레이닝 데이터를 구성하는데 사용될 수 있다. 예를 들어, 가격과 수익성 사이에서 흥미 있는 관계가 발견될 수 있는 소매 시스템은 고객에게 상품을 권유하는 감독학습 시스템을 트레이닝 시키는데 사용될 수 있을 것이다. 소매업자는 이러한 두 가지 시스템을 결합시킴으로써 소매지식의 선순환을 형성할 수 있고, 각각의 시스템은 시간이 지남에 따라 상대의 성능을 향상시킬 수 있을 것이다.

가설의 생성과 스코어링

과학에서 가설이란, 도메인 내에서 관찰된 어떤 현상이나 요소들 사이의 관계를 뒷받침하는 증거를 기반으로 작성된 검증 가능한 명제다. 여기서 핵심 개념은, 가설은 이를 뒷받침 해주는 증거나 지식을 갖는다는 것인데, 이들은 인과관계를 나타내는 관계에 대해 이치에 맞는 설명을 해준다. 가설은 추측이 아니다. 어떤 과학자가 문제에 대한 대답으로 하나의 가설을 수립했을 때, 이는 검증할 수 있는 방식으로 이루어진다.

가설은 실제적인 실험적 결과물을 예측할 수 있어야 한다. 가설을 뒷받침하는 실험 또는 일련의 실험들은, 가설의 현상 설명에 대한 신뢰도를 향상시킨다. 개념적으로 이것은 로직으로 표현된 가설과 비슷한데, 일반적으로 다음과 같이 표현된다: "P"가 가설이고 "Q"가 결론일 때, "if P then Q".

자연과학에서는 가설을 테스트하기 위해서 실험이 실시된다. 형식 논리학(formal logic)을 사용해서 가설로부터 결론에 이르는 또는 이르지 않는 것을 보여주는 증명을 전개할 수 있다. 인지컴퓨팅 시스템에서는 가설을 뒷받침하거나 부인하는 증거(경험과 데이터 또는 데이터 요소들간의 관계)를 찾는다. 이것은 가설에게 신뢰 수준에 대한 스코어링 또는 신뢰 값을 부여하는 근거가 된다. 만일 인지컴퓨팅에서 가설이 논리적 추론으로 표현될 수 있다면, 알고리즘을 입증하는 수학적 정리(theorem)를 사용해서 검증될 수도 있다. 그러나 일반적으로 인지컴퓨팅 어플리케이션은 도메인 내의 근거 데이터를 바탕으로 문제를 해결하는데, 이 데이터는 그렇게 깔끔하게 정리되지 않은 구조일 수도 있다. 의료나 금융과 같은 도메인들은 과학적 실험 설계에 사용되는 방법들과 같이 통계적 방법에 잘 들어맞는 근거 데이터를 풍부하게 가지고 있다.

그림 2-2는 가설의 생성과 스코어링의 순환구조를 보여준다. 여기에서 가설의 복수형 표현은 인지시스템이 특정 시점에 말뭉치에 있는 데이터의 상태를 기반으로 복수의 가설들을 생성할 수 있다는 것을 의미한다. 일반적으로 이러한 가설들은 동시에 평가되고 스코어링 될 수 있다. 예를 들어, IBM의 왓슨(Watson)과 같은 시스템에서는, 100개의 독립적인 가설들이 한번의 사이클에 생성될 수 있다. 각각은 스코어링을 위해 분리된 쓰레드(thread)나 코어(core)를 배정받을 수 있다. 이는 시스템이 병행 하드웨어 아키텍처를 최대한 활용할 수 있고 병행 워크로드를 최적화할 수 있게 해준다. 물론 개념적으로는 시스템이 모든 가설들을 연속적으로 생성하고 스코어링 할 수 있다. 왓슨의 병행 아키텍처와 작업 설계는 9장 "인지시스템, IBM 왓슨"에서 자세히 설명될 것이다.

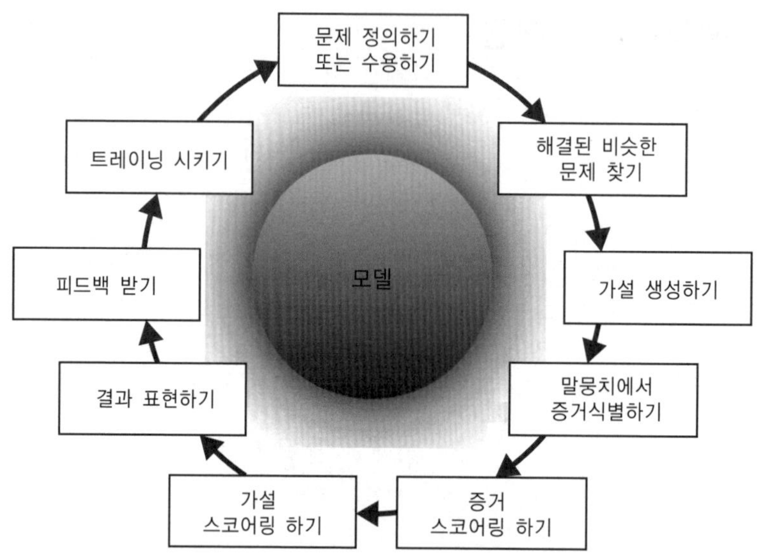

그림 2-2: 지속적인 머신러닝 프로세스

가설의 생성

과학적 방법에서, 가설은 합리화 시킬 수 있는 증거에 기반을 두고 어떤 현상에 대한 대답으로서 만들어진다고 정의한다. 실험 프로세스는, 단지 가설을 만들 때 사용되었던 증거뿐만 아니라, 일반적인 경우에도 가설이 적용되는지를 테스트하기 위해서 설계된다. 일반적으로 인지컴퓨팅 시스템이 가설을 생성하는 데는 핵심적인 두 가지 방식이 있다. 첫 번째, "나의 102도의 열과 인후염은 무엇 때문에 생겼을까?"와 같이 사용자로부터 제시되는 구체적인 질문에 대한 대답을 위해 가설이 생성된다.

이러한 방식에서, 인지컴퓨팅 어플리케이션은 반드시 이치에 맞는 설명을 해야 한다. 앞의 예에서는, 102도의 열과 인후염이 나타날 수 있는 가능한 모든 상태들을 표시하는 것으로부터 가설 생성을 시작할 수 있다 (각 상태는 증상을 설명하는 하나의 후보 가설이 될 수 있다). 또는 적절한 대답이 너무 많다는 것을 인식하고, 범위를 줄이기 위해 사용자에게 보다 많은 정보를 요청할 수도 있다. 가설 생성에서 이러한 접근법은, 어떤 도메인에서 알려진 원인들과 결과들이 있는데 모든 원인들과 모든 결과들을 매핑하는 것이 사람이 하기에는 아주 다루기 힘든 문제일 때, 원인과 결과 사이의 관계를 감지하기 위해서 자주 사용된다. 전형적으로 이러한 유형의 인지컴퓨팅 시스템은 대규모의 질문-응답의 데이터 세트로 트레이닝 될 것이다. 가설 생성 프로세스는, 트레이닝 데이터 세트를 통해 알게 된 올바른 질문-응답의 페어 사이의 관계를 기준으로, 사용자의 질문과 비슷한 관계를 갖는 후보 가설을 생성하는 것이다.

두 번째 유형의 가설 생성은 사용자가 물어본 구체적인 질문에 의존하지 않는다. 그 대신, 시스템은 기회 또는 위협을 나타낼지도 모르는 이례적인 데이터 패턴을 지속적으로 찾는다. 새로운 패턴을 감지하게 되면 데이터의 특성에 기반해서 하나의 가설을 생성한다. 예를 들어, 만일 시스템이 위협을 감지하기 위해 네트워크 센서를 모니터링하고 있다면, 어떤 새로운 패턴이 위협이라는 가설을 생성할 수 있는데, 시스템은 반드시 이 가설을 뒷받침하거나 부인할 수 있는 증거를 찾아야 한다. 만일 시스템이 리얼타임으로 주식거래를 모니터링하고 있다면, 매입 행동에 대한 새로운 패턴이 주식거래를 위한 기회를 나타내는 것일지도 모른다. 이러한 시스템에서는, 성될 가설의 유형이 사용자의 행동 보다는 시스템 설계자의 추정에 따라 결정된다. 가설 생성의 두 가지 유형 모두 어떤 이벤트를 바탕으로 하나 또는 복수의 가설을 생성하는데, 첫 번째 경우는 그 이벤트가 사용자의 질문이고 두 번째 경우는 데이터 자체의 변화가 이벤트가 된다.

가설 스코어링

지금까지, 인지컴퓨팅 시스템이 해결하고자 하는 문제가 속한 도메인에 관련된 데이터로 말뭉치를 어떻게 생성하는가를 보았다. 그리고 시스템이 사용자의 질문에 대한 대답으로서 또는 새로운 데이터 패턴에 대한 설명으로서 하나 또는 복수개의 가설을 생성하는 것을 설명했다.

다음 단계는 말뭉치에 있는 증거를 바탕으로 이러한 가설들을 평가하거나 스코어링하고, 말뭉치를 갱신하고, 사용자 또는 다른 외부 시스템에게 결과를 리포트하는 것이다. 가설 스코어링은, 어떤 증거가 가설을 뒷받침하는지 그리고 가설을 부인하는 증거들이 있는지 알아보기 위해, 가설의 표현과 말뭉치에 있는 데이터를 비교하는 프로세스다. 실제로 가설을 스코어링 하거나 평가하는 것은 가설에게 신뢰도를 부여하기 위해 가설-증거 페어를 대상으로 통계적 방법을 적용하는 프로세스다. 가설을 지원하는 각각의 증거들에게 부여되는 실제의 중요도는 시스템의 경험과, 트레이닝 기간과 운영단계에서 받은 피드백을 기반으로 보정될 수 있다. 만일 어떤 가설도 미리 설정된 한계수준을 넘지 못할 경우, 시스템은 신뢰도에 변화를 줄 수 있는 새로운 증거(예, 새로운 혈액검사)를 추가로 요구할 수 있다. 두 데이터 요소의 근접성을 측정하거나, 두 가설-증거 페어 사이의 적합도 같은 패턴 매칭 구조를 측정하는 기술은, 일반적으로 이진 벡터 표현(예, SDR: sparse distributed representation)에 의존하는데, 이는 손쉽게 이용 가능한 툴과 행렬 대수(matrix algebra)를 사용해서 계산될 수 있다.

생성과 스코어링의 고리는 사용자가 대답에 만족할 때까지 또는 시스템이 모든 옵션들을 평가할 때까지 계속되도록 설정될 수 있다. 다음 섹션에서는 실제로 어떻게 머신러닝 알고리즘이 이러한 고리를 가이드 하는지 보여줄 것이다. 비록 시스템이 증거를 바탕으로 가설을 생성하고 스코어링 하지만, 대부분의 경우 시스템의 대답에 대해 사용자가 피드백을 제공하는데 이러한 것이 스코어링 프로세스로 보여질 수도 있다. 사용자와 시스템간의 이러한 지속적인 상호작용은 사람과 기계에 의한 학습의 선순환 구조를 제공하게 된다.

프레젠테이션과 시각화 서비스

인지컴퓨팅 시스템이 가설의 생성과 스코어링이라는 사이클을 순환하기 때문에, 시스템은 사용자를 위한 새로운 대답 또는 대답 후보군을 생성할 수 있다. 어떤 상황에서는, 사용자의 추가적인 정보 제공이 필요할 수 있다. 시스템이 이러한 결과물 또는 요청사항을 어떻게 표현하는가 하는 것이, 두 가지 측면에서 시스템의 유용성에 커다란 영향을 준다. 첫째는 의학적 진단이나 휴가계획의 조언과 같은 가설을 뒷받침하는 데이터를 표현할 때, 시스템은 가장 의미 있는 것을 전달하면서도 사용자의 노력을 최소화 하는 방식으로 결과물을 표현해야 하며 관련된 증거로 결과물을 뒷받침해야 한다. 둘째로, 가설의 신뢰도를 높이기 위해 시스템이 추가적인 상세정보를 요청할 때, 사용자는 반드시 간결하고 명확한 방식으로 요구되는 데이터를 시스템에 표현할 수 있어야 한다. 시각화 도구의 일반적인 장점은 사용자가 패턴을 찾기 위해 원시 데이터에 집중하는 대신 주의를 트랜드와 추상적 개념에 집중할 수 있는 방식으로 데이터 요소들 사이의 관계를 그래픽으로 묘사할 수 있다는 것이다.

다음은 이러한 목표를 만족시킬 수 있는 세가지 주된 유형의 서비스들이다

- 서술 솔루션(narrative solutions): 자연어로 데이터에 대해 이야기하거나 결과물을 요약할 수 있는 자연어 생성 기술을 사용한다. 이것은 결과물 또는 결론이나 질문에 다다르는데 사용되는 증거에 대한 설명을 제공할 때 적절하다.

- 시각화 서비스(visualization services): 다음과 같이 문장 형태가 아닌 방식으로 데이터를 표현한다:

  - 단순한 차트와 그래프부터 데이터 사이의 관계를 다중차원까지 표현하는 그래픽

  - 기반이 되는 표현을 구성하는 데이터에서 선택된 이미지 (예를 들어, 만일 특징 추출 기능이 "얼굴" 객체를 감지했다면, 시각화 서비스는 표준 라이브러리로부터 "얼굴" 또는 상형문자를 생성할 수 있다)

  - 의미나 감정을 전달하기 위해 설계된 데이터의 제스처 또는 애니메이션

- 레포팅 서비스(reporting services): 사람 또는 기계에 적합할 수 있는 데이터베이스 레코드와 같이, 구조화된 결과를 생성하는 기능을 의미한다.

어떤 데이터는 자연적으로 이러한 방식 중 오직 하나에만 적합할 수 있지만, 시스템은 동일한 정보를 다양한 형태로 전달할 수 있다. 어떤 도구 또는 포맷을 선택할 것인가 하는 것은 궁극적으로 사용자에 의해 선택되어야 하지만, 지속적인 상호작용을 통해 사용자가 선호하는 경향을 학습함으로써 가장 공통적으로 요구되는 포맷을 개별 사용자의 기본값으로 사용할 수 있다.

인프라스트럭처

그림 2-1에 나와있는 인프라스트럭처/전개방법 레이어는 인지컴퓨팅 어플리케이션을 위한 하드웨어, 네트워킹, 그리고 스토리지 등을 표현한다. 14장 "인지컴퓨팅의 미래 어플리케이션"에서, 새로 등장하는 신경 구조와 유사한(neuromorphic) 하드웨어 아키텍처에 대한 논의에서 언급한 바와 같이, 향후 십 년간 만들어질 대부분의 인지 컴퓨팅 시스템은 주로 전통적인 하드웨어를 사용할 것이다. 인지컴퓨팅 인프라를 위해 가장 중요한 두 가지 고려사항은 다음과 같다:

- **분산 데이터 관리(Distributed Data Management)** – 가장 작은 어플리케이션의 경우, 분산된 외부 데이터를 최대한 활용하고 운영부하를 분산시키는 도구가 인지컴퓨팅 시스템에게 도움이 될 것이다. 다양한 외부 소스들로부터 데이터를 지속적으로 유입하기 위해서는, 매우 많은 양의 데이터를 효율적으로 받아들일 수 있는 안정적인 인프라스트럭처가 필요하다. 도메인에 따라서, 정형과 비정형 조합으로 구성된 데이터를 배치 또는 스트리밍 방식으로 유입해야 할 수도 있다. 오늘날, 데이터 관리에 있어서 최대한의 유연성과 확장성을 위해 클라우드가 우선되는 정책이 권고되고 있다.

- **병행성(Parallelism)** – 가설의 생성과 스코어링이라는 인지컴퓨팅의 기본적인 사이클을 수행하는데 있어서, 복수의 가설들을 병행해서 생성/스코어링 할 수 있는 소프트웨어 아키텍처가 큰 도움이 될 수 있는데, 궁극적으로 성능은 적절한 하드웨어에 의해 좌우된다. 말뭉치의 규모가 확대되고 가설의 개수가 증가함에 따라, 수용할만한 성능을 위해서 각각의 독립적인 가설을 분리된 하드웨어 쓰레드나 코어에 할당할 필요가 있다. 비록 학습이 진행됨에 따라 성능의 개선이 이루어진다 하더라도, 일반적으로 말뭉치의 데이터가 확장되는 비율이 이러한 성능 개선을 앞지르게 된다. 이러한 사실 때문에, 추가적인 프로세서로 자연스러운 확장이 가능한 하드웨어 아키텍처의 선택이 반드시 필요한 것이다.

요약

인지시스템을 설계하기 위해서는 데이터의 말뭉치로부터 시작해서 서로 다른 다양한 요소들을 함께 다루어야 한다. 사람과 기계 사이에 인터페이스를 제공하는 시스템을 만든다는 것은, 시스템이 반드시 데이터로부터 학습하고 반복적인 프로세스를 통해 사람과 상호작용을 해야 한다는 것을 의미한다. 사용자가 언어 또는 시각적 인터페이스를 통해 시스템과 상호작용할 수 있도록 시스템이 설계되어야 한다.

COGNITIVE COMPUTING

AND

BIG DATA ANALYTICS

3

인지시스템을 지원하는 자연어처리

인지시스템은 요청된 질문의 상황에 따라 비정형 데이터를 관리하고, 이해하고, 분석하는 능력을 가진다. 대다수조직 내에 수집되고 저장된 데이터의 80퍼센트가 비정형이다. 올바른 의사결정을 내리기 위해서는, 이러한 문서와 리포트, 이메일 메시지, 연설녹음 또는 이미지, 그리고 비디오가 반드시 분석되고 이해되어야 한다. 예를 들어, 한 해에 새로운 치료 방법들을 제공하는 수많은 아티클들이 의료저널에 게재된다. 소매시장에서는, 미래 트랜드를 나타낼 수 있는 엄청난 양의 대화들이 소셜미디어에 쏟아지고 있다. 다양한 영역에 영향을 줄 수 있는 중요한 정보가 음성과 비디오 녹음에 묻혀버린다. 상황과 의미를 데이터에 부여하기 위한 스키마를 바탕으로 한 정형 데이터베이스의 데이터와 다르게, 비정형 정보가 갖는 의미를 파악하기 위해서는 이를 반드시 파싱(문장을 문법적으로 분석)하고 태그를 붙여야 한다. 개별 단어들의 의미를 식별하는 프로세스를 위한 도구에는 분류(categorization), 유의어모음(thesauri), 온톨로지(ontologies), 태깅(tagging), 목록(catalogs), 사전(dictionaries), 그리고 언어모델(language models) 등이 있다.

인지시스템 개발자는 시스템이 가설을 생성하고 검증하고, 신뢰도가 부여된 답변들이나 인사이트를 제공할 수 있도록 해야 한다. 인지시스템 내에서 사용되는 지식체는 텍스트 기반인 경우가 많다. 이러한 상황에서 자연어처리(NPL: Natural Language Processing) 기술은 엄청난 양의 자연어 요소들 사이의 관계를 해석한다.

많은 양의 비정형 콘텐츠를 이용할 수 있는 능력은, 의미 있는 정보모델을 생성하거나 지속적인 학습을 지원하는데 필수적이다. 2장 "인지시스템의 설계 원칙"에서 살펴본 바와 같이, 모든 비정형 데이터가 텍스트는 아니다. 따라서 데이터가 어떻게 사용될 것인가에 따라, 인지컴퓨팅 시스템은 이미지, 비디오, 음성, 그리고 센서 데이터를 처리할 필요가 있다. 비록 이 장은 지속적인 학습 사이클 지원을 위하여 자연어처리 기술을 다루는 능력에 집중하고 있지만, 텍스트 기반이 아닌 정보를 관리하고 처리하기 위한 다른 방법들도 최근에 등장하고 있다.

인지시스템에서 자연어처리의 역할

자연어처리는 텍스트로부터 의미를 추출해내는 기술들을 총칭한다. 이런 기술들은 문법적 규칙(언어의 예측 가능한 패턴)을 인식함으로써 단어, 구, 문장, 또는 문서의 의미를 결정한다. 사람이 그렇듯이 이 기술들도 사전류, 함께 등장하는 단어들의 반복되는 패턴, 그리고 의미가 무엇일지 결정하는 상황적 단서 등을 활용한다. 자연어처리는 텍스트 문서의 의미를 추론하는 규칙과 패턴을 동일하게 적용한다. 더 나아가 이런 기술들은 고유명사, 위치, 행동, 또는 이벤트 등과 같은 의미 요소들을 식별하고 추출해서, 이들 간의 관계 심지어 문서들간의 관계를 발견할 수 있다. 이 기술들은 데이터베이스 내에 있는 텍스트에도 적용될 수 있는데, 예를 들어 대형 고객 데이터 베이스에서 중복된 이름과 주소를 찾거나 텍스트로 기재된 필드를 분석하기 위해 수십 년 이상 사용되어 왔다.

상황(Context)의 중요성

정보의 말뭉치를 참고해서 비구조적 콘텐츠를 의미 있는 지식베이스로 번역하는 것이 자연어처리의 목적이다. 언어분석(linguistic analysis)은 의미를 제공하기 위해 텍스트를 세분화한다. 텍스트는 사용자가 질문을 하고 지식베이스로부터 의미 있는 대답을 얻기 위해서 변형되어야 한다. 구조화된 데이터베이스, 쿼리엔진, 또는 지식 베이스 등 이루어진 형태에 관계없이, 시스템은 사용자가 데이터를 이해할 수 있도록 해주는 기술과 도구를 필요로 한다. 데이터를 이해하는 데 있어서 핵심은 정보의 품질이다. 자연어처리는 데이터와 단어들 사이의 관계를 이해할 수 있도록 해준다. 의미와 상황을 추출해내기 위해서는, 어떤 정보를 유지할 것인지 그리고 어떻게 그 정보의 구조에서 패턴을 찾을 것인지 결정하는 것이 중요하다.

자연어처리는 인지시스템이 텍스트로부터 의미를 추출하도록 해준다. 구, 문장, 또는 복잡한 문서전체는 상황을 제공함으로써 단어나 용어의 의미를 이해할 수 있도록 해준다. 이러한 상황은 텍스트로 된 데이터의 의미를 찾아내는데 대단히 중요하다. 커뮤니케이션의 의미와 실제 의도를 이해하기 위해서, 텍스트에 있는 단어들과 구절들 사이에 있는 패턴과 관계가 식별될 필요가 있다. 사람이 자연어 텍스트를 읽거나 들을 때, 자동적으로 이러한 패턴들을 발견하고, 의미와 정서를 이해하기 위해서 단어들 사이의 연관성을 찾아낸다. 언어에는 모호함이 상당히 많이 있고, 논의되는 주제에 따라, 또는 절, 문장, 단락에서 다른 단어와 어떻게 결합되었는지에 따라 복수의 의미를 가질 수 있는 단어가 많이 있다. 사람은 상황에 대한 가정을 기반으로 정보를 커뮤니케이션 한다.

예를 들어, 어떤 트럭 기사가 방문지 일정을 수립하기 위해 인지시스템을 사용한다고 가정해보자. 그는 분명히 방문해야 할 모든 장소를 고려한 가장 최선의 루트를 알고자 할 것이다. 그가 여행하는 기간에 예상되는 기상 패턴을 알 수 있다면 훨씬 더 좋을 것이다. 그리고 회피해야 하는 주요 공사들에 대한 정보도 예측하고자 할 것이며, 10

톤이 넘는 트럭의 통행을 금지하는 루트에 대한 정보 역시 도움이 될 것이다. 그 트럭 기사는 이런 모든 질문에 대한 대답을 수집할 것이다. 그러나 그는 여러 개의 시스템에 접근해서, 서로 다른 데이터베이스를 검색하고, 필요한 질문을 던져야 할 것이다. 심지어 그 기사가 모든 대답을 찾았을 때, 그 대답들은 특정한 시점에 그의 요구사항을 기반으로 최적화된 여행 루트를 제공할 수 있도록 서로 상호 연결되어 있지 않을 것이다. 이 기사는 2주 후에 완전히 다른 질문들이 필요할지도 모른다. 이번에는 트럭 기사가 상품을 모두 배달한 후에 돌아오는 길을 계획하면서, 그의 계획 속에 휴가를 포함시키려 할 때, 그가 수집하게 될 단편적인 정보들을 상황과 의도에 따라 함께 조합해야 할 것이다.

이제 MRI를 살펴보고 있는 폐암 전문의사의 사례를 살펴보자. 비록 MRI는 진단에 필요한 정밀한 화상정보를 제공하지만, 여전히 회색지대가 많다. 이 전문의는 그 MRI를 유사한 상태를 보이는 다른 환자의 것과 비교하고자 할 수 있다. 이 전문의는 수년 동안 폐암 환자를 다루어왔고 가장 적절한 치료에 대한 확실한 가설들을 가지고 있다. 그러나, 한 명의 전문의가 기술적 저널에서 다루어지는 모든 새로운 연구와 새로운 치료방법들을 지속적으로 습득한다는 것은 불가능하다. 이 전문의는 여러 MRI에 나타나는 이례적인 상태들을 찾아달라고 인지시스템에게 요청할 필요가 있을 것이다. 그는 같은 유형의 폐암을 치료하면서 다른 전문가들은 무엇을 겪었는지 알아 보기 위해 좀더 상세한 질문이 필요할 것이다. 그는 답변을 뒷받침할 수 있는 근거를 요청하고 상황과 관계를 이해하기 위해서 인지시스템과의 대화를 원할 것이다.

이러한 두 가지 예는 텍스트와 언어로부터 인사이트를 얻는 것이 얼마나 복잡한 일인 가를 보여준다. 기록된 문서에는, 읽는 사람이 문서의 상황을 좀더 이해하는데 도움이 될 수 있는 히스토리, 정의, 그리고 배경이 되는 정보들이 누락되는 경우가 많다.

따라서 읽는 사람이 의미를 이해하는데 도움이 될 수 있는 자신의 경험을 참고하게 된다. 그러므로 사람은 상황을 파악하기 위해서 세상에 대한 이해를 사용한다고 할 수 있다. 물론 텍스트를 이해하는데 필요한 지식과 전문성의 수준에 따라, 어떤 텍스트는 추가적인 정보나 트레이닝 없이는 이해하기 어려울 수 있다. 자연어처리 도구들은 의미를 결정하고 요소들을 추출하기 위해서 언어의 규칙에 의존한다. 인지적 상황에서, 자연어처리 도구들이 결합되었을 때 이들은 당연히 데이터가 동적인 시스템과 작업을 해야 한다. 이는 인지시스템이 샘플과 패턴으로부터 학습하도록 설계되었기 때문에 언어는 반드시 상황에 근거해서 번역되어야 한다는 것을 의미한다.

자연어처리 시스템은 단어가 갖는 의미를 파악하기 위해서, 글자, 단어, 그리고 사전에 정의된 지식저장소 또는 사전으로 작업을 시작한다. 단어는 그 자체로 상황을 알기 힘들다. 자연어처리는 동사구, 명사, 그리고 말의 여러 부분들을 구분하기 위해서, 처음에 그 단어의 좌측부터 우측까지 살펴봄으로써 상황적인 이해를 위한 레이어를 구축한다. 이러한 레이어를 구축함으로써 자연어처리는 다음과 같은 질문에 답할 수 있는 의미 요소를 추출할 수 있다:

- 날짜가 있는가? 텍스트는 언제 생성되었는가?

- 누가 말을 하고 있는가?

- 텍스트에 대명사가 있는가? 그들은 누구를 또는 무엇을 언급하는가?

- 텍스트에 다른 문서에 대한 참조가 있는가?

- 이전 단락에 중요한 정보가 있는가?

- 시간과 장소에 대한 언급이 있는가?

- 누가 또는 무엇이 행동하고 있는가? 그리고 누가/무엇이 행동의 대상이 되고 있는가?

엔티티(사람, 장소, 물건 등)들이 서로에게 어떤 관계를 갖는가? 이는 주로 동사에 의해 나타내진다. 행위자와 타동사의 행위를 받는 대상을 구별하는 것이 중요하다. 예를 들어, 때리는 사람과 맞는 사람을 구별하는 것이다.

상황하에서 의미를 이해하기 위한 프로세스에는 많은 단계들이 있다. 문서로부터 추출될 수 있는 모든 정보들로부터 특징을 나타내는 벡터를 만들어 내는 것과 같이 다양한 기술들이 사용된다. 통계적 도구들은 정보를 검색하고 추출하는데 도움을 준다. 이러한 도구들은 텍스트에 적절한 참조로 주석을 달고 라벨을 붙이는데 도움이 될 수 있다 (이것은 텍스트에 있는 중요한 사람에게 이름을 부여하는 것이다). 텍스트에 충분한 양의 주석이 달렸을 때, 머신러닝 알고리즘은 자동적으로 새로운 문서에 올바른 주석이 부여되었다고 인식하는 것이다.

의미를 위해 단어 연결하기

사람의 커뮤니케이션은 본질적으로 복잡하다. 사람은 정보를 전달하기 위해서 언어가 사용되는 방식을 늘 변형시킨다. 두 개인이 동일한 단어, 심지어 같은 문장을 사용할 수 있지만 다른 것을 의미할 수 있다. 우리는 의미를 해석하기 위해 단어들을 조종하고 사실을 과장하기도 한다. 그러므로 단어 자체로는 어떤 의미를 갖고 그것이 문장 내에서는 어떤 의미를 갖는지에 대한 절대적인 규칙을 정하는 것은 불가능하다. 언어를 이해하기 위해서 우리는 단어들이 개별 문장에서 어떻게 사용되었는지, 그리고 이러한 문장들 앞과 뒤에 어떤 문장과 의미가 있는지에 대한 상황을 이해해야 한다. 명확한 이해를 위해 의미를 문법적으로 분석할 필요도 있다. 상황을 이해하는 것은 쉬운 일이 아니기 때문에 사람들은 질문과 답변을 통해서 의미 있는 인사이트를 얻는다.

자연어처리의 역사

언어를 (기계가 이해할 수 있는 형태로) 변형하는 기술을 갖고자 하는 욕망은 수십 년째 이어져 왔다. 사실 어떤 역사가는, 하나의 언어를 다른 언어로 자동적으로 번역하고자 하는 첫 시도는 17세기 초까지 거슬러 올라간다고 생각한다. 1940년대부터 1960년 후반까지 자연어처리에 대한 대부분의 노력은 기계 번역이 목표였다 (사람의 언어들 사이의 통역). 그러나 이러한 노력을 통해 아직도 해결될 수 없는 수많은 복잡한 특징들이 발견되었는데, 대표적인 것이 구문론적인 그리고 의미론적인 프로세싱이다. 이 기간 동안의 번역을 위한 주된 기술은, 사전을 이용해서 단어를 찾고 다른 언어로 번역하는 것이었는데, 느리고 지루한 과정이었다. 이러한 문제는 컴퓨터 과학자들을 구문중심의 파서(역자 주: 문법을 기준으로 문장의 구조를 분석하고 오류를 점검하는 프로그램) 개발을 위한 새로운 도구와 기술을 고안하도록 이끌었다. 1980년대에는 시스템이 단순히 단어뿐만 아니라 단어들의 상황과 의미까지 좀더 잘 이해할 수 있도록 해주는 파서와 같은, 보다 실용적인 도구가 혁신적으로 개발되었다. 1980년대에 대두된 가장 중요한 주제는, 단어의미의 명확화에 대한 개념, 확률 네트워크, 그리고 통계적 알고리즘의 활용 이었다. 본질적으로 이 기간은 자연언어에 대한 기계적인 접근법에서 컴퓨터를 사용한 의미론적인 접근법으로 전환되는 시기였다. 그리고 지난 이십 년간의 자연어처리 트랜드는 언어공학에서 나타났다. 이러한 움직임은 구어뿐만 아니라 텍스트에 대한 자동적 처리의 확대 그리고 웹의 성장과 일치해왔다.

언어학의 이해

자연어처리는 언어의 의미 해석을 자동화시키기 위해서, 통계학과 규칙 기반의 자연어 모델링을 적용하는, 여러 학문이 관련된 분야이다. 그러므로 언어 또는 (특정 영역 또는 시장과 관련된) 하부언어 내에서 존재하는 기본적인 문법과 의미적 패턴을 결정하는 것에 집중한다. 예를 들어, 의료 또는 법률과 같은 서로 다른 전문 도메인에서는 동일한 단어를 특별한 방식으로 사용한다. 그러므로 단어의 맥락은 단지 문장 내에서 그것이 갖는 의미뿐만 아니라, 때로는 특정 도메인에서 그 단어가 사용되는가에 대한 이해에 의해서 결정된다. 예를 들어, 여행 산업에서 "fall"이라는 단어는 일년중의 한 계절을 의미한다. 자연어처리는 단지 도메인뿐만 아니라, 다음에서 설명되는 영역들이 제공하는 의미까지 살펴본다.

언어의 식별과 토큰화

입력되는 텍스트의 분석에서, 첫 번째 프로세스는 텍스트가 작성된 언어를 식별하는 것이고, 그리고 나서 문자열을 단어로 분리시키는 것(토큰화)이다. 단어를 스페이스로 분리하지 안는 경우에 이러한 초기 단계는 필수적이다.

음운론(Phonology)

음운론은 언어의 물리적 음과 특정 언어에서 이러한 음이 어떻게 발음되는가에 대한 연구이다. 이 영역은 음성인식과 음성합성에 중요하지만 문자 텍스트 해석에는 중요하지 않다. 그러나 예를 들어, 비디오의 사운드 트랙 또는 콜센터 통화의 녹음을 이해하기 위해서는 단어의 발음이 중요할 뿐만 아니라 억양의 패턴도 중요하다 (영국의 영어 또는 미국 남부의 영어와 같은 지역적 악센트). 화가 난 사람이 뭔가 혼동하고 있는 사람과 같은 단어를 사용할 수 있지만, 억양의 차이가 감정의 차이를 나타낼 것이다. 인지시스템에서 음성인식을 사용할 때, 단어가 어떻게 말하여졌는지, 그리고 표현 또는 강조가 전달되는, 뉘앙스를 이해하는 것이 중요하다.

형태론(Morphology)

형태론은 단어의 구조를 의미한다. 형태론은 우리에게 어떤 단어를 구성하는 어간과 의미를 갖는 여러 가지 요소들을 알려준다. 단어가 단수인가 또는 복수인가? 동사가 일인칭인가, 미래시제 또는 조건문인가? 이러한 질문에 답하기 위해서는, 단어가 형태소(morphemes)로 알려진 부분들로 분할되어야 하는데, 형태소는 용어의 의미를 이해하는데 도움을 준다. 이러한 측면은 특별히 인지컴퓨팅에게 중요한데, 왜냐하면 컴퓨터 언어보다는 사람의 언어가 질문에 대한 대답을 결정하는 기술이라고 할 수 있기 때문이다. 이러한 측면에서 단어의 요소들이 식별되고 클래스로 정렬된다.
단어를 구성하는 요소에는 접두사(prefixes), 접미사(suffixes), 삽입사(infixes), 그리고 접사(circumfixes) 등이 있다. 예를 들어, 어떤 단어가 "non-"으로 시작하면, 그것은 부정적인 의미를 갖는다. 만일 어떤 사람이 동사 "came" 대신에 동사 "come"을 사용했다면, 의미에 매우 커다란 차이가 있다. 접두사와 접미사의 조합은 매우 다른 의미를 갖는 새로운 단어를 형성할 수 있다. 형태론은 텍스트의 해석뿐만 아니라 음성에서 언어를 번역하는데도 널리 쓰이고 있다. 비록 많은 사전들이 다양한 언어의 서로 다른 단어의 구조에 대해 설명하고 있지만, 이러한 설명이 절대 완벽할 수 없다 (모든 언어는 그 자신의 상황과 유일한 뉘앙스를 가지고 있다). 영어와 같은 언어에서, 규칙은 자주 훼손되고 있으며 새로운 단어와 표현들이 매일 생성되고 있다. 의미를 해석하는 이러한 프로세스에서, 어휘 또는 단어 모음집, 그리고 문법에 바탕을 둔 규칙들이 도움이 되고 있다. 예를 들어, 품사 태깅 또는 토큰화로 불리는 기술을 통해 확정적인 의미를 갖는 특정 단어들을 압축하는 것이 가능하다. 이것은 특정 산업이나 학문분야에 매우 중요할 수 있다. 예를 들어 의학 용어 "혈압"은 특정한 의미를 갖는데, 단어로서 피와 압력이 독립적으로 사용되었을 때는 다양한 의미를 갖게 된다. 이와 유사하게 사람 얼굴을 이루는 요소의 각 부분이 독립적으로 사용되면 요구되는 정보를 제공하지 못할 것이다.

어휘분석(Lexical Analysis)

언어처리라는 측면에서 어휘분석은 각각의 단어를 사전적 의미에 따라 연결하는 기술이다. 그러나 이러한 작업은 대부분의 단어들이 복수의 의미를 갖기 때문에 단순하지 않다. 자연어로부터 문자의 배열을 분석하는 프로세스는 연속적인 토큰을 필요로 한다(숫자나 콤마와 같이 규칙을 나타내는 심볼에 따라 분류된 텍스트 문자열). 어휘

분석에는 특별한 태거(tagger)가 중요하다. 예를 들어, n-gram 태거는 참조되는 말뭉치에서 가장 빈번하게 발생하는 태그를 결정하기 위해서 간단한 통계 알고리즘을 사용한다. (렉서, lexer라고 불리는) 분석기는 문자열의 유형에 따라 문자들을 분류한다. 이 분류가 끝났을 때, 렉서는 언어의 구문/문법을 분석하는 파서와 결합됨으로써 전반적인 의미가 이해된다.

어휘구문(lexical syntax)은 알파벳이 소스코드의 텍스트를 이루는 개별 문자들로 이루어진 일반적인 언어이다. 문자구문(phrase syntax)은 알파벳이 렉서에 의해 만들어진 토큰들로 이루어진 맥락을 갖지 않는 언어이다. 어휘분석은 초기에 식별하기 어려운 문법적 단어의 기능을 예측하는데 유용하다. 예를 들어, 복수의 의미를 갖고 있으며, 동사 또는 명사가 될 수 있는, "run"과 같은 단어들이 있을 수 있다.

구문과 구문분석(Syntax and Syntactic Analysis)

구문은 언어에서 문장구조를 결정짓는 규칙과 기법들을 의미한다. 자연어의 구문과 의미를 처리하는 능력은 다루고 있는 주제를 기반으로 언어가 무엇을 의미하는지 연역적 추론을 수행하는데 중요하기 때문에 인지시스템에게는 필수적이다. 그러므로 어떤 단어가 대화에서 사용될 때 또는 문서로 기록될 때 일반적인 의미를 가지고 있었더라도 특정한 산업이라는 상황에서 사용될 때는 완전히 다를 수 있다. 예를 들어, "티슈(tissue)"라는 단어는 사용되는 상황에 따라 다른 정의로 이해해야 한다. 생물학에서 티슈는 특정한 기능을 수행하는 생물학적 세포들의 그룹을 의미하지만, 티슈는 흐르는 콧물을 닦는데 쓰이는 휴지나, 선물을 포장하는데 쓰이는 포장지를 의미할 수 있다. 심지어 동일한 도메인 내에서도 단어의 뜻이 애매한 경우가 있다. 의학적 맥락에서 티슈라는 단어는 피부와 같이 사용될 수 있고(피하조직) 또한 흐르는 콧물과 같이 사용될 수도 있다.

구문분석은 시스템이, 어떤 용어가 문장에서 어떻게 사용되는지의 상황에서 그 의미를 이해할 수 있게 도와준다. 구문분석 또는 파싱은 문법적 규칙에 따라 자연어에 있는 심볼의 스트링을 분석하는 모든 과정을 의미한다. 컴퓨터 언어학에서 파싱은, 시스템이 어떤 단어들이 사용되는 상황에서 서로간의 관계를 기반으로 단어들의 스트링을 분석하는데 사용되는 기술이다. 구문분석은 질의응답 과정에서 매우 중요하다. 예를 들어, "1800년대 이전에 영국인 여성 저자에 의해 쓰여진 책은 무엇인가?"라는 질문을 한다고 가정하자. 파싱은 답변의 정확도에서 매우 커다란 차이를 만들어낼 수 있다. 이 경우에, 질문의 주제는 책이다. 그러므로 답변은 책의 리스트가 될 것이다. 그러나 만일 파서가 "영국의 여성 저자"를 주제로 가정한다면, 답변은 그들이 쓴 책의 리스트 대신에 저자의 리스트가 될 것이다.

구문문법(Construction Grammars)

언어학에서 문법에 대한 다양한 접근방법이 있지만, 구문문법이 인지시스템을 위한 중요한 방식으로 등장했다. 구문분석에서 결과는 종종 텍스트로 쓰여진 문법으로 표현된다. 그러므로 해석은 텍스트와 그 의미를 이해하는 문법적 모델을 필요로 한다. 구문문법은 인지지향의 언어학적 분석에 그 뿌리를 두고 있다. 이 방식은 구조와 의미 사이의 관계를 표현하는 최선의 방식을 찾아낸다. 그러므로 구문문법은, 언어 지식은 "형태와 기능으로 이루어진 한 쌍(pairings)"의 모음에 기반을 둔다고 가정한다. "기능" 측면은 무엇이 의미로서, 콘텐츠로서, 또는 의도로서 공통적으로 이해되는가를 나타내는데, 이는 주로 의미론과 화용론(pragmatics)의 일반적 영역까지 이르게 된다. 구문문법은 심층구조로 정의된 의미와 그것이 어떻게 언어구조에 나타나는지를 찾아내기 위한 초기 접근방법들 중 하나이다. 그러므로 각각의 구성은 언어분석을 이루는 주요 단위들과 연관되어 있는데, 이는 음운론, 형태론, 구문론, 의미론, 화용론, 담론(discourse), 운율학 등을 포함한다.

담화분석(Discourse Analysis)

자연어처리의 가장 어려운 측면중의 하나는 개별 데이터를 말뭉치 또는 다른 정보소스와 일관성 있게 함께 묶어낼 수 있는 모델을 만드는 것이다. 만일 의미와 구조 그리고 의도가 이해될 수 없다면 중요한 정보 소스로부터 많은 양의 데이터를 단순히 유입하는 것만으로는 충분하지 않다. 어떤 주장은 상황에 따라 사실일수도 있고 거짓일수도 있다. 예를 들어, 사람은 동물을 먹는다, 그러나 사람은 동물이면서 일반적으로 서로 먹지 않는다. 그러나 상황을 이해하는데 타이밍이 중요하다. 예를 들어 18세기 동안 에는 흡연이 폐에 이롭다고 생각했었다. 그러므로 만일 누군가가 그 기간에 생성된 정보 소스를 유입하고 있다면 흡연은 좋은 행위라고 가정할 것이다. 상황에 대한 이해 없이 그 데이터가 맞지 않는다는 전제를 알 수 있는 방법은 없을 것이다. 담론은 상황의 복잡한 이슈들을 다루는데 도움이 되기 때문에 인지컴퓨팅에 있어서 매우 중요하다. 어떤 동사가 사용되었을 때, 그 동사가 어떤 단어를 참조하는지를 이해하는 것은 매우 중요하다. 특정 도메인에 속하는 데이터 소스에 포함된 관련된 정보의 일관성을 이해할 필요가 있다. 예를 들어, 당뇨는 설탕 섭취량과 관계가 있는가? 당뇨와 고혈압과의 관계는 어떠한가? 시스템은 이러한 유형의 관계와 상황을 살펴보기 위해 모델링 될 필요가 있다.

담화분석은 고객의 소리를 이해하기 위해서도 사용될 수 있는데, 온라인상으로 고객의 실제 의도와 기분을 알아내기 위해서 감성분석을 활용한다. 고객 이슈를 전체적으로 이해하는 것은 자연어처리가 적용된 어플리케이션에 의해 이루어질 수 있다. 이러한 유형의 어플리케이션은 고도로 구조화된 그리고 덜 구조화된 수 많은 고객 정보를 함께 고려하여 고객이 회사에 대해 어떻게 느끼고 있는지 이해하는데 도움을 준다. 고객은 행복한가? 이 고객은 적절한 수준의 응대를 받고 있는가? 업체는 그의 고객을 이해하고 있다고 인식되고 있는가?

화용론(Pragmatics)

화용론은 인지컴퓨팅의 근본적인 요구사항들 중 하나를 다루고 있는 언어학의 한 측면으로, 단어가 사용되는 상황을 이해하는 능력을 말한다. 문서나 기고문, 또는 책은 편향 또는 관점을 가지고 쓰여진다. 예를 들어, 1800년대에 말(horse)의 중요성을 논하는 저자는 2014년에 동일한 주제에 대하여 이야기 하는 저자와 다른 관점을 가질 것이다. 정치학에서, 두 개의 문서가 동일한 주제에 대해 논의하지만 서로 논쟁의 반대편에 있을 수 있다. 두 저자는 사실에 근거한 자신들의 관점을 나타내는 상황에서 눈을 뗄 수 없게 만들 것이다. 저자의 배경을 이해하지 않고서는 실제 의미하는 것에 대한 인사이트를 얻기가 불가능하다. 화용론이라는 분야는 무엇에 대해 이야기하고 있는가에 대하여, 상황과 의미를 구분하기 위한 추론을 제공한다. 화용론은 텍스트로 이루어진 대화의 구조를 분석하고 해석한다.

구조적 모호함을 해결하는 기술

명확화(disambiguation)는 언어의 모호함을 해결하기 위해 자연어처리 내에서 사용되는 기술이다. 이러한 기술들 대부분은 복잡한 알고리즘과 머신러닝 기술을 사용한다. 이러한 앞선 기술들을 사용한다 하더라도 절대적인 것은 없다. 모호함을 해결한다는 것은 언제나 불확실성을 내포하고 있다. 완벽하게 정확한 것은 없으며, 대신 어떤 것이 가장 사실일 것 같은 확률에 의존한다. 사람이 쓰는 언어에서도 이러한 측면은 사실이며, 자연어처리에서도 역시 그렇다. 예를 들어, “The train ran late”라는 문구는 그 열차가 달릴 수 있다는 것을 의미하지 않는다; 오히려 그 열차는 예정된 시간보다 늦게 역에 도착했을 것으로 추측할 수 있다. 이 문장은 일반적으로 알려진 문구이기 때문에 모호함은 거의 없다. 그러나 쉽게 오해할 수 있는 문구들은 많이 있다. 예를 들어, “The police officer caught the thief with a gun”이라는 문장을 보자. 어떤 사람은 도둑을 체포하기 위해서 총을 사용한 것은 경찰이었다고 생각할 수 있다. 그러나 도둑이 범죄를 저지르는데 총을 사용했다는 해석 역시 가능하다. 때로는 진짜 의미가 복잡한 문장 내에 숨어있을 수 있다.

인지컴퓨팅은 결정론이라기 보다는 확률론적이기 때문에, 확률적 파싱이 모호함을 해결하는 방식이라는 것은 당연한 일이다. 확률적 파싱 방식은 문장이나 문구에 대해 가장 정확한 설명을 선택하기 위해 다이내믹 프로그래밍(역자 주: 런타임에 프로그램 코드 자체가 변경될 수 있는 프로그램) 알고리즘을 사용한다.

히든마코브모델의 중요성(Importance of Hidden Markov Models)

이미지와 음성의 이해를 위한 프로세싱에 적용되는 가장 중요한 통계적 모델중의 하나가 마코브 모델들이다. 이러한 모델들이 이미지와 음성 그리고 비디오에 숨겨진 정보를 이해하는데 점점 더 필수적으로 인식되고 있다. 언어 내에 숨겨진 의미에 대해 명확히 이해하는 것은 복잡한 일이라는 것이 일반적 인식이다. 어떤 문장의 실제 의미가 간접적일 수도 있다는 사실에 어떻게 대응해야 하는지 사람의 두뇌는 자동적으로 이해하고 있지만, "The cow jumped over the moon"이라는 문장은 만일 이 문장을 문자 그대로 읽는다면, 소가 달 위로 점프하는 것은 불가능한 일로 보일 것이다. 그러나 이 문장은 어린 아이들을 위한 노래와 관련이 있으며 비현실적이고 우스꽝스럽게 쓰여진 것이다. 사람의 마음은 이 문장이 소와 달 사이에서 벌어진 문자 그대로의 행위를 의미할 확률을 계산한다. 사람은 어떤 특별한 해석을 의미할 수 있는 상황을 통해서 그 문장을 이해하게 된다.

시스템의 언어 해석을 위해서, 1900년대초에 마코브(A.A. Markov)에 의해 개발된 모델로부터 진화된, 일련의 통계적 모델들이 사용된다. 마코브는 문장이나 심지어 책의 의미를 결정하는 방법은 단어가 텍스트에 나타나는 빈도와 해답이 옳았던 통계적 확률을 살펴봄으로써 가능하다고 주장했다. 자연어처리와 인지컴퓨팅에 있어서 마코브모델의 가장 중요한 진화는 히든마코브모델(HMMs)이다.

히든마코브모델의 배경에 있는 전제는, 가장 최근의 데이터가 먼 과거의 데이터보다 주제에 대하여 더 많은 것을 알려준다는 것인데, 이는 모델이 확률적 토대에 기반을 두기 때문이다. 그러므로 히든마코브모델은 데이터를 다듬는 것뿐만 아니라 예측과 필터링에도 도움이 된다. 히든마코브모델은 확률적 상태에 따라 단어나 구의 "노이지(noisy)" 시퀀스를 해석하는 것을 목표로 한다. 다른 말로 하면, 모델이 여러 문장의 그룹 또는 문장의 일부분을 받아들이고 그 의미를 결정한다. 히든마코브모델을 사용하기 위해서는 데이터의 시퀀스에 대해 생각하는 것이 필요하다. 히든마코브모델은 음성인식, 날씨 패턴, 또는 목표물과의 관계를 고려한 로봇의 위치 이동 등 다양한 어플리케이션에서 사용되고 있다. 그러므로 마코브모델은 데이터에 많은 노이지가 있는 환경에서 데이터 포인트의 정확한 위치를 결정할 필요가 있을 때 매우 중요하다. 히든마코브모델을 적용함으로써 확률적 방식으로 데이터 시퀀스를 모델링 할 수 있게 된다.

모델 내에서 감독학습을 사용하는 알고리즘은 반복적인 단어나 구를 살펴보고, 이들의 의미가 사실일 가능성에 영향을 주는 다양한 구성들을 나타낸다. 마코브모델은 단어들의 시퀀스에 대한 확률이 의미를 결정하는데 도움을 줄 것이라고 가정한다. 히든마코브모델에는 어떤 단어 시퀀스가 특정 의미를 가질 확률을 측정하는 다양한 기술들이 있다. 예를 들어, 말뭉치를 정규화(normalizing)함으로써 결정되는, 최대 가능도 추정(maximum likelihood estimation)이라 불리는 기술이 있다.

히든마코브모델의 가치는 문장들이나 문장 일부분의 기본적 상태를 찾는 작업을 한다는 것이다. 그러므로 모델이 점점 더 많은 데이터로 트레이닝 되면 구조와 의미를 추출해내게 된다. 의미와 상태전환에 대한 확률을 계산하는 능력은 히든마코브모델의 기본이고, 비정형 데이터의 인지적 이해에 중요하다. 모델은 새로운 데이터 소스를 학습하고 분석할수록 이러한 능력이 점점 더 효율적이 된다. 비록 히든마코브모델이 문장의 의미를 이해하는데 가장 일반적인 방법이지만, 맥시멈 엔트로피(maximum entropy)라고 불리는 기술은 단어들의 분포를 통해서 확률을 설정하도록 설계되었다. 모델을 생성하기 위해서는 분류된 트레이닝 데이터가 사용되는데, 이것이 데이터를 분류한다.

인지시스템 내에서 사용되는 상황에서 말뭉치를 이해하는데 매우 중요한 다양한 방식들이 있다. 다음 섹션에서는 현재 사용되는 가장 중요한 방식들 중 몇 가지를 살펴보자.

단어의미 중의성 해소(WSD: Word-Sense Disambiguation)

온톨로지에 따라 용어를 이해해야 하는 것뿐만 아니라 그 단어의 뜻을 이해하는 것이 필수적이다. 이것은 하나의 단어가 어떻게 사용되었는가에 따라 복수의 의미를 가질 때 특별히 복잡하다. 이러한 복잡성 때문에 감독 머신러닝 기술들이 사용되어 왔다. 분류기(classifier)는 머신러닝 기법을 사용하여 요소들이나 데이터를 구조화하고 이들을 특정한 클래스로 분류한다. 목적에 따라 다양한 유형의 분류기들이 있다. 예를 들어, 문서분류는 텍스트의 특정한 부분이 주어진 분류에 속하는지 여부를 구별하는데 사용된다.

분류기는 패턴 인식을 위해서도 종종 사용되기 때문에 인지컴퓨팅에서 중요한 역할을 한다. 트레이닝 데이터가 잘 이해되었을 때, 감독학습 알고리즘이 적용된다. 그러나 데이터 세트가 방대하고 쉽게 식별될 수 없는 상황에서, 어디에서 클러스터(clusters)가 나타나는지 결정하기 위해서는 자율학습 기술이 사용된다. 학습결과 나타난 패턴이 해결하고자 하는 문제와 상관관계가 있어야만 하기 때문에 결과에 대한 스코어링이 중요하다. 다양한 사전이나 어휘의 지식베이스가 활용될 수도 있다. 이러한 방법은, 예를 들어 보건학처럼, 특별히 지식 체계가 명확히 존재할 때 유용하다. 이러한 경우는 질병, 치료법 등과 같은 것을 정의하는 수많은 분류체계와 온톨로지가 존재한다.

이러한 요소들이 미리 정의되어있는 경우, 정보가 의사결정을 위한 지식으로 전환될 수 있다. 예를 들어, 당뇨병의 특징, 발병과정, 잘 검증된 성공적인 치료법은 잘 알려져 있다.

시맨틱 웹(Semantic Web)

자연어처리는 그 자체로 비정형 단어들의 의미를 이들이 사용된 상황에 따라 찾아내는 복잡한 기술을 제공한다. 그러나 진정으로 인지한다고 하기 위해서는 상황과 의미 (semantics)가 필요하다. 온톨로지와 분류학(taxonomies)은 의미를 표현하는 방식이다. 사실, 자연어처리와 시맨틱 웹을 결합을 통해서, 복잡한 전통적 데이터 분석 방식으로 정형데이터와 비정형데이터를 보다 쉽게 연결할 수 있다. 시맨틱 웹은 자원기술프레임워크(RDF: Resource Description Framework)을 제공하는데, 이는 메타데이터 (데이터에 대한 설명, 구조, 의미) 처리를 위해 월드 와이드 웹(World Wide Web)에서 사용되는 기본적인 구조이다. RDF는 일반적인 검색엔진으로 발견되는 것보다 더욱 정교하게 데이터를 찾기 위해 사용되는 방법이다. RDF는 콘텐츠가 얼마나 가용한지 평가하는 능력을 제공하며, 데이터 소스들 간의 호환성을 지원하는 XML(Extensible

Markup Language)과 같은 표준으로 특정한 메타데이터를 인코딩 하기 위한 구문도 제공한다. RFD로 작성된 스키마의 이점 중 하나는, 속성과 클래스의 한 세트로 스키마를 표현한다는 것이다. 시맨틱 웹은 일관된 방법으로 정형과 비정형 정보 소스의 결합으로부터 인사이트를 얻기 위한 인지적 방식을 제공하는데 있어서 중요한 역할을 한다.

자연어 기술을 비즈니스에 적용하기

이 장의 앞부분에 있는 두 가지 사례에서, 전문가들은 텍스트를 포함한 다양한 비정형 데이터로부터 인사이트를 얻을 필요가 있다고 언급하였다. 자연어처리는 사람이 기계와 상호작용할 수 있는 중요한 도구를 제공한다. 지금 인지컴퓨팅이 초기 단계에 있지만, 특정한 사용처나 시장에서는 자연어처리의 능력을 활용하고 있는 많은 어플리케이션들이 나타나고 있다. IBM은 제퍼디 게임을 통해서 들어오는 질문에 대해서 답변해주는 것이 가능하다는 것을 보여주었다. 이 다음 섹션에서는 자연어처리 기술이 상황과 함께 언어를 이해함으로써 가능했던 산업의 혁신사례 몇 가지를 제공할 것이다.

쇼핑 경험의 확대(Enhancing the Shopping Experience)

웹 기반의 가장 성공적인 쇼핑 사이트는 고객에게 만족스러운 경험을 주는 것들이다. 고객은 특정한 요구조건을 가지고 제품을 찾으러 사이트를 자주 방문한다. 일반적인 고객은 그들이 찾고자 하는 것을 발견하기 위해서 검색 능력을 활용한다. 어떤 고객은 다음과 같은 구체적인 요구사항을 가지고 있을 수 있다. "나는 아동 노동을 사용하지 않는 나라에서 만들어진, 그리고 양털로 만들어지지 않은 12사이즈의 갈색과 검정 스웨터를 사고 싶다. 이 스웨터는 반드시 5일 이내에 배송되어야 하고, 배송비가 없어야 한다." 각각의 개별 질문을 통해서 답변을 구하는 것이 가능하긴 하지만, 고객은 최소한 여섯 개의 다른 질문을 해야 할 것이다. 뿐만 아니라, "스웨터 제조업체가 아동 노동을 사용한 적이 있는지"와 같은 질문들은 추가적인 질문을 필요로 할 수도 있다. 고객은 거래를 마무리하기 위해서 모든 질문에 대한 답변들을 함께 모아야 한다. 인지라는 상황하에서 자연어처리의 텍스트 분석 도구를 사용한다면, 고객이 원하는 것이 무엇인지 이해하고 사람과 기계 사이에 긍정적이고 상호관계적인 경험을 제공하기 위한 다이얼로그를 생성하는 것이 가능하다. 이러한 경우, 단어의 사용과 사용 패턴을 평가함으로써 고객 만족을 이끌어낼 수 있다.

IoT로 연결된 세상 활용하기

고속도로의 자동차들부터 신호등까지, 점점 더 많은 디바이스들에 센서가 장착되고, 이들은 상황이 바뀌면 어떤 행동을 해야 하는지 결정할 수 있는 능력을 가질 것이다.

교통관리는 많은 대도시 지역에서 매우 복잡한 문제로 등장하고 있다. 만일 도시관리자가 발생하는 이벤트(집회, 콘서트, 눈 폭풍 등)에 대한 비정형 데이터와 결합된 센서기반의 시스템과 상호작용할 수 있다면, 여러 가지 대응방안들을 고려해볼 수 있을 것이다. 교통관리자는 어떤 특정한 상황에서 언제 경로 변경해야 하는지 질문할 수 있다. 만일 그 관리자가 인지시스템을 사용하기 위해 자연어처리 인터페이스를 사용하고 있다면, 어떤 이벤트가 발생할 시점의 기상 데이터부터 교통량까지 모든 상황하에서 이러한 질문들에 대한 답변이 이루어질 수 있다. 경로설정이나 기상예측과 같은 개별적인 도매인은 그들 각각의 히든마코브모델을 가질 것이다. 인지시스템에서 여러 도메인과 모델들에 걸쳐서 이런 데이터들을 관련 짓는 것이 가능하다. 원문 데이터를 해석하는 자연어처리 엔진을 가지고 이러한 데이터를 매칭함으로써 상당히 놀라운 결과를 낳을 수 있다. 사람이 이러한 복잡한 데이터와의 상호작용을 통해 최선의 또는 차선의 답변을 얻기 위해서는 자연어처리 인터페이스를 사용하는 것이 도움이 될 것이다.

고객의 소리(Voice of the Customer)

기업이 그들의 고객이 말하는 것이 무엇인지 이해하는 것뿐만 아니라, 그것이 그 고객과의 관계에 어떤 영향을 미칠 것인지를 파악 능력이 점점 더 중요해지고 있다. 기업이 고객의 태도를 이해하기 위해 사용하는 기술이 감성분석(sentiment analysis)이다. 감성분석은 고객이 제공한 텍스트에 담긴 고객의 견해를 이해하기 위해 텍스트 분석과 자연어처리 그리고 컴퓨터 언어학을 결합한다. 예를 들어, 기업은 그 기업의 한 부서에서 제공하는 새로운 상품의 판매량을 예측하기 위해 고객 감성을 분석할 수 있다. 그러나 고객은 단순히 특정 비즈니스 부서만의 고객이 아니다. 실제로 많은 고객들이 동일한 기업 내의 서로 다른 여러 비즈니스 부서들과 관련이 될 것이다. 비즈니스 부서 전체를 고려하여 고객관련 말뭉치를 생성한다면, 고객서비스를 대표하는 조직이 고객과의 모든 상호작용을 이해하는 것이 가능해질 것이다. 이런 상호작용의 상당수는 고객관리시스템에 기록될 것이다. 이러한 고객들은 소셜미디어 사이트에 견해를 추가할 수도 있고 문제에 대한 불만에 대해 회사로 직접 메일을 보낼 수도 있다. 고객이 언어를 어떻게 사용하는가에 미묘함이 존재하는데, 이것을 이해하는 것은 고객의 의도가 명확하게 나타날 수 있는 것을 감지하기 위해서 필요하다.
만일 고객이 빈정거리는 말투이거나 "not"라는 단어를 문장의 말미에 사용한다면, 쉽게 해석하기 어렵다. WSD와 같은 기법들이 문장에서 단어들을 분해하기 위해서 사용되고 상황에 따라 단어가 의미하는 바를 제공한다. WSD와 자연어처리 기법들은 고객의 중요한 시그널을 놓치지 않고 고객만족을 이해할 수 있게 해준다. 비즈니스에서 고객에게 효과적으로 대응하기 위해는 고객의 실제 소리를 이해해야 한다.
고객들은 그들의 기호를 점점 더 새로운 방식으로 표출하고 있다. 예를 들어, 개인이 제품과 서비스에 대한 그의 경험에 기반한 개인적인 평가를 제공하는 유투브(YouTube)와 같은 플랫폼으로부터 얻을 수 있는 콘텐츠 데이터를 이해할 필요성이 점점 증가하고 있다. 단순히 언어만을 이해하는 것이 아니라 의도까지 이해할 수 있는 기술들이 고객의 목소리를 이해하는데 필수적인 요소가 되고 있다. 개인이 사용한 단어를 해석하는 것뿐만 아니라 그 단어들의 순서와 그가 제공한 코멘트의 억양까지 이해하는 것이 중요하다.

비록 관리자들이 전통적인 텍스트 분석을 통해 상황을 기반으로 단어를 이해할 수 있지만, 이러한 분석은 제조시스템부터 배달시스템의 데이터와 같이 비즈니스 라인 전체에 걸친 상황을 제공해주지는 못한다. 하나의 비즈니스 부서는 현재 문제점에 대한 고객의 태도와 미래의 요구사항 그리고 경쟁자의 전략을 이해해야 한다. 깊은 인사이트를 얻기 위한 노력으로, 비즈니스 부서는 고객이 어떻게 부정적으로 또는 긍정적으로 느끼는지 결정하기 위해서 순추천고객지수(NPS: net promoter scores)를 사용한다. 그러나 진정한 인지적 접근 없이는, 고객이 기업에 대해 지각하고 있는 바를 완전히 다르게 해석할 수도 있다. 이러한 사실은 고객이 기업에 대해서 또는 제품이나 서비스에 대해서 실제로 말하려고 하는 것이 무엇인지 이해하는데 히든마코브모델과 같은 기술들이 왜 중요한지 말해준다.

감성분석은 산업마다 다르게 적용된다. 예를 들어, 헬스케어 산업에서 찾고 있는 단서의 유형들은 소매영역에서 의미가 있을 유형들과 매우 다를 것이다. 헬스케어에서 "hot"이라는 단어는 열을 의미할 수 있지만 소매업에서는 인기 있는 상품을 나타낼 수 있다. 문서의 범주화, 온톨로지, 그리고 분류체계는 상황적으로 단어의 뜻과 차이점들을 이해하는데 중요하다.

문서에서 단서를 찾는 것뿐만 아니라, 기업들은 고객들이 그 기업과 다른 고객들에게 무슨 말을 하고 있는지 알 수 있는 소셜미디어의 정보에 많이 의존하고 있다. 이러한 메시지들은 그들이 말하고자 하는 것을 항상 제대로 의미하지 않을 수도 있다. 예를 들어, 어떤 트위터 메시지가 "이 회사는 고객을 어떻게 대하는지 알고 있다고 확신한다. 그러길 바래."라고 말했다면, 이것은 부정적 견해이다. 이것은 고객을 제대로 이해하기 위한 텍스트 분석과 감성분석에 왜 자연어처리 도구들이 중요한지 말해준다. 이와 동일한 도구들은 경쟁지능(competitive intelligence)을 위해서도 사용될 수 있다.

이러한 도구들을 통해, 시장에서 무시되어서는 안 되는 새로운 기업에 대해 보다 많은 논의가 필요한지 여부를 결정할 수 있다. 6장 "인지컴퓨팅을 위한 고급 분석"에서 좀더 자세히 언급될 것이다.

부정행위 탐지(Fraud Detection)

자연어처리와 인지컴퓨팅의 가장 중요한 응용분야 중 하나가 부정행위 탐지다. 전통적인 부정행위 탐지 시스템은 내부와 외부의 위협 데이터베이스로부터 알려진 패턴을 찾는 방식을 사용한다. 심각한 피해가 발생하기 전에 리스크를 인지하는 것은 해커로부터 지적재산권을 훔치는 범죄조직까지 모든 것을 고려해야 하는 기업들에게 가장 중요한 이슈이다. 비록 기업이 방화벽과 접근을 차단하는 모든 종류의 시스템들을 최대한 활용한다 해도, 이 모든 것들이 항상 효과적인 것은 아니다. 지능적 범인들은 대부분의 부정행위 탐지 시스템의 레이더를 피해 갈 수 있는 감지하기 힘든 기술들을 개발하곤 한다. 숨겨진 패턴들과 이례적인 현상들을 찾아낼 수 있는 능력을 갖는다는 것은 어떤 바람직하지 않은 이벤트가 발생하는 것을 방지하는데 필수적이다. 뿐만 아니라, 수천 가지의 사기성 청구서류를 최대한 활용한다면, 보험회사는 부정 행위를 나타내는 미묘한 징후를 감지하는데 도움이 될 것이다. 자연어처리기반의 인지 방식은 수용 가능한 그리고 수용 가능하지 않은 두 가지 행동의 모델을 기반으로 설계된 말뭉치에게 관련된 질문을 할 수 있도록 해준다. 이러한 말뭉치는 세계의 어디서든 발생한 부정행위에 대한 새로운 정보를 계속 유입할 수 있다. 단어에 대한 이해뿐만 아니라 많은 데이터 소스들에 걸친 그들의 상황을 이해하는 것이 부정행위 방지에 도움이 될 수 있다. 복잡한 문서와 커뮤니케이션에서 단어의 의미를 이해하는 것은 부정행위를 방지하는데 상당히 중요하다.

요약

자연어처리는 사람이 비정형 데이터의 의미를 이해할 수 있게 해주는 기술들 중 하나 이다. 단순히 질문할 수 있는 능력뿐만 아니라 대화를 계속 이어갈 수 있는 능력은 인지컴퓨팅이라는 상황에서 자연어처리가 제공하는 핵심적인 가치다. 알다시피, 세상에 단 하나의 정답만 존재하는 질문은 없다. 우리는 가용한 정보를 기반으로 결론을 내리고 판단을 한다. 우리는 또한 정보의 상황에 따라 의사결정을 내린다. 이것은 쉬운 일이 아니다. 모든 데이터가 텍스트와 단어로 이루어진 것은 아니다. 이미지, 비디오, 음성, 몸짓 그리고 센서 데이터에 내재되어 있는 접근 가능한 데이터가 계속 증가하고 있다. 이러한 경우 비정형 데이터들을 분석하는데 딥러닝 기술들이 필요해진다.

우리는 매시간 계속 끊임없이 증가하는 데이터 소스가 존재하는 세상에 직면해있다. 이러한 데이터를 분석하는 새로운 기술들이 있고 정보의 조각들을 함께 모으는 새로운 방법들이 존재한다. 사람의 마음은 겉으로 보기에는 상관없는 이벤트들 사이의 연관 성을 찾아내는 묘한 능력을 가지고 있다. 그러나 사람은 그들이 찾고 소화할 수 있는 정보의 양에 한계를 가지고 있다. 자연어처리가 머신러닝과 고급분석과 결합되어 사용된다면 사람이 새로운 방식으로 깊고 넓게 지식을 넓혀나갈 수 있을 것이다.

COGNITIVE COMPUTING

AND BIG DATA ANALYTICS

4

빅데이터와 인지컴퓨팅의 관계

인지컴퓨팅은 데이터 내의 패턴이나 이상징후를 발견하기에 충분히 많은 양의 데이터를 필요로 한다. 대부분의 경우에 매우 큰 데이터 세트가 필요하다. 인지시스템의 분석 결과가 신뢰할 수 있고 일관성이 있을 만큼 충분한 데이터를 보유하는 것이 중요하다. 인지시스템이 데이터 소스들 사이의 관련성을 발견하고 인사이트를 갖기 시작할 수 있기 위해서는 데이터의 유입과 매핑이 필요하다. 데이터에서 인사이트를 발견하고자 하는 목표를 달성하기 위해서 인지시스템에 정형데이터와 비정형데이터 모두 포함되어야 한다. 관계형 데이터베이스의 데이터와 같은 정형데이터는 컴퓨터가 프로세스를 처리하면서 생성된다. 반면에, 문서로 기록된 자료나, 비디오 그리고 이미지와 같은 비정형데이터는 사람이 사용하기 위해서 만들어진다. 이번 장에서는 인지컴퓨팅

사람에 의해 생성된 데이터 다루기

대형 데이터 세트를 다루는 것에 있어서 새로운 것은 없다. 표준화된 데이터베이스 레코드의 경우, 내용과 구조는 중복이 최소화되도록 설계되었고 필드들 사이의 관계가 미리 설정되어 있다. 그러므로 관계형 데이터베이스는 시스템이 데이터를 취급하고 해석하는 방식으로 최적화 되어있다. 인지시스템내이 처리하는 데이터는 원래 사람이 처리하기 위해서 생성된 것이다. 이런 데이터에는 저널 아티클과 문서, 비디오, 오디오, 이미지부터 센서의 이질적인 데이터흐름과 기계가 생성하는 데이터까지 모든 것이 포함된다. 이런 유형의 데이터는 관계형 데이터베이스 시스템의 능력을 뛰어넘는 프로세싱을 필요로 하는데, 그 이유는 데이터의 의미를 해석하고 사람이 읽을 수 있는 데이터를 생성하는 것이 목적이기 때문이다.

그러나 지난 몇 년까지는 페타바이트는 고사하고 테라바이트의 데이터를 다루는

것이 기술적으로도 비용적으로도 어려운 일이었다. 과거에는 대부분의 기업들이 할 수 있었던 최선의 선택은 샘플 데이터를 선택하고 제대로 된 데이터가 선택되었기를 바랄 뿐이었다. 그러나 주요 데이터 요소들이 누락된 상태에서 분석이 이루어지는 데는 한계가 있었다. 뿐만 아니라 데이터의 범위를 결정하는데도 비즈니스에 대한 깊은 이해를 필요로 하였으며 기술적 이슈들도 드라마틱하게 증가하였다. 기업은 미래를 살펴보고 다음에 어떤 일이 발생할지 예측하기를 원하며, 최선의 대응책이 무엇인지 알고자 한다. 빅데이터 기술 없이는 인지컴퓨팅의 유용성은 기대하기 힘들 것이다.

빅데이터 정의

빅데이터는 엄청난 양의 정형 비정형 데이터를 적절한 속도와 시간 내에 의미 있는 분석이 이루어질 것을 요구한다. 빅데이터는 일반적으로 서로 관련되거나 관련되지 않은 매우 복잡하고 다양한 소스들로 이루어지는데, 결과적으로 처리하기 힘들고 분석하기도 힘든 거대한 데이터 세트를 구성하게 된다. 빅데이터를 구성하는 아키텍처는 데이터를 빠르고 효율적으로 처리하기 위해서 고도로 분산된 방식으로 설계되어야 한다. 이는 매우 추상화되고 개방된 APIs(application programming interfaces)를 필요로 하는데, 이렇게 함으로써 다양한 데이터 소스들이 유입되고 통합되고 평가될 수 있기 때문이다. 빅데이터 솔루션은 보안과 물리적 인프라 그리고 분석도구들을 포함하는 정교한 인프라구조를 필요로 한다.

데이터의 볼륨(Volume), 다양성(Variety), 입출력 속도(Velocity), 진실성(Veracity)

빅데이터의 뉘앙스를 살펴보기 전에, 빅데이터를 정의하는 네 가지 기본적인 특징들을 이해할 필요가 있다:

- 볼륨(*volume*)은 가장 주목 받는 빅데이터의 특징이다. 단순히 말해서 볼륨은 저장되고 처리될 필요가 있는 정보의 양이다. 그러나, 볼륨에는 상당한 차이가 있을 수 있다. 예를 들어, POS(Point of Sales)로부터 생성되는 정보의 양은 매우 크지만, 데이터 자체가 복잡한 것은 아니다. 반면에 하나의 의학적 이미지는 매우 복잡하면서도 상당히 큰 볼륨의 데이터이며, 잘 정의되었지만 데이터베이스의 구조를 갖지 않는 이미지들로 구성된 정보이기 때문에 반정형 데이터다.

- 다양성(*variety*)은 인지컴퓨팅에서 데이터의 중요한 특징이다. 이 장의 도입부에서 언급했듯이, 데이터는 전통적인 데이터베이스와 같은 정형데이터, 텍스트와 같은 비정형데이터, 이미지나 센서 데이터와 같은 반정형데이터로 구분된다.

데이터에는 이미지로부터 센서 데이터, 그리고 텍스트 파일까지 다양한 종류가
있다.

- *속도(velocity)*는 데이터가 전송되고, 처리되고, 전달되는 속도이다. 어떤 경우
  에는 데이터 소스가 주기적인 배치작업에 의해서 유입되어야 할 필요가 있는데,
  이는 다른 데이터 요소의 상황에 맞추어 분석하기 위해서다. 또 다른 경우에는
  데이터가 거의 지연 없이 실시간으로 처리될 필요가 있다. 예를 들어, 센서에서
  발생된 데이터는 이상상태에 대응하거나 이를 수리하기 위해 즉시 처리되어야
  한다.

- *진실성(veracity)*은 데이터의 정확성에 대한 요구사항이다. 소셜미디어와 같은
  비정형 데이터가 유입되는 경우에는 비정확하고 혼돈스러운 언어가 종종 포함
  된다. 그러므로 초기 데이터 분석이 끝난 후에는, 사용된 데이터가 의미 있다고
  확신할 수 있는 콘텐츠를 분석하는 것이 중요할 것이다.

빅데이터를 위한 기본적 아키텍처

빅데이터가 인지시스템의 핵심 요소 중 하나이기 때문에, 그림 4-1의 빅데이터기술
스택을 구성하는 컴포넌트들을 반드시 이해해야 한다. 잘 설계된 일련의 서비스들이
없다면, 인지시스템은 기업에서 요구되는 확장성, 보안, 규제준수 등을 만족시키지
못할 것이다. 초기의 많은 인지시스템들은 규모와 보안 둘 다 만족시킬 수 있는 헬스
케어와 같은 특정영역에 집중되었다.

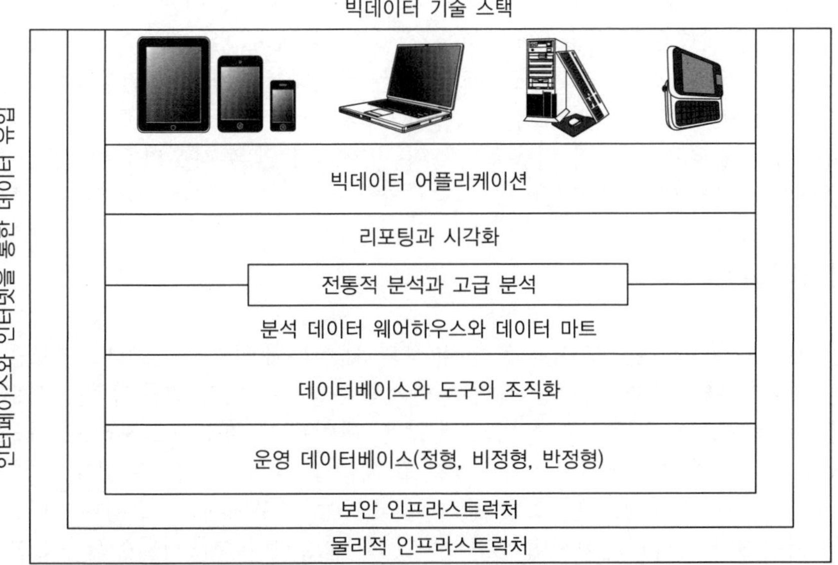

그림 4-1: 빅데이터 기술 스택

빅데이터의 물리적 기반

비록 이 책의 대부분이 인지컴퓨팅을 가능하게 하는 소프트웨어에 대해서 논하고 있지만, 빅데이터와 인지컴퓨팅 모두 어느 정도 지연 없이 기능을 수행할 수 있는 강력한 시스템을 요구 한다. 물리적 인프라스트럭처에는 네트워크, 하드웨어, 클라우드 서비스 등이 포함된다. 인지컴퓨팅 환경에서 빅데이터에 요구되는 성능을 얻기 위해서는, 빅데이터 인프라스트럭처와 하드웨어가 함께 고려되어야 한다. 빅데이터 인프라스트럭처를 이루는 물리적 환경은 병렬적이면서 다중처리가 가능한 방식을 필요로 한다 (하나의 컴포넌트가 기능을 하지 못하더라도 시스템이 계속 작업을 수행할 수 있게 설계하는 것). 네트워크는 데이터를 빠르게 전송할 수 있도록 설계되어야 한다. 이와 유사하게, 스토리지도 적절한 속도로 정보를 옮기거나 제공할 수 있도록 설정되고 구현되어야 한다. 상대적으로 제한이 없는 확장성과, 용량, 그리고 프라이빗과 퍼블릭 클라우드의 보안 때문에, 이러한 빅데이터 구성은 데이터 서비스를 구현하고 전개하기 위한 기본적인 모델이 될 것이다.

보안 인프라스트럭처

보안은 인지 어플리케이션에 내장되어야 하지만, 빅데이터의 확장성향과 다양한 상황에서 전개되어야 하는 데이터 소스의 속도에 비추어봤을 때 충분하지 않다. 다양한 상황에서, 특히 센서와 의료기기와 같은 리얼타임 장치로부터 데이터가 전송될 때, 추가적인 보안 조치가 필요하다. 그러므로 보안 인프라스트럭처는 데이터가 전송 중일 때 그리고 데이터가 분산될 때 반드시 보안을 보장해야 한다. 데이터는 매우 다양한 소스로부터 발췌되고 원래 의도했던 것과 다른 목적으로 사용되기도 한다. 예를 들어, 환자 정보가 전송된 빅데이터 어플리케이션은 개인 환자 데이터를 적절히 보호하지 못할 수도 있다. 그러므로 보안 인프라스트럭처에는 데이터를 익명으로 만들 수 있는 기능이 포함됨으로써 주민등록번호 같은 데이터나 다른 개인적인 데이터들이 숨겨질 수 있다. 토큰화와 같은 기술들이 적용됨으로써 인가되지 않은 사용자들이 민감한 데이터에 접근하지 못하게 할 수도 있다.

운영 데이터베이스

빅데이터를 복잡하게 만드는 것은 다양한 유형의 데이터베이스와 데이터 구조를 통합해야 할 필요성 때문이다. 이러한 측면은 인지컴퓨팅 시스템을 만들기 위해서도 필수적이다. 비록 인지시스템으로 유입되는 많은 데이터가 비정형일지라도 이들 데이터를 구조화된 SQL 데이터베이스에 저장하고 처리할 필요가 있을 수 있다. 예를 들어, SQL 데이터베이스에 저장된 호텔 룸의 예약 가능 여부에 대한 정형데이터를 필요로 하는 여행계획 어플리케이션이 있을 수 있고, 헬스케어 어플리케이션은 SQL 데이터베이스에 구현된 약물 정보에 접근할 필요가 있을 것이다. 정형데이터와 비정형

데이터는 빅데이터 환경에서 함께 다루어지기 때문에 두 가지 유형의 데이터의 역할을
이해할 필요가 있다.

정형데이터와 비정형데이터의 역할

정형데이터는 고정된 길이와 포맷을 가지고 있으며 데이터의 의미가 메타데이터,
스키마 그리고 용어사전에 명확하게 정의되는 데이터를 말한다. 대부분의 정형데이터는
전통적인 관계형 데이터베이스와 데이터 웨어하우스에 저장된다. 뿐만 아니라, 거의
모든 정형데이터는 센서, 스마트 미터기, 의료기기, 그리고 GPS 등과 같은 기기들과
같이 기계에 의해 생성된 데이터이다. 이들 데이터소스는 인지시스템을 만드는데
중요한 역할을 한다.

정형데이터와는 다르게, 비정형 또는 반정형데이터는 정의된 포맷을 따르지 않으며,
이들 데이터 타입의 의미가 명확하게 정의되지 않는다. 오히려 의미는 발견되어야
하며 자연어처리, 텍스트 분석, 머신러닝과 같은 기술들을 통해 추출되어야 한다.
비정형데이터를 모으고, 저장하고, 처리하고, 분석하는 방법이 매우 필요해지고
있다. 모든 데이터의 80퍼센트에 가까운 데이터가 비정형이며, 빠른 속도로 비정형
데이터가 증가하고 있다. 문서와 저널 아티클, 책, 임상시험, 고객지원시스템, 위성
이미지, 그리고 과학적 데이터(지진 영상, 기상 데이터, 그리고 고에너지 물리학),
레이더 또는 수중 음파 탐지기 데이터, 모바일 데이터, 웹사이트 콘텐츠, 그리고
소셜미디어 사이트 등이 비정형 데이터의 소스들이다. 이들 모든 소스의 유형은 인지
시스템에게 매우 중요한데, 그 이유는 어떤 특정 이슈를 이해하는데 도움이 되는
상황정보를 제공하기 때문이다.

대부분의 관계형 데이터베이스와 다르게, 비정형 또는 반정형데이터 소스는 거래처리에
의해 발생하지 않는다. 비정형데이터는 매우 다양한 구조를 가지고 있으며 그 양도
매우 클 수 있다. 이러한 비정형데이터는 일반적으로 NoSQL 데이터베이스와 같은
비관계형 데이터베이스에 저장되며 다음과 같은 구조를 갖는다:

- *KVP(Key-Value Pair)* 데이터베이스는 추상화를 통해서 식별자 또는 포인터
  (Key)와 이와 관련된 데이터 세트의 조합을 제공한다. KVP는 룩업 테이블
  (lookup tables), 해시 테이블(hash tables), 그리고 구성 파일(configuration
  files)에서 사용된다. KVP는 주로 XML 문서와 EDI 시스템의 반정형데이터와
  함께 사용된다. 일반적으로 사용되는 KVP 데이터베이스는 리아크(Riak)로
  불리는 오픈 소스 데이터베이스인데, 이는 미디어 영상이 많은 데이터소스와
  모바일 어플리케이션과 같이 고성능이 요구되는 상황에서 사용된다.

- *문서(Document)* 데이터베이스는 텍스트 문서, 웹 페이지, 책과 같은 비정형과
  반정형데이터 저장소를 관리하는데 사용된다. 이러한 유형의 데이터베이스는,
  고정된 개체로서 또는 다이내믹하게 조합될 수 있는 컴포넌트들로서 비정형데
  이터를 효과적으로 처리할 수 있기 때문에 인지시스템에게 매우 중요하다.
  제이슨(JSON: JavaScript Object Notation) 데이터교환포맷은 이러한 유형의

데이터베이스를 관리하는데 사용된다. 다수의 중요한 문서 데이터베이스가 존재하는데, 몽고DB(MongoDB), 코치DB(CouchDB), 클라우던트(Cloudant), 카산드라(Cassandra), 마크로직(MarkLogic) 등이 있다.

■ 칼럼지향(*Columnar*) 데이터베이스는 행(rows) 보다는 열(columns) 방향으로 데이터를 저장하는 효율적인 데이터베이스 구조이다. 이런 방식은 하드디스크 스토리지에 데이터를 쓰거나 읽어올 때 보다 효율적이다. 쿼리의 결과를 보다 빨리 전달해주는 것이 목적이므로, 쿼리에 의하여 매우 큰 데이터가 분석될 필요가 있을 때 유용하다. H베이스(HBase)는 가장 대중적인 칼럼지향 데이터베이스들 중 하나이다. Google의 빅테이블(BigTable: 밀도가 희박한 데이터 세트를 지원하는 스케일러블(scalable) 스토리지 시스템)의 경우는 특별히 인지컴퓨팅에서 유용하게 쓰이고 있는데, 쉽게 확장 가능하면서 희박하고 매우 분산되어 있는 데이터를 잘 다룰 수 있게 설계되었기 때문이다. 이러한 데이터 구조는 자주 업데이트되는 매우 큰 볼륨의 데이터에 적합하다.

■ 그래프(*Graph*) 데이터베이스는 데이터를 처리하고 표현하기 위해 노드(nodes)와 엣지(edges)로 그래프의 구조를 나타낸다. 관계형 데이터베이스와 다르게, 그래프 데이터베이스는 데이터 소스들을 연결하기 위해 조인(joins)에 의존하지 않는다. 오히려 그래프 데이터베이스는 그래프라는 하나의 구조를 유지한다. 그래프의 요소들은 서로를 직접적으로 참조함으로써 희박한 데이터 세트에서 조차도 관계를 추적할 수 있다. 그래프 데이터베이스는 데이터 요소들 간의 의존성이 동적으로 유지될 필요가 있을 때 자주 사용된다. 생물학적 모델의 상호작용, 언어의 상관관계, 네트워크 연계성 등이 일반적인 응용분야이다. 그러므로 이러한 데이터베이스는 인지 어플리케이션에서 유용하게 사용되며, 네오포제이(Neo4J)가 일반적으로 사용되는 오픈 소스 그래프 데이터베이스다.

■ 공간(*Spatial*) 데이터베이스는 점, 선, 그리고 다각형을 포함하는 기하학적 대상들을 저장하고 쿼리 하는데 최적화된 데이터베이스다. 공간 데이터는 GPS(Global Positioning Systems)에서 위치와 장소를 관리하고 모니터링하고, 추적하기 위해서 사용된다. 인지시스템에서는, 특정 상황하에서 날씨의 영향을 예측할 필요가 있는 어플리케이션이나 로봇과 같은 솔루션에서 GPS 데이터를 사용할 수 있다. 이러한 유형의 어플리케이션은 매우 많은 양의 데이터를 요구한다.

■ *PostGIS/OpenGEO*는 관계형 데이터베이스인데, 센서 네트워크로부터 발생한 데이터를 3차원으로 모델링하고, 수집하고, 분석하는 공간 어플리케이션을 지원하는 특별한 레이어를 포함하고 있다.

■ 폴리글랏 퍼시스턴스(*Polyglot Persistence*)는 어떤 특별한 상황을 위해 서로 다른 데이터베이스 모델을 함께 운영하는 특별한 케이스이다. 이 모델은 전통적인 비즈니스 어플리케이션과 텍스트와 이미지 데이터 소스로 이루어진 데이터베이스를 활용할 필요가 있을 때 특별히 중요하다.

테이블 4-1은 SQL과 NoSQL 데이터베이스의 특징을 비교한다.

테이블 4-1은 SQL과 NoSQL 데이터베이스의 중요 특징들

ENGINE	QUERY LANGUAGE	MAPREDUCH	DATA TYPES	TRANSACTIONS	EXAMPLES
Key-value	Lucene, Commands	JavaScript	BLOB, semityped	No	RIAK, Redis
Document	Commands	JavaScript	Typed	No	MongoDB, CouchDB
Coummar	Ruby	Hadoop	Perdefined and typed	Yes, if enabled	Heo4J
Graph	Wajking, Search, Cypher	No	Untyped	ACID	Neo4J
Relational	SQL, Python, C	No	Typed	ACID	PostgSQL, Oracle, DB2

데이터 서비스와 도구들

근본적인 데이터 서비스들은 빅데이터를 운영하는데 필수적이다. 이를 지원하는 도구들은 데이터가 가장 효율적인 방식으로 처리될 수 있도록 데이터를 수집해준다. 데이터 스케일링뿐만 아니라, 통합, 변형, 정규화하는데 다음과 같은 서비스들이 필요하다:

- 정형과 비정형 데이터의 스트림을 분해할 수 있는 분산 파일시스템은, 매우 다양한 소스로부터 수집된 복잡한 데이터를 분석하는데 필요한 시스템이다.

- 리모트 프로시저 콜(remote procedure calls)뿐만 아니라 퍼시스턴트 데이터 스토리지(persistent data storage)를 지원하기 위해서는 직렬화된 서비스(serialized services)가 필요하다.

- 고도로 분산된 데이터를 활용하는 어플리케이션을 만드는데 조정 서비스(coordination services)가 필수적이다.

- ETL(Extract, transform and load) 서비스는 Hadoop(빅데이터를 구조화하는 핵심 기술)을 지원하기 위해 정형과 비정형데이터를 적재하고 변환하는데 필요하다.

- 워크플로우(workflow) 서비스는 빅데이터 환경에서 요소의 처리를 동기화하는데 필요한 기술이다.

분석적 데이터 웨어하우스

비록 빅데이터의 상당부분이 비정형 소스로 구성되지만, 거래처리 시스템과 관계형 데이터베이스를 기반으로 구현된 기업용 어플리케이션으로부터 산출되는 정보도 많이 있다. 이러한 정형데이터는 회계시스템, 고객관리시스템, 그리고 각 산업에 특화된

여러 어플리케이션들로부터 생성된다. 데이터는 일반적으로 분석적 데이터웨어하우스 또는 데이터마트에 저장되는데, 이들은 기업의 대형 관계형 데이터베이스 시스템의 하위 시스템들이며, 대량의 비정형 데이터 소스와 결합시킴으로써 맥락을 파악할 수 있다.

빅데이터 분석

비즈니스 인텔리전스 도구들이 수십 년 동안 존재해왔지만, 일반적으로 이들은 빅데이터 분석에 필요한 복잡한 알고리즘을 제공하지는 않는다. 6장 "인지컴퓨팅을 위한 고급 분석"은 고급분석에 대해 깊이 있는 시각을 제시한다. 이 장은 분석이 어떻게 비즈니스 지식을 향상시키고, 변화를 예견하고, 결과를 예측하는지에 대한 전반적인 개요를 제공한다. 분석의 성숙도 레벨은 서술적 분석(descriptive analytics: 현상설명)로부터 예측적 분석(predictive analytics)를 거쳐, 머신러닝과 인지컴퓨팅단계까지 발전해왔다. 인지컴퓨팅의 근본적인 특징 중 하나는 분석하고자 하는 영역을 충분히 이해하기 위해 함께 다루어질 필요가 있는 유형의 데이터가 매우 다양하다는 것이다. 예를 들어, 의학적 진단을 위해서 검사결과들을 분석하는 것과 더불어 환자의 환경(즉, 그가 흡연자이거나 과체중자인지?)을 이해하는 것도 도움이 된다. 뿐만 아니라 진단하는 의사는 이러한 하나의 진단 케이스를 새로운 연구결과와 그리고 유사한 진단 및 처방과 반드시 비교해봐야 한다. 이외에도 시각화 기술의 적용이 시급한 수 많은 데이터 중에서도 추가적인 분석이 필요한 데이터가 있을 것이다.

일반적으로 빅데이터와 인지컴퓨팅환경에서의 고급분석을 위해서 정교한 알고리즘의 사용이 필요해지는데, 이는 대부분의 경우 단순한 문의에 대응하기 위해서 너무 많은 데이터와 너무 많은 복잡한 분석이 필요해지기 때문이다. 이 장의 초반에 언급한 바와 같이, 빅데이터는 전형적으로 하나의 기계 또는 하나의 시스템 메인 메모리에 맞추어지기에는 너무 방대하다. 이러한 물리적인 한계에도 불구하고 효과적인 처리를 위해서, 적절한 속도가 보장되는 알고리즘이 구현되어야 한다. 다행히 다음과 같이 빅데이터 분석을 지원하는 새로운 알고리즘이 많이 등장하고 있다:

- **스케칭과 스트리밍**(sketching and streaming): 이 알고리즘은 센서에서 전달되는 스트리밍 데이터를 분석할 때 사용된다. 데이터 요소들은 작지만 빠른 속도로 전달되어야 하며 빈번한 업데이트가 요구된다.

- **차원 감소**(dimensionality reduction): 이 알고리즘은 다차원의 데이터를 훨씬 단순한 데이터로 전환하는 것을 도와준다. 이러한 유형의 차원 감소는 분류와 회귀분석을 위한 머신러닝 문제를 쉽게 해결하기 위해서 필요하다.

- **수치 선형 대수**(numerical linear algebra): 이 알고리즘은 데이터가 커다란 매트릭스를 포함할 때 사용된다. 예를 들어, 소매업자는 매우 다양한 제품과 서비스들의 고객 선호도를 식별하기 위해서 이 알고리즘을 사용한다.

- **압축 센싱**(compressed sensing): 이 알고리즘은 데이터가 희박할 때 또는

스트리밍 센서의 데이터가 간헐적 측정에 의해 제한될 때 유용하다. 시스템은 이렇게 제한된 데이터에 나타나는 핵심 요소들을 식별하기 위해서 이 알고리즘을 사용한다.

어떤 경우에는 분석 프로세스상에 있는 커다란 볼륨의 데이터가 단일 기계의 메모리 용량을 넘어설 수 있다. 분산 시스템이라는 본질상, 문제를 분할해서 물리적으로 분리된 기계에서 처리할 필요가 있다. NUMA(Non-Uniform Memory Access)와 같은 기술은 스래싱(thrashing)과 입출력 오버헤드를 최소화시킴으로써 이러한 한계를 극복하는데 도움을 준다. NUMA은 또한 불연속적인 메모리 조각들을 하나의 메모리 단위로 취급할 수 있도록 해준다. 예를 들어, 이 기술은 알고리즘이 하나의 기계에서 수행되면서 다른 컴퓨팅 디바이스에 있는 메모리를 사용하도록 해주는데, 이러한 추가적인 메모리는 알고리즘이 수행되는 디바이스의 메모리 확장으로 인식될 것이다.

하둡(Hadoop)

분산 컴퓨팅 기술을 사용하는 하둡은 대량의 비정형데이터를 효율적인 방식으로 처리하는 가장 중요한 기술들 중 하나가 되었다. 하둡은 효율을 향상시키기 위하여 병행처리 기술을 사용할 수 있도록 해준다. 하둡은 오픈 소스이며 빅데이터 처리를 위하여 맵리듀스(MapReduce)를 이용하여 병렬 수행이 가능하도록 설계되었다. 텍스트 문서, 온톨로지, 소셜미디어 데이터, 센서 데이터, 그리고 다른 형태의 전통적이지 않은 데이터 유형들이 하둡에서 효율적으로 처리될 수 있다. 결과적으로 이 기술은 인지컴퓨팅 시스템의 말뭉치를 개발하는데 필수적이 되었다. 하둡을 이용함으로써 대량의 미가공 상태의 비전통적인 데이터를 패턴을 찾을 수 있는 정형데이터로 빠르게 전환시킬 수 있다.

하둡은 인지컴퓨팅에서 빅데이터를 처리하는데 특별히 유용한데, 이는 데이터의 범위를 쉽고 다이내믹하게 조절할 수 있고 변화를 빠르게 줄 수 있기 때문이다. 하둡은 고도로 비정형화된 데이터를 처리하는데 나타나는 문제점들을 효율적으로 해결할 수 있게 해주는데, 데이터를 구성요소로 분할해서 문제를 해결하고 결과를 산출한다.

하둡은 범용 서버에 탑재되거나 특정 벤더의 하드웨어에 최적화된 어플라이언스 제품에 포함될 수 있다. 하둡의 두 가지 주요 구성요소는 다음과 같다:

- **하둡분산파일시스템**(HDFS: Hadoop Distributed File System): 여러 시스템에 걸쳐 있는 연관된 파일들을 쉽게 관리할 수 있도록 해주는, 저렴하고 상당히 신뢰성이 높은 데이터 스토리지 클러스터.
- **맵리듀스 엔진**(MapReduce engine): 분석 알고리즘이 매우 많은 시스템에서 분산 처리될 수 있게 해준다. 각 분산 처리가 완결되면, 모든 요소들이 다시 결합되어 결과를 제공하게 된다.

빅데이터와 인지컴퓨팅 환경에서 하둡분산파일시스템이 왜 유용한가? 이 파일시스템은 특별히 대량의 데이터를 고속으로 처리하는데 적절한 데이터 서비스를 제공한다. 대량의 데이터를 빠른 속도로 처리하는 능력은 데이터가 기록되는 방식 덕분이다. 하둡분산파일시스템에서는 데이터가 한번 쓰여지면 그 이후로, 다른 파일시스템들처럼 읽기-쓰기를 거듭하지 않고 읽기만 여러 번 수행한다. 하둡분산파일시스템은 대량의 파일을 블록(blocks)이라 부르는 작은 조각들로 분할한다. 그림 4-2는 하둡 클러스터의 예를 보여준다.

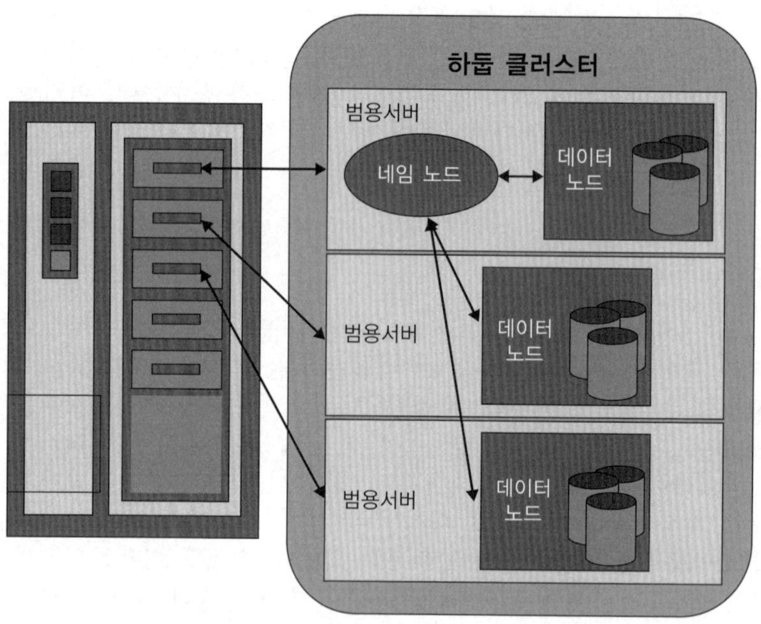

그림 4-2: 하둡 클러스터 예시

아키텍처 구성요소는 다음과 같다:

- **네임노드(NameNodes)**의 역할은 클러스터에서 데이터가 물리적으로 어디에 저장되어 있는지 기록하는 것이다. 이러한 정보를 유지하기 위해서, 네임노드는 어떤 블록에서 데이터 노드가 완벽한 파일을 만드는지 알아야 한다. 네임노드는 읽기, 쓰기, 생성하기, 삭제하기, 데이터 노드에 데이터 블록을 복제하기 등 파일에 대한 모든 접근을 관리한다. 뿐만 아니라, 네임노드는 데이터노드(Data Nodes)가 해야 할 어떤 일이 있을 때, 이를 알려주는 중요한 책임을 가지고 있다. 네임노드는 하둡분산파일시스템이 계속 작동하는데 필수적이기 때문에 단일 장애에 대비해 반드시 복제되어야 한다.

- **데이터노드**는 파일들을 위한 블록을 담고 있는 서버의 역할을 한다. 두 개의 컴포넌트를 비교하자면, 데이터노드는 보다 단순한데 비해서 네임노드는 어느

정도 지능을 가지고 있다. 그러나 두 컴포넌트 모두 장애로부터 복구가 가능하며 여러 가지 역할을 수행한다. 이들은 서버의 로컬 파일시스템에 데이터 블록들을 저장하고 검색한다. 이들은 또한 파일시스템에 블록의 메타데이터를 저장한다. 뿐만 아니라, 데이터노드는 파일 오퍼레이션이 가능한 블록들에 대한 정보를 네임노드에게 보낸다. 블록은 데이터노드에 저장된다.

하둡의 맵리듀스는 하둡시스템의 핵심이다. 맵리듀스는 대량의 데이터를 처리 가능한 단위로 분할하는데 필요한 모든 기능을 제공하고, 분산된 클러스터에서 병렬로 데이터를 처리하며, 사용자의 목적에 맞게 또는 추가적인 프로세싱을 위해 데이터를 제공하는데, 매우 신뢰성 높게 무정지형(fault-tolerant) 방식으로 이 모든 작업을 수행한다. 입력 데이터를 제공하면 맵리듀스 엔진은 입력 데이터를 신속하게 출력 데이터로 바꾸고, 필요한 결과를 효율적으로 제공한다. 하둡 맵리듀스는 여러 단계 또는 기능에 걸쳐서 빅데이터로부터 얻고자 하는 결과에 도달한다. 이 단계들은 데이터 준비하기, 데이터 매핑하기, 데이터 감축하고 결합하기 등으로 이루어져 있다. 그림 4-3은 하둡 맵리듀스가 어떻게 과업을 수행하는지 보여준다.

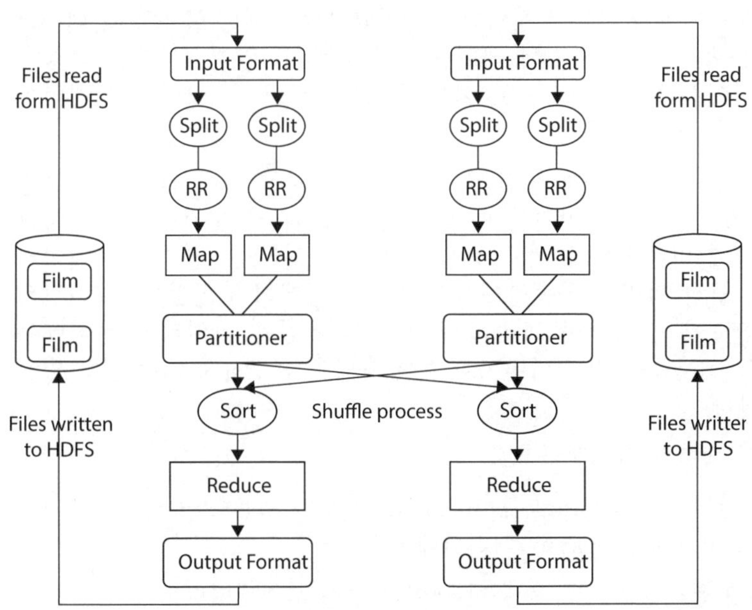

그림 4-3: 소규모 하둡 클러스터의 워크플로우와 데이터 이동

하둡을 중심으로 점점 성장하는 큰 에코시스템이 형성되어왔다. 이러한 에코시스템의 기술들은 하둡을 훨씬 사용하기 쉽게 해주기 때문에 빅데이터를 도입하고자 하는 기업들에게 매우 큰 도움이 되고 있다. 하둡 에코시스템의 핵심 도구들은 다음과 같다:

- **YARN**(Hadoop Yet Another Resource Negotiator)은 빅데이터 어플리케이션을 위해 분산 운영시스템과 같은 역할을 수행한다. YARN은 리소스를 관리하고, RM(Resource Manager)과 AM(Application Master) 서비스를 이용하여 하둡을 위해 효율적인 작업 스케줄링과 트래킹을 제공한다. RM은 시스템 내의 모든 어플리케이션들에게 리소스를 분배하는 책임을 갖는 중재자 역할을 한다. 시스템의 각 노드는 어플리케이션의 CPU, 디스크, 네트워크, 그리고 메모리 사용을 모니터하고 RM에게 리포트 하는 NodeManager를 갖는다. AM은 리소스 할당에 대해서 RM과 협상하고, 과업을 실행하고 모니터링 하기 위해 Node-Manager와 함께 작업한다.

- **HBase**는 분산된 비관계형(칼럼지향: columnar) 데이터베이스다. 이는 관계형 데이터베이스 관리시스템(RDBMSs)과 유사하게 행과 열로 이루어진 테이블에 모든 데이터가 저장된다는 것을 의미한다. 이 데이터베이스는 Google BigTable을 본떠서 만들었으며 대형 테이블(수십억 열/행)을 저장할 수 있는데, 이는 범용 하드웨어의 하둡 클러스터 계층에 존재하기 때문이다. HBase는 빅데이터를 랜덤하게 리얼타임으로 읽고 쓸 수 있게 해준다. HBase는 설정이 용이하기 때문에, 상당히 큰 데이터를 효율적으로 유연하게 다룰 수 있게 해준다. 데이터가 저장되기 전에 스키마가 반드시 정의되고 생성되어야 함에도 불구하고, 데이터베이스가 작동되기 시작한 후에 테이블이 수정될 수 있다. 이러한 특징은 빅데이터 환경에서 도움이 되는데, 이는 데이터 스트림의 모든 상세내역을 항상 사전에 알기 힘들기 때문이다.

- **Hive**는 하둡의 코어 요소들의 상위 층에 있는 배치지향의 데이터웨어하우징 레이어이다. Hive는 정형데이터를 액세스하는 SQL과 같은 기능을 제공하고 맵리듀스와 함께 빅데이터 분석 기능을 제공한다. Hive는 전형적인 데이터 웨어하우스와 달리 쿼리에 신속하게 반응하도록 설계되지 않았다. 그러므로 작업이 완료되는데 수시간이 걸리는 복잡한 쿼리 같은 리얼타임 분석에는 적절하지 않다. Hive는 데이터마이닝과 빠른 응답을 요구하지 않는 심도 있는 분석에 유용하다.

- **Avro**는 데이터 직렬화 시스템이다.

- **Cassandra**는 단일 장애점(single point of failure)이 없는 스케일러블(scalable) 멀티마스터(multi-master) 데이터베이스다.

- **Chukwa**는 대형 분산 시스템들을 위한 데이터 수집 시스템이다.

- **Mahout**는 스케일러블 머신러닝 데이터마이닝 라이브러리다.

- **Pig**는 데이터 플로우를 위한 고급언어이며 병렬 연산을 위한 실행 프레임워크다.

- **Spark**는 하둡 데이터를 위한 빠른 연산 엔진이다. Spark는 ETL, 머신러닝, 스트림 프로세싱, 그래프 연산 등과 같은 폭넓은 어플리케이션을 지원하는 단순하고 쉬운 프로그래밍 모델이다.

- **Tez**는 일반적인 데이터 플로우 프로그래밍 프레임워크로서 하둡의 YARN의

상층 레이어에 있는데, 배치와 쌍방향 유스케이스 데이터를 처리하기 위한 임의의 DAG(directed acyclic graphs: 방향성 비사이클 그래프) 타스크를 실행하는 강력하고 유연한 엔진을 제공한다. Tez는 Hiv, Pig와 하둡 에코시스템내의 다른 프레임워크, 그리고 다른 상업용 소프트웨어(예, ETL툴)에 의해 채택되고 있는데, 기반 실행 엔진으로서 하둡의 맵리듀스를 대체하고 있다.

■ **ZooKeeper**는 하둡 에코시스템에서 분산 어플리케이션을 위한 최상의 코디 네이터 역할을 수행한다.

모션 데이터와 스트리밍 데이터

인지컴퓨팅은 해석과 분석이 어려웠던 많은 유형의 데이터로부터 가치를 찾아내는데 도움을 준다. 기업들이 다루고자 하는 가장 중요한 데이터 유형 중 하나는 모션 또는 스트리밍 데이터이다. 스트리밍 데이터는 빠른 속도로 움직이는 연속적인 일련의 데이터를 말한다. 센서장비로부터 의료기기로 전달되는 데이터, 온도센서, 주식시장 의 금융 데이터, 그리고 비디오 스트림까지 다양한 스트리밍 데이터가 있다. 스트리밍 데이터 플랫폼은 이러한 데이터를 고속으로 처리할 수 있도록 설계되어 있다. 스트리밍 데이터를 처리할 때 가장 높은 우선순위가 속도이며, 이는 다른 것으로 대체될 수 없는데, 만일 그렇게 된다면 결과가 좋지 않을 것이다. 스트리밍 데이터는 데이터가 움직이는 동안 리얼타임으로 분석이 이루어질 필요가 있을 때 유용하다. 사실, 분석의 가치(그리고 데이터의 가치)는 시간이 지날수록 감소한다. 예를 들어, 즉각적으로 분석하고 대응할 수 없다면, 판매 기회를 잃어버리거나 위협이 감지되지 못할 것이다. 여러 산업에서 모션 데이터에서 가치를 얻을 수 있는 방안이 모색되고 있다. 어떤 경우에는 기업들이 이미 가지고 있는 데이터를 보다 효과적으로 사용하게 될 수 있고, 또는 이전에는 수집하지 않았던 데이터를 수집하기 시작할 수도 있다. 어떤 조직들은 과거에 단지 스냅샷 정도를 수집 했던 데이터를 훨씬 더 많이 수집할 수도 있다. 이들은 고객, 환자, 도시 거주자들, 또는 어쩌면 인류 전체를 위해 스트리밍 데이터를 사용할 수 있을 것이다. 기업들은 판매시점에서 고객에게 영향을 미치기 위해 스트리밍 데이터를 사용할 수도 있다.

오늘날 데이터 스트리밍이 중요하게 사용되고 있는데, 센서와 엑추에이터(actuator)에 의해 생성되는 데이터의 높은 가치를 이해하기 시작하면서, 스트리밍 데이터가 훨씬 더 많이 사용될 것이다. 스트리밍 데이터를 사용하는 사례는 다음과 같다:

■ 발전소 관리에서는 인가 받지 않은 사람이 전력 공급을 방해하지 않도록 하기 위해 고도의 보안이 필요하다. 발전소를 관리하는 회사는 움직임을 감지하기 위해서 사이트 주변에 센서를 장치하기도 하는데, 모든 형태의 움직임이 위협을 의미하지는 않는다. 예를 들어, 시스템은 인가 받지 않은 사람이 보안 영역에 접근하는 것과 동물이 주변을 배회하는 것을 구별할 수 있어야 한다. 아무 잘못도 없는 토끼는 보안 위협을 야기하지 않을 것이 분명하기 때문이다.

그러므로 센서들로부터 전달되는 방대한 양의 데이터는 오직 실제적 위협이 존재할 때만 알람이 울리도록 실시간으로 분석될 필요가 있다.

- 제조업에서는, 예를 들어, 생산 과정에서 화학물질들이 혼합되는 순도를 모니터링 하기 위해 센서들로부터 전달되는 데이터를 사용하는 것이 매우 중요할 것이다. 이러한 사례는 스트리밍 데이터의 필요성을 잘 보여준다. 그러나 어떤 상황에서는 많은 양의 데이터를 수집하는 것이 가능하지만 구체적인 비즈니스 요구사항이 존재하지 않을 수도 있다. 다시 말하면, 데이터를 스트리밍 할 수 있다고 해서 항상 그렇게 해야 하는 것은 아니라는 뜻이다.

- 의학 영역에서는, 의료기기들의 성능을 모니터링 하고 요구되는 수준에서 벗어 났을 때 의료진에게 알리기 위해서 매우 민감하게 센서들을 연결한다. 유사시 환자에게 피해가 가지 않도록 의료진이 장비에 필요한 조치를 하는데 필요한 리드 타임을 가질 수 있도록 장애를 추정하기 이해서, 기록된 데이터를 지속적으로 전달하게 된다.

- 통신산업에서는 서비스 레벨이 고객의 기대수준에 맞도록 하기 위해서 대량의 통신 데이터를 모니터링 하는 것이 필수적이다.

- 소매산업에서는 판매시점의 데이터가 고객의 의사결정에 영향을 미칠 수 있도록 생성되고 동시에 분석되어야 한다. 데이터는 계약시점에서 처리되고 분석되며 지역 데이터나 소셜미디어 데이터와 결합되어 사용될 수도 있다.

- 물리적으로 위험한 환경에서는 수집된 데이터의 상황을 이해하는 것이 필수적이다. 시스템은 사건의 상황을 감지할 수 있어야만 하고 이를 바탕으로 실제로 문제가 있는지 판단해야 한다.

- 의료기관은 의료기기로부터 발생한 복잡한 데이터를 분석할 수 있다. 이러한 스트리밍 데이터를 분석한 결과를 바탕으로 환자의 다양한 측면을 살펴볼 수 있고, 그 결과를 알려진 증상들과 또는 다른 비정상적인 지표들과 비교해볼 수 있다.

암흑 데이터(Dark Data) 분석

조직 내에 잘 알려져 있고 자주 사용하는 데이터에 주로 관심을 두고 있지만, 저장되어 있음에도 불구하고 조회되거나 분석되지 않는 데이터의 양도 상당히 많다. 암흑 데이터로 불리는 이러한 정보는 주로 장비나 보안시스템으로부터 발생하는 로그 데이터다.
이러한 데이터를 저장하는 것이 필수적인 경우도 가끔 있다. 하둡과 맵리듀스와 같은 빅데이터 처리방식의 등장 이전에는, 데이터를 분석하려고 시도하는 것 조차 엄두를 못 낼 만큼 많은 비용이 소요되었다. 그러나 알려지지 않았던 패턴을 이해하는 데 도움이 되는, 가치 있는 데이터가 엄청나게 많이 있다. 예를 들어, 기계에서 발생되어 로그에 저장되어 있는 데이터를 분석함으로써 온도와 습도 또는 다른 반복적인 상황의 패턴에 따라 특정 기계가 언제 장애를 일으킬지 예측할 수도 있다. 이러한 데이터를 예측분석에 활용함으로써, 언제 기계가 고장 날지, 또는 언제 교통흐름의 패턴이 바뀔지, 상세한 상황을 알 수 있게 될 것이다.

빅데이터와 전통적 데이터의 통합

빅데이터에서 복잡한 비정형데이터를 액세스하고 분석하는 것에 대부분의 관심이 주어져 왔지만, 이러한 분석 결과가 전통적인 관계형 데이터베이스, 데이터 웨어하우스, 그리고 사업단위의 비즈니스 어플리케이션과 결합되는 것 역시 중요하다.
조직이 필요한 데이터에 대해 전체적인 관점을 유지함으로써 상황에 맞는 인지시스템이 개발될 수 있기 때문이다.
그러므로 인지시스템을 개발하기 위해서는 엄청난 양의 데이터가 처리되고 분석될 필요가 있다. 또한 말뭉치를 효과적으로 생성하기 위해서 적절한 데이터를 통합하는 도구와 기술들 역시 필요하다. 이것은 정적인 프로세스가 아니다. 효과적으로 인지시스템을 개발하기 위해서, 다루고자 하는 문제에 대한 모든 유형의 빅데이터가 수집되고 통합되고 처리되어야 한다.

요약

빅데이터는 효과적인 인지시스템을 만드는데 핵심적이다. 정형과 비정형 소스들을 포함해서 매우 다양한 유형의 빅데이터가 존재한다. 데이터들은 모두 같지 않다. 정보의 볼륨과 유형도 다양하고 빠르게 전송되어야 하는 데이터도 있다. 적절한 시점에서 말뭉치를 생성하는데 빅데이터를 사용함으로써, 올바른 상황과 정확한 데이터에 기반한 인지시스템이 만들어지도록 해야 한다.

COGNITIVE COMPUTING

AND

BIG DATA ANALYTICS

분류체계와 온톨로지를 이용한 지식 표현

데이터로부터 학습한다는 것이 인지컴퓨팅의 핵심이다. 만일 시스템이 데이터를 사용해서 다시 프로그램 하는 일 없이 스스로의 성능을 향상시킬 수 없다면, 이런 시스템은 인지시스템이라고 할 수 없다. 그러나 그렇게 하기 위해서는, 인지시스템이 사용되고자 하는 영역에 데이터가 풍부하게 있어야 하고, 데이터에 내포되어 있는 지식을 표현할 수 있는 형식(format)이 있어야 하고, 새로운 지식을 습득할 수 있는 프로세스가 있어야 한다. 이것은 어린아이가 관찰, 경험, 설명을 통해서 세상에 대해 학습하는 방식과 동일할 것이다. 이 장에서는 지식을 표현하는 보다 복잡하고 포괄적인 방법을 탐색하기 전에 조금은 단순한 방식인 분류체계와 온톨로지를 살펴볼 것이다.

지식 표현하기

사람과 같이 컴퓨터 시스템에서도 사실(facts) 또는 신념(beliefs)과 일반적인 정보가 지식에 포함될 수 있다. 그리고 이것은 객체(명사)를 묘사하고 그들을 분류하는데 도움이 되는 관계, 규칙 또는 특성뿐만 아니라, 온톨로지와 분류체계 같은 표준화된 지식의 조직적 구조도 반드시 필요하다. 예를 들어, 사람은 동물이고 밥(Bob)은 사람이므로 밥은 반드시 동물과 관련된 모든 특성들을 갖는다는 것을 알고 있다. 사람의 경우, 우리는 보통 이해하는 것과 지식을 동일시 여기지만, 컴퓨터의 경우는 이와 다르다. 물론 컴퓨터에서는 모든 것을 이해하는 것 없이 아는 것을 가능하게 해주는 데이터베이스가 존재한다. 기본적으로 데이터베이스는 컴퓨터 환경 내에서 쉽게 액세스 가능하도록 연관된 데이터들의 구조화된 모음을 의미한다.

우리가 알고 있는 가장 스마트한 사람들에 대해서 잠시만 생각해보자. 무엇이 그 사람을 스마트하게 또는 지능적으로 만드는가? 백과사전적인 기억을 갖는 것 보다 훨씬 더 다른 무엇이다. 지능은 지식을 획득하고, 유지하고, 분석하고, 발전시키고,

소통하고, 응용하는 능력이다. 많은 것을 알지 않고도 지적일 수 있다 - 많은 지식을 획득하기 전에 지적인 징후를 보이는 조숙한 아이를 생각해보라. 반대로 말하면, 사람은 많은 사실들을 알 수 있지만 목표를 성취하기 위해서 이러한 것들을 어떻게 사용해야 하는지 모를 수 있다.

인지시스템 개발하기

인지시스템을 개발하는데 유용한 많은 기술들이 있는데, 특히 명확한 쿼리 없이도 데이터로부터 나타나는 패턴을 분석함으로써 대량의 데이터를 활용할 수 있도록 해주는 기술이 있다. 이러한 이슈는 6장 "인지컴퓨팅을 위한 고급분석"에서 다루어질 것이다. 본질적으로, 우리가 어떤 답을 찾고 있는지 시스템에게 말하지 않아도 된다는 것이다. 2012년 연구에서, 구글의 연구원들은 유튜브 비디오에서 랜덤하게 천만 개의 이미지를 선택하고, 패턴을 찾기 위해 16,000개의 프로세서 네트워크를 사용했다. 놀랄 일은 아니겠지만, 이 시스템은 전체 이미지에서 20,000개 이상의 특징적인 아이템들로부터 구별되는 패턴을 발견했다 (이미지의 여러 부분에서 같은 비율의 명암 그리고 반복되는 하위 이미지들간의 관계 등). 컬러와 배경 그리고 이미지의 품질에 관계 없이, 픽셀의 랜덤 배열보다 더 자주 반복되는 패턴을 찾기 위해 이들 이미지를 자세히 분석함으로써, 특징적인 구별이라고 인식 되기에 충분히 자주 나타나는 명암의 조합을 발견한 것이다. 그 결과는 고양이 이미지의 포괄적인 패턴이었다.

빅데이터 샘플에서 패턴들을 체계적으로 감지하는 것이 가능하다는 것을 입증한 이 실험은 단지 시작일뿐이었다. 대부분의 인지컴퓨팅 시스템은 좀더 집중된 방식을 취한다. 이들은 의학적 진단이나 고객서비스와 같은 특정한 영역에서 데이터를 통해 학습하고 사용자에게 가치를 제공하도록 설계된다. 이러한 인지시스템을 개발하는 사람들에게 어려운 점은, 도움이 될 정도로 충분한 관련된 지식을 획득하는 것 그리고 시스템이 지식을 축적하거나 경험을 가지고 지식을 정제할 수 있는 방식으로 획득한 지식을 표현하는 것이다.

각 산업과 그 산업내의 각 도메인은 고유한 어휘와 축적된 지식을 가지고 있다. 이들 도메인은 의료시스템을 구성하는 여러 파트들로부터 예측적 항공정비시스템의 엔진 부품까지 매우 다양한 유형의 대상들을 포함한다. 대상이 되는 각각의 유형들에게는 그들의 상호작용과 움직이는 방식을 가이드 하는 특정한 규칙들이 있을 수 있다. 예를 들어, X-ray는 어떤 물리적 특성들을 갖는 특정한 객체이다. 이와 비슷하게 비행기 부품에 속하는 윙 너트(wing nut)는 그것이 어떻게 설치되고 다른 물리적 부품들과 같이 작동하는지에 대한 구체적인 규칙들을 가지고 있을 것이다. 이러한 지식을 획득하고 표현하는 프로세스는, 머신 프로세싱을 위해 코드화 될 수 있도록 그 지식을 충분히 잘 설명하고 있는 그들 산업의 어휘와 규칙을 이해하고 있는 전문가를 필요로 한다.

그러나 산업전문가의 지원에도 불구하고 산업 또는 시장에 대한 완벽한 이해를 복제할 수 있는 시스템을 설계하기에 충분한 지식과 뉘앙스를 획득하는 것은 불가능하다. 그러므로 대부분의 인지시스템은 의미 있을 정도의 부분 지식으로 시작해서 경험과 트레이닝으로 지식을 역동적으로 확장함으로써 초기의 모델을 정제해나간다. 이러한 방식의 기반이 되는 것은 지식의 특정 영역에 초점을 맞춘 분류체계와 온톨로지를 정의하는 것이다.

인지시스템을 개발하는데 있어서 또 다른 흥미 있는 측면은 "관계된 상황"을 이해하는 것이다. 높은 수준의 인지를 성취하기 위해서, 사람 또는 시스템은 동시에 복수의 말뭉치들로부터 데이터를 관련시킬 수 있어야 한다. 사람은 거의 노력을 들이지 않고 삶의 초기에 이런 유형의 상관관계를 이루어 낸다. 우리는 자전거를 어떻게 타는지 배운다 그리고 나서 안전하게 원하는 곳에 도달하기 위해서 날씨, 교통량, 도로 상태 등에 대한 정보를 처리한다. 초반에 예를 든 항공기 부품의 경우에서, 인지시스템이 보다 좋은 소재 또는 프로세스를 권고하기 위해, 부품 어셈블리(assembly)를 안전과 또는 축적된 기상 데이터와 연관시켜보는 것이 적절하지 않은가?

분류체계와 온톨로지의 정의

어떻게 지식이 관리되는지 자세히 다루기 전에, 먼저 분류체계와 온톨로지를 정의하는 것이 중요하다. 분류체계는 특정 연구분야 내에서 정보를 수집하거나 코드화하는 계층적 방식이다.

분류체계 내에서 데이터의 카테고리(category)가 의미하는 것은, 공통의 특징으로 분류하기 위한 프레임워크의 집합으로 생각할 수 있다. 계층적이라는 것은 부분집합과 같이 하위 카테고리를 갖는 구조를 의미하는데, 상위 집합 또는 상층부의 카테고리에 정의된 모든 특징들을 상속받는다. 분류체계는 일반적으로 각 카테고리 내의 모든 요소들에게 적용되는 특징들을 구체화하는 공식적인 방법이다.

만일 자동차에 대해서 알려진 모든 것을 수집하는데 흥미가 있다면, 그림 5-1에서 나타낸 바와 같이 자동차를 나타내는 하나의 집합으로 시작할 수 있는데, 아마도 그

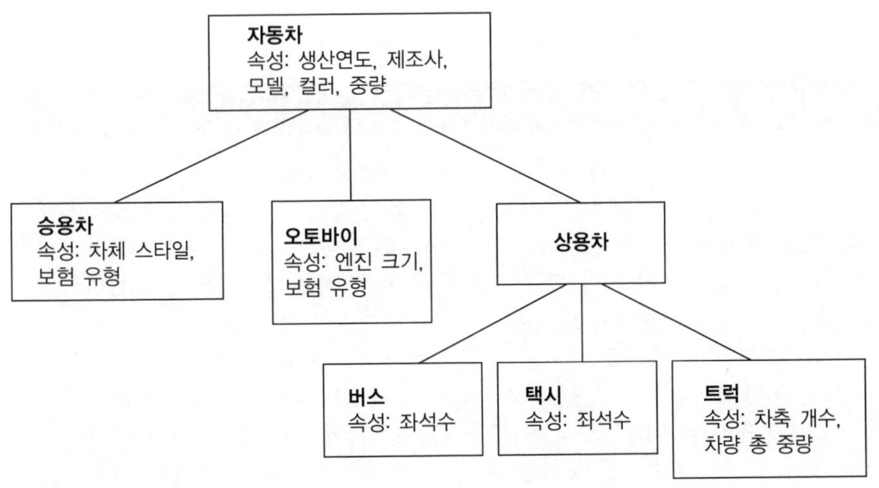

그림 5-1: 자동차 유형

집합은 승객용 자동차, 모터사이클, 상업용 차량 등으로 나누어질 것이다. 여기에서 버스와 택시 등의 카테고리 또는 부분집합을 더 생성할 수 있다. 이것은 매우 번잡한 일일 수 있으며, 사용하고자 하는 의도에 따라 최상층 레벨에 있는 집합을 결정해야 한다. 예를 들어, 전기버스가 많은 사람들을 나른다는 것이 사용자에게 더 중요한가? 또는 전기동력이라는 것이 사용자에게 더 중요한가? 다행스럽게도, 개발을 단순화시키기 위해서 용도에 따라 데이터를 고려할 수 있다.

예를 들어, 차량추적시스템에 자동차, 보트, 오토바이, 버스, 그리고 트럭에 대한 정의가 있을 수 있다. 자동차 관리부서에서 소유권과 비용부과를 위해 등록사항을 확인하려고 했을 때, 이 분류체계를 기준으로 한다면 필요로 하는 정보를 거의 찾을 수 없을 것이다. 자동차는 두 개의 차축을 가진 운반구로서 정의될 수 있는데, 자동차의 각 인스턴스(물리적 세상에서 하나의 실제 자동차를 나타내는 것)는 등록 비용 산출이 가능하도록 무게에 대한 정보를 가질 것이다. 만일 소속 행정구역에서 다른 특징, 예를 들어 연료 유형이나, 연료 소비율 등을 기준으로 세금을 부과한다면, 분류체계는 각 자동차 레코드에 그러한 구체적인 사항들을 포함시키거나, "연료 효율적인" 자동차와 "가스 소모가 많은" 자동차 같은 분류를 생성할 것이다.

다른 어플리케이션의 경우, 분류체계에 따라 동일한 자동차들이 서로 다르게 분류될 수도 있다. 예를 들어, 보험사는 마력 대 무게와 몸체 유형(컨버터블 대 세단)과 같은 특징들에 기반해서 책임 등급을 계산할 것이다. 보험회사를 위한 분류체계는 그들의 요구사항에 맞게 분류를 구성하고 새로운 하위 분류를 생성할 것이다. 어떤 산업에는 잘 정의된, 성숙된 분류체계가 존재한다. 예를 들어, 제약산업은 다양한 약품을 생성하는데 사용되는 매우 상세한 화학합성물의 분류체계를 가지고 있다.

반면에, 온톨로지는 일반적으로 분류체계에 담고자 하는 모든 정보를 포함하고, 카테고리들 사이의 규칙과 관계에 대한 상세 정보와 포함 기준에 대한 정보들도 포함한다. 온톨로지는 의사결정을 가이드 하는데 사용될 수 있는 의미론적 정보를 포함할 가능성이 많다. 보다 풍부하고 완전히 명시된 온톨로지는 문제 해결과 의사 결정에 많은 도움이 될 것이다.

인지시스템에서 상태(state)의 역할

지식을 어떻게 표현하고, 요소들을 연결할 수 있는 모델을 어떻게 구축할 것인가에 대한 논의에 앞서, 상태(state)에 대한 개념을 이해할 필요가 있다. 상태는 시간적으로 또는 상황적으로 특정한 시점에 있는 시스템의 상태를 말한다. 간단한 예로, 물은 고체, 액체, 기체 세가지 상태 중 하나로 존재할 수 있다. 상태변수는 온도다. 지난 달에 어떤 상태였는가를 결정하는 것은 그 시점(그리고 그 시점까지 이르는 기간 동안)의 온도를 아는 것으로 충분하다. 인지컴퓨팅 시스템에게 있어서 상태는, 저장된 정보를 위한 값으로부터 사용자 로그와 구성 데이터(특정한 시간에 실제로 작업 중에 있었던 모듈)에 이르기까지 많은 변수를 포함할 수 있다. 상태정보를 결정하거나 특정 상태로 시스템을 되돌릴 수 있는 능력은 감사(auditing)를 위해서 필요할 수 있다 (예를 들어, 금융 서비스나 의학 진단 시스템에서). 만일 시스템이 어플리케이션을 위한 인지 플랫폼으로 사용되는 상황에서 상태 정보에 대한 것을 어플리케이션이 각자 알아서 한다면, 플랫폼은 상태정보를 전혀 추적한 필요가 없게 된다.

지식을 표현하는 방식에 대한 설명

분류체계와 온톨로지 같은 지식 표현 방식을 결정하는 것은 인지컴퓨팅 솔루션을 기획하는데 있어서 핵심적인 의사결정이다. 간단함을 추구하는 것은 언제나 훌륭한 설계 목표가 되지만, 어떤 문제 영역은 애매한 관계 또는 완벽하게 구체화시킬 수 없는 관계로 인해서 본질적으로 복잡하다. 지식의 표현은 그 지식에 대해서 알려진 모든 대상의 유형이나 클래스를 수집하는 것으로 시작된다. 클래스(class)는 구성요소들 또는 인스턴스들의 특성을 정의하는데, 시스템이 학습해감에 따라 관계나 행동방식에 대한 정보를 제공하게 된다. 보다 확고한 지식 표현을 위해서는 보다 많은 작업이 초반에 필요하지만, 시스템이 운영단계에 들어가면 지식의 표현이 보다 유연해진다. 인지컴퓨팅 어플리케이션 내에서의 도메인 지식은, 단순한 리스트 형태부터 전통적인 데이터베이스, 문서, 다차원의 특별한 구조까지, 매우 다양한 데이터구조로 수집되고 저장된다. 인지컴퓨팅 시스템 설계자는 이러한 구조를 구체적으로 구현하기 위해서 절차적 언어, 리스트 처리 언어, 함수형 언어, 또는 객체지향 프로그래밍 언어 등을 사용할 수 있다. 데이터 모델링 도구를 사용하거나 심지어 인지컴퓨팅 시스템 개발을 위해서 만들어진 언어로 지식 모델을 구체화할 수도 있다. 도구와 표현방식의 선택에는 데이터를 기반으로 수행될 시스템의 운영 방식이 고려되어야 한다. 대다수의 어플리케이션이 그렇듯이, 구현방식마다 다른 방식 대비 트레이드오프가 있게 마련이다. 독소를 빠르게 진단(예, 유독물질 제어)하기 위해서 의료시스템을 최적화한다는 것은, 비슷한 입력을 바탕으로 적절한 생활의 변화를 조언하는 기능을 (최적이 아닌) 차선의 것으로 만들 수 있다. 소프트웨어로 구현할 지식 모델과 구조를 정의할 때는, 일반적인 시나리오와 흔하지 않지만 상상할 수 있는 테스트 케이스를 고려하는 것이 중요하다. 하나의 시스템에 기능에 따라 또는 특별한 속성에 따라 구분된, 여러 개의 지식 저장소가 담겨 있을 수 있다. 예를 들어 대형 제조회사의 예지보전시스템은 토스터와 MRI 기계 생산에서 발생하는 문제점들을 별도의 인스턴스(instances)로 가지고 있을 수 있다. 각 기계의 유형마다 필요한 지식은 그 기계의 속성별로 또는 장애 유형과 발생 빈도에 따라 구조화될 수 있다.

지식을 표현하는데 사용되는 데이터 구조들의 모음을 위한 논리적 설계는 도메인의 모델이 될 수 있다. 어떤 도메인은 곧바로 모델이 될 수 있다. 예를 들어, 체스게임은 등장한지 수세기가 되어서 설명하고 표현하기에는 쉬우나 마스터하기는 어렵다. 체스는 두 사람이 하는, 완벽한 정보를 갖는, 제로섬 게임이다. 플레이어들은 동일한 체스 보드를 보고, 동일한 규칙에 따라, 다음 수를 머리 속으로 계산하는데, 이는 그들의 두뇌 기억에 모든 경우의 수를 저장할 수 있는 능력에 따라 제한된다. 체스 게임을 하는 시스템은 다음 요소들을 모델링 해야 한다: 8 x 8 사이즈의 체스 보드와 32개의 체스 말들, 6개의 카테고리 또는 유형 (졸, 루크, 기사, 비숍, 왕비, 왕). 각 카테고리는 자신의 포인트 값과 허용된 행위를 가지고 있다. 시스템은 시작 위치와 각 말의 색을 알고 있어야 한다. (실제로 시작 위치를 알고 있다면, 그 말의 색 역시 알고 있는 것이 된다.) 게임이 진행됨에 따라, 시스템은 오직 허용된 움직임만 실행하고 게임의 상태에 따라 최선의 움직임을 계산하고 있어야 한다. 그림 5-2는 체스 게임의 상태를 나타내는 다양한 표현을 보여준다.

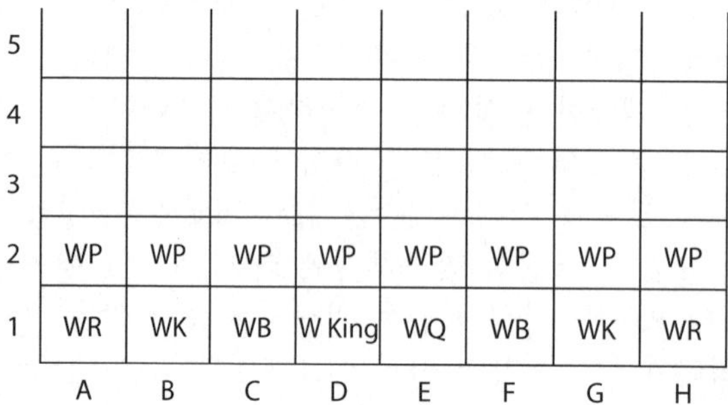

그림 5-2: 체스 게임의 표현

체스 표기법은 수년에 걸쳐 진화되어 왔다. 오늘날에는 표준 대수 표기법(Standard Algebraic Notation)이 세계체스연맹(World Chess Federation)에 의해 개최되는 체스 게임을 기록하는데 공통적으로 사용되고 있다. 이 표기법은 체스 프로그램 내부적으로 게임의 "상태"에 대한 지식을 수집하기 위해서 사용될 수 있다. 이것은 체스 말에 대한 정보와 허용된 행위가 복잡하지 않다는 것을 의미한다. 오직 현재의 보드 상태만을 고려하여, 움직임을 선택하기 전에, 여러 개의 또는 심지어 모든 가능한 다음 수를 평가하는 프로그램이 (모든 규칙이 첫 움직임이 실행되기 전에 코드로 인스턴스화 될 수 있기 때문에) 인지기능 없이 (미래 상태를 평가하는데 제한된 능력을 가진) 인간 챔피언을 이길 수 있다. 이처럼 주먹구구 방식이 가능한 것은 도메인이 완벽하게 구체화되었기 때문이다. 게임의 어느 시점에서든, 이론적으로 양 측은 완벽한 정보를 가지고 모든 가능한 후속 움직임을 충분한 시간과 메모리를 가지고 계산하고 평가할 수 있는 것이다.

어떤 상대방에게는 보다 복잡한 방식이 적용될 수 있는데, 유사한 게임 상태(말들의 배열 형태)에서 상대가 어떻게 움직였는지를 바탕으로 그의 다음 움직임을 예측하기 위해서 과거의 모든 게임에서 그의 모든 움직임을 살펴보는 것이다. 일반적이지 않은 전략에 대응하기 위해서 과거의 움직임들을 이용하려면 훨씬 더 많은 과거 지식이 필요할 것이다. 말들, 움직임들, 그리고 게임의 상태는 특정 상대자의 지난 움직임들을 고려하거나 고려하지 않거나 동일할 것이다. 모든 것은 단순한 데이터 구조로 표현될 수 있다 - 컴퓨터학과 1학년 학생들을 위한 적절한 과제로 적절하다. 차이점은 상황에 따라 어떤 움직임을 선택할 것인지 결정하기 위한 지식의 복잡도에 있다.

주어진 어떤 상황에서 가능한 움직임들이 늘 동일하더라도 그 중에서 움직임을 선택하는 것은 상황에 따라 다를 수 있다.

일반적이지 않은 전략에 대응해서 과거의 움직임들과 특정 움직임을 비교해서 그 상황을 평가함으로써 경기자를 상대하는 체스 프로그램을 작성하는 것은 보다 복잡하겠지만 기저에 있는 원리는 동일하다.

이제 표현하기에 좀더 어려운 도메인, 즉 차량의 진단과 수리(그림 5-3)에 대해 알아보자. 내연기관(ICE: internal combustion engine)에 의해 동력을 얻는 모든 차량은 여러 가지 특성과 컴포넌트들 그리고 주요 하위시스템들을 공유한다. 전기, 연료, 점화장치, 냉각장치, 배기장치 등은 수많은 하위시스템들의 일부분이다. 차량 진단용 인지솔루션은 각 시스템의 각 컴포넌트들과 이들 사이의 가능한 상호작용을 표현해야 한다.

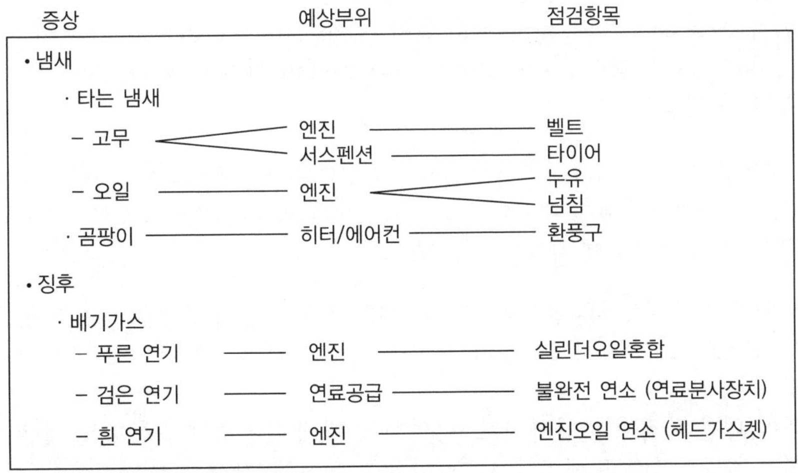

그림 5-3: 차량 진단과 수리

여기서, 분류가 경계를 흐릿하게 하기 시작하는데, 예를 들어, 전자 연료 펌프는 전자계통인가 연료계통인가? 코일 파트는 전자계통인가 점화계통인가? 시스템이 원인을 제시하기 전에 진단을 위해서 공통 증상들은 반드시 코드화 되어야 한다.

배기관으로부터 나오는 검은 연기는 배기계통의 증상인가 연료장치의 실패인가? (이것은 전형적으로 연료문제이다.) 하얀 연기는 배기문제인가 연료문제인가? (일반적으로 둘 다 아니다 - 점화기에 물이 새는 불량 가스켓의 증상이다.)

컴포넌트들 사이, 그리고 컴포넌트들과 고장증상 사이의 모든 관계를 사전에 정의하는 것이 현실적으로 어려울 때, 인지시스템은 피드백을 받아들여 자신의 성능을 더 향상시킬 수 있다. 그러나 이것은 적용된 지식 표현방식으로 모든 상태들을 확고하고 충분히 표현할 수 있을 때만 가능하다. 분류에 대한 의사결정은 지식이 어떻게 저장되는지에 영향을 끼치는데, 이는 어떤 유형의 문제들이 쉽게 해결될 수 있는지를 나타낼 수도 있다.

지금까지 상대적으로 단순한 도메인을 다루어왔다. 도메인 전문가들이 지식과 규칙에 합의하지 않을 때 길을 찾는 것이 훨씬 더 어려운 일이다. 예를 들어, 신약개발에는 복잡한 요인과 문제가 너무 많아서 직관적으로 지식베이스를 구축하기 어렵다. 그러므로 오늘날 효과적으로 처리할 수 있는 것이 무엇인가에 따라 현실적인 제한이 존재한다는 것은 당연한 일이다.

어떤 도메인은 쉽지만, 폭이 넓고 복잡한 도메인도 있다. 예를 들어, "의학"을 하나의 도메인으로 생각하지만 이 분야는 수많은 학문들로 구성되어 있다. 그러므로 그 도메인 내에 하나의 지식 표현방법만 있을 것으로는 기대할 수 없다. 의학과 관련된 모든 것이 하나의 시스템 내에 표현될 수 없다. 이것은 국경선과 길, 지형, 그리고 날씨에 관한 관점을 1:1 축척지도로 나타내고자 하는 것과 같은 것이다. 의학에는, 잘 정의된 하부시스템(순환계, 호흡계, 신경계, 소화기 계통 등)이 있고, 잘 정의된 질병, 의학적 질환, 그리고 이들의 경계에 걸쳐지는 병리학이 있다.

지식을 표현하고 코드화 하기 위해서 해야 할 일의 절반은 특정 모델에서 무시되어야 할 것이 무엇인지를 결정하는 것이다. 인공지능과 지식관리의 선구자인 마빈 민스키 (Marvin Minsky)가 Artificial Intelligence at MIT: Expanding Frontiers (Patrick H. Winston, Ed., Ed., vol. 1, MIT Press, 1990. Reprinted in AI Magazine, Summer 1991)에서 다음과 같이 언급했다:

> *정말로 어려운 문제를 해결하기 위해서는 여러 가지 서로 다른 표현방법들을 사용해야 할 것이다. 왜냐하면 각 특별한 종류의 데이터 구조는 자신만의 미덕과 결핍을 가지고 있기 때문에, 상식적인 다른 모든 기능에 적합할 수는 없다.*

그러므로, 초기의 일부 인지시스템은 종양학과 같은 의학의 한 지류에 중점을 두었으며, 의학의 한 영역에 집중함으로써, 처리가능하고 의미 있는 부분으로 도메인을 나누기 시작할 수 있었다.

의학의 모든 분과에 대한 관점과 마찬가지로, 종양학에 대해 완전히 학습한다는 것은 진단, 보살핌 또는 치료, 그리고 예방에 대한 이해를 필요로 한다. 이러한 각각의 하위카테고리는 좀더 세분화될 수 있고 독자적으로 학습될 수 있을 것이다. 실제로 이것이 전문화로 이끄는 길이 되겠지만 (어떤 분야의 점점 더 좁은 하위영역에 대해 점점 더 많이 알아가는 것), 종양학을 이해하기 위해서는 이들 하위카테고리들간의 상호연관성을 이해해야만 한다. 테이블 5-1은 암의 일반적이 유형을 나열하고 있다. 각 하위카테고리 또는 암 유형은 진단과 치료를 위한 질병특이적(disease-specific) 패러다임과 연관되어 있을 것이다.

테이블 5-1: 암의 공동 유형

공통 고형 종양	폐, 결장, 유방, 생식, 위, 뇌
혈액 종양	백혈병, 림프종
결합조직 종양	육종

지식의 여러 관점 관리하기

앞에서 예시한 차량진단 사례의 각 하위시스템을 위해, 가능한 지식들을 별도의 모델들로 분류할 수 있다. 많은 전문 정비공과 유지보수 매뉴얼들은 하위시스템 별로 그들의 지식을 구조화하고 있다. 하나의 시스템 내에서 문제를 진단하기 위해 좀더 깊이 들어가기 전에, 사전 질문을 통해 연관성이 없는 시스템들을 배제시키는 것은 적절할 방식일수 있다. 그러나 하위시스템으로 지식을 분할 하는 것은 위험하다. 복수의 하위시스템으로 지식을 분할하는 것은 문제를 올바르게 식별하는데 어려움을 줄 수 있다. 예를 들어 헬스케어에서, 고혈압을 진단하는 첫 번째 하위시스템이 있고 당뇨에 중점을 둔 두 번째 하위시스템이 있다고 하자. 사실 이들 두 하위시스템들은 함께 고려되어야 할 연관성을 가지고 있다.

종양학과 같은 복잡한 도메인에서는 여러 하위시스템이 관련되는 복잡한 문제를 다루는 것이 보다 일반적이기 때문에, 관련된 모든 지식을 획득하기 위해서 하나이상의 관점 또는 표현을 필요로 할 것이다. 전문가는 새로운 케이스를 완전히 이해하기 위해서 책과 저널, 케이스 노트, 그리고 누군가와의 커뮤니케이션을 이용할 수 있다. 물론 그 의사의 뇌에는 이와 같은 유형의 리소스들을 오랫동안 참조해온 혼합적 지식이 저장되어 있을 것이다.

인지컴퓨팅 시스템에서도 이러한 유형의 지식을 획득할 수 있고, 보다 완벽한 표현을 위해 서로 연결될 수 있는 여러 가지의 관점으로 분할될 수 있다. 새로운 발견에 따라 문제에 대해 전문가가 생각하는 방식이 바뀔 수 있고, 이는 인지시스템 내에 지식을 분할하는 방식의 변화로 이어질 수 있다. 예를 들어, 암의 유형과 치료는 암이 발견된 신체 부위에 의해 설명되어 왔다. 간암의 케이스를 연구하는 누군가는 즉시, 예전에 다른 장기에 사용되기 위해서 실험되고 인가된 치료법을 시도할 생각을 하지 못할 수도 있다. 그러나 최근에는, 여러 장기에 걸친 대량의 데이터를 분석하고 환자의 게놈 특성에 따라 케이스들을 비교하는 것이 가능해졌다. 헬스케어 진단을 위한 유사성 분석이 머신러닝 알고리즘의 중요한 응용분야가 되었으며, 환자들과 게놈, 암, 치료법

그리고 결과들 사이에 유의미한 패턴의 발견으로 이어졌다. 결과적으로 새로운 관계들이 발견되어 새로운 치료법이 적용되었다. 이러한 발견으로 덕분에, 유의미한 관계 파악을 위해서 가능하면 지식의 분할을 늦추는 것이 가치 있다는 것을 알게 되었다.

지식을 표현하는 모델들

지식을 표현하기 위한 방법에는 여러 가지가 있다. 벽에 걸린 차트만큼 간단하거나, 현장에서 사용되는 전체 어휘목록만큼 복잡하다. 이 섹션은 분류체계와 온톨로지에 대한 개요를 설명하고, 인지시스템에서 중요하게 사용되는 추가적인 지식표현 방법들을 설명한다. 인지시스템 내에서 지식의 표현방법은 단순한 트리구조부터 온톨로지, 분류체계, 그리고 시맨틱웹(semantic webs)까지 다양하다.

분류체계(Taxonomies)

분류체계는 도메인 내에서 대상들의 클래스나 유형들을 공식적인 구조로 표현한 것이다. 분류체계는 일반적으로 계층적 구조이며 도메인 내에 있는 각 클래스의 이름을 제공한다. 분류체계는 다른 개체와 관련된 각 개체의 멤버십 특성도 나타낼 수 있다. 분류체계를 구체화하는 규칙은 도메인 내의 모든 객체를 분류하거나 범주화 하는데 사용되는데, 이 규칙들은 반드시 완전하고, 일관적이며, 모호하지 않아야 한다. 이처럼 엄격하게 상세화된 규칙에 따라, 새로 발견되는 모든 대상은 반드시 하나의 그리고 오직 하나만의 카테고리나 클래스에 소속되어야 한다.
과학분야에서는 지식을 구조화 하기 위한 분류체계의 개념을 잘 사용하고 있다. 사실, "이것은 동물, 미네랄, 또는 채소 입니까?"라고 묻는 추측하기 게임을 하고 있다면, 린네(Linnaeus)의 1737 자연 분류체계를 사용하고 있는 것이다. 린네는 그의 분류체계에서 이러한 세가지 카테고리를 "kingdoms" 이라고 불렀다(그림5-4). 자연에 있는 모든 것들은 이들 카테고리들 중 하나에 속하게 되는데, 이것은 강(class), 목(order), 속(genus), 종(species), 변종(variety)으로 더 세분화된다. 분류체계의 어느 계층에서도 클래스들 사이에는 공통되는 요소가 있을 수 없다. 만일 있다면, 새로운 공통의 상위 카테고리가 필요해진다.
 분류체계에서 클래스의 멤버들은 상위 클래스의 모든 특징들을 상속받는다. 예를 들어 사람은 포유동물이므로, 사람은 머리카락을 가진 온열 척추동물이고 후손을 먹이기 위해 우유를 만들어 낸다. 물론 사람은 숨을 쉰다는 것도 알고 있는데, 포유동물 클래스에 있는 모든 것들은 척색동물문(phylum chordata)에 속하고, 이는 모든 동물들을 포함하며, 동물은 호흡을 한다. 상속(inheritance)은 공동의 특징들을 공통적인 가장 최상위 계층에만 구체화할 필요가 있기 때문에 분류체계의 표현을 단순화 시킨다. 인지컴퓨팅 시스템에서, 분류체계를 참조하는 것은 객체지향 프로그래밍 언어에서

또는 테이블과 트리 같은 공통적인 데이터 구조에서 객체로써 표현될 수 있다. 이러한
분류체계는 시간이 지나도 변하지 않을 규칙과 구조로 구성된다.

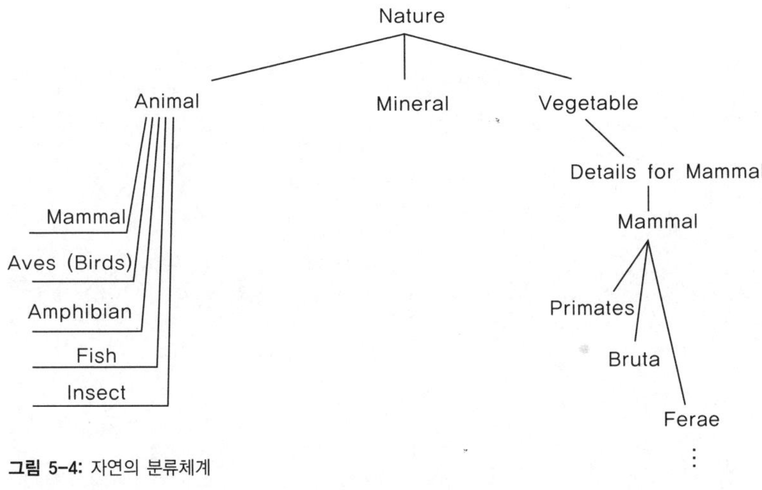

그림 5-4: 자연의 분류체계

온톨로지(Ontologies)

분류체계와 온톨로지 사이의 경계가 다소 불명확하지만, 온톨로지는 분류체계보다
더 상세한 정보를 제공한다. 온톨로지가 특정한 도메인에 적용되기 위해서는 그 커뮤
니티에서 사용되는 어휘, 정의, 규칙 등에 대한 공통적인 이해를 완전히 담아내야 한다.
하나의 온톨로지를 개발하는 과정에서 커뮤니티 내의 일관되지 않은 추정과 신념
그리고 관례가 드러나기도 한다. 일반적으로 의견 일치가 이루어져야 하지만, 그렇지
않다면 새로운 영역에서 불일치 하는 의견이 논의를 위해 표면화되어야 한다. 많은
영역에서 전문가협회들이 의견교환과 공통된 이해를 촉진하기 위해서 그들의 지식을
체계적으로 정리하고 있다. 이러한 문서들은 인지컴퓨팅 시스템을 위한 온톨로지의
기초자료로 사용될 수 있다.
예를 들어, 미국 정신의학회(APA: American Psychiatric Association)의 정신질환
진단 및 통계 편람(DSM: Diagnostic and Statistical Manual of Mental Disorders)
은 APA에 의해 인지된 모든 질환들을 분류한다. 이 정의들은 시간이 지나면 변할
수도 있다. 예를 들어, DSM-5에 있는 주의력결핍 과잉행동장애(ADHD: attention-
deficit/hyperactivity disorder)의 진단은 6세까지 발생한다는 예전의 관점 대신 12세
까지 발병할 수 있는 증상이라고 진술하기 위해 수정되었다. 이것은 DSM 기반의
온톨로지에서 작은 변화일 것이다. 좀더 큰 변화는 그림 5-5에 있는 것처럼 네 개의
특정 질환들(자폐증: autism, 아스퍼거 장애: Asperger's, 아동기 붕괴성 장애:
childhood disintegrative disorder, 전반적 발달 장애: pervasive development dis-
order)을 자폐 범주성 장애(ASD: autism spectrum disorder)라고 부르는 단일 상태로

대체한 것이다. 또 다른 주요 변화는 질병과 정신장애를 구별하는 경계선을 제거한 것이다. 그와 같은 구조적 변화는 생각의 변화를 반영하는데, 이것은 이러한 분류 체계에 기반을 둔 여러 시스템에도 반영될 필요가 있다.

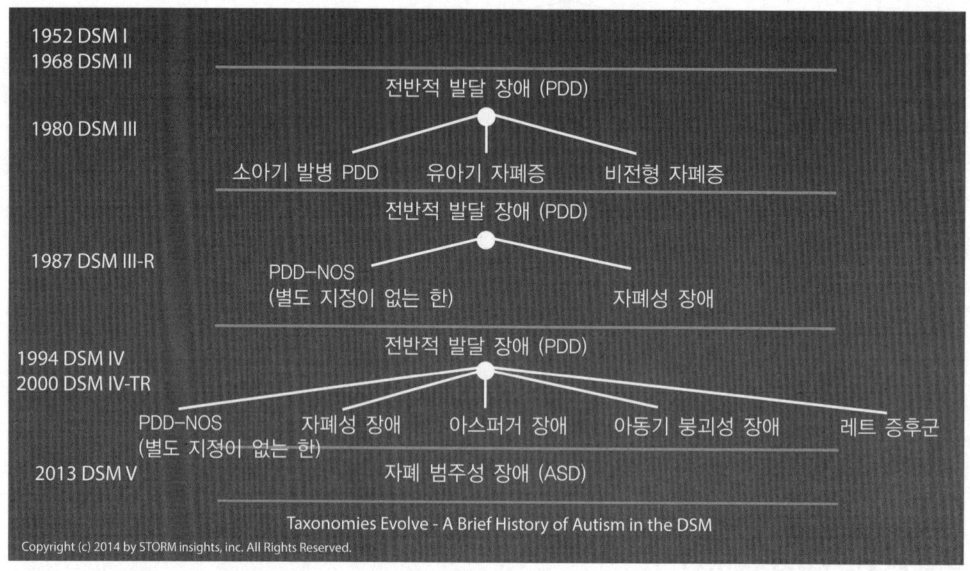

그림 5-5: 분류체계의 진화 – 정신질환 진단 및 통계 편람(DSM)에서의 자폐증

의사는 치료의 정의와 기준의 변화에 계속 맞추어 나가야 하고, 의사를 보조하도록 설계된 인지컴퓨팅 시스템도 이에 따라 자신의 지식베이스를 수정해야 한다. 예를 들어, 환자 치료과정을 추적하고 있는 시스템은, 어떤 특정 질병은 더 이상 존재하지 않지만 다른 질병에 의해 대체되었다는 사실을 반드시 확인해야 한다.

이미 언급한 바와 같이, 때로는 복수의 관점이 필요하다 그리고 이들은 반드시 양립할 수 있어야 한다. 헬스케어에는, 제공자, 납부자, 그리고 환자, 이렇게 세 가지의 주요 구성요소가 있다. 이들 사이의 커뮤니케이션은 필수적이다. 계속되어온 정신건강 사례에서, 제공자와 납부자 사이의 커뮤니케이션을 위해서, DSM을 보험 회사에 의해 사용되는 ICD-9-CM 체계에 매핑 하는 것이 필요하다. 국제적인 호환성을 위해서 세계보건기구(WHO: World Health Organization)의 국제질병분류(ICD: International Classification of Diseases)에 대한 미국의 임상변경(Clinical Modifications)에서 작성된 문서를 사용한다.

DSM IV을 DSM V로 수정하는 과정은 세 번의 초안작업이 필요했으며 커뮤니티에서 13,000개이상의 코멘트가 이루어졌다. 이것은 아주 극단적인 경우였지만, 사실상 확고히 자리를 잡은 모든 전문분야와 학문영역에서는 인지컴퓨팅을 위한 온톨로지의 기초로 사용될 수 있는 공통의 문서화된 내용들을 가지고 있다.

인지컴퓨팅 솔루션을 위해서, 해당 산업의 전문가들이 기본적인 온톨로지에 대해 동의하는 것이 매우 중요하다. 만일 온톨로지의 구조와 내용에 동의하지 않는다면,

시스템의 결과물을 신뢰할 수 없기 때문이다. 전문직 종사자들은 그들의 요구사항에 비추어 정보가 의미하는 것이 무엇인지 결정해야 한다. 그렇지 않으면, 시스템은 무의미하게 될 것이다. 학습시스템을 위한 초기의 온톨로지들은 종종 프로그래밍 표기법으로 명시되었는데, LISP(LISt Processing, 인공지능의 초기공통어)이 주로 사용되었다. LISP은 여전히 사용되고 있으나, 대형 도메인들을 매우 상세하게 명시하기 위해서 특별한 목적의 언어가 이용되는 방향으로 점점 전환되고 있다. OWL(Web Ontology Language)는 오픈 소스 도구에 의해 지원되는 공식 온톨로지 언어이다. 모든 지식 표현 방식에서, 선택된 구조는 그것이 지식을 획득하는데 영향을 미치게 되고, 획득한 지식의 양은 그것이 답변을 내놓는데 영향을 미치게 된다.

지식 표현의 다른 방법들

온톨로지 이외에 지식을 표현하는 다른 방식들도 있는데, 두 가지 사례가 다음 섹션에 설명된다.

단순 트리구조

단순 트리구조는 부모-자녀(parent-child) 관계를 나타내는 논리적 데이터 구조다. 관계가 변동성이 없고 잘 정형화되어 있는 모델에서는 모든 행에 〈해당 데이터, 부모 관계의 데이터〉의 필드를 갖는 테이블로 구성되는 단순 트리가 지식을 표현하는 효율적인 방식이다. 단순 트리는 데이터 분석 도구와 카탈로그에서 자주 사용된다. 예를 들어, 소매업자의 카탈로그가 자신이 제공하는 30개 또는 40개의 카테고리를 가지고 있을 때, 각 카테고리는 그 카테고리의 멤버가 되는 일련의 상품들을 가질 것이다.

시맨틱 웹(Semantic Web)

'Tim Berners-Lee, et al in Scientific American in 2001'에 설명되었듯이, W3C(World Wide Web Consortium)의 일부 멤버들은 현재의 웹을 "시맨틱 웹"으로 진화시키는 노력을 하고 있다. W3C의 RDF(Resource Description Framework)에서 언급된 바와 같이, 시맨틱 웹에서는 모든 데이터가 기계에 의해 사용될 수 있도록 시맨틱 애트리뷰트(attribute)를 갖게 될 것이다. 현재의 웹은 기본적으로 구조의 모음이거나 또는 URLs(uniform resource locators)에 의해 주소가 정해지는 문서들이다. 현재의 웹에서 어떤 주소를 통해 무언가를 발견했을 때, 어떻게 그것이 표현되었는지에 대한 통일된 방식이 요구되지 않는다. 시맨틱을 덧붙임으로써 웹 상의 모든 것이 의미 있는 구조에 의해 표현될 수 있다. 시맨틱 웹을 사용한다면, 구조적 정보를 발견하기 위해 값비싼 프로세싱을 수행하지 않아도, 인지시스템은 웹에 있는 것들을 훨씬 더 잘 활용할 수 있을 것이다.

시맨틱(semantics)과 신택스(syntax)를 구별하는 것이 중요하다. 신택스는 요소들 사이의 구문 구조를 나타낸다. 예를 들어, 문장을 나타내는 하나의 구문 형태는 〈subject〉〈predicate〉인데, 〈subject〉는 명사 구 그리고 〈predicate〉는 동사 구를 나타낸다. 이러한 규칙에 의하면, "Bob runs quickly"는 올바른 문장이라고 할 수 있다 ("Bob"은 명사 구, "runs quickly"는 동사 구). 그러나 신택스가 구조적이지만, 어떠한 명사라도 다른 명사로 대체될 수 있고, 그렇게 해도 여전히 구문적으로 유효하다. 따라서 "Nose runs quickly" 또는 "The blue glass runs quickly" 문장도 유효하다. 이것이 시맨틱 (언어의 해석 또는 의미부여)이 등장하게 된 이유라고 할 수 있다. 자연어처리 또는 심지어 프로그래밍 언어를 처리할 때 구문을 제일 먼저 보고 다음에 의미를 본다. 표현된 개념이 논리적인가? 그 개념이 구체적인 토픽에 적용되었을 때, 개념을 표현하는 용어의 의미는 무엇인가? 구문론적으로는 올바른 단어의 유형을 찾고 있겠지만, 의미론적으로 상황에 맞는 의미 있는 단어를 찾을 필요가 있다. 데이터에 있는 의미를 파악하기 위해서는 해당 데이터의 말뭉치 내에 있는 사용법과 사용된 상황을 참고하여, 해당 데이터의 숨겨진 의미가 파악되기에 충분한 데이터를 포함할 수 있는 계층적 구조가 필요하다. 최종 결과는 데이터의 의미와 의도에 부합해야 한다.

지속성(Persistence)과 상태(State)의 중요성

상태라는 개념은 체스보드 위에서 어떤 특정한 움직임 후에 말들의 위치를 모델링하고 기억하고자 하는 측면에서 시작되었다. 게임의 상태를 파악하고 기록하지 않고서는 어플리케이션을 중지했다가 나중에 재개하는 것이 불가능할 것이다. 인지컴퓨팅 어플리케이션과 플랫폼이 상태를 추적할 수 있다면 (stateful) 사용자와의 최종적인 상호작용 또는 과거의 기록에 대한 상세한 내용을 기억할 것이고, 상태를 추적할 수 없다면 (stateless) 어떠한 예상도 없이 매번 세션을 새로 시작할 것이다. 보다 높은 차원에서는, 인지시스템이 매번 새로운 지식을 수집하고 사용자와의 다음 세션을 위해 이를 저장할 것이다. 어떤 지식은 보존되는 반면 특정한 사용자와 관련된 어떤 것은 유지되지 않도록 선택할 수도 있을 것이다.

대부분의 경우, 지식 또는 사실로 취급되는 신념은 해당 분야에서 학습이 진행되면서 변하게 된다. 예를 들어, 십여 년 전에 폐암을 위한 처방이라고 여겨졌던 것은 오늘날의 처방과 근본적으로 다르다. 그러므로 연구가 성숙해지면서 관계에 대한 초기의 가정들이 궁극적으로 거짓으로 판명 나거나 신뢰성이 변하게 된다. 이러한 측면 때문에, 어떤 상태에 대한 특성을 보존하는 것이나, 어떤 것이 사실로 인지되었을 때의 시스템 상태를 재구성하기 위해 데이터를 조사하는 것이 논쟁이 될 수 있다. 예를 들어, 2010년에는 영양에 대해 조언해주는 시스템이 버터는 위험하다라고 권고할 수 있었지만, 2014년에 새로운 증거가 드러나면서, 이 시점에 있는 최선의 데이터를 근간으로 한다면 그것은 거짓이라고 판명될 수 있다. 2020년에는 또 어떤 새로운 증거에 따라 이러한 관례가 다시 살찌는 것에 대한 부정적인 측면으로 되돌아갈지 모른다. 따라서 지식과 시간이라는 정보를 함께 고려하는 것이 매우 중요하다.

이러한 상태추적에 대한 개념은 하나의 질문으로 문제가 해결되지 않는 인지시스템에서 매우 중요하다. 암의 유형에 대한 의학적 진단에서, 의사는 연관된 일련의 질문을 해야 할 필요가 있을 것이다. 각 질문은 다음 질문으로 연결된다. 시스템은 현재의 질문을 이해하는 것뿐만 아니라 이전 질문의 상황도 알아야만 한다. 간단한 예가 도움이 될 것이다. 애플의 쉬리 같은 음성인식 시스템을 사용한다면, 이렇게 질문을 할 수 있다, "내가 걷고 있는 장소에서 가까운 음식점이 있습니까?" 쉬리는 이렇게 대답할 것이다, "예, 다음 블록에 음식점이 있습니다!" 그리고 나서 "피자가 있습니까? 라고 질문을 한다면, 쉬리는 이 질문의 상황을 이해하지 못하고 올바른 대답을 제공하지 못할 것이다.

구현을 위한 고려사항

어떤 지식 표현방식을 선택할 것인가에 있어서 가장 중요한 고려사항은, 답변하고자 하는 질문들을 위해서 무엇을(어떤 지식을) 수집해야 하는가를 이해하는 것이다. 예를 들어, 항공기정비를 수행하는 동안 부품 넘버를 빠르게 찾는 것을 원한다면, 트리 구조로 충분할 것이다. 이러한 경우는, 사용된 모든 부품들의 과거 기록들을 필요로 하지는 않을 것이다. 만일 동일한 배치(batch) 작업에 의해 만들어진 부품들의 공통적인 문제 때문에 고장이 예상되는 특별한 부품들의 제조 기록을 추적할 필요가 있다면, 보다 상세한 지식표현 방식을 필요로 할 것이다. 그리고 만일 당뇨병과 특별한 피부 상태 사이에서 (지식 유형의 경계를 넘어서는) 어떤 관계를 찾는다면, 복잡하고 보다 포괄적인 온톨로지를 사용할 필요가 있을 것이다.

요약

어떤 조직에서 관련된 도메인 지식을 표현하고자 한다면, 그 지식은 온톨로지 기반으로 저장되고 관리되어야 한다. 모든 상황에 다 적합한 방법은 없다. 사용될 방법은, 지식의 구조 유형, 산업의 특성, 그리고 다른 많은 요인이 고려되어야 한다. 한가지 확실한 것은 데이터 소스의 크기가 시간이 지남에 따라 지속적으로 확장될 것이라는 것이다. 그러므로 확장성은 신뢰할 수 있는 인지시스템을 만들기 위한 근본적인 요구 조건이다.

병사들이 기본적인 훈련과정을 빠르게 학습할 때 지도와 지형이 일치하지 않는다면, 지형을 믿을 수 밖에 없다. 인지시스템에서는, 시스템의 지식이 현실을 반영하지 못할 때 반드시 수정되어야 한다. 지식의 표현방식이 결정되는 설계 단계에서 운영시점에서의 수정을 고려해야 한다.

제4차 산업혁명의 핵심 기술 인지 컴퓨팅

COGNITIVE COMPUTING
AND
BIG DATA ANALYTICS

6

인지컴퓨팅을 위한 고급분석

대량의, 복잡하고, 유입속도가 빠른, 다차원의 구조를 갖는 데이터 세트에서 패턴을 식별하기 위한 기술과 알고리즘의 모음을 고급분석이라고 지칭한다. 고급분석에는 정교한 통계적 모델(statistical models), 예측적 분석(predictive analytics), 머신러닝(machine learning), 뉴럴네트워크(neural networks), 텍스트 분석(text analytics), 그리고 여러 가지 고급 데이터 마이닝(data mining) 기술들이 포함된다. 고급분석에서 사용되는 통계기법에는 의사결정나무(decision tree) 분석, 선형로지스틱 회귀(linear and logistic regression) 분석, 소셜네트워크(social network) 분석, 시계열(time series) 분석 등이 있다. 이러한 분석 프로세스들은 매우 많은 양의 데이터에서 비즈니스 결과를 예상하거나, 예측할 수 있는 패턴과 이상징후를 발견하기 위해서 사용된다. 따라서 고급분석은 복잡한 질문에 적합한 답변을 제시하고 결과를 예측할 수 있는 인지시스템을 만드는데 필수적인 요소다. 이 장은 고급분석에 대한 기술들을 알아보고, 이 기술들이 지식 기반의 인지 환경에서 어떻게 활용될 수 있는지 살펴본다. 고급분석의 적절한 활용으로, 보다 깊은 인사이트를 얻고 보다 정교한 방식으로 결과를 예측할 수 있을 것이다.

고급분석, 인지컴퓨팅으로 가는 길

한 조직을 운영하는 프로세스에서 분석의 역할이 지난 30년 동안 급격하게 변해왔다. 테이블 6-1에 예시되었듯이 기업들의 분석 성숙도 수준이 서술적 분석(descriptive analytics)에서 시작해서, 예측적 분석(predictive analytics), 그리고 머신러닝과 인지컴퓨팅까지 점진적으로 진전되고 있다. 기업들은 그들이 현재 어디에 있는지를 이해하고, 미래를 예측하기 위해서 과거로부터 어떻게 배워야 하는지를 이해하기 위해, 성공적으로 분석 기법을 사용해왔다. 그들은 어떻게 다양한 행위와 이벤트들이 분석

결과에 영향을 줄 것인지 설명할 수 있게 되었다. 이러한 분석으로부터 얻은 지식이 예측을 위해 사용될 수 있지만, 일반적으로 예측은 '사전에 예상되는 전망'이라는 렌즈를 통해서 이루어진다. 데이터 사이언티스트와 비즈니스 분석가들은 과거의 데이터에 기반한 분석모델에 의해서만 예측이 이루어질 수 있도록 노력해왔다. 그러나, 미래를 위한 결과에 심각한 영향을 줄 있는 알 수 없는 요인들은 항상 존재한다. 기업은 비즈니스 환경에 변화가 있을 때 이에 따라 반응하고 변화할 수 있는 예측모델을 필요로 하고 있다.

테이블 6-1: 분석 성숙도 레밸

분석유형	설명	질문 샘플
서술적 분석 (Descriptive Analytics)	과거와 현재의 데이터를 이용해서 무엇이 발생하고 있는지를 이해하는 것이다.	이번 분기에는 지난 분기 대비 어떤 제품 스타일이 잘 팔리고 있는가? 어떤 지역이 최고/최저 성장을 보이고 있는가? 지역마다 어떤 요인이 성장에 영향을 미치고 있는가?
예측적 분석 (Predictive Analytics)	데이터 마이닝과 머신러닝을 포함해서 통계적 예측 모델 능력을 사용했을 때 어떤 일이일어날 것인가를 이해하는 것. 예측 모델은 과거와 현재 그리고 리얼타임 데이터를 사용해서 미래의 결과를 예측한다. 모델은 트랜드와 유사한 행위를 클러스트들 그리고 이벤트들을 찾아내고 특이한 것들을 식별해낸다.	제품과 지역별로 다음 분기 판매량은 어떻게 예측되는가? 이는 원자재 구매, 재고관리, 그리고 인적자원 관리에 어떤 영향을 미칠 것인가?
처방적 분석 (Prescriptive Analytics)	미래에 무엇을 해야하고 무엇을 하지 말아야 할지 의사결정하기 위해 프레임워크를 사용하는 것. 실행의 결과를 식별하는데 도움이되도록 처방적 분석에서 "예측적" 분석이반드시 다루어져야한다. 반복적 프로세스를 통해서 모델은 실행과 결과의 관계를 학습할 수 있다.	각 지역마다 가장 좋은 믹스는 무엇인가? 각 지역의 고객들은 프로모션과 제안 광고에 어떻게 반응할 것인가? 각 고객의 충성도를 높이고 판매를 증가시키기 위해서 어떤 종류의 제안이 이루어져야 하는가?
머신러닝과 인지컴퓨팅	복잡한 문제를 해결하기 위해 사람과 기계가 협력하는 것이다. 결과를 예측하기 위해 여러 정보 소스를 완전히 이해하고 분석한다. 해결하고자 하는 문제에 따라 필요성이 결정된다. 결과를 예측하는데 문제를 해결하고 오류를 줄이는데 효과적이다.	도시의 안전은 어떠한가? 모니터링 장비 (비디오, 오디오, 연기나 유독가스 센서)로 부터 전달되는 대량의 정보로부터 어떠한 경보가 도출되는가? 해당 중앙과 유전적 특성을 고려했을 때 이 암환자에게 최상의 결과를 제공할 수 있는 약의 조합은 어떤 것인가?

거대한 변화를 일으킬 수 있는 차기 프런티어에 빅데이터 분석이 포함되며, 머신러닝과 인지컴퓨팅 기술들이 연관된다. 그림 6-1에서 보여주듯이 분석영역과 인공지능영역을 가로지는 기술들의 수렴이 발생하고 있다. 이러한 수렴을 촉진하는 주된 요인 중 하나는 데이터의 타이밍과 즉시성에 있어서의 변화다. 오늘날의 어플리케이션은 비즈니스 경쟁력을 유지하기 위해서 기획과 실행에서의 빠른 변화를 요구한다. 예측모델의 결과를 위해서 24시간 또는 그 이상 기다리는 것은 더 이상 허용되지 않는다. 예를 들어, 고객관계관리 어플리케이션은 반복적인 분석 프로세스를 필요로 하는데, 이 프로세스는 고객만족을 염두에 두면서 고객과의 상호작용으로부터 현재의 정보를 수립하고 순간의 의사결정을 지원하기 위한 분석결과를 제공한다. 뿐만 아니라,

데이터 소스들도 보다 복잡하고 다양하다. 그러므로 분석모델은 예측 능력을 향상시키기 위해서 정형, 비정형 그리고 스트리밍 데이터를 포함하는 대형 데이터 세트를 필요로 한다. 모델의 정확성을 개선하기 위해서 기업이 필요로 하는 데이터 소스에는 운영 데이터베이스, 소셜미디어, 고객관계시스템, 웹 로그, 센서 그리고 비디오가 포함된다.

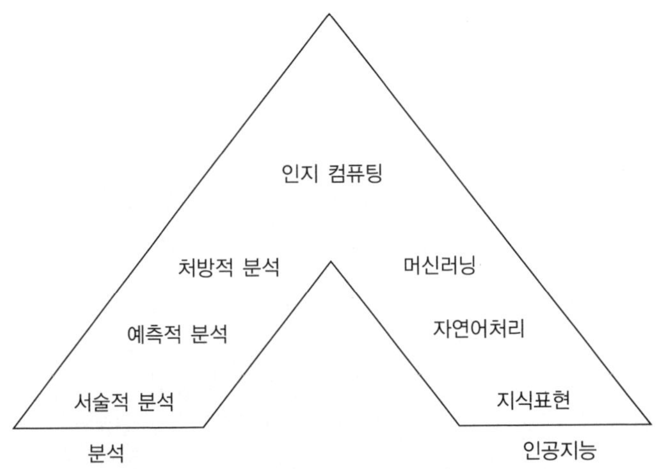

그림 6-1: 융합기술: 분석과 인공지능

환자의 건강관리, 기계의 성능관리, 위협과 도난 관리 등과 같이 리스크가 높은 업무에 고급분석이 점점 더 많이 적용되고 있다. 이러한 적용 사례에서, 높은 수준의 정확도를 가지는 예측결과는 생명을 구하고 심각한 위기를 피할 수 있다는 것을 의미한다. 뿐만 아니라 대량의 그리고 빠른 속도의 데이터가 처리되어야만 하는 상황에서 사용되는 고급분석과 머신러닝은 경쟁우위를 위해 자동화될 필요가 있다. 일반적으로 의사결정자는 그들의 의사결정과 올바른 실행의 선택을 위해서 예측 모델의 결과를 사용한다.

그러나, 사람의 개입 없이 패턴 인식과 분석의 결과가 실행으로 이어지는 경우도 있다. 예를 들어, 투자은행과 기관투자자들은 주식의 자동매매 또는 알고리즘에 의한 거래를 위해서 전산 플랫폼을 사용한다. 통계적 알고리즘들은 거래를 승인하거나 실행하기 위해 사람의 개입 없이 미리 설정된 정책을 기반으로 거래를 실행한다. 자동화된 거래 플랫폼은 주식 가격에 영향을 줄 수 있는 과거와 현재의 데이터를 결합하는 머신러닝 알고리즘을 사용한다. 예를 들어, 거래 알고리즘은 소셜미디어 뉴스의 내용에 따라 자동적으로 조절되도록 설계된다. 이러한 방식은 현재의 대량 데이터가 매우 빠른 속도로 처리될 때 인사이트를 신속하게 제공해줄 것이다. 비록 이러한 초기의 (입증되지 않은) 정보를 바탕으로 행동하는 것이 거래의 성과를 개선할지 모르지만, 사람의 개입이 없기 때문에 오류를 범할 수도 있다. 예를 들어, 자동화된 거래 알고리즘이 거짓정보나 오해의 소지가 있는 소셜미디어 뉴스에 반응해서 급작스러운 주가하락으로 이어질 수도 있다. 사람이었다면 아마도 사실을 확인할 시간이 필요했을 것이다. 전통적인 분석 방식으로 비즈니스가 요구하는 예측 속도와 정확성을 충족시킨다는 것은 불가능하다고 여겨져 왔다. 그러나 머신러닝과 인지컴퓨팅의 등장으로, 이전에 결코 생각해보지 못했던 관계와, 패턴, 그리고 전망을 제공하는 예측 모델을 개발할 수 있게 되었다. 결과적으로 우리는 앞에 나타난 현상을 설명하는 것으로부터 앞으로 나타날 현상이 무엇인지 예측하는 수준까지 발전할 수 있게 되었다.

다음의 두 가지 사례는 기업이 어떻게 머신러닝과 분석을 이용해서 예측 능력을 향상하고 비즈니스 결과를 최적화하는지 보여준다.

- **분석과 머신러닝**은 고객 이슈의 트랜드를 예측한다. 소셜미디어는 사소한 고객 이슈를 가속화시켜서 기업이 대응하기 전에 중대한 문제로 확대시킬 수 있다. 어떤 기업은 머신러닝을 사용해서 소셜미디어상의 대화에서 트랜드를 찾아내는 소프트웨어 서비스를 활용함으로써 고객 불만에 대응하는 시간을 줄일 수 있었다. 그 소프트웨어는 소셜미디어 데이터를 과거의 패턴들과 비교하여 결과를 예측하고, 예측된 패턴을 실제와 비교해서 지속적으로 그 결과를 업데이트한다. 이러한 형태의 머신러닝은 트랜드에 올라온 이슈들이 주류 미디어에 의해서 공개되기 최소 72시간 전에 경고 신호를 제공한다. 그 결과, 마케팅과 홍보팀에서는 기업의 브랜드를 사수하고 고객불만을 완화시키기 위한 조치를 사전에 미리 취할 수 있다. 이뿐만 아니라, 고객 구매 동향의 변화를 빠르게 감지할 수 있는 서비스를 이용함으로써 모바일 어플리케이션과 웹 환경에서 어디에 그들의 광고를 노출시켜야 하는지 결정할 수 있다.

- **분석과 머신러닝**은 서비스계약수준(SLA: Service Level Agreements)을 개선하기 위해 성능분석을 가속화 시킨다. 많은 기업들은 작은 문제가 악화되어 SLA에 부정적인 영향을 끼치기 전에 이를 식별하고 조치하기에 충분히 빠르게 IT성능을 모니터링 하는 것이 어렵다고 느끼고 있다. 그러나 머신러닝 알고리즘을 사용하면, IT성능의 패턴들을 식별하고 이에 대한 처방을 내리기 위해, 시스템과 운영프로세스를 전체적으로 지휘할 수 있게 된다. 예를 들어, 통신회사들은 네트워크의 성능저하나 정지를 예측하고 방지함으로써 고객들이 요구하는 속도로 네트워크를 계속 운영할 수 있어야 한다. 그러나, 만일 네트워크 모니터링이 충분히 상세한 수준으로 이루어지지 않는다면 주파수대역의 중단을 식별하고 대응하는 것이 거의 불가능하다. 예를 들어, 히다찌에 의해 제공되는 새로운 머신러닝 솔루션으로 통신사는 대량의 데이터 흐름을 실시간으로 분석할 수 있게 되었다. 히다찌의 고객들은 과거의 데이터 분석과 소셜미디어 데이터의 실시간 분석을 결합해서 데이터의 패턴을 식별하고 네트워크의 성능을 유지하기 위한 조치를 취할 수 있게 되었다. 대부분의 상황에서 이러한 것이 고객에게 도움을 준다. 예를 들어, 만일 비디오를 스트리밍 하는 어플리케이션이 인기 있는 스포츠 이벤트를 보여주고 있는데 경기가 시간을 넘긴다면, 상황적응 시스템이 자동적으로 15분의 추가적인 주파수대역을 제공함으로써, 최종 사용자는 일관성 있는 고품질의 서비스를 받을 수 있게 된다. 머신러닝은 시스템이 다양한 변화와 일반적이지 않은 상황에 적응하도록 도와줌으로써 고품질의

성능을 유지할 수 있게 해준다.

고급분석의 핵심 영역

예측 분석, 텍스트 분석 또는 머신러닝의 다양한 활용 없이 인지시스템을 개발하는 것은 불가능한데, 이는 엄청난 양의 정형 비정형 데이터에서 패턴과 이상징후의 의미를 식별하고 이해할 수 있는 고급분석을 통해서 가능한 것이다. 이러한 패턴들은 모델과 알고리즘을 개발하는데 사용되는데, 이는 의사결정자들이 올바른 행동방침을 결정하도록 돕는다. 분석 프로세스를 통해서 데이터 요소들 사이에 존재하는 관계들과 데이터의 상황을 이해하게 된다. 머신러닝은 모델의 정확도를 개선하여 보다 좋은 예측을 하는데 사용된다. 원천적으로 비정형 구조인 빅데이터 소스를 분석해야 하는 특별한 필요성 때문에 머신러닝은 필수적으로 사용해야 하는 고급분석 기술이다. 머신러닝뿐만 아니라, 예측 분석, 텍스트 분석, 이미지 분석 그리고 음성 분석 등이 고급분석의 범주에 포함되는데 이 장의 후반부에 설명된다.

통계학, 데이터 마이닝, 그리고 머신러닝의 관계

통계학, 데이터 마이닝, 머신러닝은 모두 고급분석에 속한다. 이들 각 분야는 데이터를 이해하고 데이터의 특성을 설명하고 데이터 내에서 관계와 패턴을 발견하고 모델을 수립하고 예측하는 역할을 한다. 이렇게 다양한 기술과 도구들이 비즈니스 문제를 해결하는데 적용되는 측면에서 상당히 많은 중복된 역할이 있다. 폭넓게 사용되는 많은 데이터 마이닝과 머신러닝 알고리즘은 전통적인 통계적 분석에 그 뿌리를 두고 있다. 다음의 내용은 어떻게 이러한 기술들이 서로 관련되어 있는지 밝혀준다. 머신러닝 알고리즘은 고급분석과 인지컴퓨팅에서 매우 중요하기 때문에 다음 섹션에서 보다 자세하게 다루어질 것이다.

■ **통계학**은 데이터로부터 학습하는 과학이다. 고전적인 또는 전통적인 통계학은 원래 추론을 의미하는데, 데이터(다양한 파라미터들)에 대해 결론에 이르기 위해 사용된다. 비록 통계적 모델링이 예측하는데 사용될 수 있지만, 이것의 주요 목적은 추론을 실시하고 변수의 특성을 이해하는 것이다. 통계학을 적용하기 위해서는 데이터 구조를 둘러싼 오류들을 살펴봄으로써 이론이나 가설을 검증 해야 한다. 모델의 가정들을 검증함으로써 정규성(normality), 독립성(independence), 분산(constant variances) 등과 같은 기술들이 오류에 이르게 하는 것이 무엇인지 이해할 수 있다. 목표는 모델이 일정한 범위 내에서 변동성을 보이는 것이다. 이뿐만 아니라, 통계학은 신뢰 값(confidence values)을 이용해서 모델을 평가하고 유의성을 검증(significance testing)할 것을 필요로 한다 - 귀무가설(null hypothesis)을 검증하고 p-value라고 부르는 결과의 유의성(significance)을 결정하는 것이다.

- **데이터 마이닝**은 통계학의 원리에 기초를 두었는데, 패턴을 발견하기 위해 대량의 데이터를 분석하는 프로세스다. 알고리즘은 데이터의 관계와 패턴을 발견하는데 사용되고 패턴에 대한 정보는 전망을 예측하는데 사용된다. 데이터 마이닝은 부정감지, 장바구니분석, 고객이탈분석 등 광범위한 비즈니스 문제들을 해결하는데 사용된다. 전통적으로 기업은 고객관계관리 데이터베이스 또는 항공부품제조 등과 같은 대량의 정형데이터를 대상으로 데이터 마이닝 도구들을 사용해왔다. 어떤 분석 솔루션 벤더들은 정형과 비정형데이터의 조합에 데이터 마이닝이 가능한 소프트웨어 솔루션을 제공한다. 일반적으로 데이터 마이닝의 목적은 분류(classification)나 예측(prediction)을 목적으로 대형 데이터 세트에서 관련 데이터를 추출하는 것이다. 데이터를 여러 그룹으로 구분하는 것이 분류(classification)이다. 예를 들어, 마케팅 담당자는 프로모션 행사에 반응하지 않는 사람들에 대비해서 반응하는 사람들의 특성에 관심이 있을 수 있다. 이 예에서, 데이터 마이닝은 두 개의 다른 클래스들에 따라 데이터를 추출하고 각 클래스의 특성을 분석하기 위해 사용될 것이다. 마케팅 담당자는 프로모션에 누가 반응을 보일지 예측하는데 관심이 있을 것이다. 데이터 마이닝 도구는 사람의 의사결정 프로세스를 지원하는데 적합하다.

- **머신러닝**은 데이터 마이닝에서 사용되는 동일한 알고리즘 중 일부를 같이 사용한다. 다른 수학적 방식들에 비해서 머신러닝의 핵심적인 차이점은 오류를 줄이기 위해 반복적인 방법에 초점을 둔다는 것이다. 머신러닝은 시스템이 학습을 통해서 모델과 그 모델의 결과를 함께 개선할 수 있는 방법을 제공한다. 데이터를 찾아내는 새로운 방식을 제공하고, 모델이 여러 번 반복될 수 있게 해주며, 정확도를 빠르게 개선하는 것은 자동화된 방식으로 이루어진다. 머신러닝 알고리즘은 사용된 모델에 대한 적절한 설명 없이 대량 데이터 세트를 이용해서 결과를 예측하는 "블랙박스" 알고리즘으로 인식되어 왔다.

분석 프로세스에서의 머신러닝

머신러닝은 인지 환경에서 예측 모델의 정확도를 높이는데 필수적이다. 예측 모델에는 매우 다양한 관점의 많은 속성들이 있다. 데이터 세트는 거의 비정형이고, 대량이며, 주제도 매우 다양하게 바뀐다. 모델은 머신러닝을 통해서 데이터로부터 학습하고 인지시스템을 위해 지식베이스를 확장시킨다. 모델을 수백 또는 수천 번 반복시키는 작업이 매우 빠르게 수행되고, 이는 데이터 요소들 사이에 만들어진 여러 가지 연관성들의 정확도를 개선하는 결과를 낳는다. 데이터의 복잡성과 크기 때문에 이들이 가지고 있는 패턴과 연관성들이 사람의 관찰로는 간과되기 쉽다. 이뿐만 아니라, 복잡한 알고리즘은 센서 데이터, 시간, 날씨 데이터, 그리고 고객 감성을 나타내는 데이터와 같은 변수 값의 빠른 변화에 자동적으로 조정될 수 있다. 정확도의 개선은 트레이닝과 자동화의 결과다. 머신러닝은 지속적으로 그리고 리얼타임으로 새로운 데이터를 처리하고 데이터의 패턴과 연관성의 변화에 시스템이 조정될 수 있도록 트레이닝 시킴으로써 모델과 알고리즘을 정제시킨다.

다양한 예측적 속성들의 상황과 이 변수들이 어떻게 서로 연관되어 있는지를 이해하기 위해서 점점 더 많은 기업들이 머신러닝을 도입하고 있다. 상황에 대한 이해의 증가는 예측에서 정확성을 획기적으로 높이는 결과를 낳는다. 기업들은 수년 동안 사용해온 예측적 분석 프로세스를 개선하기 위해 머신러닝 기술을 채택하고 있다. 예를 들어, 통신산업에서는 예측을 돕고 고객이탈을 감소시키기 위해서 인구통계, 사용량, 문제 보고서, 구입한 제품 등과 같은 과거의 고객 정보를 분석하기 위해서 분석기술을 사용해왔다. 시간이 흐르면서 이 산업은 정형 고객정보를 대상으로 데이터 마이닝을 수행하는 것으로부터 비정형 데이터를 분석하는 것으로 분석대상이 진전되었는데, 콜센터 응대 기록과 고객 설문조사에서의 코멘트 등과 같은 비정형 데이터를 포함하게 되었다. 현재는 일부 통신회사들에 의해 채택된 고급분석을 통해 개별 고객들에 대한 보다 완벽한 프로필을 개발하기 위해 정형과 비정형 정보를 함께 분석하고 있다.
이뿐만 아니라, 과거 정보가 소셜미디어 어플리케이션을 통해 가장 최신의 정보와 결합될 수 있다. 이탈될 위험이 가장 큰 고객을 빠르게 식별하고 유지전략을 개발 하도록 시스템을 트레이닝 시키는데 머신러닝 기술이 사용된다. 머신러닝은 헬스케어, 로봇 공학, 통신, 소매, 제조 등 다양한 산업에 적용된다.
감독 및 자율 머신러닝 알고리즘은 다양한 종류의 분석 어플리케이션에서 사용된다. 머신러닝 알고리즘의 선택은 해결하고자 하는 문제의 유형과 문제 해결에 필요한 데이터의 유형과 볼륨에 따라 달라진다. 일반적으로 감독학습 기술은 모델을 트레이닝 시키기 위해서 레이블이 있는 데이터를 사용하는 반면 자율학습은 트레이닝 프로세스 에서 레이블이 없는 데이터를 사용한다. 레이블이 있는 데이터로 트레이닝 된 머신러닝 모델은 레이블이 없는 데이터를 가지고 정확하게 레이블을 예측하기 위해 사용된다. 레이블이 있는 데이터(labeled data)란 데이터에 대해 어떤 정보를 제공하는 식별자 또는 태그가 붙여진 데이터를 의미한다. 예를 들어, 음성녹음과 같은 비정형 데이터는 말하는 사람의 이름 또는 녹음된 내용의 주제에 대한 정보 등으로 레이블 되거나 레이블이 없는 데이터는 태그나 다른 식별자 또는 메타데이터를 포함하지 않는다. 예를 들어, 비디오, 소셜미디어 데이터, 음성녹음 또는 디지털 이미지 등과 같은 비정형 데이터는, 데이터에 대한 사람의 사전 판단 없이 원시데이터의 형태로 존재할때 레이블이 없다고 말한다.

감독학습(Supervised Learning)

감독학습은 일반적으로 입증된 데이터 세트와 그 데이터가 어떻게 분류되었는지에 대한 확실한 이해를 가지고 시작한다. 트레이닝을 제공하기 위해 사람이 개입하고 분석 모델이 태그가 있는 또는 레이블이 있는 데이터에 맞추어 진다. 알고리즘은 사전 처리된 샘플 데이터로 트레이닝 되고 나서 알고리즘의 성능이 테스트 데이터로 평가 된다. 가끔 데이터의 일부분에서 식별되는 패턴들이 대량의 데이터 내에서는 감지되지 못할 수 있다. 만일 트레이닝을 위한 일부 데이터에만 존재하는 패턴에 모델을 맞춘 다면 오버피팅(overfitting) 이라고 불리는 문제가 발생한다. 오버피팅을 방지하기 위해서는 모델의 테스트가 레이블이 있는 데이터와 없는 데이터 모두들 대상으로 실행될 필요가 있다. 테스트를 위해서 레이블이 없는 데이터를 사용하는 것은 결과를 예측하는데 있어서 모델의 정확도를 평가하는데 도움이 될 수 있다. 감독학습의 응용 사례에는 음성 인식, 리스크 분석, 부정행위 탐지, 그리고 추천 시스템 등이 있다. 다음에 소개되는 내용은 감독학습 알고리즘을 구현하는데 사용되는 도구와 기술들이다.

- **회귀(Regression)** – 회귀모델은 통계학자들에 의해서 개발되었다. 라쏘(LASSO) 회귀분석, 로지스틱(Logistic) 회귀분석, 그리고 능형(Ridge) 회귀분석이 머신러닝에서 사용될 수 있다. 라쏘는 제곱합(sum of squared errors)의 오차를 최소화할 수 있는 선형회귀 유형이다. 로지스틱 회귀는 표준 회귀의 변형인데 분류를 처리하기 위해서 개념을 확장시킨 것이다. 이 방식은 어떤 카테고리에 종속된 변수와 독립된 변수들 사이에 관계를 측정한다. 능형 회귀는 높은 상관관계를 갖는 독립 변수들을 분석하는데 사용된다 (공선성, collinearity). 능형 회귀는 표준 오차를 감소시키기 위해서 추정치에 약간의 편향을 감수하는데, 그렇지 않으며 최소제곱 추정값(least squares estimates)의 공선성이 원인이 되어 잘못된 분산을 산출할 수 있다.

- **의사결정 나무(Decision Tree)** – 의사결정 나무는 카테고리들의 관계를 나타내는 표현 또는 데이터 구조이다. 잎 또는 끝 노드들은 카테고리를 나타내는 반면, 다른 모든 노드들은 "의사결정"을 표현하거나 나무를 통한 탐색을 구체화시켜 주는 질문을 표현한다. 다양한 머신러닝 알고리즘들이 의사결정 나무를 따라 탐색하는 것에 기반을 두고 있다. 예를 들어, 그라디언트 부스팅(gradient boosting) 알고리즘과 랜덤 포레스트(random forest) 알고리즘은 대상이 되는 데이터가 의사결정 나무형태로 저장되어 있다고 가정한다. 그라디언트 부스팅은 회귀문제를 해결하는 기술인데, 이는 앙상블 형태로 예측 모델을 생성한다. 랜덤 포레스트는 데이터 내에서 특이점(outliers), 이상징후(anomalies), 패턴들을 찾아내기 위해 데이터를 분류하고 회귀를 사용하여 구조화하는 알고리즘이다. 이 알고리즘은 랜덤으로 초기 예측 변수를 선택함으로써 모델을 생성하고 지속적으로 수백 개의 의사결정 나무를 생성하는 프로세스를 반복 수행한다. 랜덤 포레스트는 다양하게 선택 가능한 분석 방식들을 반복함으로써 보다 정확한 모델을 이끌어낸다 (부트스트랩 샘플에 맞는 회귀 트리의 앙상블). 의사결정 나무가 완성되고 나면, 데이터에 클러스터나 세그먼트를 식별하는 것이 가능하며 모델에서 사용된 변수의 중요성에대한 순위를 매기는 것이 가능해진다. 버클리의 캘리포니아 대학의 통계학과에 있는 레오 브레이만(Leo Breiman)이 이 알고리즘을 개발했는데 2001년에 발간된 논문에 설명되어 있다. 랜덤 포레스트 알고리즘은 리스크 분석에서 매우 광범위하게 사용되고 있다.

- **뉴럴네트워크(Neural networks)** – 뉴럴네트워크 알고리즘은 사람/동물의 두뇌를 모방하도록 설계되었다. 네트워크는 입력 노드, 히든 레이어(hidden layers), 출력 노드로 구성된다. 각 신경망에는 가중치가 부여되고, 알고리즘은 반복작업을 통해서 특정한 목표 지점에 도달할 때까지 지속적으로 가중치를

조절한다. 트레이닝 데이터의 출력지점에서 발견되는 오류는 알고리즘을 조정하기 위해 사용되며 분석모델의 정확성을 향상시킨다. 신경망은 음성 인식, 개체 인식, 이미지 복원, 그리고 부정행위 탐지 등에 사용된다. 뉴럴네트워크는 이전의 구매나 탐색 행위를 근거로 구매자에게 상품을 추천해주는 아마존과 같은 추천 시스템에 사용될 수 있다. 딥(deep) 뉴럴네트워크는 레이블이 없는 데이터를 대상으로 모델을 생성하기 위해서 사용될 수 있다.

5장 "분류체계와 온톨로지를 이용한 지식 표현"에서 언급한 바와 같이, 최근에 수행된 두 개의 프로젝트가 발견과 분류를 위한 엔진으로서 뉴럴네트워크의 강점을 부각시켰다. 구글의 브레인 프로젝트는 16,000개의 프로세서를 사용해서 뉴럴네트워크를 수행시킴으로써, 미리 설정된 고양이 이미지의 템플릿 없이, 학습을 반복함에 따라 고양이 이미지의 패턴을 발견할 수 있었다. 마이크로소프트의 아담 프로젝트는 비동기 뉴럴네트워크를 사용하여 사진에 있는 개의 종류를 식별할 수 있었다.

뉴럴네트워크는 금융거래시스템과 같이 감사추적이나 추적기능을 필요로 하는 경우에도 그 사용 가능성이 시험될 수는 있으나, 이러한 시스템들은 자율적으로 학습하도록 설계되었기 때문에 외부 감사인의 요구를 만족시킬 수 있는 방식으로 변화를 추적하는 것은 커다란 비용을 초래할 수 있다.

- **서포트 벡터 머신(SVM: Support Vector Machine)** – SVM은 레이블이 있는 트레이닝 데이터를 사용하고 옵티멀 하이퍼플랜으로 결과를 출력하는 머신러닝 알고리즘이다. 하이퍼플랜(hyperplane)은 차원(dimension)을 하나 내린 부분 공간이다 (즉, 평면에서의 선). SVM은 입력되는 특징들이 적을 때 사용된다. 특징들은 한 차원 위의 공간으로 확장된다. SVM은 수십억 개의 요소들이 있는 트레이닝 데이터까지 확장 가능하지 않다. 트레이닝 데이터가 극단적으로 큰 경우에는 로지스틱(logistic) 회귀가 대안이 될 수 있다.
- **K-최근접(k-NN: k-Nearest Neighbor)** – k-NN은 유사한 기록들의 그룹을 식별하는 감독학습 방식의 분류 기술이다. 이 기술은 기록과 과거(트레이닝) 데이터에 있는 점들과의 거리를 계산한다. 그리고 나서 이 기록에게 데이터 세트에 있는 가장 가까운 점이 속한 클래스를 부여한다. k-NN은 데이터의 분포에 대해서 제한적인 정보만 있을 때 주로 사용된다.

자율학습(Unsupervised Learning)

자율학습 알고리즘은 대량의 레이블이 없는 데이터를 필요로 하는 문제를 해결하기 위해서 사용된다. 감독학습과 마찬가지로 자율학습 알고리즘도 데이터 내에서 패턴을 찾는다. 예를 들어, 소셜 분석에서, 적절한 정보를 수집하고 해결하고자 하는 문제에 대해 인사이트를 얻기 위해 대량의 트위터 메시지들, 인스타그램의 사진들, 그리고 페이스북의 메시지들을 살펴볼 필요가 있을 수 있다. 이 데이터들은 태그가 되어있지 않은 대량의 비정형 데이터이기 때문에 모든 데이터에 태그를 달기 위해서 시간과 리소스가 많이 소요될 것이다. 결과적으로 자율학습 알고리즘은 소셜미디어 분석을 위한 가장 최선의 선택이 될 것이다.

자율학습은 사람의 간섭 없이 반복적인 데이터 분석 프로세스를 통해 컴퓨터가 스스로 학습하는 것을 의미한다. 자율학습 알고리즘은 데이터를 여러 샘플(클러스터)그룹 또는 특징그룹들로 분할한다. 레이블이 없는 데이터에 파라미터 값이 생기고 데이터가 분류된다. 자율학습은 문제에 대한 결과나 해결방안을 결정하는데 사용되거나, 감독학습으로 전환하기 위한 첫 번째 단계로 사용될 수 있다.

일반적으로 다음과 같은 도구와 기술들이 자율학습에서 사용된다.

- **클러스터링 기술(Clustering Techniques)**은 데이터 샘플에 존재하는 클러스터를 찾기 위해 사용된다. 클러스터링은 특정한 기준을 바탕으로 변수들을 여러 그룹으로 분류한다 (X가 있는 모든 변수 또는 X가 없는 모든 변수)

  - **K-평균(K-means)** 알고리즘은 데이터를 바탕으로 알려지지 않는 평균값을 추정한다. 이는 가장 폭넓게 사용되는 자율학습 알고리즘이며 단순한 부분 최적화 알고리즘이다.

  - **클러스터링**을 위한 EM-알고리즘은 주어진 데이터의 혼합 밀도를 극대화 할 수 있다.

- **커널 밀도 추정(KDE: Kernel Density Estimation)**은 확률분포 또는 데이터의 밀도를 추정한다. 이 알고리즘은 확률 변수들 사이의 관계를 측정한다. KDE는 한정된 데이터 샘플만으로 추론이 이루어질 때 데이터를 매끄럽게 할 수 있다. KDE는 리스크 관리와 재무 모델링을 위한 분석에 사용된다.

- **비부정 행렬 인수분해(NMF: Nonnegative Matrix Factorization)**는 패턴 인식에 유용하며 유전자 발현 분석과 소셜 네트워크 분석 같은 분야에서 머신러닝을 이용해서 문제를 해결하기 위해 사용된다. NMF는 하나의 비부정 매트릭스를 하급의 두 개의 비부정 매트릭스로 인수분해 하거나, 클러스터링 또는 분류 도구로 사용할 수 있다. 한가지 방법으로만 사용하면 K-평균 클러스터링과 유사하다. 또 다른 변형으로, NMF는 확률적 잠재의미색인(probabilistic latent semantic indexing)과 유사하다 – 텍스트 분석을 위한 자율 머신러닝 방식.

- **주성분 분석(PCA: Principal Components Analysis)**은 시각화에서 특징을 선택하기 위해 사용된다. PCA는 선형 투영법에 의해 이미지를 생성하는데, 각각의 투영된 차원이 원본의 선형결합이 된다.

- **특이값 분해(Singular Value Decomposition)**는 속도를 높이고 알고리즘의 전반적인 성능개선을 위해 중복된 데이터를 제거하는데 도움이 된다. SVD는 어떤 변수가 가장 중요하고 어떤 것이 제거될 수 있는지 결정할 수 있다. 예를 들어, "습도 지수와 비 올 확률"과 같이 상당히 상관관계가 있는 두 개의 변수가 있다면, 함께 사용될 때는 모델에 값을 추가하지 않는다. SVD는 어떤 변수가 모델에서 반드시 유지되어야 하는지 결정하는데 사용된다. SVD는 추천 엔진에서도 종종 사용된다.

- **자기 조직화 지도(SOM: Self Organizing Map)**은 1982년에 투에보 코호넨

(Tuevo Kohonen)에 의해 개발된 자율 뉴럴네트워크 모델이다. SOM은 패턴 인식 프로세스다. 패턴은 어떠한 외부의 간섭 없이 학습된다. 이것은 (시각적) 센서를 대뇌피질에 매핑 시키는 추상화된 지형의 수학적 모델이다. 이것은 두뇌가 어떻게 패턴을 인지하고 처리하는지 이해하는데 사용된다. 두뇌가 어떻게 작동하는지에 대한 이해는 머신러닝의 패턴인식에 응용된다. 이 기술들은 제조과정에도 적용된다.

예측 분석(Predictive Analytics)

예측 분석은 통계적 또는 데이터 마이닝 솔루션인데, 미래의 결과를 예측할 수 있는 알고리즘과 기술로 구성되어 있다. 데이터 마이닝, 텍스트 마이닝, 그리고 머신러닝은 정형과 비정형 데이터에 숨겨진 패턴, 클러스터, 그리고 특이점 등을 발견할 수 있다. 이러한 패턴들은 인지시스템이 제공하는 답변과 예측의 근간을 이룬다. 예측을 위한 모델링은 다양한 미래 상황하에서 무엇이 발생할 것 같은지를 결정하기 위해서, 데이터 마이닝과 여타 기술들을 통해서 식별된 독립변수를 사용한다. 기업은 예측, 예보, 최적화, 그리고 시뮬레이션 등 다양한 방식으로 예측 분석을 사용한다. 예측 분석은 정형, 비정형, 반정형 데이터 모두를 사용할 수 있다. 예측 분석에서 사용되는 알고리즘에는 일종의 목적함수가 적용된다. 예를 들어, Amazon.com은 고객의 구매 행위를 학습하고 추가적인 구매 시점에 고객의 선호를 고려하여 구매될 상품을 예측하는 알고리즘을 사용한다.

비정형 데이터의 분석에 중점을 두는 것은 예측 분석을 활용하는데 있어서의 변화를 나타낸다. 전통적으로 통계학과 데이터 마이닝 기술은 대형 정형 데이터베이스에 적용되어 왔다. 조직 내부의 운영 시스템은 일반적으로 정형 데이터로 저장된다.

그러나 인지시스템의 지식베이스에 주로 요구되는 것은 매우 다양한 유형의 비정형 데이터다. 이들 비정형 데이터 소스는 이메일, 로그 파일, 고객 콜센터의 기록, 소셜 미디어, 웹 콘텐츠, 비디오, 문서 등이다. 최근까지, 기업들은 의사결정을 위해 비정형 데이터를 추출하고, 탐색하고, 활용하는 것이 쉽지 않았지만, 하둡과 같은 기술의 발전으로 비정형 데이터의 통계적 분석에서 성능과 속도가 개선되었다. 이들 비정형 데이터 소스를 분석하는 것이 인지시스템의 핵심적 기능이다.

예측 분석의 비즈니스적 가치

기업들은 고객이탈 감소, 고객우선순위에 대한 전반적인 이해 증진, 부정행위 감소 등 많은 비즈니스 문제를 해결하기 위해서 예측 분석을 사용한다. 특정 프로파일에 적합한 목표 고객을 찾아내고, 과거 구매 행위와 현재의 감성에 따라 고객을 분류하기 위해서 예측 분석이 사용될 수 있다. 반복적인 분석과 머신러닝에 의하여 모델이 세밀하게 조율됨으로써 예측 분석은 비즈니스 결과를 향상시킬 수 있다. 테이블 6-2는 예측 분석의 다양한 적용 사례를 보여주고 있다.

테이블 6-2: 예측 분석 활용사례

케이스	적용사례	예측 분석이 결과에 미치는 영향
고객 행동 예측	제조사는 전통적인 데이터분석으로 인지할 수 없었던 고객의 선호에 대한 패턴을 식별할 수 있게 되었다. 예측 분석을 이용함으로써 공급망 관리와 고객의 요구에 대한 대응력을 개선할 수 있게 된 것이다. 예측 분석을 활용하는 제조사는 약 98페센트의 정확도로 고객 요구를 4개월 이전에 미리 예측할 수 있다.	기업은 적시에 분석이 가능하고 복수의 데이터 소스가 잘 통합될 수 있도록 리얼타임 데이터 웨어하우스를 구축했다. 이 기업은 다양한 데이터 유형과 실시간 데이터를 활용하여 보다 정교한 모델을 수립 중이다. 모델은 숨겨진 패턴들을 식별하고 정교한 예측을 위해서 설계되었다.
판매와 재고 예측	다수의 매장을 가지고 있는 대형 소매 기업은 대량의 데이터를 이용하여 과거보다 빠르게 모델을 개발하기 위해서 고급 분석을 사용한다. 이러한 기업은 판매예측 모델의 정확도를 개선하고 재고를 감소시킴 으로써 경영성과를 개선하고 있다. 이들 기업은 전통적인 방식과 비교해서 예측과 주요 개선 사항에 있어서 82퍼센트의 정혹도를 보여주고 있다.	이러한 소매 기업은 예측 분석 프로세스를 표준화 시키고 자동활 할 수 있는 분석 플랫폼을 도입했다. 이러한 플랫폼을 사용해서 전통적인 방식을 사용했을 때 월 1개의 예측 모델을 구축했던 것에 비교해서 월 500개의 예측 모델을 구축할 수 있었다. 모델의 균질화 를 이룸으로써 정확도를 획기적으로 개선하게 되었다.
기계 오작동 예측	의료기기 제작업체는 성능을 모니터링 하기 위해서 생산하는 의료기기에 센서를 내장한다. 지속적으로 스트리밍 되는 데이터는 오작동 가능성을 예측하기 위해 분석되어 수리에 필요한 충분한 시간을 확보하여 환자들이 피해를 입지 않도록 하고있다.	전통적인 방식보다 더 정교하게 민감한 장비들을 모니터링하고 숨겨진 오작동 패턴을 발견할 수 있는 복잡한 알고리즘을 구축하는데 고급 분석이 사용된다. 대 의 그리고 스트리밍 데이터가 분석을 위해 사용된다.
사기거래 예측 및 감소	어떤 보험회사는 클레임 프로세스를 개선함으로써 사기성 클레임을 감지하기 위해 고급 분석을 사용한다. 이 기업은 사기성 클레임 인식 성공률을 50퍼센트에서 90퍼센트로개선하고 수백만 달러를 절감할 수 있었다.	예측 분석은 클레임 프로세스 전체를 다른 각도에서 바라볼 수 있도록 해준다. 사기성의 패턴이 분석되고 각각의 새로운 클레임이 사기성일 수 있는 가능성을 판단하는데 사용된다. 이때 시스템에 내장된 텍스트 마이닝은 경찰보고서와 의료 기록을 분석함으로써 통찰력을 얻가 위해 사용된다.

텍스트 분석(Text Analytics)

텍스트 기반의 비정형 데이터 소스의 비즈니스적 가치를 고려했을 때, 이는 인지시스템의 핵심 요소라고 할 수 있다. 텍스트 분석은 비정형 텍스트를 분류하고, 관련된 정보를 추출하고, 정형 정보로 변형시키고, 다양한 방법으로 이를 분석하는 프로세스다. 텍스트 분석에서 사용되는 분석과 추출 프로세스는 컴퓨터 언어학, 자연어처리, 통계학, 그리고 여러 컴퓨터 과학관련 학문들로부터 유래된 기술들을 활용한다. 텍스트는 패턴이나 클러스터를 식별하고 관계나 트랜드를 결정하기 위해 반복적으로 추출되고 변환되고 분석된다. 이뿐만 아니라, 텍스트 분석으로부터 변환된 정보는 정형 데이터와 결합되어 다양한 비즈니스 인텔리전스 또는 자동화된 예측 기술들을 사용하여 분석할 수 있다.

실시간 정보를 바탕으로 의사결정이 이루어져야 하는 비즈니스적 요구가 텍스트 분석을 점점 더 중요하게 만들고 있다. 예를 들어, 적절한 인센티브가 주어지지 않는다면 경쟁사로 옮겨갈 가능성이 있는 고객이 누구인지 알아내기 원하는 통신사는 고객 감성에 대한 실시간 데이터를 필요로 한다. 고객 감성 데이터에 의존하는 예측 모델의 정확도는 얼마나 빠르게 대량의 비정형 데이터를 분석할 수 있는가에 달려있다. 감성을 스코어링하고 자연어를 처리하는 엔진은 모델을 보다 정확하게 만들고 분석의 속도를 개선할 수 있다. 머신러닝은 모델에게 피드백을 제공함으로써 소셜미디어로부터 얻어지는 감성 데이터에 반응할 수 있는 모델의 능력을 향상시킨다. 텍스트 분석은 고객 만족을 향상시키고 고객 충성도를 제고시키며 고객 행동의 변화를 예측하기 위해서 폭넓게 사용된다. 텍스트 분석은 또한 패싯(faceted) 내비게이션 같은 분야에서 검색능력을 향상시킬 수 있다.

텍스트 분석의 비즈니스적 가치

기업들이 어떻게 콘텐츠에 근거해서 의사결정을 하는지 또는 어떻게 대응해야 하는지 이해할 수 있는 능력이 필요해짐에 따라 텍스트 분석의 비즈니스적 가치가 증가하고 있다. 텍스트 분석은 마케팅 분석, 소셜미디어 분석, 감성 분석, 시장바구니 분석, 판매 예측, 제품 선정, 그리고 재고관리 같은 영역에서 사용된다 (테이블 6-3 참고). 적절하게 대응하기 위해서 기업은 고객이 말하는 것이 무엇인지를 이해하는 것뿐만 아니라 고객이 의도하는 것이 무엇인지도 이해해야 한다. 텍스트 분석은 기업이 그들의 고객이 개인적으로 그리고 집단적으로 말하는 것이 무엇인지 알아내는 것을 도와줄 수 있다. 고객이 다음에 하고자 하는 것이 무엇인지 이해하기 위해서는 감성에 대한 세밀하고 깊은 인사이트가 필요하다. 고객에 대한 이러한 깊은 청취는 VOC(voice of customer) 프로그램의 일부를 구성한다. 예를 들어, 어떤 고객의 과거 구매에 대한 지식과 그 고객과 다른 고객과의 관계분석을 결합함으로써, 그 고객의 구매 행동과 최우선순위 이슈에 있어서, 기업은 모든 고객과의 상호작용에서 다음 단계에 최선의 대응을 할 수 있는 보다 유리한 위치에 있게 된다.

VOC 프로그램의 목표는 고객의 불만을 이해하고 이를 해결하기 위한 출발점을 알아내는 것이다. 예를 들어, 당신은 기대에 미치지 못하는 제품을 출시했거나 결함으로 인한 문제를 가지고 있는가? VOC 프로그램에 텍스트 분석을 도입함으로써 고객 감성변화를 빠르게 식별할 수 있다. 이러한 감성들은 이메일, 고객 설문조사, 그리고 소셜미디어에서 발견될 수 있다. 그러나 고객의 감성에 대한 값진 정보를 담고 있을지도 모르는 빅데이터에는 늘 많은 잡음들이 포함되어 있다. 텍스트 분석은 대량의 비정형 정보에서 패턴을 식별함으로써 잡음을 줄이고 고객 행동의 변화에 대한 지표를 조기에 제공할 수 있다. 감성 분석에서 입력은 텍스트가 되고 출력은 감성 스코어링이 된다 (긍정과 부정의 정도를 나타내는 스케일). 모델은 알고리즘을 이용해서 스코어를 계산한다. 감성이 시간이 지남에 따라 어떻게 변하는지 또는 경쟁사와 비교해서 당신의 제품에 대한 고객의 관점이 시간이 지남에 따라 어떻게 변하는지 볼 수 있다.

테이블 6-3: 텍스트 분석 활용 예

마케팅	고객 이탈 분석, VOC, 감성 분석, 고객 설문 분석, 소셜 미디어 분석, 마켓 리서치
오퍼레이션	VOE(voice of employee), 문서 분류, 경쟁 지능 분석
법률적 리스크와 컴플라이언스	문서 분류, 리스크 분석, 부정행위 탐지, 보증 분석, 전자증거개시

이미지 분석(Image Analytics)

인지시스템에서 지식 말뭉치를 개발하기 위해 사용되는 데이터 소스에는 비디오, 사진 또는 의학영상 등이 포함된다. 정부나 기관 그리고 개인에 의해 생성되고 관리되어온 이미지의 양은 엄청나게 증가해왔다. 결과적으로, 이미지 분석은 인지컴퓨팅의 중요한 역할이 되었다. 이러한 이미지에 있는 클러스터와 패턴들을 빠르게 식별할 수 있는 능력은 IT와 물리적 보안, 헬스케어, 운송 물류, 그리고 기타 다른 영역에 중요한 영향을 미칠 수 있다. 예를 들어, 안면 인식 기술은 부정을 방지하고 범죄의 해결을 돕는 수단으로써 개인을 식별하고 검증하는데 사용된다. 정부는 안면 및 이미지 분석을 테러리스트의 활동을 예측하고 예방하는데 사용한다. 안면 인식은 비디오에 나오는 얼굴들에 레이블을 붙이고 비디오에 나오는 화자(speakers)를 식별하기 위해 사용될 수 있다. 안면 인식이 이미지 분석에서 중요한 부분을 차지하지만 인지시스템은 이미지의 매우 다양한 유형들을 식별할 수 있는 능력을 필요로 할 것이다. 이미지 분석은 이미지에 나오는 개체들을 사람, 동물, 자동차 등과 같은 여러 부류로 분류함으로써 비디오의 이벤트들을 탐색하고 색인을 만들 수 있으며 X선이나 CT스캔 같은 의료 디지털 이미지에서 이상징후를 찾는데 사용될 수 있다.

안면 인식은 이미지 분석 영역에서 초기의 연구 분야 중 하나였다. 안면 인식을 할 수 있는 최초의 시스템은 1960년대에 개발되었는데, 단지 부분적으로만 자동화되었기 때문에 수작업이 많이 필요하였다. 1980년대 후반에, 커비(Kirby)와 시로비치(Sirvich)는 주성분 분석(PCA: Principal Components Analysis)라고 불리는 시스템을 개발했다. 이 시스템은 디지털화된 사진의 영역을 비교하는 역할을 수행하는데(eigenfaces), 여기에 적용된 압축 기술은 비교하는데 도움이 되지 않을 것으로 예상되는 데이터들을 제거한다. 이 연구는 자동화를 가능하게 하고 속도와 정확성을 개선하는데 있어서 매우 큰 기여를 하였다. 이러한 영역의 기술에 대한 연구가 현재도 많이 진행되고 있으며 지속적으로 개선되고 있다. 예를 들어, 얼굴의 골격과 근육 특징들을 식별하는 알고리즘이 있는데, 이러한 특징들은 시간이 지나도 심지어 나이가 들어도 변하지 않는 얼굴 표정에 영향을 미친다.

안면 인식은 현재 많은 기업들이 연구하고 있는 분야이다. 예를 들어, 페이스북에서 안면 인식에 대한 연구를 수행한 결과, 뉴럴네트워크의 고급 머신러닝을 기반으로 하는 딥페이스(DeepFace)라고 부르는 소프트웨어를 만들었다. 머신러닝 알고리즘은 눈썹이나 입술 같은 안면 특징에서 반복적으로 발생하는 패턴을 찾기 위해서 대량의 얼굴 사진을 분석한다. 딥페이스의 학습 프로세스는 400백만 장의 얼굴 사진이 담긴 말뭉치를 기반으로 수행된다. 페이스북과 구글과 애플 같은 기업들은 사용자가 사진에서 친구들을 식별하고 태깅 할 수 있도록 하기 위해서 안면 인식 기술을 사용한다. 페이스북의 딥페이스 프로젝트는 페이스북의 안면 인식 능력을 향상시킬 것이다. 현재의 테스트에 의하면, 딥페이스는 두 장의 사진을 보면서 동일한 얼굴인가를 비교했을 때 사람의 두뇌만큼 거의 정확한 결과를 보이고 있다. 딥페이스는 이러한 정교한 능력을 바탕으로 마케팅, 판매, 보안 등 다양한 분야에 활용될 수 있을 것이다.

이미지 내에 있는 개체의 엣지(edge)나 경계선을 감지하는 능력은 이미지 분석 기술의 핵심중의 하나라고 할 수 있다. 엣지 검출 알고리즘은 밝은 면의 불연속면을 찾을 수 있기 때문에 이를 이용해서 이미지를 분할할 수 있다. 가장 널리 사용되는 엣지 검출 알고리즘은 Sobel, Canny, Prewitt, Roberts, 그리고 퍼지로직이다. 이러한 알고리즘들은 단지 얼굴뿐만 아니라 모든 객체에 적용될 수 있다. 안면 인식 프로세스는 이미지에 있는 얼굴을 찾고 안면 특징들을 식별하는 것으로 시작된다. 이미지 분석의 또 다른 주요 기술은 피부색 화소의 비율을 살펴보고 색 분할을 결정하는 것이다. EFLD(Eigenface-Fisher Linear Discriminant)와 DFNN(Dynamic Fuzzy Neural Network)을 사용하는 안면 인식 알고리즘은 특징들을 분류하는 것에 강점이 있는데, 이전 알고리즘에 비교해서 오류를 줄여준다. 이 알고리즘은 안면 데이터베이스와 잘 작동하는데, 이 데이터베이스에는 얼굴 이미지의 다양한 표정, 자세, 그리고 조도가 저장되어 있다. 머신러닝 프레임워크를 이용하면 대량의 이미지를 모델링하고 분류할 수 있다.

캘리포니아 샌디에이고에 있는 신생 기업 Zintera는 생물물리학적 뉴럴네트워크 모델을 사용하여 이미지와 비디오를 프로세싱 하는 플랫폼을 개발했다. Zintera의 기술은 뉴럴네트워크 모델이 이미지와 비디오를 빠르게 처리할 수 있게 하기 위해서 밀도가 희박한 트레이닝 세트를 필요로 한다.

헬스케어에도 이미지 분석의 적용이 가능한 분야가 많이 있다. 예를 들어, IBM에는 이미지 분석을 활용하는 메디컬 시브(Medical Sieve)라고 불리는 장기간에 걸친 거대한 도전적 프로젝트가 있다. 이 프로젝트의 목적은 고급 다중분석, 임상적 지식, 그리고 추론 능력을 지원하는 차세대 인지 시스템을 구축하는 것이다. 영상 유도 정보과학 시스템인 메디컬 시브는 방사선학과 심장학에서 임상적 의사결정을 보조할 수 있도록 조율될 것이다. 방사선 전문의들은 일반적으로 하루에 수 천장의 이미지를 보아야 하는데 이는 눈의 피로를 유발시키고 오진으로 이끌 가능성이 있다. 메디컬 시브는 의학문서와 이미지에 대한 정교한 프로세싱, 패턴 인식, 그리고 머신러닝 기술을 사용하는데, 이 시스템은 고급 임상지식의 가이드에 따라 환자에 대한 임상 데이터를 처리하고 이미지에서 이상징후를 식별한다. 마지막으로 이 시스템은 이미지의 다양한 관점에서 감지되는 가장 특징적인 이상징후를 요약해서 제공한다.

음성 분석(Speech Analytics)

인지시스템은 텍스트 분석, 이미지 분석, 그리고 음성 분석을 사용해서 상황에 따라 적절히 질문에 응답하거나 정확한 예측을 제시할 수 있다. 주로 텍스트 분석이 감성에 대한 인사이트를 얻기 위해 사용되지만, 많은 감정과 태도가 텍스트에서는 쉽게 가려질 수 있다. 이미지와 음성은 개인의 감정과 행동 예측에 대해 보다 많은 단서를 제공할 수 있다. 음성 분석은 말하고 있는 사람에 대한 정보 또는 말하는 내용을 추출하기 위해서 녹음된 대화나 연설을 분석하는 프로세스다. 감정과 어떤 특정한 방식으로 행동하고자 하는 의도를 잘 나타내는 단어와 구의 패턴을 식별하는 것은 예측 모델의 정확도를 향상시킬 수 있다.

음성 분석은 수년 동안 콜센터 프로세스에 적용되어 왔다. 1950년대 초반부터 자동음성인식(ASR: automatic speech recognition) 분야에서 많은 연구가 이루어졌다. 자동음성인식 시스템은 트레이닝 없이 사람들에게 매우 다양한 말투와 지역적 액센트에 대한 정확한 정보를 제공할 필요가 있었다. 통계적 모델들은 다양한 단어와 참조 음향 패턴들을 위해 스피치-클러스터링을 만들어낼 수 있다. 비록 다양한 통계 모델링 기술들이 자동음성인식의 문제를 해결하기 위해 적용되었지만, 1980년대에 히든 마코브모델(HMM: hidden Markov model)과 확률적 언어 모델이 가장 폭넓게 사용되는 기술이 되었다. 1990년대에 적절하게 콜을 분배할 수 있는 보다 효율적이고 비용효과적인 방식으로 콜센터가 개발됨에 따라 AT&T와 같은 기업들은 콜센터 프로세스의 일부로써 자동음성인식 기술을 사용하기 시작했다.

자동음성인식은 음성 분석을 이루는 하나의 컴포넌트이다. 자동음성인식은 개인이 구어에서 사용하는 단어와 구를 알아낼 수 있다. 이러한 기초적인 분석 결과로 전화의 우선순위를 매기거나 전화를 건 사유를 짐작할 수 있다. 음성 분석은 상황에 대해 보다 깊은 인사이트를 얻기 위해 사용된다. 패턴과 이상징후를 식별하기 위해 통화를 분석한다. 콜센터에서 발생하고 있는 여러 상황에서, 음성 분석이 매우 다양한 유형의 질문에 대답할 수 있다. 논의하고자 하는 주제는 무엇인가? 말하는 사람의 감정적 톤은 어떠한가? 말하는 사람이 화가 났는가, 참을성이 없는가, 혹은 제품에 대한 불만이 있는가? 고객서비스가 기대수준에 도달하는가?

가치를 창조하는 고급분석

고급 분석 프로세스와 인지컴퓨팅의 궁극적 목표는 의사결정을 향상시키는 것이다. 기업은 고객의 목소리를 듣고, 그들의 요구를 예측하고, 고도의 타깃 상품 제공하는데 있어서 차별화된 경쟁력을 가지기 위해서 분석을 사용한다. 공공기관은 도시를 더 안전하게 만들고 시민들의 요구에 보다 적극적으로 대응하고 더 건강한 생태계를 구성함으로써 도시경쟁력을 제고하기 위해서 분석을 사용한다. 헬스케어 기관들은 의사의 진료를 개선시키고, 불필요한 입원을 막고, 전반적인 치료 수준을 높이기 위해서 분석을 사용한다. 의사결정에서 이러한 개선을 이루어 낼 수 있는 분석 모델과 인지컴퓨팅 환경을 구축하기 위해서는, 보다 많고 정확하고 정제된 데이터와, 빠르게 유입되는 데이터 스트림으로부터 데이터를 처리하고 해석할 수 있는 능력이 필요하다.

그림 6-2는 기업이 데이터로부터 비즈니스 가치를 생성하는데 있어서 트레이드오프를 보여준다. 보다 빠르게 실행 지향적으로 의사결정을 할 수 있는 능력은, 모든 입력 스트림으로부터 필요한 데이터를 해석하는데 있어서 "어려움의 정도(degree of dif-ficulty)"를 감소시키는데 달려있다. 이를 위해서 데이터의 양과 복잡성을 관리할 필요가 있다. 동시에 매우 빠른 속도로 유입되는 데이터를 의미 있는 방식으로 샘플링할 필요도 있다. 시스템과 센서에 의해 수집된 원시 데이터는 잠재적인 가치를 가지고 있지만 비즈니스 가치를 나타내기 위해서는 처리되고 분석되어야만 한다. 그림 6-2를 보면, 볼륨과 복잡성 그리고 속도가 분석 프로세스가 이루어지는 동안 관리됨으로써 비즈니스 가치가 증가하고 있고, 조직을 위한 가치는 데이터 분석을 실행함으로써 나타나게 된다.

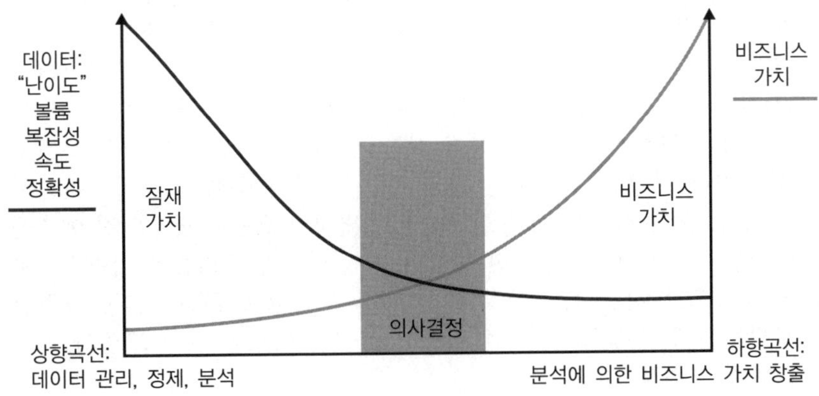

그림 6-2: 비즈니스 가치 창출을 위한 원시 데이터 정제
출처: "An Executive Guide to Analytics Infrastructure", January 2014 by STORM Insights, Inc.

인메모리(in-memory)의 활용가치

속도와 복잡성 그리고 볼륨 관리는 하드웨어와 소프트웨어를 모두 포함하는 최적화 전략하에서 가장 잘 다루어질 수 있다. 빅데이터 분석을 위한 규모에 적절히 맞추기 위해서, 많은 기업들은 고급분석에 필요한 작업량을 소화할 수 있도록 미리 통합되고 최적화된 하드웨어를 선택하고 있다. 비즈니스적으로 가치를 얻기 위해서는, 분석 모델과 예측기능이 비즈니스 운영 프로세스 속으로 충분히 통합될 필요가 있다. 모든 어플리케이션들은 적기에 필요한 데이터를 액세스할 필요가 있다. 이를 위해 컬럼지향과 그래프 데이터베이스, 그리고 인메모리 컴퓨팅과 같은 기술들이 고급 분석에 도움이 될 수 있다. 속도를 증가시키기 위해서는, 공유메모리와 공유디스크, 고속 네트워크, 그리고 최적화된 스토리지와 같은 기술들이 도움이 될 것이다.

고속의 대용량 분석을 위해 설계된 플랫폼은 인메모리 기능이 필수적일 수 있다. 트랜잭션 프로세싱, 운영 프로세싱, 분석, 그리고 레포팅과 시각화가 하나의 인메모리 플랫폼으로 통합될 수 있다. 이 플랫폼은 데이터를 추출하고 운반하는데 소요되는 시간 소모를 없애준다. 인메모리 분석은 크고 복잡한 분석 작업을 빠르게 처리할 수 이는 방법을 제공함으로써 어플리케이션의 성능을 향상시킬 수 있다. 이러한 작업들은 작은 단위로 분할되어 병렬시스템으로 분산될 수 있는데, 주로 정형 데이터의 경우에 사용된다. 인메모리 분석은 충분히 빠른 속도로 빅데이터를 시각화하고 분석해야 하는 어려움도 극복하도록 해줄 수 있다. 예를 들어, 인메모리의 경우 실시간 스트리밍 데이터 계산을 RAM에서 수행되도록 함으로써 디스크로부터 데이터를 액세스하는 것보다 훨씬 빠르게 프로세싱 속도를 높일 수 있다.

모델 개발, 고급 분석, 그리고 인지컴퓨팅에 대한 현재의 방식은 매우 큰 확장성의 아키텍처를 요구한다. 머신러닝에서 사용되는 반복적인 프로세스는 보다 정교한 결과를 산출하지만, 동시에 인메모리 컴퓨팅에 의해 제공될 수 있는 극도로 빠른 속도를 필요로 한다. 데이터가 고급 분석에서 가장 중요한 자산으로 여겨진다는 관점에서, 인메모리 기능을 사용하는 장점중의 하나는 계산이 발생하고 있는 장소로 데이터를 가져올 필요가 없다는 것이다. 인메모리에서 데이터를 관리한다는 것은 데이터가 트랜잭션 프로세싱과 분석을 위해 동시에 사용될 수 있다는 것을 의미한다. 머신러닝을 위한 문서들을 정리하기 위해서는 프로세싱이 집중적으로 필요하기 때문에, 문서를 위해 레이블을 붙이거나 태그를 생성하는 것과 같은 작업의 수행은 인메모리에서 빠르게 처리될 수 있다. 많은 기업이 보다 정확하고 개별적인 요구에 맞추어진 예측을 위해 수많은 모델들을 구축하고 있다. 뿐만 아니라, 머신러닝 알고리즘은 일반적으로 대량의 데이터를 대상으로 하는 복잡한 기술적 계산을 필요로 하고 있다. 적절한 성능과 속도를 보장하는 인프라스트럭처를 활용하는 것은 이러한 예측 모델과 인지 시스템의 성공을 위해 필수적이다.

고급 분석을 위한 오픈 소스

오픈 소스 분석 도구들은 많은 기업에서 예측 분석의 성장에 커다란 영향을 끼치고 있다. 오픈 소스 소프트웨어 환경과 프로그래밍 언어인 R은 데이터 사이언티스트, 통계학자, 그리고 여러 기업 사용자들을 위한 중요한 도구로 빠르게 자리잡고 있다. 컴퓨터 통계와 데이터 시각화를 위해 설계된 R은 고급분석과 인지컴퓨팅 연구를 수행하는 대학원생들에 의해 선택되는 언어가 되었다. R에 대한 강한 호기심은 매우 활동적인 오픈 소스 커뮤니티를 탄생시켰다. 커뮤니티 멤버들은 모델과 알고리즘 그리고 코딩 우수사례들에 대한 정보를 공유한다. 사용자들은, 특별한 목적의 프로그래밍 언어와 환경이 주문제작 어플리케이션을 위해 제공되는 유연성을 선호한다. 유연성과 적응성은 R의 이점들 중 하나다. 실제로 R은, 벨(Bell) 실험실에서 포트란(FORTRAN)의 통계 서브루틴의 사용에 대한 상위레벨의 대안으로 개발된 통계 프로그래밍 언어 S가 구현된 것이다.

비록 R이 경험 있는 데이터 사이언티스트 또는 통계학자가 아닌 경우에는 사용하기가 복잡할 수 있지만, 많은 벤더들이 R의 사용을 쉽게 해주는 도구들을 제공하고 있다. 벤더들은 모델 개발에 사용될 수 있도록 미리 조정된 알고리즘을 제공하고 있다. 오픈 소스 커뮤니티는 고급 분석 어플리케이션의 기초를 형성하는 많은 프로젝트들을 생성하고 지원해왔다. 예를 들어, 아파치 파운데이션(Apache Foundation)내의 두 가지 중요한 프로젝트는 카산드라(Cassandra: 분산 DBMS) 프로젝트와 스파크(Spark: Hadoop 공간에서 클러스터 컴퓨팅을 위한 분석 프레임워크) 프로젝트다.

요약

고급 분석은 인지시스템이 말뭉치와 온톨로지로부터 인사이트를 얻는데 도움을 준다. 예를 들어, 머신러닝 알고리즘과 예측 모델링은 인지시스템이 지속적으로 학습하는데 사용된다. 시스템은 상황을 이해하고, 질문에 적합한 대답을 제시하며, 정확한 예측을 실시하고, 적절한 시점에 적절한 정보를 활용할 필요가 있다. 실제 머신러닝 알고리즘의 선택은 분석의 목적에 따라 달라진다. 예를 들어, 인지시스템이 헬스케어에서 적용될 것인가? 의료 진단의 정확성을 높이거나, 비용을 절감하거나, 환자가 병원에서 퇴원 후 재입원하는 비율을 낮추거나, 개인과 사회의 전반적인 건강을 증진시키는 것이 목표인가? 머신러닝 알고리즘은 정확하면서도 빠른 인지시스템이 되는데 필수적인 패턴의 발견에 사용될 것이다. 예측, 분류, 분할, 예보, 연속적인 패턴 발견, 연관성 패턴 발견, 지역적 시간적 발견, 또는 패턴 인식을 위한 알고리즘들은 모두 시스템의 결과를 향상시킬 것이다.

COGNITIVE COMPUTING
AND
BIG DATA ANALYTICS

인지컴퓨팅에서 클라우드와 분산컴퓨팅의 역할

고도로 분산되고 비용효율적인 컴퓨팅 서비스를 활용할 수 있는 능력은 소프트웨어가 운영되고 전달되는 방식만 혁신시킨 것이 아니라 인지컴퓨팅의 상업화에 핵심적 요소가 되었다. 대형 인지컴퓨팅 시스템은 집중화된 컴퓨팅 환경을 필요로 하는데, 이는 매우 다양한 유형의 하드웨어, 소프트웨어 서비스, 그리고 워크로드를 배분시키는 네트워크 요소들을 지원한다. 그러므로 클라우드 컴퓨팅과 분산 아키텍처는 대규모의 인지컴퓨팅 운영에 필요한 기본적인 모델이다. 이장에서는 분산 컴퓨팅 아키텍처와 클라우드 컴퓨팅 모델에 대한 개요를 제공한다.

공용 자원을 위한 분산 컴퓨팅의 활용

인지컴퓨팅 환경은 반드시 이질적인 소스들로부터 엄청난 양의 정보를 통합해내고 그 정보를 매우 정교한 방식으로 처리할 수 있는 플랫폼을 제공해야 한다. 시스템은 또한 복잡한 데이터로부터 인사이트를 얻을 수 있는 고급 분석을 반드시 구현해야 한다. 매우 다양한 요소들을 함께 묶어내야 하기 때문에 단일의 통합된 시스템은 분명히 비현실적이다. 따라서 클라우드 컴퓨팅을 지원하는 고도로 분산된 환경이 구현 플랫폼으로 고려되는 것이다. 클라우드는 어플리케이션, 컴퓨팅 서비스, 저장 능력, 네트워킹, 소프트웨어 개발, 다양한 전개 방식, 그리고 비즈니스 프로세스 등의 공용 컴퓨팅 자원들을 제공하는 방식이다. 클라우드 컴퓨팅은 개발자가 분산 컴퓨팅 시스템들을 대량의 인지 작업을 지원하는데 사용될 수 있는 일련의 공용 리소스로 결합해낼 수 있도록 해준다. 이러한 목적을 달성하기 위해서 표준화된 인터페이스로 표준화된 클라우드 서비스를 제공하는 것이 중요하다. 이러한 인터페이스는 표준을 위한 기구에 의해 정의되는데, 이들은 클라우드 제공자가 폭넓게 적용할 수 있는 일관된 사양을 제공한다. 이장은 현실적으로 인지컴퓨팅을 만드는데 있어서 분산 클라우드 서비스의 역할에 대한 인사이트를 제공할 것이다.

인지컴퓨팅 어플리케이션을 구축하는 기업들을 포함하는, 클라우드 서비스의 사용자들은 공용 리소스 모델로부터 이익을 얻게 되는데, 이는 사용자들이 최대 효율에 가깝게 운영되는 시스템의 사용량에 따라 비용을 지불할 수 있기 때문이다. 이러한 리소스들을 소유한다는 것은 예상 최고치 업무량을 위해 초과되는 용량을 유지하기 위해 지속적인 고정비용이 필요하다는 것이다. 필요에 따라 이러한 서비스들을 사용할 수 있기 때문에 매우 다양한 크기의 기업들이 클라우드를 적절히 사용할 수 있는 것이다.

인지컴퓨팅 시스템에 필수적인 클라우드 서비스

인지시스템은 데이터 소스들과 복잡한 알고리즘을 활용할 수 있는 능력이 필요하다. 인지시스템을 운영하는 가장 효율적이고 효과적인 방법은 클라우드 컴퓨팅인데, 이는 클라우드 컴퓨팅이 분산 컴퓨팅 모델을 위해서 만들어졌기 때문이다. 인터넷을 통한 분산 컴퓨팅 능력이 없다면, 웹은 절대로 존재하지 않았을 것이다. 사실, 웹은 연구자들이 문서, 이미지, 비디오 또는 오디오 파일들을 콘텐츠의 의미와 관계없이 단순히 주소만 부여함으로써 서로 공유할 수 있도록 설계된 것이다. 인지컴퓨팅으로 인해서, 컴퓨팅 환경이 패턴에 따라 분석되고 구조화되어야 하는 대량의 데이터를 지원하기 위해서 최적화될 수 있다. 예를 들어, 소스 데이터는 수백 개의 다른 정형 비정형 정보 소스들로 분산되어 있을 수 있다. 이들 데이터 소스에 대한 액세스를 지휘하기 위해서는 클라우드 환경이 핵심 리소스에 대한 메타데이터뿐만 아니라 카탈로그, 인덱스, 또는 데이터에 대한 포인터 레지스트리를 가지고 있을 수 있다. 그리고 고성능의 컴퓨팅 능력을 활용하는 분석에 대한 요구도 있을 수 있다. 클라우드 컴퓨팅의 활용과 이를 뒷받침하고 있는 분산 모델이 주는 추가적인 이점은, 복잡한 과학, 엔지니어링, 그리고 비즈니스 문제들을 해결하기 위해서, 고성능의 컴퓨팅 엔진을 필요에 따라 액세스할 수 있다는 것이다. 다시 한번 강조하면, 기업들은 이러한 고성능의 시스템을 구매하기보다는 오직 필요한 시점에 컴퓨팅 서비스를 소비할 수 있으면 되는 것이다.

클라우드 컴퓨팅의 특징

클라우드 컴퓨팅 모델이 다양하지만 모든 모델에 공통적인 특징들이 있는데, 탄성과 셀프서비스 프로비저닝, 서비스 이용과 성능에 대한 계량, 그리고 워크로드 관리가 그것이다. 뿐만 아니라, 분산 컴퓨팅을 지원하는 것도 클라우드에게 필수적이다. 이들 모든 서비스들이 필요한 이유는 클라우드의 동적인 속성 때문이다. 클라우드는 수많은 서로 다른 워크로드와 그들 워크로드의 특성들을 지원할 수 있도록 만들어 졌다. 이 섹션은 이러한 역량과 특성에 대해서 논의 할 것이다.

탄성과 셀프서비스 프로비저닝

클라우드 서비스의 탄성(elasticity)은 사용자가 그들의 업무를 수행하는데 필요한 만큼 컴퓨팅, 스토리지 또는 네트워크의 사용량을 증가시키거나 감소시킬 수 있도록 해준다. 서비스를 추가한다는 개념이 컴퓨팅의 다른 모드에서는 가능하지만, 클라우드 환경에서는 탄성이라는 특징이 셀프서비스 기능에 의해 제어되는 자동화된 서비스를 의미한다. 이것은 클라우드 서비스의 이용자가 컴퓨팅 서비스의 사용량을 늘리고자 할 때 특별히 중요한데, 예를 들어, 어떤 알고리즘을 복잡한 데이터 세트에 적용할 때이다. 그 계산이 끝났을 때, 컴퓨팅 리소스 사용량이 자동적으로 감소한다. 스케일링과 분산 프로세싱은 탄성의 범위 내에 있는 것이다.

스케일링(Scaling)

클라우드 탄성에 의해, 워크로드를 변화시키는 서비스가 스케일링 될 수 있다. 스케일링의 두 가지 주요 모델은 수평과 수직이다. 수평 스케일링(horizontal scaling)은 - 스케일 아웃 또는 스케일 인이라고 불리는 - 동일한 유형의 서비스가 워크로드 요구에 따라 확장된다는 것을 의미한다. 동일한 기능이 보다 많이 필요해지면 시스템은 보다 많은 리소스를 할당하고, 필요성이 감소하면 할당된 리소스가 풀(pool)로 환원된다. 이와 대조적으로, 수직 스케일링(vertical scaling)은 - 스케일 업이라 불리는 - 하나의 컴퓨팅 리소스가 확장되었을 때 발생하는데, 워크로드와 컴퓨팅 환경 사이에 좀더 적합한 조합을 찾아낸다. 스케일 업 환경에서는, 보다 많은 서버를 추가하는 대신에 추가적인 메모리나 스토리지를 기존의 시스템 환경에 추가할 수 있게 해준다. 수직 스케일링은 고도로 분산된 컴퓨팅 환경을 필요로 하는 어플리케이션의 문제들을 해결하는데 유용하다. 한 예로써, 하둡은 여러 노드들에 걸쳐서 분산 컴퓨팅이 가능하도록 설계되었기 때문에, 스케일 업이 유용하게 적용될 수 있다.

분산 프로세싱(Distributed Processing)

빅데이터의 성장으로, 보다 좋은 성능을 위해 여러 노드에 걸쳐 분산 처리를 할 수 있는 능력이 점점 더 중요해지고 있다. 비록 분산 파일 시스템의 아이디어가 새로운 것은 아니지만, NoSQL, HBase 그리고 Hadoop과 같은 새로운 데이터 기술들이 이러한 분산처리에 영향을 끼치고 있다. 복잡한 알고리즘을 처리하기 위해서 클라우드 내에 있는 기계들의 클러스터를 이용하는 것은 필수적이다. 인지컴퓨팅은 데이터의 유입뿐만 아니라 복잡한 문제에 대답하기 위해서 복잡한 데이터를 분석할 수 있는 역량도 필요로 한다.

클라우드 컴퓨팅 모델

비록 클라우드 컴퓨팅이 복잡한 기술들로 이루어져 있지만, 클라우드 컴퓨팅이라는 것이 기업이 복잡한 기술을 사용하는 방식을 바꾸어주는 서비스 프로비저닝 모델이라는 것을 이해할 필요가 있다. 클라우드 모델의 경제적 이점은 명확하다. 공유 서비스 모델을 제공함으로써, 각 사용자는 단지 사용한 서비스에 대한 대가만 지불하는 것이다. 클라우드 컴퓨팅 모델에서는, 특정한 워크로드로 특정한 타스크를 수행하기 위해 최적화될 수 있는 방식이 다양하다. 이것은 어떻게 파워그리드(전력망)가 운영되는가 하는 것과 유사하다. 넓은 대도시 지역은 모든 고객을 지원하기 위한 단일 파워플랜트를 운영하지 않고, 다른 이웃들을 지원하는 매우 분산된 전력 분배소를 조정하는 시스템이나 그리드를 운영한다. 잘 설계된 파워그리드는 환경적 상태와 소비 패턴 또는 재해 발생 들을 고려하는 전력 공급 방식을 모델링 한다. 공유 서비스 모델을 제공하는 것에 이러한 파워 그리드 개념을 적용할 수 있다. 이를 한 단계 더 깊이 적용해보면, 그리드에 연결된 솔라패널에 투자한 기업이나 개인은 공공 파워그리드에 그들이 기여한 전력량에 상응하는 비용을 지불 받을 수 있다. 유사하게, 월드 커뮤니티 그리드와 같은 시스템에서, 개인은 주요 컴퓨터계산 문제를 해결하는데 도움이 되도록 자신의 컴퓨팅 리소스를 기여할 수 있다. 미래에는 리소스가 기업, 산업, 지역, 그리고 국가를 넘어서 공유되는 인지컴퓨팅 그리드가 존재할 수도 있을 것이다.
클라우드 컴퓨팅에는 퍼블릭, 프라이빗, 매니지드 서비스, 그리고 하이브리드 클라우드를 포함하여 다양한 전개모델이 있다. 각각의 전개모델은 SaaS(Software as a Service), PaaS(Platform as a Service) 그리고 IaaS(Infrastructure as a Service) 와 같은 서비스 모델들의 특징을 갖는다. 다음 섹션은 이러한 모델 각각의 기술적 토대에 대한 논의할 것이다 (그림 7-1 참조).

퍼블릭 클라우드(Public Cloud)

퍼블릭 클라우드는 다수 사용자가 공유하는 환경으로 제공되는 전형적인 유틸리티 컴퓨팅 모델인데, 여기서는 복수의 사용자가 물리적으로 단일 서버내의 컨테이너를 공유한다. 복수 사용자 클라우드(multitenant cloud)는 제3의 서비스 제공자에 의해 소유되고 운영되는 공개적으로 접근 가능한 서비스이며, 인터넷 연결을 통해 접근된다. 사용자는 사용량 또는 컴퓨팅이나 스토리지 단위로 비용을 지불한다. 그러므로 퍼블릭 클라우드는 상품화된 서비스로 생각할 수 있다. 일반적으로 사용자는 가상화된 이미지 (물리적 하드웨어로부터 독립되어 실행될 수 있는 컴퓨팅 리소스들의 조합)를 통해 서비스에 접속한다. 퍼블릭 클라우드는 공통의 워크로드를 지원함으로써 시스템이 그 워크로드에 자동화되고 최적화될 때 가장 효율적이다. 이것은 복수의 오퍼레이팅 시스템과 여러 유형의 어플리케이션과 워크로드가 존재하는 데이터센터와 다르다. 여러 개의 단순한 워크로드를 위해 환경을 최적화시키는 것은 쉽지 않다. 퍼블릭 클라우드는 효과적이고 경제적인 모델이 될 수 있는데, 이는 공유 서비스 모델을 기반으로 구축되기 때문이다. 클라우드 서비스를 지원하는 아마존, 마이크로소프트, 구글과 같은 벤더의 고객이 많아 질수록, 사용 단위당 부과하는 비용은 더 적어진다. 전형적인 지불 모델은 컴퓨팅 한 단위 또는 스토리지 메가바이트 당 몇 센트 수준을 기반으로 하고 있다.

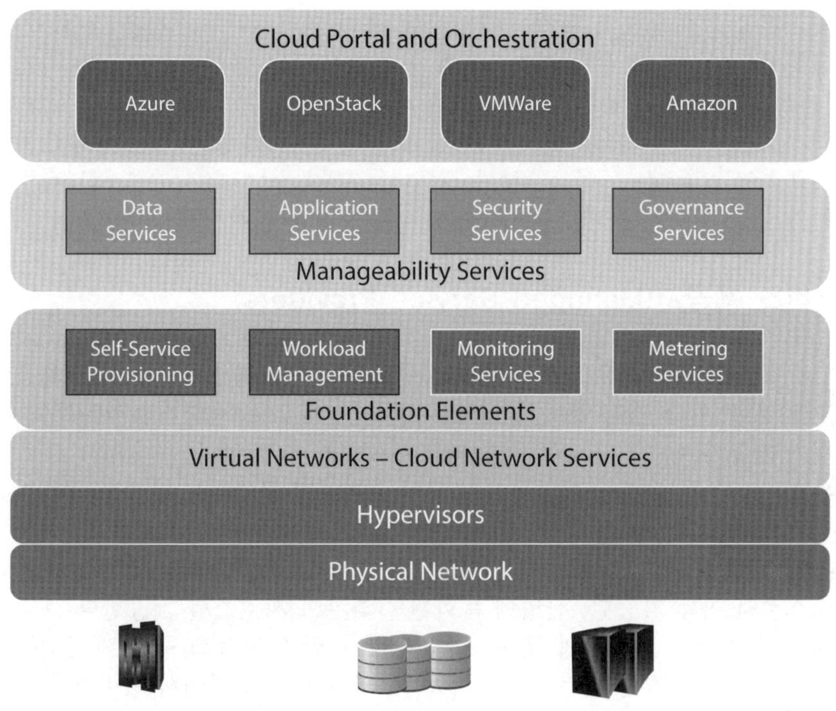

그림 7-1: 기본적인 클라우드 아키텍처

퍼블릭 클라우드의 한가지 핵심적 특징은 일반화된 SLA(service level agreements)에 의해 모든 고객들에게 동일한 수준의 서비스를 제공한다는 것이다. 그러므로 서비스 제공자는 서버, 자동화, 그리고 보안을 하나의 통합된 환경으로 관리한다. 이러한 퍼블릭 서비스를 활용하는 사용자들은 시스템의 운영측면에서 리소스에 대한 가시성을 거의 가지지 않는다.

잘 설계된 상업적 퍼블릭 클라우드 서비스는 합리적인 서비스와 보안 수준을 제공한다. 정부의 규제를 받거나 정부의 개런티를 필요로 하는 기업들은 퍼블릭 클라우드 서비스를 사용하지 못할 수도 있다. 이러한 경우에는, 민감한 고객정보와 금융정보를 위해 프라이빗 클라우드 서비스가 좀더 실행 가능한 옵션이 될 수 있다. 그러나 이메일과 같은 기타 상품화된 서비스들은 퍼블릭 클라우드 서비스를 이용해서 구현되기도 하는데, 이는 이들이 조직의 전략적 자산이 아니기 때문이다. 어떤 퍼블릭 클라우드 서비스 제공자는 가상의 프라이빗 네트워크나 특별한 관리서비스 등과 같이 추가적인 특별한 서비스를 제공한다.

프라이빗 클라우드(The Private Cloud)

이름이 의미하는 바와 같이, 프라이빗 클라우드는 회사의 데이터센터 내에서 운영되며 이러한 리소스는 일반적으로 다른 기업과 공유되지 않는다. 퍼블릭 클라우드와 마찬가지로 프라이빗 클라우드도 단일 오퍼레이팅 시스템 기반으로 관리 및 자동화된 서비스를 최적으로 제공할 수 있도록 환경이 구성되며, 또한 관리능력과 성능을 개선하기 위해서 워크로드를 최적화 할 수 있다. 프라이빗 클라우드는 내부적으로 관리되기 때문에, 산업에서 요구되는 수준에 맞게 보안을 최적화 시킬 수 있다. 뿐만 아니라, 프라이빗 클라우드는 고객과 파트너를 지원하는데 요구되는 특별한 서비스 수준을 맞출 수 있다. 프라이빗 클라우드를 도입하는 기업은 보안과 서비스 레벨을 모니터링하고 최적화하기 위한 도구와 서비스를 구현할 수 있는 능력을 가지고 있다.

매니지드 서비스 제공자(Managed Service Providers)

한 기업에 의해 직접적으로 소유되고 운영되는 프라이빗 클라우드와 더불어, 특정 고객을 위해 제3자에 의해 설계되고 운영되는 전용 클라우드 서비스를 제공하는 매니지드 서비스 제공자(MSPs: managed service providers)가 있다.
퍼블릭 클라우드 서비스가 불편한 기업들이 자신의 프라이빗 클라우드 운영도 원하지 않을 수도 있다. 뿐만 아니라, 어떤 기업들은 복잡한 서비스를 소유하지 않고 활용하기만 원할 수 있다. 매니지드 서비스 제공자는 일반적으로 지속적인 지원 서비스 또는 온디맨드 서비스로서 이용 가능한, 산업에 특화된 클라우드 서비스를 제공한다.
이러한 클라우드 서비스는 퍼블릭의 특징 또는 관리, 보안과 자동화 등이 제공되는 잘 구조화된 프라이빗의 특징을 갖는다. 이들은 다수의 사용자 환경에서 서비스를 제공할 수도 있지만, 특정 고객만을 위해 그 고객 소유의 프라이빗 하드웨어 환경에서 서비스를 제공할 수도 있다. 매니지드 서비스 제공자는, 소매업에서 머신러닝 알고리즘을 사용해서 고객 이탈을 분석하는 기술과 같이, 하나의 산업에 국한된 인지 컴퓨팅 서비스를 제공할 수도 있다. 그러므로 매니지드 서비스 제공자는 단일 고객이 자신만을 위해 한정된 물리적으로 분할/독립된 환경에서 클라우드 서비스를 이용하게 할 수 있기 때문에 프라이빗 클라우드의 한 형태라고 볼 수 있다. 그러나 퍼블릭 클라우드와 마찬가지로, 비록 물리적으로 분할되었지만 공통의 인프라스트럭처를 기반으로 다수의 고객에게 서비스를 제공할 수 있다.

하이브리드 클라우드 모델(The Hybrid Cloud Model)

하이브리드 클라우드는 퍼블릭, 프라이빗 그리고 매니지드 서비스에 걸쳐 서비스를 통합하거나 또는 연결할 수 있는 능력을 제공한다. 핵심적으로, 하이브리드 클라우드는 퍼블릭 클라우드에 있는 가상화된 서비스를 프라이빗 클라우드, 매니지드 서비스, 그리고 데이터센터에 있는 서비스들과 연결할 수 있는 가상 컴퓨팅 환경이다. 예를 들어, 어떤 기업이 고객과의 트랜잭션 처리를 위해서 자신의 데이터센터를 이용한다고 하면, 그러한 트랜잭션은 그 기업이 웹 기반의 프런트 엔드와 고객이 온라인으로 물건을 구매할 수 있도록 해주는 모바일 인터페이스를 구축해놓은 퍼블릭 클라우드와 연결될 수 있다. 그 기업은 신용카드를 이용해 지불하고자 하는 고객들의 신용을 체크해주는 제3자의 매니지드 서비스를 이용할 수도 있다. 고객을 위한 상세한 서비스들을 관리해주는 퍼블릭 클라우드 기반의 어플리케이션들도 있을 수 있다.

뿐만 아니라, 그 기업은 시스템에 과부하가 걸렸을 때 웹사이트가 중단되지 않도록 하기 위해 휴일의 최고 절정기에 퍼블릭 클라우드로부터 추가 컴퓨팅 능력을 제공받을 수도 있다.

비록 이들 각각의 요소들은 개별 벤더들에 의해 설계되고 운영되지만 이들은 모두 단일 시스템처럼 운영될 수 있다. 하이브리드 클라우드는 분산시스템으로서 그림 7-2에 보여주는 것과 같이 하고자 하는 업무에 가장 적합한 일련의 서비스들을 활용할 수 있게 해주기 때문에 매우 효과적이라고 할 수 있다.

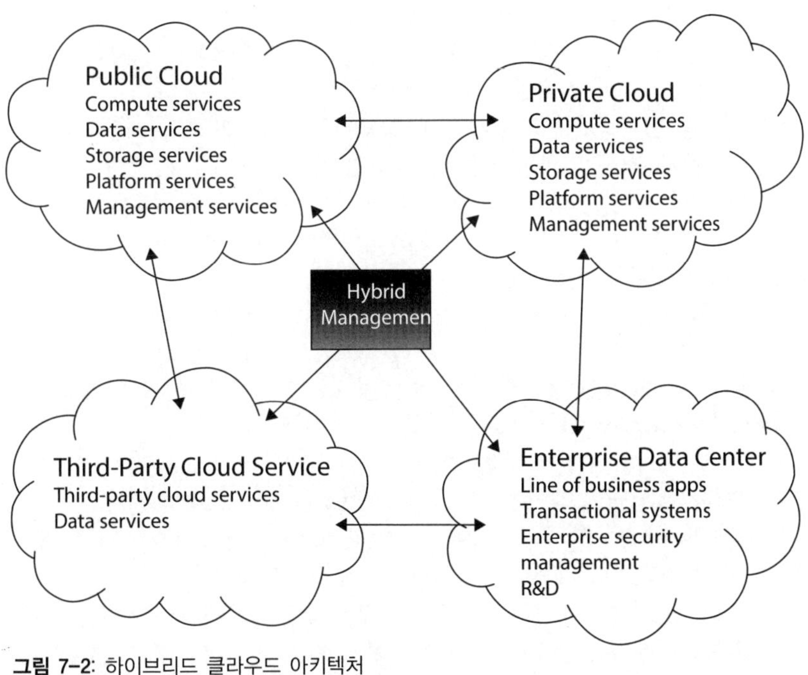

그림 7-2: 하이브리드 클라우드 아키텍처

클라우드 모델이 퍼블릭 또는 프라이빗에 관계없이 이들은 모두 서로 다른 인지컴퓨팅 워크로드들을 최적화된 서비스 컴포넌트에 할당할 수 있다. 인지시스템의 성능에는 단일의 통합된 시스템보다는 다양한 워크로드에 최적화된 서비스를 전개하는 것이 도움이 되기 때문에 하이브리드 클라우드 모델은 가장 타당하고 실질적인 접근방식이다. 인지컴퓨팅은 효율적이고 비용효과적인 방식으로 프로세스를 실행하거나 알고리즘을 계산하기 위해 APIs(Application Programming Interfaces)를 통해 서로 다른 서비스들을 호출하고 상호작용하는 일련의 서비스들로 구성될 수 있다. 기업들이 비정기적으로 복잡한 알고리즘을 이용해서 빅데이터를 처리할 때 합리적인 비용으로 충분한 컴퓨팅 리소스를 획득하는 것이 쉽지 않을 수 있다. 예를 들어, 제약산업에서 신약의 발견은 엄청난 양의 데이터 분석을 필요로 한다. 클라우드 컴퓨팅이 등장하기 이전에, 기업들은 분석해야 할 데이터의 일부분만 처리할 수 밖에 없었다. 이때 선택된 데이터가 적절한 부분집합인가에 대해 확신이 필요했다. 그러나, 패턴이나 이상징후 등은 이들이 선택할 수 밖에 없었던 데이터의 일부분이나 스냅샷에서는 드러나지 않을 가능성도 무시할 수 없는 상황이었다.

임상연구를 위한 클라우드 컴퓨팅

복잡한 연구를 위한 클라우드 컴퓨팅의 이점을 이해하는 가장 좋은 방법 중 하나는 간질 분석과 같은 임상 연구의 사례를 살펴보는 것이다. 2013년 10월에 발간된 Journal of the American Medical Informatics Association에서, 연구자들은 클라우드 기반의 빅데이터 분석을 활용함으로써 어떻게 간질 연구를 수행할 것인지 논의했다. 연구자들은 간질을 위한 새로운 처방을 발견하고자 연구를 수행해왔다 (가장 흔한 신경질환의 하나). 전형적인 데이터 소스는 뇌파도(EEG)기록으로부터 나온다.

이 데이터는 간질 환자를 진단하고 평가하기 위해 사용된다. 만일 이 데이터로부터 나온 시그널이 실시간으로 분석되고 시각화될 수 있다면, 연구자들은 사건 이전, 발생 중, 그리고 사건 이후에 환자에게 무엇이 발생하고 있는지 보다 쉽게 결정할 수 있다. 뿐만 아니라, 이 데이터는 사건과 진단 사이의 결론을 지원하기 위해 설계된 온톨로지와 상관관계를 가질 수 있다.

이 프로젝트에서 일하고 있는 연구자들은, 만일 그들이 데스크탑에 존재하는 통합 어플리케이션으로부터 클라우드 기반의 데이터 관리 시스템으로 옮겨간다면, 그들은 실시간으로 더 많은 데이터를 수집하고 분석할 수 있을 것이라는 것을 알게 되었다. 이 연구자들은 PRISM(Prevention and Risk Identification of SUDEP Mortality) 프로젝트를 수행했는데, 여기서 만들어진 웹 기반의 전기생리학 데이터 시각화 분석 플랫폼은 클라우드웨이브로 불리었다. 이 퍼블릭 클라우드 인프라스트럭처는 환자정보식별시스템과 부가적인 쿼리 시스템을 통합했다. 이 시스템의 토대에는 병행처리 알고리즘이 포함되는데, 이는 거대한 볼륨의 데이터를 해석하기 위해 맵리듀스 프레임워크를 사용한다. 데이터 시각화는 결과물을 온톨로지와, 그리고 다른 리스크 요인에 대한 데이터베이스와 같은 다른 연구와 상호 연관시킨다. 쿼리 기능은 연구자들이 결과에 접근할 수 있게 해준다.

클라우드 서비스와 고급 분석이 없었다면, 연구자들은 적절한 시간 내에 이러한 양의 데이터를 분석할 수 없었을 것이다. 너무 오랜 시간이 소요되었을 것이고, 조직의 예산 범위를 벗어나는 비싼 하드웨어를 구매해야 했을 것이다. 보다 더 중요한 것은 실시간 서비스가 단지 간헐적으로 필요했고 따라서 비정기적으로 사용될 수 있는 클라우드 서비스가 프로젝트의 요구사항들을 최적으로 맞출 수 있었다는 것이다. 이들은 또한 HIPPA(Health Insurance Portability and Accountability Act) 표준을 지원하는 웹서비스 벤더를 발견할 수 있었다.

클라우드 딜리버리 모델(Delivery Models of Cloud)

퍼블릭 또는 프라이빗 클라우드 전개 모델에 관계없이, 수 많은 중요한 서비스 딜리버리 모델들이 소비자와 공급자가 컴퓨팅을 활용할 수 있는 방법을 정의하고 있다 (그림 7-2 참조). 이들 모델들은 네 가지의 다른 영역으로 분할되는데, 각각은 복잡한 서비스들을 구현하는데 필요한 서로 다른 능력을 제공한다.

서비스로서의 인프라스트럭처 (IaaS: Infrastructure as a Service)

이름이 의미하는 바와 같이, IaaS는 기본적인 클라우드 서비스다. IaaS는 가상화된 이미지를 통해 또는 컴퓨터 시스템상에 직접적으로 컴퓨팅, 스토리지, 그리고 네트워킹 서비스를 제공하는데, 이를 네이티브 또는 베어메탈(bear metal) 구현이라 부른다. 비록 베어메탈 구현은 속도가 가장 중요한 요인일 때 주로 사용되지만, 전형적인 IaaS 모델은 가상화를 기반으로 한다. 퍼블릭 IaaS 서비스는 셀프 서비스 환경으로 설계됨으로써 사용자가 필요한 컴퓨팅 인스턴스를 기반으로 컴퓨팅이나 스토리지 같은 서비스를 구매할 수 있다. 사용자는 특정한 기간 동안 소비된 리소스의 양에 근거해서 인스턴스를 구매할 수 있다. 사용자가 서비스에 대한 비용지불을 중단하면, 리소스는 제공되지 않는다. 기업에 의해 직접적으로 통제되는 프라이빗 IaaS 환경에서는, 제공되는 리소스들이 계속 잔존하게 되고 정보기술조직에 의해 통제될 것이다.

가상화(Virtualization)

가상화는 리소스와 서비스를 그 기반이 되는 물리적 딜리버리 환경으로부터 분리시키는 기술이다. 전통적인 모델에서, 하드웨어는 하이퍼바이저의 사용을 통해 분할된다. 하이퍼바이저는 시스템 리소스들의 공유가 가능하도록 해주는 소프트웨어다. 이것은 단일 시스템이 복수의 오퍼레이팅 시스템, 인프라스트럭처 소프트웨어, 스토리지, 네트워크, 그리고 어플리케이션 지원이 가능하다는 것을 의미한다. 뿐만 아니라, 하이퍼바이저는 보다 많은 서비스들이 동일한 물리적 인프라스트럭처상에서 지원될 수 있게 해준다. IaaS는 사용자가 컴퓨팅의 용량 또는 스토리지 용량과 같은 클라우드 서비스를 운영하는데 필요한 핵심 자원들을 요약하는 이미지를 필요로 한다. 그 이미지는 새로운 코드를 추가하거나 리소스 사이의 밸런스와 같이 리소스를 관리할 수 있는 기능을 포함할 것이다.

소프트웨어 정의 환경(Software-defined Environment)

IaaS의 목적은 시스템 리소스 사용을 최적화시킴으로써 최대한의 효율로 워크로드와 어플리케이션을 지원할 수 있도록 하는 것이다. 소프트웨어 정의 환경은 IaaS에 있는 가상화된 컴포넌트들을 통합시키는 추상화 레이어인데, 이는 컴포넌트들이 동일한 방식으로 관리될 수 있게 해준다. 실제로, SDE는 IaaS 환경 내에서 사용되는 다양한 리소스들을 전체적으로 조율하고 관리하고자 만들어졌다. 그러므로 SDE는 컴퓨팅, 스토리지, 그리고 네트워킹을 함께 아울러서 보다 효율적인 하이브리드 클라우드 환경을 만들어낸다. SDE는 또한 개발자들이 서비스를 연결시키기 위한 코딩에 대한 부담 없이 동일한 환경에서 다양한 가상화 유형을 사용할 수 있게 해준다.

컨테이너(Containers)

컨테이너는 IaaS 내에서 수행되도록 설계된 어플리케이션으로 구성되는데, 이 어플리케이션은 전개를 위해 준비된 경량 패키지로써 어플리케이션의 종속항목과 함께 캡슐화된다. 컨테이너는 통합을 쉽게 하기 위해 잘 정의된 표준 APIs(Application Programming Interfaces)를 포함하며, 소프트웨어 정의 환경 내에서 주로 사용된다. 컨테이너를 사용하게 되면 가상화된 이미지에 의존하지 않아도 된다. 가상화와 다르게, 컨테이너는 하이퍼바이저를 필요로 하지 않는다. 이러한 스타일의 컴퓨팅을 가능하게 하기 위해 지난 몇 년 동안 다수의 오픈 소스 프로젝트들(예, Docker)이 진행되어 왔다.

서비스로서의 소프트웨어(SaaS: Software as a Service)

SaaS는 퍼블릭 클라우드에서 운영되는 어플리케이션이다. 오늘날 사실상 모든 기업 소프트웨어가 SaaS로 제공 가능하며, 데스크탑 어플리케이션과 개인 소프트웨어에게도 사실상의 표준이 되어가고 있다. 사실, 어떤 유형의 소프트웨어는 구매하거나 라이선스를 얻기가 어려워지고 있는데, 이는 SaaS 모델이 벤더들에게는 좀더 예측 가능한 매출원이 되기 때문이다.

SaaS 어플리케이션은 IaaS의 이점을 활용하여 구축된다. 그러므로, IaaS와 같이, SaaS는 일반적으로 로드 밸런싱(load balancing)과 셀프서비스 프로비저닝을 제공하는 복수 사용자 환경에서 제공된다. 이것은 다수의 사용자들이 다른 기업의 사용자들과 물리적인 컴퓨팅 환경을 공유한다는 것을 의미한다. 그들 자신의 구현은 다른 사용자들의 것과 파티션으로 구분된다. SaaS의 이점 중 하나는 사용자가 소프트웨어 업데이트와 어플리케이션 유지보수에 대한 책임을 지지 않는다는 것이다. 그러나 전통적으로 사내에 있는 어플리케이션과 다르게, 사용자는 어플리케이션에 대한 영구적인 라이선스를 가지지 않는다. 사용자는, 사용자 별로, 월 단위, 또는 년 단위를 기반으로 비용을 지불한다. 많은 SaaS 어플리케이션은 고객관계관리나 회계업무와 같이 비즈니스 프로세스에 기반한 패키지 어플리케이션으로 설계된다.

이들 어플리케이션은 모듈 형식으로 설계되어, 사용자가 그들이 원하는 것만 선택할 수 있다. 예를 들어, 어떤 회계업무 SaaS 어플리케이션은 부기 프로세스를 기본으로 하면서 복잡한 온라인 회계처리 시스템으로 확장될 수 있다. 해가 갈수록, 보다 많은 영역의 소프트웨어들이 서비스로써 가능해지고 있는데, 협업, 프로젝트관리, 마케팅,

소셜미디어 서비스, 리스크관리, 그리고 상거래 솔루션 등이 포함된다.

SaaS 구현은 전통적인 패키지 소프트웨어를 넘어서서 확장되고 있다. 새로 나타나는 대부분의 소프트웨어 플랫폼은 선호되는 전개 모델로서 클라우드 서비스에서 구현되는 추세에 있다. 인지컴퓨팅을 위한 클라우드의 강점으로서 가장 중요한 사례는 대량의 데이터를 처리하기 위해 고도로 분산된 클라우드 플랫폼을 기반으로 하는 하둡과 맵리듀스의 빅데이터 환경의 출현이다. 클라우드는 분산처리가 기본이기 때문에 복잡한 계산이 빠르게 완료될 수 있다.

비즈니스 인텔리전트 서비스는 수년 동안 클라우드 서비스로서 제공되었다. 그러나, 그러한 시스템의 목적이 경영자에게 비즈니스의 지난 성과가 담긴 리포트를 제공하는 것이다. 클라우드 서비스를 활용해서 고급분석이 제공되는 방식이 점점 더 증가하고 있다. 분석될 데이터의 복잡성과 크기는 클라우드의 확장성과 분산 특성을 요구한다. 머신러닝과 예측 분석에서 사용되는 복잡한 인지 알고리즘은 클라우드 인프라스트럭처에 의해 더 잘 처리된다. 서비스로서의 고급분석을 위해 클라우드를 사용하는 이점 중 하나는 복잡한 문제를 해결하는데 더 적합하다는 것이다. 예를 들어, 분석가는 빠른 시간 내에 특정한 문제를 해결하기 위해서 예측 모델을 수립할 필요가 있을 수 있다. 필요한 모든 하드웨어와 소프트웨어를 구매하는 대신, 그 분석가는 클라우드에 복잡한 분석 어플리케이션을 구축할 수 있을 것이다. 분석가는 단지 그 프로젝트를 위해 사용한 자원에 대해서만 비용을 지불하면 된다. 프로젝트가 완료되고 난 후에는 더 이상의 금융적 부담은 없다. 클라우드는 대량의 컴퓨팅 자원의 활용을 필요로 하는 문제를 해결할 수 있는 방법을 제공한다. 데이터와 분석결과를 저장할 필요도 있을 것이다.

클라우드에 있는 서비스로서의 분석은 비즈니스 관리자 또는 비즈니스 분석가들이 분석포털을 활용할 수 있게 해주는데, 이 포털에는 중요사례들이 기록되어 있다.

시장에서, 비싼 데이터 사이언티스트를 직접 고용하는 대신, 데이터 사이언티스트의 지식을 활용할 수 있는 오퍼링이 증가하고 있다. 이러한 오퍼링의 대부분은 해결하고자 하는 문제를 바탕으로 알고리즘을 최적화할 수 있게 해준다. 다양한 사업부서들의 이익현황을 파악해야 하는 소매업과 같은 산업에서 클라우드 기반 분석사례들이 나타나고 있다. 질문은 매우 단순하지만, 대답은 매우 복잡하다. 분석을 위해서 수많은 내외부의 정보가 필요하고, 패턴을 결정하기 위한 계산과, 이슈 해결을 위한 대책의 우선순위에 대한 결정이 뒤따라야 한다. 클라우드 분석 서비스는 특별한 분석 목적에 가장 적합한 최고의 알고리즘을 편성할 수 있고, 클라우드 서비스는 특별한 기능을 필요할 때 액세스 할 수 있다. 미래에는 서비스로서의 분석이 새로운 모델이 될 것이고, 이 모델에서는 분석 서비스 제공자가 고객의 데이터 분석을 돕는 서비스를 제공할 것이다. 장기적으로 데이터 제공자는 인지컴퓨팅을 기반으로 서비스로서의 분석을 제공할 것이다. 이번 10년이 끝날 때까지 자연어처리, 가설의 생성/평가, 그리고 질문-응답시스템과 같은 인지컴퓨팅의 주요 기술들은 단독적인 서비스로 가능할 것이며, 필요에 따라 고객의 어플리케이션과 통합될 수 있는 SaaS 컴포넌트로 제공될 수 있을 것이다.

서비스로서의 플랫폼(PaaS: Platform as a Service)

PaaS는 퍼블릭 또는 프라이빗 클라우드에서 어플리케이션과 서비스를 설계하고 구현하고 전개하기 위해 사용되는 전체 인프라스트럭처 패키지다. PaaS는 개발자들이 복잡한 인프라스트럭처로부터 자유로워질 수 있도록 미들웨어 서비스를 기반으로 제공한다. 뿐만 아니라, PaaS 환경은 통합된 소프트웨어 개발 도구를 제공한다. 어떤 경우에는, 제3자의 도구도 플랫폼으로 통합시키는 것이 가능하다. 잘 설계된 PaaS는 클라우드에서 소프트웨어 개발과 전개 모두의 라이프사이클을 지원하는 조직화된 플랫폼으로 구성된다. PaaS 플랫폼은 클라우드에서 어플리케이션을 구축하고, 관리하고, 수행시키기 위해서 설계된다.

전통적인 소프트웨어 개발과 전개를 위한 환경과 다르게, 소프트웨어 요소들이 다양한 프로그래밍 언어와 도구를 지원하는 APIs(Application Programming Interfaces)를 통해 함께 구동되도록 설계된다. PaaS 환경 내에서는 소스코드 관리, 워크로드 배치, 보안 서비스 그리고 여러 가지 데이터베이스 서비스들과 같은 서비스들이 사전에 구축되어 있다.

워크로드 관리

워크로드를 관리할 수 있는 능력은 클라우드 컴퓨팅의 핵심이다. 클라우드 컴퓨팅을 매우 강력하게 만들어주는 것은 퍼블릭과 프라이빗 클라우드에 위치하는 어플리케이션들과 데이터센터에 있는 어플리케이션을 하나로 묶어줄 수 있다는 것이다. 효과적으로 운영되기 위해서, 이러한 다양한 어플리케이션들은 통일된 환경에서 하나의 워크로드로 움직여야 한다. 다른 말로 하면, 이러한 서비스들은 일관된 방식으로 함께 조직화될 필요가 있다는 것이다. 이러한 일관성을 이루어내기 위한 가장 기본적인 방법은 기저의 하드웨어 환경으로부터 워크로드를 추상화시키는 것이다.

전통적인 데이터센터 환경에서 워크로드를 관리하는 것은 순차적으로 스케줄을 만드는 방식으로 워크로드를 통제하는 잡 스케줄링 프로그램(job scheduling program)을 통해 중앙에서 통제하는 것이었다. 그러나 클라우드 환경에서는 워크로드가 예측 가능한 방식으로 스케줄링 되는 경우가 거의 없기 때문에 전통적인 방식과 완전히 다르다. 클라우드에서의 워크로드 관리는 로드 밸런싱에 의존한다 – 워크로드 전체 또는 워크로드의 컴포넌트가 클라우드 내의 여러 서버에 걸쳐 분산될 수 있도록 프로세스가 설계된다.

하이브리드 클라우드 환경에서 전체적인 성능을 관리하기 위해서는 서버, 소프트웨어, 스토리지 그리고 네트워크 전체의 서비스 레벨을 모니터링 해야 한다. 어떤 시스템이든, 사내에 있거나 클라우드에 있거나, 반드시 고객의 요구에 의해 계약된 서비스 레벨에 도달할 수 있도록 관리되어야 한다. 그러나 클라우드 환경은 사내의 환경보다 훨씬 역동적이다. 그러므로 시스템은 성능을 모니터링 하고, 컴퓨팅 요구사항, 다루어지는 데이터의 양, 또는 새로 추가되는 워크로드 등의 변화를 예측해야 한다. 인지컴퓨팅 환경에서는 복잡한 워크로드 분석을 필요로 하기 때문에 이러한 유연한 워크로드 관리가 필요하다. 데이터는 새로운 데이터 소스가 가능해짐에 따라 끊임없이 평가되고 확장된다.

보안과 거버넌스

인지솔루션이 비즈니스를 위한 전략적 플랫폼이 되어감에 따라, 콘텐츠와 결과를 안전하게 관리할 수 있는 능력이 보다 중요해지고 있다. 시스템에 있는 전략적 차별화의 가능성을 가진 정보가 유출될 가능성이 있다면 이러한 시스템을 전적으로 신뢰할 기업은 없다. 그러므로 보안은 시스템의 모든 레벨에서 갖추어져야 한다. 보안이 갖추어짐으로써 인지컴퓨팅에 있는 데이터의 속성상 비인가자가 핵심데이터에 접근할 수 없도록 하는 것이 필수적이다. 그러므로 계정관리가 핵심이 될 것이다. 클라우드 관리자와 협의해서 데이터에 접근하거나 수정할 수 있는 개인과 역할을 지정해야 할 것이다.

모든 클라우드 환경은 전통적인 데이터센터와 동일한 수준의 보안을 요구하는데, 서버, 스토리지, 네트워크, 어플리케이션, 그리고 데이터의의 물리적 보안부터 시작해서 다양한 이슈들이 포함된다. 이뿐만 아니라, 침해사고, 특정 어플리케이션의 보안, 암호화, 키 관리 등을 다룰 수 있는 특별한 기술들도 필요하다.

많은 데이터를 처리해야 하는 환경에서는 민감한 데이터를 보호하기 위한 거버넌스가 필수적이다. 서로 다른 산업, 시장, 국가들은 개인 정보가 어떻게 보호되어야 하는지에 대한 구체적인 요구사항들을 가지고 있다. 예를 들어, 미국에서는 1996년에 제정된 HIPAA(Health Insurance Portability and Accountability Act)가 있는데, 이 법은 개인의 헬스에 대한 정보는 반드시 비공개로 유지될 것을 요구하고 있다. 독일과 프랑스 같은 국가는 개인정보가 어디에 저장될 수 있는지에 대해 상세하게 규제하고 있다. 그러므로 비록 클라우드가 데이터 보호를 위한 조치를 취하겠지만 개별 기업은 여전히 민감한 데이터를 보호할 책임을 가지고 있다. 이러한 측면은 데이터가 수 많은 퍼블릭과 프라이빗 클라우드에 산재될 수 있는 하이브리드 환경에서 더욱 복잡해진다.

데이터의 전반적인 거버넌스는 소속된 산업의 규제에 대한 이해와 이러한 규제들이 어떻게 다양한 클라우드 어플리케이션과 서비스에서 구현되고 실행될 것인가에 대한 이해를 바탕으로 마련된 전략을 필요로 한다. 개별 기업은 자신이 사용하는 퍼블릭과 프라이빗 클라우드를 포함해서 스스로의 보안을 감사할 필요성이 있을 것이다.

그러므로 모든 조직은 사용될 클라우드 서비스에서 어떻게 규정을 준수할 것인지에 대한 이해를 바탕으로 만들어진 거버넌스 체계를 필요로 한다. 그러므로 조직에서 사용될 모든 IT서비스들을 총체적으로 고려한 거버넌스 계획이 수립되어야 한다.

클라우드에서 데이터의 통합과 관리

클라우드에서 데이터의 통합은 매우 큰 기회를 제공하지만 동시에 매우 복잡한 일이다. 사내 어플리케이션의 경우와 마찬가지로, 모든 조직들은 처리해야 할 수많은 다양한 데이터 소스들을 가지고 있다. 비록 클라우드에서 데이터의 가용성이 중요한 정보에 접근하는데 큰 도움이 되지만, 이러한 측면은 또한 데이터 소스를 통합하기 위한 연결수단과 기술들이 필요하다는 것을 의미한다. 단순히 데이터를 연결하는 것만으로는 문제를 해결할 수 없다. 클라우드에서 데이터 소스의 통합은 필드 또는 데이터 소스의 의미를 정의하는 카탈로그를 통해 소스들 사이의 상관관계를 바탕으로 이루어져야 한다.

경우마다 요구사항이 다르기 때문에 모든 데이터 통합이 동일하게 이루어지는 것은 아니다. 예를 들어, 클라우드 데이터 소스가 서로 상호의존적이기 때문에 서로 긴밀하게 연결될 필요가 있는 상황에서 이는 데이터 복제를 통해 이루어질 수 있다. 어떤 경우에는, 속도를 위해 동일한 클라우드 환경으로 여러 개의 데이터 소스를 옮기는 것이 중요할 수도 있다. 다른 상황에서는, 원본 데이터 소스가 클라우드 데이터 저장소에 또는 데이터센터 내에 남겨질 필요가 있을 수 있다. 이러한 상황에서는 소스들간의 이동을 위해 포인터를 제공할 필요가 있다. 이는 일반적으로 각 소스가 독립적인 경우에 발생한다. 사실 대부분의 경우, 서로 상호작용할 필요가 있는 대규모의 정보 소스들을 처리하기 위해서 데이터가 분산된 방식으로 관리되어야 할 필요가 점점 증가하고 있다.

요약

클라우드 컴퓨팅은 어플리케이션과 데이터를 위한 중요한 전개 및 딜리버리 모델이다. 대량의 데이터를 분산 처리할 수 있는 능력은 인지시스템을 개발하는데 있어서 매우 중요한데, 이 시스템은 물리적으로 하이브리드 환경에 존재하는 데이터 소스를 필요로 하기 때문이다. 인지시스템은 자신이 존재하는 장소에서 그리고 필요한 시점에서 적절한 데이터 소스를 연결하고 관리할 수 있는 능력을 필요로 한다. 클라우드와 분산 컴퓨팅은 매우 다양한 데이터 소스들이 이러한 의사결정 수준에서 사용되는 것을 가능하게 해주는 기본적인 모델들 중 하나이다.

인지컴퓨팅의 비즈니스적 의미

우리가 사는 방식 그리고 일하는 방식을 바꿀 수 있는 기술들이 중대한 변환을 맞고 있는 것은 분명하다. 소프트웨어와 하드웨어 가격의 하락 그리고 적은 자본으로 새로운 혁신을 이룰 수 있는 능력이 전 세계에 걸쳐 산업을 변화시키고 있다. 만일 성공과 실패 사이의 차이점이 더 이상 단순하게 기업이 얼마나 큰가에 그리고 우리가 어떻게 공급자를 차별화시킬 것인가에 의존하지 않는다면? 인지컴퓨팅은 경쟁 레이스에 새로운 차원을 더할 수 있는 요인이 될지 모른다. 우리는 더 스마트한 제품과 더 스마트한 서비스를 만들 수 있는가? 우리는 고객과 파트너가 미래에 무엇을 원할지 예측할 수 있는가? 이 장에서는 인지컴퓨팅의 파괴적인 힘에 대해서 살펴볼 것이다.

변화를 위한 준비

기업은 자신이 활용할 수 있는 정보의 양보다 항상 훨씬 많은 정보를 가지고 있는데, 이는 정형 데이터베이스에, 문서 저장소에, 그리고 비즈니스 패키지 어플리케이션에 저장되어 있다. 수십 년 동안 비즈니스 리더들은, 만일 그들이 그들의 경쟁자가 발견하기 이전에 데이터로부터 유일한 인사이트를 얻을 수 있다면, 그들은 경쟁력 있는 무기를 가지게 된다는 것을 이해하고 있었다. 점차적으로 기업은 사일로를 가로질러서 데이터를 통합하는 방법을 알아내기 시작했으며 결과적으로 전체적인 관점에서 데이터로부터 인사이트를 얻을 수 있게 되었다. 이러한 리더들은 만일 그들이 고객, 파트너, 공급자, 종업원 그리고 전체적인 시장의 역동성에 대하여, 데이터로부터 의미 있는 관계나 패턴들을 추출해낼 수 있다면, 그들은 그 정보를 지식으로 내재화함으로써 변화를 예측할 수 있거나 심지어 미래를 변화시켜 나갈 수도 있다는 것을 알고 있다. 그러나 지금까지 이루어진 모든 발전에도 불구하고, 기업은 여전히 의미 있는 인사이트를 얻는 방법에 대해서 고군분투하고 있다. 이것은 인사이트를 얼마나 빨리 얻을 수 있는가 하는 속도의 문제가 아니라, 단순히 이상징후의 발견이 아닌 의미 있는 관계를 어떻게 발견할 것인가의 문제이다.

무대책의 위험이 이렇게 높았던 적이 없었다. 새롭게 출현하고 있는 소규모 기업들이 하루아침에 전체 산업과 시장을 파괴하고 있으며, 기존 기업들이 즉각적으로 새로운 전략을 수립하기 위해 버둥거리도록 만들고 있다. 서점 주인들은 전자책 서점들이 그들의 비즈니스 모델을 파괴하고 있다는 것을 깨우치고 있다. 택시회사들은 새로운 차량공유 모델에 의해 위협을 받고 있다. 제조기업들은 혁신적인 새로운 자동화 프로세스와 새로운 공급망이 그들의 비용구조를 하루아침에 다시 생각하게 만들고 있다는 것을 알게 되었다. 헬스케어에서의 새로운 규제는 헬스케어 제공자가 적절한 케어 품질에 맞는 새로운 비용효율적인 프로세스를 만들어 낼 것을 요구하고 있다.

이들 세 가지 시나리오는 기업이 전세계계적으로 직면하고 있는 엄청난 시장 대변화의 단지 시작일뿐이다. 이러한 문제들을 풀어나가는 것은 쉬운 일이 아니다, 그러나 근본적인 변화는 전통적인 관점에서 바라봐서는 나올 수 없다. 차량을 보다 빨리 발견할 수 있게 하지 않는다면 차량공유는 지속 가능한 차별점을 갖지 못할 것이다. 운전기사 비용을 낮춤으로써 더 저렴하게 하지 않는다면, 차량의 품질이나 보다 나은 라우팅으로는 불가능할 것이다 - 모든 경쟁자들은 이러한 변화를 따라 할 수 있다. 그러나 고객에 대해서 더 많이 앎으로써 고객의 경험과 선호도에 따라 적절한 운전사와 탑승객을 매칭할 수 있다면, 차별점을 유지할 수 있을 것이다. 모든 기업들이 고객이 선호하는 것과 그들의 행동을 더 잘 이해할 수 있기를 바라고 있지만, 그들에게 직접적으로 물어봐서는 효과적이지 않다. 깊은 이해를 얻기 위해서는 기업이 외부 소스 (소셜미디어의 코멘트와 고객 트랜잭션 데이터 등)로부터 데이터를 관찰하고 수집해야만 한다. 그러나 진정한 경쟁적 우위는, 심지어 고객이 무엇을 위해 비용을 지불할 것인지 분명히 표현할 수 있기 이전이라도, 고객이 무엇에 가치를 두는지 발견하는 것으로부터 나온다.

새로운 파괴적 모델의 이점

순수한 기술적 관점에서 클라우드와 모바일 컴퓨팅과 같은 전개 모델에서의 발전은 혁신적이라고 할 수 있는데, 이는 이러한 기술들이 새로운 파괴적 비즈니스 모델을 가능하게 해주기 때문이다. 이러한 유형의 서비스 시장이 폭발적으로 증가함에 따라 컴퓨팅과 스토리지 비용이 극적으로 떨어지고 있다. 이뿐만 아니라, 새로 출현한 전개 모델들은 새로운 기업이 적은 자본투자로 디지털 자산을 생성하고 의미 있는 시간 내에 시장에서 족적을 남길 수 있음을 의미한다. 그러므로 기업들은 잘 수립된 사업기반이나 고객 충성도가 그들을 장기간 지탱하게 해줄 것이라고 더 이상 기대할 수 없게 되었다. 이러한 파괴에 대한 해답은 새로운 현실을 지원할 수 있는 새로운 방식으로 지식을 이용하는 것이다.

이 책에서 계속 논해왔듯이, 인지컴퓨팅은 데이터가 고급분석 알고리즘을 통해 처리되고, 정형, 비정형, 반정형 데이터와 결합되는 방식을 변화시키고 있다. 이전에는 가시권 밖에 있었던 그러한 인사이트를 인지컴퓨팅을 통해 발견할 수 있게 되었다. 인지시스템이 없다면, 복잡한 문서, 리포트, 저널 아티클, 그리고 비디오 이미지 내에 묻혀 있는 패턴을 수작업을 통해서 발견하고 인사이트를 얻어야 할 것이다. 법적 개시(legal discovery)에서 일반적으로, 변호사는 상대편에게 매우 많은 정보를 보내는데, 그 정보는 심지어 키워드가 자동적으로 스캔 될 수 있을 때 조차도 적절한 시간 내에 처리가 불가능한 경우가 있다. 더 깊은 의미는 파악되지 못한 채로 남겨진다. 시간이 충분히 많이 있을지라도, 연구원들은 서류에 숨겨진 핵심 패턴과 뉘앙스를 놓칠 수 있다. 이와 대조적으로, 이러한 볼륨의 데이터가 인지시스템을 통해 처리된다면, 정보 소스들을 가로질러 미묘함을 알아차릴 수 있을 정도로 충분히 스마트한 연구원들로 이루어진 부대였다면 가능했을 그러한 인사이트를 얻을 수 있다. 수 십 년의 경험을 가진 한 명의 연구원은 얻고자 하는 것을 상세하게 알아차릴 지도 모르지만, 평균적인 연구원들은 중요한 데이터를 놓치게 될 것이다.

비즈니스에서 지식의 의미

전통적으로 기업들은 미래를 예측하기 위해 과거의 경험에 주로 의존해왔다. 고객 선호로부터 시장의 역동성 그리고 새로운 기술에 이르기까지, 모든 측면에서 발생하고 있는 빠른 변화는 전통적인 비즈니스 예측 방법들을 비효과적으로 만들고 있다. 또한 전통적인 접근방식은 일반적으로, 공급망을 교란시키는 극단적인 기상 상황이나, 특정 인구통계학적 집단 내에서 옷장에 대한 수요를 급변하게 만들 어떤 연예인의 갑작스러운 인기와 같은, 외부의 요인들에 반응하고 적응하는데 적절하지 않다. 모든 단서는 소셜미디어 데이터에 존재 가능하지만, 전통적인 시스템은 이러한 데이터를 발견하거나 탐구해서 대응책을 마련할 수 있도록 설계되지 않았다.

비즈니스 단위부서를 가로질러 어마어마한 양의 데이터를 이용해서 실적이나 차선책을 예측할 수 있는 보다 나은 방식을 위해서, 기업들은 전통적인 데이터베이스로부터 보고서를 만들고 데이터를 분석하는 것을 넘어서는 혁신적인 방식을 찾고 있다. 기업은 데이터를 분석하고 지속적으로 데이터로부터 학습하기 위해서 모든 유형의 데이터를 사용할 수 있는 방식을 찾고 있다. 기업들은 이제 데이터를 분석하는 매우 다양한 알고리즘을 사용하는데 익숙하다. 새로운 개척자는 다양한 데이터 소스(특징적으로 대부분 비정형 텍스트 데이터)를 활용할 수 있는 능력을 갖추어 가고 있다. 텍스트 데이터베이스에 쿼리 하는 것이 오랫동안 가능했지만, 리더들은 변화를 예측하고 적절한 대책을 마련할 수 있도록 도와줄 수 있는 보다 역동적이고 포괄적인 지식베이스의 구축을 원하고 있다.

복잡한 이슈에 대한 해답을 찾는 방식이 변하고 있다. 전통적인 데이터베이스 쿼리는 정형 데이터베이스가 설계되고 관리되는 방식에 제한을 받는다. 그러므로 SQL 쿼리는 데이터베이스가 필요로 하는 데이터를 포함하고 있을 때 상당히 효과적이다. 그러나 비정형 데이터에서 해답을 찾고자 하는 경우, 무엇을 찾으려고 하는지 알고 있을 때는 일반적으로 검색 엔진을 사용하지만, 어디에 그러한 정보소스가 있는지는 알지 못한다.

검색 엔진은 가능한 해답을 찾기 위해 태깅과 키워드에 의존한다. 누군가가 질문을 하면, 검색 엔진은 비정형 데이터베이스에서 태그와 키워드로 쿼리에 있는 단어들을 매칭시킨다. 이러한 단어들과 매칭되는 문서들을 사용자에게 제공할 수는 있지만 인사이트를 제공하지는 못한다. 최적의 해답을 제공할 수 있는 문서를 선택하는 것은 검색자의 몫으로 남겨진다.

해답은 단순히 데이터베이스로부터 얻을 수 없다. 이러한 방식은 수십 년 동안 시도되어 왔는데, 적당히 성공적인 결과만 보여주었다. 사실 쿼리는 특정한 질문을 다루기 위해 설계된 잘 구성된 고도의 정형 데이터가 있을 때 적절한 방식이다. 룰 엔진에 의해 지원되는 지식기반 또는 엑스퍼트 시스템은 통계전문가들의 경험을 활용하고자 하는 측면에서 올바른 방향으로 한걸음 더 진전된 것이었다. 그러나 이들 어플리케이션은 사용자에게 제시할 제안을 정제하기 위해, 또는 해답의 신뢰도를 높일 수 있는 새로운 질문을 제공하기 위해, 사용자와 대화를 수행할 수는 없었다. 예를 들어, 당뇨병을 치료할 때 최선의 방식을 결정하기 위해서, 일반적인 의사들은 전문가의 경험이나 상담에 의존한다. 동일한 질병으로 많은 환자를 치료해온 경험 있는 전문가들은 순식간에 성공적인 처방을 결정할 수도 있다. 반면에 단지 일년 정도의 경험밖에 없는 의사들은 진단을 내리기 위해 전문의에게 전화하거나 문헌을 찾는데 수시간을 허비해야 할 것이다. 그러나 이 방식은, 전문의가 신참 의사에게 그러한 지식을 쉽게 옮겨줄 수 없기 때문에 여러 신참 의사들을 대상으로 사용될 수 없다. 그러므로 배우는 사람이 오직 한 명의 전문성에만 의존한다면 여기에는 리스크가 내재하게 된다. 예를 들어, 단지 2년의 임상 경험이 있는 의사는 책을 숙독하고, 저널 아티클을 살펴보고, 무엇을 해야 할지에 대해 동료들에게 질문하기 위해서 수시간을 사용할 것이다. 신참 의사는 그의 제한된 경험에 비추어 올바른 것처럼 보이는 기술을 사용할 지도 모른다. 어떤 분야에서는, 흔하지 않은 질병을 여러 번 경험한 극 소수의 전문가들만 존재한다. 그들의 경험이 신참 의사들과 공유된다면 전세계적으로 긍정적인 영향을 미칠 것이다. 인지시스템을 통한 경험의 공유는, 종양학으로부터 자동차 수리까지, 관련 지식이 말뭉치로 수집되어 전문화된 지식이 모일 수 있는 모든 도메인에서 활용될 수 있을 것이다.

인지시스템 방식의 차이점

인지컴퓨팅 방식을 사용하기 시작하는 조직의 특징을 먼저 알아보자. 인지 방식을 활용하는 조직은 치료방식, 문헌, 임상실험 등을 포함해서 당뇨병과 관련된 모든 데이터를 수집하는 것으로 일을 시작할 것이다. 이러한 조직은 가장 경험이 많은 의사도 활용하고 그들의 다년간 경험과 사례들로부터 얻어지는 그들의 지식을 코드화할 것이다. 사전에 정의된 프로세스들을 기반으로 작성된 전통적인 어플리케이션들과 다르게, 인지시스템은 말뭉치나 온톨로지로 수집된 중요사례와 지식을 기반으로 학습하고 변화하도록 설계된다. 동시에 이러한 조직들은 센서데이터를 사용하여 수치를 모니터링하고 환자의 상태 변화에 대해 조치할 것이다.

수십 년 동안, 조직들은 전체 비즈니스를 자동화하고, 이를 관리할 수 있는 단일의 통합된 시스템을 만들기 위해 노력해왔다. 그러나 이것은 전혀 이루어지지 않았다. 이루어진 것은, 특정 비즈니스 결과(도메인 지식)와 연관된 지식들을 함께 모으는 시스템을 설계하는 것이었다. 그러므로 예를 들어, 회계를 위한 어플리케이션은 회계관리를 효과적으로 하는데 필요한 모든 측면과 프로세스에 관련된 정보를 적절히 제공할 수 있는데, 이는 회계관리 프로세스가 확정적이고 회계관리 지식이 성숙되어 잘 이해되고 있기 때문이다. 이러한 유형의 지식 카테고리는 마케팅과 판매로부터 인사, 금융, 관리, 그리고 고객 서비스까지 모든 영역에서 적용될 수 있다. 그러나 이러한 시스템은 폰 노이만(von Neumann) 아키텍처 방식을 기반으로 설계되는데, 여기서는 로직과 프로세스가 순차적인 방식으로 설계된다. 각 비즈니스 시스템은 독자적으로 존재한다. 즉, 회계는 트랜잭션 레벨을 제외하고 제조영역의 데이터와 상호작용하지 않는다. 비록 이러한 사일로 스타일의 방식이 고품질의 비즈니스 인텔리전스를 제공하더라도 비즈니스 리더는 이들 데이터의 관계를 살펴보고 회사 전체에 걸쳐서 패턴을 알아내는 것이 어려울 수 있다. 이러한 방식의 가장 중대한 문제는 회사의 기능적 단위에서 수행된 데이터에 대한 일관성 없는 정의가 데이터에 대한 신뢰도를 낮추고 비즈니스 지식으로서 일관성을 잃게 만든다는 것이다. 이뿐만 아니라, 비즈니스 지식을 만드는 데 있어서 이러한 전통적인 방식은 오늘날의 역동적이고 빠르게 변하는 글로벌 시장에서 많은 제약사항을 나타내고 있다. 예를 들어, 비즈니스에 트랜드에 대한 지식은 과거를 기반으로 내부데이터에 의존하는 경향이 있다. 오늘날, 기업들은 고객의 선호와 기대의 변화에 대해, 보다 역동적인 외부의 정보가 전통적인 비즈니스 지식베이스에 통합될 필요성을 점점 더 많이 인식하고 있다. 이전의 논의들은 기존 시스템들이 다루어온 비즈니스 문제들이 잘 이해되고 잘 정의되었다는 전제하에 이루어진 것이다. 대부분의 경우, 전통적인 시스템은 비즈니스가 과거에 운영되던 방식으로 설계되었다. 그러므로, 비즈니스가 변함에 따라, 이들 시스템은 쉽게 변할 수 없거나 새로운 혁신적인 비즈니스 프로세스에 부적합하게 되었다.

다른 방식으로 데이터 활용하기

지금까지 주요 논의 대상이었던 정보시스템(SOR: system of record)은 전통적으로 고도의 정형적인 데이터를 주로 지원하기 위해 설계되었다. 그러나 새로운 환경에서의 데이터는 기업 정보시스템의 일부분으로 전혀 고려되지 않았던 비정형 소스들을 포함한다. 이처럼 새롭고 역동적이며 다양한 정보 소스들은 비정형 데이터와 스트리밍 데이터를 포함하는데, 콜센터의 기록, 소셜미디어 데이터, 뉴스 또는 주식시장 데이터, 로그 파일, 그리고 센서의 공간 데이터 등이 그것이다. 이러한 새로운 데이터 소스들은 새로운 관점과 인사이트를 추가하고 어떤 도전적인 질문에 대해 대답할 수 있도록 해준다. 비정형 데이터와 정형 데이터 사이에는 연관성이 있는데, 이는 가끔 이해는 되었지만 한번도 사용된 적이 없었다. 예를 들어, 경영자는 고객지원시스템이 고객이 제기한 문제점에 대한 상세한 기록과 미래 요구사항을 담고 있다는 것을 알고 있다. 그러나 특정 고객의 이슈와 소매점에서 특정 제품의 판매하락 사이에 어떤 연관성이 있는지 알아보기 위해 고객지원시스템을 수작업으로 검색할 수 있는 시간을 가진 사람은 아무도 없다. 이와 유사하게, 기업은 일반적으로 기계류에 있는 센서에서 오는 테라바이트 규모의 로그 데이터를 유지하고 있다. 비록 수년 동안 이러한 데이터를 보유하고 있지만, 어둠 속에 묻혀있을 뿐이다. 단순히 그러한 데이터는 분석하기에 너무 크다는 것이 그 이유다.

다양하게 확장된 대량의 데이터로부터 비즈니스 가치를 얻을 필요성 때문에 비즈니스 지식에 대한 정의가 복잡해지고 있다. 비즈니스 운영에 대한 전통적인 지식베이스를 대표하는 정형 정보들은 주로 관계형 데이터베이스 관리시스템(RDBMS)에 저장되고 관리된다. 비즈니스 지식을 유지관리하기 위한 사일로 방식은 다양한 관계형 데이터베이스에 기업 데이터를 관리한다는 것을 의미한다. 예를 들어, 트랜잭션 데이터가 어떤 데이터베이스에 저장되는 반면, 고객정보는 또 다른 데이터베이스에 저장되어 있을 수 있다. 비즈니스 지식에 추가되는 새로운 유형의 데이터는 비정형일 가능성이 높기 때문에, 이러한 데이터 유형은 하둡분산파일시스템이나 그래프 데이터베이스 또는 공간 데이터베이스와 같은 다른 범주의 데이터저장소에 관리될 필요가 있다.

이러한 플랫폼들은 데이터를 구조화 할 수 있는 능력을 제공하고 이러한 데이터를 분산해서 상황에 따라 분석할 수 있는 기술을 제공한다. 기업은 이와 같은 새로운 데이터 관리능력을 보유함으로써 모든 유형의 정형과 비정형 데이터에 있는 패턴을 분석할 수 있게 되었다. 새로운 소스와 다양한 데이터는 제조 프로세스를 모니터링 하는 것으로부터 질병을 감지해내는 것까지 모든 것을 개선시킬 수 있다. 기업은 비즈니스 계획과 실행 그리고 결과에 대한 예측을 향상시킬 수 있게 되었다. 예를 들어, 보험산업에서 경영자는 빅데이터를 사용해서 최소한의 리스크로 특정 고객을 위해서 제공할 수 있는 최고의 보험상품이 무엇인지 알아내고 있다.

기업은 새로운 유형의 데이터를 비즈니스 지식에 추가하고 이러한 지식이 다양한 상황에서 활용될 수 있기를 원한다. 인지컴퓨팅에서의 발전은 기업들이 보다 비즈니스에 관련된 정보를 분석하고 보다 정확하게 계획을 세우는데 도움이 되고 있다. 비록 과거 비즈니스 성과에 대한 지식이 여전히 중요하지만, 이것은 더 이상 기업의 미래 경쟁력 유지를 위해 적절하거나 적합하지 않다. 기업은 그들의 고객이 취할지도 모르는 행동을 예측하고자 한다. 그들은 예측을 통해 비즈니스 인프라의 실패를 사전에 예방하기를 원한다. 전반적으로, 기업은 다양한 대량의 소스로부터 얻어지는, 다양한 유형의 데이터를 분석함으로써 비즈니스 성과를 이루어갈 수 있는 방법을 찾고 있다. 기업은 모든 유형의 데이터로부터 학습을 통해서 비즈니스 운영과 고객경험 모두를 최적화 하고자 한다.

인지컴퓨팅을 통해 비즈니스 지식이 해당 조직 측면에서 다시 정의될 수 있다. 인지 시스템은 기업이 기존 정보를 분석하는 것을 넘어서서, 미래에 대한 추론과 예측을 통해 비즈니스 결과를 향상시킬 수 있도록 해준다. 예를 들어, 병원은 환자가 퇴원한 후 재입원하는 비율을 낮추기 위해서 인지시스템을 사용할 수 있다. 만일 퇴원하는 환자들이 재입원할 리스크에 대비해서 병원 밖에서의 생활을 유지하기 위한 올바른 처방이 내려질 수 있다면 환자의 회복에 훨씬 도움이 될 것이다. 어떤 특정한 환자들은 다른 환자들에 비해서 재입원할 리스크를 높일 수 있는 다양한 요인들을 가지고 있다. 흡연, 약물 남용, 가정에서의 보호 부족, 또는 병원이나 의사의 실수 등과 같은 요인들은 환자의 재입원에 영향을 줄 수 있다. 이러한 요인들 중 어떤 것들은 의사에게 알려져 있고 환자의 기록에 저장되어 있을 수 있지만, 어떤 것들은 그렇지 않을 수도 있다. 병원에서 명백한 리스크 요인들이 간과되거나 단순히 모르고 있는 경우가 많이 있다. 인지시스템은 과거의 사례들을 분석하고 입원 사유와 환자의 의료적 사회경제적 핵심 인자를 고려하여 리스크 요인들이 갖는 패턴을 찾아낼 수 있다. 이 데이터는 정형과 비정형 정보를 모두 포함할 것이다. 퇴원하는 시기에, 환자의 기록은 그의 재입원 확률이 높은지 결정하기 위해서 데이터베이스의 정보와 비교될 수 있다. 만일 그렇게 예측된다면, 그 병원은 환자의 재입원을 방지할 수 있는 조치를 취할 수 있을 것이다. 이것이 가능하도록 하기 위해서, 인지시스템은 각 환자의 사례들을 학습하고 점점 스마트해질 수 있도록 설계될 것이다. 통합된 사례 파일들은 지식 공유를 위해 새로운 가치를 창조할 수 있다. 비록 리스크 요인에 대한 모델이 과거의 데이터를 기초로 시작되었지만, 시스템이 사용될 때마다 자동적으로 업데이트되고 재설정될 것이다.

미래 계획을 위해 비즈니스 지식 사용하기

기술에 의해 지식 소스들 사이의 관계가 밝혀짐에 따라 이전에는 알 수 없었던 인사이트를 갖기 시작하게 되었다. 컴퓨팅에 있어서 인지방식을 적용함으로써 얻을 수 있는 변화의 핵심은 결과의 형성에 있다. 우리가 어디서 왔고 어디로 가고 있는지 이해할 수 있는 분석능력을 네 단계의 성숙도 레벨로 평가한다.

분석 성숙도의 네 단계

기업이 변화를 관리할 수 있는 고급 분석의 필요성을 느끼고 있지만, 모든 부서가 동일한 방식으로 데이터를 활용할 수 있는 능력을 가질 필요는 없다. 시간이 지남에 따라 분석가들은 더 많은 전문성을 획득하게 되어, 더 복잡한 문제들을 다룰 수 있게 될 것이다. 그러므로 기업들이 데이터로부터 인사이트를 얻는데 있어서 거쳐가야 할 네 단계의 성숙도 레벨을 제시한다.

1 단계: 데이터의 수집, 정제, 통합 그리고 레포팅. 이 단계에서는 현재와 과거의 비즈니스 성과에 대해서 쿼리를 수행하고 분석하기 위해서 데이터를 사용한다. 데이터를 이해하기 전에 기업이 해결하고자 하는 문제가 무엇인지 이해하는 것이 필수적이다. 당신은 이 데이터를 가지고 무엇을 하고자 하는가? 그리고 그 이유는 무엇인가? 조직이 비즈니스 목적을 이해했을 때가 전략을 준비할 적절한 시기다. 이 단계는 비즈니스에 대해 일관되고 신뢰할 수 있는 지식적 바탕을 마련하는데 있어서 중요하다. 만일 당선이 어디에 있는지 명확하게 이해하지 못한다면 당신의

회사가 어디를 향하고 있는지 정확하게 예측하기 어렵다. 고위 경영진이 영업, 운영, 재무와 같은 단위부서로부터 정확한 리포트를 받기 위해서는 데이터의 정제와 통합이 필요하다. 현재와 과거의 정보를 근간으로 미래 성과를 예측하는 것은 비즈니스 운영이 안정적일 것이라는 가정을 바탕에 깔고 있다. 이 접근법은 가정으로부터 출발해서 결론에 이르기 위해 통계적 분석을 사용하는 베이시안(Bayesian) 방식을 전제로 하고 있다. 그러므로 변화율은 전체적인 시장에서의 성장률 또는 감소율만을 의미한다.

2단계: 예측을 위한 트랜드 분석. 이 단계에서는 과거의 트랜드 분석을 기반으로 비즈니스를 예측하기 위해 기본적인 모델링 역량을 사용한다. 예를 들어, 소매 체인점을 위해 의류를 구매하는 사업자는 회사의 여러 매장의 과거 판매실적을 살펴보고 새로운 주문을 내기 전에 매장 별로 차년도 판매를 예측한다. 예측 모델에서는 각 매장 별로 서로 다른 기후, 매장 위치, 그리고 구매자의 인구통계학적 특징 등이 고려될 것이다. 구매기업은 선택된 변수 값의 변화를 기반으로 판매 예측을 조정하기 위해서 what-if 분석을 사용할 수 있다. 예를 들면, 다음 시즌에 5번 또는 10번의 추가적인 폭설이 내리는 날이 있다면 어떻게 될 것인가? 예측은 폭설로 인한 교통량의 감소를 반영하여 매출이 하향하는 방향으로 조정될 수 있다. 비록 과거 성과에 따라 미래를 예측하는 것이 적절한 출발점이 되지만, 이러한 모델은 변화가 발생하고 있을 때 이를 감지하고 고려하지 못한다. 예를 들어, 이 사례에서의 구매기업이 특정 구매자들 사이에서 패션 트랜드가 빠르게 변하는 것을 간과한다면 많은 양의 팔리지 않은 재고가 남을 수 있다. 이러한 시스템을 사용한 결과는, 현재의 지식과 이러한 발견을 코드화 할 수 있는 능력에 바탕을 두는 경향이 있다. 핵심은 이러한 시스템을 활용한 결과는 원천적으로 예측적이지 못하다는 것이다. 오히려 결과는 정형적이며 잘 정의된 일련의 문제에 의해 좌우될 것이다.

3단계: 예측적 분석. 이 단계는 통계적 솔루션의 사용 또는 정형과 비정형 데이터 모두 적용 가능한 알고리즘과 기술들로 구성된 데이터 마이닝 솔루션의 사용에 의해 정의된다. 정형과 비정형 데이터 유형의 여러 소스들은 포괄적인 모델을 구축하는데 개별적으로 또는 함께 사용될 수 있다. 이 단계에서 사용되는 통계적 기술에는, 의사결정 나무 분석, 선형로지스틱 회기 분석, 데이터 마이닝, 소셜 네트워크 분석, 그리고 시계열분석 등이 포함된다. 예측 분석능력에서의 핵심은 예측 모델을 비즈니스 룰과 함께 운영단계의 의사결정 프로세스로 통합시키는 것이다. 이렇게 하면, 모델링 프로세스를 보다 실행적으로 만들고 성과를 향상시키는데 도움이 된다. 예측 분석은 어떤 트랜드가 발생하기 이전에 예측함으로써 비즈니스 리스크를 최소화 하는데 있다. 예측 분석이 특정 산업에서 통계학자들에 의해 수 년 동안 사용되었지만, 강력해진 컴퓨팅 파워와 결합된 소프트웨어 툴의 발전이 예측 분석을 더욱 이용 가능하게 만들었고 비즈니스 현장에서 보다 폭넓게 사용되게 하였다. 예측 분석모델은 어떤 사건이 발생할 것인가에 대한 예측을 위해 다양한 변수들 사이의 관계를 분석할 수 있도록 설계된다. 예를 들어, 어떤 보험회사는 부정행위 요소들을 분석하는 모델을 구축하고, 상당히 사기성이 높아 보이는 청구를 식별하기 위해 이 모델을 사용할 수 있다. 예측 모델링의 또 다른 일반적인 적용 케이스는 콜센터가 고객과 상호작용할 때 단계마다 취해야 할 최선의 대응책을 이해할 수 있도록 돕는 것이다. 개별 고객의 프로파일에 기반하여 특별한 제품을 추천하는 것은 콜센터 에이전트가 고객과 상호작용하면서 이루어질 수 있다.

4단계: 처방적(Prescriptive)이고 인지적인 분석. 처방적이고 인지적인 방식은 머신러닝 알고리즘과 자연어처리를 적용해서 예측 분석을 한 단계 더 상향시킨 것이다. 기업은 그들의 모델이 고객과 제품에 대한 내부적인 가정들을 뛰어넘음으로써, 변화하는 시장 역동성에 대해 좀더 잘 반응할 수 있기를 원한다. 만일 모델이 각각의 새로운 상호작용으로부터 지속적으로 학습할 수 있도록 설계된다면, 정확성은 계속 개선될 것이다. 예를 들어, 모바일 서비스 제공자는 고객 서비스 에이전트가 고객 이탈 수준을 낮추는데 도움이 될 수 있도록 분석적 모델을 사용한다. 이러한 모델은 특정한 고객에 대한 정보를 분석하고 이 고객을 유지하기 위해 기업이 어떤 대응을 해야 하는지 예측한다. 그러나 이 기업의 예측 모델은 자주 업데이트 되지 못했으며, 시장에서의 경쟁적 변화에 대한 정확성과 민감성이 부족한 상태에 머물게 된다. 이 기업은 보다 처방적인 새로운 모델을 설계함으로써 고객 유지비율을 획기적으로 개선하였다. 이 모델은 각각의 상호작용을 모델에 피드백 하고, 시장 상황의 변화를 수집함으로써 자가학습이 가능하도록 설계된다. 뿐만 아니라 이 모델은 고객과의 상호작용과 다른 고객들에 대한 영향을 이해하기 위해서 소셜분석 기능을 포함한다. 이러한 변화는 고객을 지원하기 위해서 어떠한 대응이 이루어져야 하는지에 대한 정확한 의사결정을 이끌어 내는 모델의 기능을 개선하였다.

새로운 상황에 맞추고 변화하도록 설계된 모델은, 언제 기계가 오류를 일으킬 것 같은지 예측함으로써 재해수준으로 사건이 발생하기 전에 대응이 이루어질 수 있도록 하기 위해서 사용된다. 예를 들어, 열차에 내장된 센서에서 오는 기계상태에 대한 데이터 스트림에서 식별된 패턴은 장비오류를 발생하기 전에 예측할 수 있는 모델을 구축하는데 사용될 수 있다. 상황적응 학습을 사용함으로써 기업이 사전에 대응할 수 있는 시간 내에 장비 오류에 대해 실시간 경고를 제공할 수 있도록 모델의 정확성을 지속적으로 개선할 수 있다.

비즈니스 질문에 새로운 방식으로 대답하기

인지컴퓨팅은 다양한 비즈니스 문제에 적용 가능한 일련의 기술들의 집합이라고 인식될 수 있다. 많은 벤더들이 인지기능에 특정한 문제를 해결할 수 있는 기능을 추가할 수 있는 다양한 APIs를 제공하고 있다. 예를 들어, Expect Labs라고 부르는 새로운 벤더는 구어체로 대화하고 논의하고, 구어에 묻혀있는 핵심 개념과 액션을 발견할 수 있는 능력을 추가하고 있다. 이러한 유형과 동일한 방식이 특정한 사람을 찾기 위해 수 백장의 얼굴 사진을 대상으로 유사성의 패턴을 발견하기 위해 사용될 수 있다.

데이터에 있는 의미를 발견하는 이러한 유형은 비즈니스가 수행되는 방식에 극적인 충격을 줄 것이다. 우리는 기업이 소셜미디어의 대화 내용을 분석할 수 있을 때 어떤 일이 발행할 것인 지 이미 보아왔다. 기업은 어떤 고객이 만족스럽지 못할 때 트위터나 페이스북과 같은 사이트에서 고객과 소통을 통해서 개입할 수 있다. 만일 고객이 분노에 이르기 전에 기업이 이 문제를 해결한다면, 그 기업은 좋지 않은 상황을 고객과의 긍정적인 관계로 전환시킬 수 있을 것이다.

패턴의 발견뿐만 아니라, 기업에게는 제한된 전문성을 가진 직원들에게 지식을 전달할 필요가 있다. 숙련된 전문의는 경험이 적은 의사들이 사용할 수 있도록 중요사례들을 전달하기 위해서 인지컴퓨팅 시스템을 활용할 수 있다. 이렇게 함으로써 새로운 의사나 엔지니어가 최신의 프로세스들을 빠르게 이해할 수 있는 토대를 마련할 수 있다.

이러한 시스템은 시간이 지남에 따라 새로운 데이터를 유입함으로써 지식의 깊이가 확장되고 정교해진다. 지식관리가 목적으로 하는 것을 성취하는 것은 언제나 힘들었는데, 이는 전문가가 알고 있는 것을 능동적으로 획득하는 것이 가능하다고 전제했기 때문이었다. 반면에, 인지 방식을 사용함으로써, 전문가들에 의해 검증될 수 있는 문자로 기록된 정보를 시스템이 흡수할 수 있게 되었다. 뿐만 아니라, 이러한 시스템은 새로운 정보와 중요사례가 나타나면 이를 바탕으로 훈련될 수 있다. 이러한 새로운 역동적인 지식 소스는 비즈니스를 위한 차별적인 경쟁력이 될 수 있다. 단지 몇 주의 경험이 있는 직원이 고객과의 접점에서 올바른 해답을 즉시 액세스 할 수 있다는 것을 상상해보라.

비즈니스에 특화된 솔루션 구축하기

APIs와 인지서비스의 가능성에 더해서, 일련의 새로운 어플리케이션들이 개발되고 있다. 11장, 12장, 그리고 13장에서, 인지컴퓨팅 어플리케이션들이 어떻게 다양한 산업에서의 데이터 주도 솔루션들을 보완하기 위해 설계되고 있는지 상세히 알게 될 것이다. 이러한 모든 솔루션들은, 헬스케어 영역, 대도시 지역, 또는 보안과 상업 등 어떤 영역을 살펴보더라도 다음과 같은 공통적인 특성을 가지고 있다:

- 매우 다양한 형태로 존재하는 막대한 양의 데이터
- 일정하게 확장되고 있는 (주로 비정형의) 산업 고유의 데이터
- 상황, 패턴, 그리고 이상징후의 결정을 위한 다양한 데이터 소스들의 연관성
- 데이터를 매칭 시키는 방법에서의 상당한 전문성
- 대책마련과 같은 의사결정을 지원하기 위해 대량의 데이터를 분석할 필요성
- 비즈니스 상황이 변함에 따라 학습하고 변화할 수 있는 시스템의 능력

인지시스템은 사람들이 비즈니스 문제에 대한 해답을 찾는 새로운 방식을 발견하기 위해서 컴퓨팅시스템과 상호작용하는 방식을 변화시키고 있다. 이러한 시스템은

상황이 발생하고 있는 짧은 시간 내에 과학자, 엔지니어, 법률가, 그리고 다른 전문가들에게 전문적 도움을 제공할 수 있도록 학습하고 소통하게 될 것이다.

인지컴퓨팅 현실화 시키기

인지컴퓨팅 방식의 차별성은 시스템이 변화할 수 있도록 구축된다는 것이다. 시스템은 지속되는 데이터의 유입을 바탕으로, 그리고 패턴을 식별하고 요소들을 연결 지을 수 있는 능력을 기반으로 지속적으로 변화한다. 그러므로 기업은 이전에는 존재했어도 알 수 없었던 데이터 요소들 사이의 연관성과 연결을 찾아낼 수 있다.

이러한 솔루션의 탄생으로 인한 결과는 엄청날 수 있다. 이 솔루션은 비즈니스 리더가 시스템과 말뭉치에서 관리되고 있는 막대한 양의 데이터 사이에서 새로운 차원의 직관적인 인터페이스를 가질 수 있도록 해준다. 더욱 더 중요한 것은 이러한 시스템이 고정적이지 않다라는 것이다. 새로운 데이터가 더해짐에 따라, 시스템은 새로운 방식으로 상황을 인식하고 학습한다. 예를 들어, 과거에는 보이지 않았거나 나타나지 않았던 새로운 연관성이 갑자기 나타날 수 있다. 아마도 책을 구입하는 누군가와 특정한 유형의 휴가를 즐기는 사람 사이의 연관성이거나, 이전에 나타난 적이 없는 두 약물 사이의 상호작용일 수도 있다. 지난 달에 잘 알려지지 않은 저널에 실린 일련의 새로운 연구결과물을 바탕으로 내린 심각한 상황에 대한 새로운 처방일 수도 있다.

기술과 상호작용하는 인지방식의 기본적인 가치는 조직 내의 개인들이 정보에 대해 생각하는 방식을 바꿀 가능성이 있다는 것이다. 우리가 보고 있는 데이터가 무엇을 의미하는지 어떻게 시스템에게 질문 하는가? 우리가 어떤 방향으로 가야 할지 또는 무엇을 질문해야 할지 알지 못할 때 인사이트를 얻기 위해서 시스템과 어떻게 상호작용 하는가?

지금까지 우리는, 우리의 행동을 선택하고 조직을 변화시킬 수 있는 새로운 방법이 숨겨져 있는 정보의 표면만 단지 긁적거려 왔다는 것이 점점 더 명백해지고 있다.

인지 어플리케이션이 어떻게 시장을 변화시킬 수 있는가

새로운 경쟁적 위협으로인해 어떤 산업이 과도기에 있을 때, 단순히 어떤 어플리케이션을 구축한다는 것은 의미가 없을 수 있다. 전통적인 어플리케이션들은 프로세스를 자동화하고 데이터를 관리할 의도로 구축되었다. 여행이나 고객서비스 같은 전통적인 산업을 변화시키려고 노력할 때, 혁신가는 리더들이 새로운 기술과 지식을 발견할 수 있도록 해줄 수 있는 정교한 기술을 필요로 한다. 고객이 무엇을 원하는지 발견할 수 있는 여행기업은 차별적 경쟁력을 갖게 될 것이다. 만일 여행기업이, 심지어 어떤 고객이 아무 생각이 없을 때라도 그 고객이 무엇을 구매할 것인지 알 수 있다면? 만일 고객서비스대행사가 몇 시간이 아니고 몇 분내에 파트너의 제품과 관련된 고객의 문제를 예측할 수 있다면?

새로운 세대의 솔루션은 코드화 되어 있는 관례를 넘어서 이전에 없던 해답을 발견할 것이다. 전 세기에 걸쳐 모든 산업의 파괴자들은 모두 이렇게 했다 – 그들은 문제를 해결하기 위해서 전통적인 방식을 취하고 나서 이를 거꾸로 뒤집었다.

요약

인지컴퓨팅은 사람이 기계와 상호작용하는 방식을 변화시킬 수 있는 새로운 영역이다. 엄청난 양의 정형 비정형 정보가 수집되어 있는, 정보의 말뭉치를 생성한다는 것은 게임을 바꾸는 일이다. 인지컴퓨팅은 과거의 트랜잭션과 상호작용의 기록을 유지하고 있는 기존 시스템처럼 백 오피스 기능으로 설계되지 않는다. 오히려, 인지컴퓨팅은 기업의 세상에 대한 이해를 확장시기기 위해서, 데이터의 사일로를 넘어서 움직일 수 있는 그러한 솔루션을 기업에게 제공하고자 등장했다. 다가오는 십 년에 인지컴퓨팅은 기계와 사람의 인터페이스를 혁신시키고 우리의 문제 해결과 변화 수용 방식을 가속화시킬 것이다. 비록 전통적인 시스템이 사라지지는 않겠지만, 인지시스템은 고객을 이해하고 응대하기 위한 새롭고 진보된 방식을 가능하게 하고, 사실상 모든 지식기반 산업에서 전문가들의 성과를 향상시킬 것이다.

인지시스템, IBM의 왓슨

인지컴퓨팅의 가능성을 이해하기 위한 가장 좋은 방법 중 하나는 초기에 구현된 인지시스템들 중에서 하나를 들여다 보는 것이다. 왓슨을 개발한 IBM은 새로운 콘텐츠의 유입을 기반으로 하는, 기존과는 다른 유형의 시스템을 구축함으로써 고객에게 도움을 주고자 하였다. IBM의 왓슨에 대한 주요 설계 포인트는 데이터를 통합할 수 있는 솔루션을 생성하는 것이었는데, 이는 머신러닝으로부터 자연어처리와 고급 분석에 이르는 기술들을 활용하여 이루어졌다. 왓슨 솔루션은 산업 고유의 중요사례와 데이터가 결합된 일련의 기반 서비스들로 이루어졌다. 인지시스템의 결과에 대한 정확성은, 주제에 대한 전문가의 지식을 도메인에 특화된 데이터로 이루어진 말뭉치로 결합시키는 트레이닝 프로세스를 반복함으로써 지속적으로 개선된다. 이러한 사람/기계 상호작용을 가능하게 하는 중요한 역량 중 하나는, 다양한 비정형 데이터와 정형 데이터 소스의 결합에 대한 상황을 이해할 수 있는 자연어처리를 활용할 수 있는 능력이다. 이뿐만 아니라, 인지시스템은 그 성격상 고정된 어플리케이션으로 국한되지 않고, 사용되면서 변화하고 진화하는 확률적 시스템이라는 것이다.

왓슨 소개

왓슨은 자연어처리, 분석, 머신러닝 역량들을 결합하는 인지시스템이다. 왓슨은 사용자와의 상호작용이 있을 때마다 그리고 새로운 정보가 유입될 때마다 인사이트를 얻고 더 스마트해진다. 왓슨은, 자연어처리, 다이내믹 러닝, 그리고 가설의 생성과 평가 역량들을 결합함으로써, 전문가들이 데이터를 기반으로 가설을 생성하고, 조사 결과들을 가속화하고, 문제해결을 위한 증거 가능성을 판단하는 것을 지원하기 위해 만들어졌다. IBM은 사람이 자연스러운 방식으로 왓슨과 상호작용함으로써 비즈니스 결과가 향상될 수 있을 것으로 기대하고 있다.

개인은 의사결정을 지원할 수 있는 정보를 발견하기 위해서 정교한 검색엔진이나 데이터베이스 쿼리 시스템을 활용하는데 익숙해지고 있다. 데이터 중심의 검색을 용이하게 해주는 왓슨은 다른 접근방식을 취하고 있는데, 이번 장에서 논의될 것이다. 본질적으로, 왓슨은 머신러닝, DeepQA, 그리고 고급 분석을 활용한다. 그림 9-1은 IBM 왓슨의 DeepQA 아키텍처를 나타낸다.

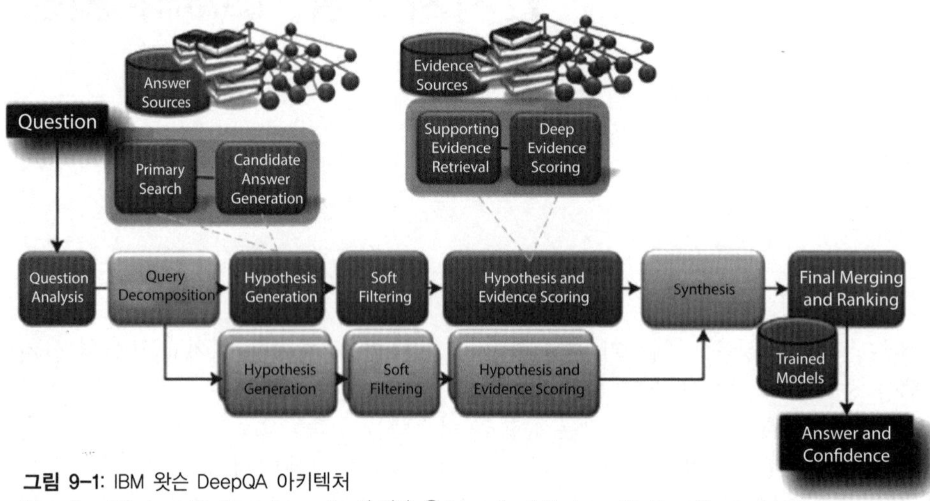

그림 9-1: IBM 왓슨 DeepQA 아키텍처
International Business Machines Corporation의 허가, © International Business Machines Corporation.

왓슨과 검색엔진의 차이점

이러한 유일무이한 프로세스를 이해하는 한가지 방법은 왓슨이 인지컴퓨팅 시스템으로서 검색엔진과 어떻게 다른지 알아보는 것이다. 검색엔진의 경우 키워드를 입력하고 적절한 순위를 기반으로 주제에 대한 결과를 얻는다. 구체적인 질문을 하고 순위가 매겨진 결과를 얻을 수도 있지만, 그 결과를 지속적으로 정제하기 위해서 대화를 나눌 수는 없을 것이다. 특별한 검색엔진은 키워드와의 관련성을 기준으로 결과에 순위를 매기기 위해서 알고리즘을 사용한다. 이차적인 순위는 가격이나 소비자 리뷰와 같은 사실들을 기반으로 결과를 내줄 수도 있다. 이 점에서, 사람은 결과의 리스트와 상호 작용하고 질문한 내용에 가장 잘 맞는 대답이나 링크를 액세스 한다. 그러나 왓슨의 경우, 사용자는 직접적인 결과를 얻게 되는데, 질문에 대한 대답 또는 사용자의 의도를 명확히 하는데 도움이 되는 후속 질문이 그것이다. 그러므로 왓슨은 마치 사람과 같은 전문가와 같이 행동하도록 의도되었다. 예를 들어, 사용자는 왓슨에게 다음과 같이 질문할 수 있다, "나에게 가장 적절한 은퇴 프로그램은 무엇입니까?" 또는 "체중을 감량하기 위한 가장 좋은 방법은 무엇입니까?" 만일 왓슨이 주제에 대해 충분한 데이터를 가지고 있고 상황에 대해 충분한 지식을 가지고 있다면, 시스템은 질문의 의미를 이해할 수 있을 것이다. 이러한 깊은 수준의 이해는 통계적 분석과 예측 모델을 개발하는 알고리즘을 활용해서 이루어질 수 있다. 왓슨은 검색엔진이 했던 것처럼 단순히 키워드를 찾지 않는다. 이뿐만 아니라, 자연어처리 기술을 활용하는 왓슨은 질문을 하부 컴포넌트들로 분할하고 가능한 대답과 솔루션을 위해 각 컴포넌트들을 평가할 수 있는 능력을 가지고 있다. 사용자의 질문에 대해 의미 있고 정확하고 시기 적절한 대답을 제공할 수 있는 이러한 능력은, 대다수의 검색엔진과 인지시스템의 질문-응답 프로세스 사이의 근본적인 차이다.

"그랜드 챌린지"를 통한 연구의 발전

컴퓨터 과학자들은 그들의 연구과제를 발전시키고 공개적으로 혁신적인 컴퓨터 기술을 보여주기 위한 방법으로 게임을 사용해왔다. 이러한 전통을 유지하는 차원에서, IBM은 자사의 연구팀을 위해 게임을 "그랜드 챌린지(Grand Challenge)"에 포함시켜온 오랜 역사를 가지고 있다. IBM의 널리 알려진 "그랜드 챌린지"의 두 가지 사례는 1950년 대에 있었던 체커 게임과 1990년대의 체스게임 이었다. 초기 인공지능의 선구자로서 IBM701 컴퓨터에 프로그램된 체커 게임은 미국 최고 체커 챔피언들 중 한 명을 물리 쳤다. 이 당시 이러한 위업은 컴퓨터의 능력을 보여주는 대단히 중요한 사례가 되었다. 삼십여 년 이후에 IBM의 딥 블루(Deep Blue) 컴퓨터는 세계의 체스 챔피언을 이긴 최초의 컴퓨터 프로그램이 되었다. "그랜드 챌린지"의 목적은 논리적 개념을 세우고 이것이 가능하다는 것을 증명하는 것이었다.

체스 그랜드 챌린지를 통한 IBM의 성공은 수학적인 영역에서 컴퓨터가 사람을 이기는 것이었다. IBM의 연구자들이 생각한 다음 챌린지는 사람의 자연언어와 지식에서 컴퓨터의 능력을 탐험하고 진전시키는 것이었다. 2006년 IBM은 비즈니스에서 의사 결정이 이루어지는 방식을 혁신할 수 있는 그랜드 챌린지를 구상했다. IBM 연구원들 중 한 명이, 제퍼디 퀴즈 쇼에서 챔피언과 경쟁해서 승리할 수 있는 컴퓨터를 IBM이 구축할 것을 제안했다. 초기의 주안점은 다양한 범위의 주제 영역에 대한 질문에 답변을 함으로써 시스템이 사람을 상대로 경쟁할 수 있는가를 결정하는 것에 맞추어져 있었다. 그랜드 챌린지를 성공적으로 수행하는데 있어서 IBM 연구원들이 직면한 최대의 이슈는 처리 속도와 결과의 정확성 사이에 올바른 균형을 맞추는 것이었다.

비록 그랜드 챌린지의 목적이 제퍼디에서 사람을 이기는 것이었지만, IBM은 제퍼디 챌린지를 통해 복잡한 산업의 문제를 지원할 수 있는 인지시스템의 구축 가능성에 대한 투자할 수 있기를 희망했다.

제퍼디를 위해 왓슨 준비하기

IBM은 머신러닝부터 수학, 고성능 컴퓨팅(HPC: High Performance Computing), 자연어처리, 그리고 그랜드 챌린지를 플랫폼으로 옮기기 위한 지식 표현의 영역에 이르기까지, 내부의 전문 과학자들과 연구자들을 함께 끌어 모았다. 제퍼디에서 승리하기 위해서, 새로 구성된 팀은 사람의 언어로 주어지는 질문에 상위권의 인간 경쟁자들보다 더 정확하고 빠르게 대답할 수 있는 시스템을 구축할 필요가 있었다. IBM은 왓슨이 약 70퍼센트의 질문에 대답해야 하고 대답의 80퍼센트 이상이 올바른 답이어야 한다고 판단했다. 게다가 이러한 수준의 정확성을 각 질문마다 3초 또는 그 이하의 시간 내에 이루어낼 필요가 있었다.

이러한 목표를 성취하기 위해서 왓슨은, 획득한 지식을 질문에 대해 답변하고 그러한 질문과 연관된 신뢰점수를 결정하는데 지속적으로 사용하는, 질문-응답 시스템으로 설계되었다. 왓슨은 문장의 각 요소들을 해체하고, 이들을 이전에 유입된 정보와 비교하고, 의미를 알기 위해 추론함으로써 문장의 맥락을 이해했다.

제퍼디 게임의 복잡성은 다양한 질문 유형과 광범위한 주제 영역에 기인한다. 이뿐만 아니라, 제퍼디에서는 언제나 하나의 올바른 대답 또는 응답만 존재한다. 추가적인 정보를 요청하는 응답은 있을 수 없다. 참가자들은 몇 개의 단서에 의존해 질문의 내용을 신속하게 알아차릴 필요가 있다. 단서는 기술적 정보가 될 수도 있고, 말장난이나 퍼즐 또는 문화적 내용일 수도 있다. 게임에서 충분히 이길 수 있을 만큼 빠른 속도로 단서를 포착하기 위해서, 왓슨은 사람들이 직관적으로 이해하고 있는 언어의 다양한 측면들을 이해할 필요가 있었다. 사람은 추론과, 맥락, 그리고 시공간의 제약을 이해할 수 있는 천부적인 능력을 가지고 있다.

매우 정확한 응답을 위해서, 왓슨은 병렬 컴퓨팅을 이용해서 동시에 많은 가설들 즉 정답이 될 가능성이 있는 것들을 생성한다. 이러한 가설들은, 선택된 가설들 중에 정답이 있을 만큼 충분히 넓게, 그렇지만 프로세스의 전체적 효율을 해칠 정도로 많은 오답들이 선택되지 않을 만큼 좁은 범위 내에서 생성될 필요가 있다. 정교한 알고리즘은 각 가설들의 신뢰도를 결정하고 등급을 매긴다. 자연어처리 기술의 발달은 이러한 방식이 실현되는데 도움을 주었다. IBM은 머신러닝이 왓슨의 인지능력을 지속적으로 발전시키기 위해서 심도 있는 실험을 지원할 수 있는 아키텍처를 구축했다.

컴퓨팅 속도를 위해서 IBM은 극도로 빠르고 파워풀한 하드웨어를 사용했다. 제퍼디가 방송되던 어느 날 저녁, 왓슨은 슈퍼컴퓨터 클래스 급 성능을 내는 서버, 스토리지, 메모리 그리고 네트워킹 장비들을 거느리고 있었다. 프로세서당 최대 32개의 논리적 코어를 갖는 4개의 프로세서들로 이루어진 90개의 IBM Power750서버가 포함되었는데, 이는 전체적으로 2,880개의 IBM Power7 프로세서 코어가 사용되었다는 의미다. 2,880개 코어의 파워는 왓슨이 질문에 대한 대답을 3초 이내에 해야 하는 요건을 만족시킬 수 있게 해주었다. 뿐만 아니라, 왓슨은 처리 속도를 높이고 빠른 결과를 도출하기 위해서 디스크 대신에 RAM(random access memory)에 전체 지식베이스가 저장되도록 설계되었다. 컴퓨팅 노드들 사이에 많은 데이터가 빠른 속도로 전송될 수 있도록 극도로 빠른 네트워킹 기술이 채택되었다.

상업적 활용을 위해 왓슨 준비하기

제퍼디 게임을 위한 질문-응답 프로세스는 상업적 어플리케이션에서 일반적으로 기대하는 것과는 다르다. 제퍼디에서는 질문에 하나의 정답만 제공하는 방식이지만, 상업적 어플리케이션은 보다 복잡하고 다차원적인 대답을 요구한다. 헬스케어와 금융과 같은 산업을 위해 구축된 상업용 어플리케이션은, 가장 의미 있는 대답까지 드릴 다운할 수 있도록 사람과 기계 사이의 지속적인 대화를 지원할 필요가 있다. 뿐만 아니라 왓슨은, 사용자가 비즈니스를 위해 가장 유용하고 정확한 응답을 얻을 수 있도록, 보다 많은 정보를 요구해야 한다.

전형적인 제퍼디 질문과 상업용 헬스케어 어플리케이션에서의 질문과의 차이점이 테이블 9-1에 예시되어 있다. 제퍼디에서의 질문은 주제 도메인과 개체나 개념에 대한 서술이 포함되어 있지만, 개체나 개념이 직접 표현되지는 않는다. 이 질문에서 주제 도메인은 "산해진미"이고 표현되지 않은 개체는 "돼지"이다. 왓슨 디스커버리 어드바이저와 같은 왓슨을 위한 상업 어플리케이션에서는 단 하나의 정답만 있지 않다. 예를 들어, 아래 테이블에 있는 질문은 어떤 환자를 위한 치료 방안을 묻고 있다. 의사가 왓슨과 협력적인 대화를 나누도록 하는 것이 목적이다.

테이블 9-1: 제퍼디 질문에 대한 답변과 왓슨 디스커버리 어드바이저질문에 대한 답변의 비교

표준 제퍼디 질문과 답변	왓슨 디스커버리 어드바이저를 표준 질문과 답변
질문: 산해진미: 스타 요리사 마리오 바탈리는 라르도(lardo)를 제공하고 있는데, 이는 이 동물목의 뒷부분으로 만든다.	질문: 어떤종양학자가 암 환자를 위한 처방들을 살펴보고 왓슨에게 질문한다. "환자 X를 위해 권고되는 처방은 무엇인가?"
Document 질문에 대한 답은 "돼지"	답변: 질문에 대한 답변은 다면적이고 종양학자와의 지속적인 대화를 위해 답변이 제공된다. 답변에는 추가적인 검사에 대한 권고가 포함할 수 있고 다양한 처방에 대한 옵션들이 제공된다.

왓슨이 테이블 9-1에 예시된 질문을 포함한 다양한 유형의 질문에 정확한 대답을 제공할 수 있도록 트레이닝 시키기 위해 고급 머신러닝 기술들이 사용된다. 왓슨은 자신의 지식 베이스(말뭉치)에 근거해서 질문에 대해 다수의 가능한 응답들을 고려함으로써 답변에 다다른다. 이뿐만 아니라, 왓슨은 다양한 접근방법으로 질문의 맥락을 살펴보고 단어와 구에 대한 다양한 해석과 정의를 고려한다. 가능한 각각의 대답에는 왓슨에 의해 신뢰 값이 부여된다. 왓슨은 예시된 제퍼디 질문에 가장 높은 신뢰도를 가지고 있는 "돼지"를 대답으로 제공하였다. 이에 반해, 왓슨은 치료 옵션에 대한 질문에 대해 여러 가지 대안을 제시하고 각 대답에 대한 신뢰도를 보여줄 수 있다.

IBM은 왓슨이 제퍼디에서 승리하는데 도움이 되었던 진보된 기술들을 인지시스템의 상업적 어플리케이션에 응용하고 있다. 이러한 시스템들은 새로운 상호작용으로 시스템이 점점 더 스마트해지도록 시스템을 트레이닝 시키는 증거기반학습(evidenced-based learning)을 사용한다. 트레이닝은 상업적 목적의 왓슨 시스템을 구현하는데 중요한 기능이다. 트레이닝 데이터에는 특정 산업 내에서 사물들이 어떻게 일컬어지는지에 대한 질문과 답변의 페어가 포함된다. 왓슨은 또한 온톨로지와 같은 자원을 유입함으로써 새로운 산업을 위해 트레이닝 될 수 있다. 예를 들어, 병원용 왓슨 어플리케이션에서는, 심도 있는 온톨로지의 유입, 의학적 진단 테스트를 위한 코드체계, 또는 특정한 질병을 위한 처방 등이 트레이닝에 포함될 수 있다. 온톨로지는 전문용어를 정의하고 분류함으로써 맥락을 결정하고, 서로 다른 시스템으로부터 온 리소스들 사이를 정확하게 매핑하기 위한 메커니즘을 제공한다. 이뿐만 아니라, 특정한 질병을 어떻게 치료하는가에 대한 표준화된 가이드라인도 포함될 수 있다. 추가적인 트레이닝은 고도의 지식과 경험이 있는 임상의사의 임상적 전문지식에 근거할 수도 있다. 기업은 새로운 유형의 질문에 대답하고, 보다 정확하게 예측하며, 비즈니스 성과를 최적화시키기 위해서 이러한 인지시스템을 사용할 수 있다.

왓슨의 소프트웨어 아키텍처

왓슨의 설계에는 질문-응답 시스템을 구축하기 위한 소프트웨어 아키텍처가 포함되며, 연구와 개발 그리고 알고리즘적 기법들을 시스템으로 통합시키기 위한 방법론이 포함되어 있다. 비록 속도와 파워가 왓슨에게는 필수적인 요소들이지만, 설계 팀은 초기에 정확도와 신뢰도들 성취하는데 초점을 맞추었다. 이러한 특성이 없는 속도는 의미가 없을 것이다. 그러므로, 정확성을 평가하고 높이는 알고리즘이 핵심 디자인 요소들 중 하나가 된다. DeepQA로 알려진 왓슨의 아키텍처로 통합된 자연어처리 기술은 다음과 같은 요소를 포함한다:

- 질문 파싱과 분류
- 질문 분해
- 자동적인 소스 획득과 평가
- 개체와 관계 감지
- 논리적 폼 생성
- 지식 표현과 추론

DeepQA 소프트웨어 아키텍처는 비구조화정보관리아키텍처(UIMA: Unstructured Information Management Architecture) 표준에 따라 구축되었다. UIMA는 IBM에 의해 최초로 탄생되었고 아파치 소프트웨어 재단의 오픈 소스가 되었다. 분산 시스템에서 요구되는 극한의 속도, 확장성, 그리고 정확성을 지원할 수 있는 UIMA의 능력 때문에, DeepQA내에 있는 수백 개의 분석용 컴포넌트들을 위한 프레임워크로 선택되었다. 실험을 통해서, IBM은 DeepQA 알고리즘의 정확성을 개선하였고 결과적으로 왓슨의 결과에 대한 신뢰도를 높였다. 다음은 DeepQA의 핵심 설계 원칙들이다:

- **대량 병행성(Massive Parallelism)** - 대량의 컴퓨터 프로세서들이 프로세싱 스피드와 전체적인 성능을 최적화하기 위해서 병렬로 작동된다. 이러한 기술의 사용은 왓슨이 매우 빠른 속도로 엄청난 양의 정보 소스들을 분석하고 다양한

해석과 가설들을 평가할 수 있게 해준다.

- **질문과 콘텐츠의 확률적 분석 통합**(Integration of probabilistic question and content analytics) – 여러 도메인에 걸친 전문가 수준의 깊이 있는 정답을 제공할 수 있도록, 머신러닝을 사용해서 알고리즘과 모델이 개발된다. 말뭉치는 지식베이스와 분석적 추정을 제공하고, 정보에 있는 관계와 패턴을 이해할 수 있게 해준다.

- **신뢰도 추정**(Confidence estimation) – 질문에 대해 다양한 해석이 가능한 방식으로 아키텍처가 설계된다. 정답이 하나인 경우는 없다. 다양한 답변들을 신뢰도와 함께 지속적으로 스코어링 하는 방식은 왓슨이 정확도를 유지하기 위한 핵심적 기능이다. 이 기술은 어떤 해석이 가장 연관성이 높은지 이해하기 위해서 다양한 해석들의 스코어를 분석하고 결합한다.

- **피상적인 지식과 깊은 지식의 통합**(Integration of shallow and deep knowledge) – 피상적인 지식은 절차상에서 얻어지기 마련이며, 특별한 주제 영역의 다양한 요소들 사이의 연관성을 찾아내는데 도움을 줄 수 없다. 피상적 지식은 특정 유형의 질문에 대한 대답을 얻기 위해 사용될 수 있지만, 많은 제약이 따른다. 질문과 응답에 대해 피상적인 수준을 넘어 깊은 이해에 도달하기 위해서는, 연관성을 찾아내고 추론할 필요가 있다. 이러한 수준으로 정교해지기 위해서는 깊은 지식이 필요한데, 이는 (투자은행업무 또는 종양학과 같은) 특정한 주제 영역에 대해 중심적 기본개념에 대한 것이다. 깊은 지식을 바탕으로 그러한 중심 개념에 대한 복잡한 연관성을 찾는 것이 가능해진다.

코어 알고리즘 기술들을 개발하고 통합하기 위한 방법론을 AdaptWatson이라 부른다. 이 방법론은 코어 알고리즘을 생성하고 결과를 측정하며 새로운 아이디어에 이르게 한다. AdaptWatson은 코어 알고리즘의 연구와 개발, 통합, 그리고 평가에 이르는 전 과정을 신속하게 수행할 수 있게 해준다. 알고리즘의 컴포넌트들은 다음과 같이 많은 역할들을 담당한다:

- 질문 이해하기
- 대답의 신뢰도 생성하기
- 결과를 평가하고 순위 결정하기
- 자연언어 분석하기
- 소스 식별하기
- 가설 생성하기
- 증거에 대해 스코어링 하고 대답하기
- 가설들을 병합하고 순위 결정하기

관계를 결정하고 추론하기 위해서, 왓슨은 머신러닝과 선형회귀를 사용하여 관련성을 바탕으로 데이터를 평가한다.

DeepQA 아키텍처의 컴포넌트들

왓슨의 DeepQA 아키텍처의 필수적 컴포넌트들 중 하나는 파이프라인 프로세스 플로우인데, 이는 하나의 질문으로 시작해서 하나의 대답과 신뢰도 수준(그림 9-1 참조)으로 끝난다. 다양한 대답 소스들은 다수의 응답을 제시하고, 각 응답은 정답이 될 가능성에 따라 평가되고 순위가 결정된다. 그리고 부차적이지만 최선의 대답이 결정되기 전에 증거를 수집하고 분석하는 반복적인 프로세스가 수행되어야 한다. DeepQA에 있는 컴포넌트들은 UIMA의 주석자(annotator) 역할을 하기 위해 구현되는데, 이 주석자들은 텍스트를 분석하고 그 텍스트에 대한 주석을 생성하는 소프트웨어 컴포넌트들이다. 각 단계마다, 진행되는 프로세스에서 UIMA 주석자의 역할이 있다. 왓슨은 수백 개의 UIMA 주석자들을 가지고 있다. 파이프라인 내에서 수행되어야 하는 다양한 유형의 기능들은 다음과 같다:

- **질문 분석** – 각 질문은 주요 특성을 추출하기 위해서 파싱 되고 질문이 묻고자 하는 것이 무엇인지를 이해하기 위한 프로세스가 시작된다. 이 분석에 의해 질문이 시스템에서 어떻게 처리될 것인가가 결정되게 된다.

- **기본 검색** – 증거와 대답을 위한 소스들로부터 콘텐츠가 검색된다.

- **후보 대답 생성** – 다양한 가설들(후보 대답들)이 콘텐츠로부터 추출된다. 각 가설들은 정답을 위한 후보로 간주된다. 자연어처리는 텍스트 검색 결과를 해석하고 분석한다. 대답과 증거 소스들을 조사해서 질문에 어떻게 대답할 것인가에 대한 인사이트를 제공한다. 가설들 또는 대답 후보들은 이러한 분석에 의해서 생성된다. 각 가설은 독립적으로 고려되고 검토된다.

- **피상적인 대답 스코어링** – 대답을 위한 다양한 후보들은 지역적 유사성과 같은 다양한 차원의 검토를 통해서 스코어링 된다.

- **소프트 필터링** – 각 대답 후보들이 스코어링 된 후에, 소프트 필터링 프로세스에 의해 약 상위 20퍼센트의 후보들이 추가적인 분석을 위해 선정된다.

- **증거 검색 지원** – 추가적인 증거가 조사되고 최선의 후보를 위한 분석에 적용된다. 자연어처리 분석은 추가적인 증거를 대상으로 수행된다. 다양한 가설들이 검증된다.

- **깊이 있는 증거 스코어링** – 각각의 증거들이 평가된다. 이때 복수의 알고리즘이 사용되는데, 그 증거가 후보 대답이 정답이라는 사실을 어느 정도 지지하는지를 결정한다.

- **최종 병합 및 순위 매기기** – 각 후보 대답들을 위한 모든 증거가 결합된다. 순위가 부여되고 신뢰 점수가 계산된다.

지금까지 설명된 프로세스 플로우는 모델(그림 9-1 참조)뿐만 아니라 대답과 증거 소스들에 의해서도 영향을 받는다. 이 아키텍처의 주요 컴포넌트들은 다음과 같은데 이 장의 나머지 부분에서 좀더 자세히 설명될 것이다:

- 왓슨 말뭉치 구축
- 질문 분석
- 가설 생성
- 스코어링과 신뢰도 평가

왓슨 말뭉치 구축: 대답과 증거 소스들

왓슨 말뭉치는 사용자의 질문에 대답하기 위해서 시스템이 사용하는 지식베이스를 제공한다. 말뭉치는 성능을 저하시킬 수도 있는 불필요한 정보를 덧붙이지 않으면서 참조 자료로서 폭넓은 기반 정보를 제공할 필요가 있다. IBM은 제퍼디에서 제시될 수 있는 질문의 도메인들과 이러한 질문들에 대답하는데 필요한 데이터 소스들을 검토했다. 하드웨어는 약 70퍼센트의 질문에 대답을 하고 약 80퍼센트의 정답을 제공할 수 있도록 확대되었다. 말뭉치는 매우 광범위한 주제에 대해 대량의 정보를 제공하기 위해서 개발되었다. 왓슨이 헬스케어와 금융 서비스와 같은 상업적 어플리케이션의 요구조건에 맞추어 감에 따라 말뭉치와 온톨로지도 도메인에 보다 특화된 정보를 제공할 수 있도록 개발될 필요가 있었다. 따라서 IBM은 정확하고 빠른 응답을 제공할 수 있는 적절한 크기의 소스들로 이루어진 왓슨 말뭉치를 구축할 수 있는 방법을 개발했다. 이 방법은 다음과 같이 세가지 단계로 이루어진다:

- **소스 획득** – 특정한 작업에 적합한 리소스들을 식별한다.
- **소스 변형** – 효율적인 검색을 위해 텍스트로 이루어진 정보의 포맷을 최적화시킨다.
- **소스 확장과 갱신** – 확장 알고리즘은 어떤 추가적인 정보가 왓슨 말뭉치에 있는 정보소스의 갭을 메우고 추가적인 뉘앙스를 줄 수 있는지 결정하는데 사용된다.

다음에는 각 단계별로 자세히 살펴보자.

소스 획득

왓슨이 어떻게 사용될 것인가에 따라 왓슨 말뭉치를 구축하는데 필요한 소스들이 달라진다. 첫 번째 단계는 받게 될 질문의 유형을 이해하기 위해 주제영역을 분석하는 것이다. 제퍼디에서 요구된 폭넓은 도메인 지식을 기준으로 한다면, 왓슨을 위한 소스는 백과사전, 위키피디아, 사전, 역사 문헌, 텍스트북, 뉴스 아티클, 음악 데이터베이스, 그리고 문학서적들이 포함되는 다양한 텍스트들이 될 것이다. 특정 주제에 대한 데이터베이스, 온톨로지 그리고 분류체계 등도 정보 소스가 될 수 있다. 과학, 역사, 문학, 문화, 정치, 그리고 행정 등을 포함하는 다양한 도메인들에 있는 풍부한 지식베이스를 수집하는 것이 목적이다. 헬스케어나 금융과 같은 영역에서의 상업적 어플리케이션을 위해 왓슨의 말뭉치를 구축하는 것은 제퍼디를 위한 것과는 다르다. 예를 들어, 종양학을 참고하는 말뭉치를 구축하기 위해서는 이 주제와 관련된 과학 연구결과물, 의학 텍스트북, 그리고 저널 아티클 등으로부터 엄청난 양의 정보를 유입할 필요가 있다.

정보 소스의 대부분은 XML, PDF, DOCX, 또는 다른 마크업 랭귀지(markup language)와 같은 다양한 포맷으로 구성된 비정형 문서들이다. 이러한 문서들을 왓슨으로 유입시켜야 한다. 시스템은 문서의 인덱스를 생성하고 분산된 파일 시스템에 이들을 저장하도록 설계된다. 왓슨의 인스턴스는 이러한 공유 파일시스템을 액세스한다. 왓슨의 말뭉치는 대답과 증거를 위한 소스들을 모두 제공한다. 대답을 위한 소스는 일차검색을 통해 후보 대답들을 생성한다 (가능한 대답들의 선별). 증거 소스들을 바탕으로 대답 스코어링, 증거 검색, 그리고 증거에 대한 깊이 있는 스코어링이 이루어진다.

소스 변형

텍스트로 이루어진 정보 소스들은 매우 다양한 포맷으로 존재한다. 예를 들어, 백과사전으로부터 획득한 문서는 일반적으로 제목위주로 되어있는데, 문서의 제목이 그 문서에 있는 내용의 주제를 의미한다. 뉴스 아티클과 같은 문서들은 제목이 작성관점을 나타내는 경우가 많고 아티클에 있는 내용의 주제가 분명하게 나타나지 않는 경우가 많다(nontitle-oriented 또는 opinion-labeled). 검색 알고리즘은 일반적으로 제목위주(title-oriented) 문서에 있는 정보를 찾는데 장점을 보인다. 그러므로, 제목이 없는 아티클들은 그 내용과 후보 대답과의 관련성이 쉽게 파악될 수 있도록 변형될 필요가 있다.

소스 확장과 갱신

왓슨의 말뭉치에게 적절한 콘텐츠의 양을 어떻게 결정하는가? 왓슨이 패턴을 식별하고 정보의 다양한 요소들 사이에서 연관성을 찾기에 충분한 양의 정보가 필요하다. IBM은 백과사전과 사전류와 같은 대부분의 일차적 정보 소스들은 훌륭한 기본적 지식베이스를 제공하지만 많은 갭을 가지고 있다고 판단했다. 이러한 갭을 메우기 위해서 왓슨 팀은 기본정보에 있는 정보를 상세화 시키기 위해 적절한 맥락과 함께 추가적인 정보를 웹을 통해 검색할 수 있는 알고리즘을 개발했다. 이 알고리즘은 새로운 정보의 각 요소들을 기본정보와의 관련성에 따라 스코어링 하고 가장 관련성이 높은 새로운 정보만 포함시키도록 설계되었다.

왓슨의 말뭉치는 결과의 정확도를 확보하기 위해 지속적으로 미세하게 조정되고 갱신될 필요도 있다. 예를 들어, 암에 대해서 약 5,000개의 새로운 아티클들이 매주 발표되고 있다. 그러므로, 종양학 어플리케이션을 위한 왓슨의 말뭉치는 이러한 새로운 관련정보를 바탕으로 상시적으로 갱신될 필요가 있는데, 그렇지 않는다면 빠르게 구식이 되어버릴 것이다. 점진적으로 정보를 덧붙이는 기법이라는 것은 대량의 문서가 액세스되고 시스템 중단 없이 왓슨으로 지속적으로 유입된다는 것을 의미한다. 뿐만 아니라, 올바르지 못한 대답으로 이끌 수 있는 오류 정보가 말뭉치를 오염시키지 않도록 유입되는 정보의 품질을 모니터링 할 필요가 있다. 예를 들어, "체중을 감량하는 가장 좋은 방법은 무엇인가?"라는 질문을 생각해보자. 이 주제에 대해 매우 다양한 관점이 존재한다. 탄수화물 줄이기? 설탕 제거? 체지방 줄이기? 또는 운동량 늘리기? 가장 최근의 저널 아티클에 더 중요성을 둘 것인가? 아니면 저자의 전문성 같은 요소를 더 중요하게 여길 것인가?

언제나 단일 정답이 있는 게임에서 승리하기 위해서 말뭉치를 미세 조정하는 프로세스는 매우 빠른 속도를 유지하면서 왓슨이 어느 정도 정확성을 보여주는지 지속적으로 평가할 필요가 있다. IBM은 속도 지연을 유발하지 않고 왓슨의 정확성을 높이기 위해서 말뭉치에 추가되어야만 하는 새로운 리소스를 검증하고 정제하기 위한 알고리즘을 개발했다. 왓슨의 속도와 정확성을 향상시키기 위해 IBM이 개발한 기술은 왓슨 인게이지먼트 어드바이저와 왓슨 디스커버리 어드바이저 같은 상업용 어플리케이션에서 사용되고 있다.

질문 분석

질문 분석은 왓슨에게 무엇이 질문되었으며 그 질문이 시스템에 의해 어떻게 처리되어야 하는지 알 수 있게 해준다. 질문 분석 프로세스는 자연어처리 기술에 기반을 두고 있는데, 이는 파싱, 시맨틱 분석, 그리고 질문 분류에 중점을 둔다. 이 모든 기술들이 함께 어우러져 왓슨이 질문의 유형과 본질을 이해하고 질문에 있는 개체들 간의 연관성을 감지할 수 있도록 해준다. 예를 들어, 왓슨은 질문에 대한 대답이 반드시 어떠해야 하는지 이해하기 위해서 명사, 대명사, 동사 그리고 문장의 다른 요소들을 인식할 필요가 있다. 제퍼디 챌린지가 자연어처리에 대한 IBM의 연구를 발전시키는데 도움이 된 이유 중 하나는, 탁월한 플레이에 필요한 도메인 지식이 매우 다양했다는 것이다. 뿐만 아니라, 제퍼디에서는 유머, 말장난, 그리고 은유를 포함하는 매우 다양한 유형의 질문을 이해할 필요가 있었다. IBM은 수년 동안 왓슨의 질문 분석에서 사용될 알고리즘을 정교화시켰다.

질문 분석은 논리적 형태를 추출하기 위해서 구문론적 그리고 의미론적 두 가지 관점에서 질문을 파싱 할 필요가 있다. 파싱과 관련되어, 구문론적 역할은 주어, 목적어 그리고 문장의 다른 컴포넌트들을 식별하는 알고리즘을 이용해서 구별되고 레이블 된다. 그리고 의미론적 파싱을 통해서 구와 전체적인 질문의 의미를 식별할 수 있다. 파싱 결과는 왓슨이 말뭉치에서 어떤 정보를 검색해야 하는지 학습하는데 도움이 된다. 이러한 이유 때문에 연관성을 찾고 패턴을 매칭 할 수 있는 능력이 중요해지는 것이다. 질문은 파싱과 의미론적 분석의 결과 얻어진 데이터 구조에 근거해서 패턴을 식별함

으로써 분석된다. 텍스트에 있는 단어의 패턴은 콘텐츠가 갖는 의미의 다른 측면을
예측할 수 있다. 패턴들을 식별하고 다양한 논리적 형태에 걸친 유사성을 인식하기
위해서는 다양한 질문 유형을 포함하는 충분히 큰 데이터베이스가 필요하다.
성공적으로 질문이 분석되기 위해서는, 질문을 구성하는 다음과 같은 네 가지 핵심
요소가 감지되어야 한다:

- **포커스(Focus)** – 포커스는 대답을 나타내는 질문의 일부분이다. 정확하게
  답변하기 위해서, 질문의 포커스를 이해할 필요가 있다. 포커스를 결정하는 것은
  포커스 유형의 패턴에 달려 있다. 예를 들어, 하나의 일반적인 패턴은 한정사
  "this" 또는 "these"와 함께 명사 구로 이루어져 있다. 다음과 같은 제퍼디
  단서는 이러한 패턴을 예시한다. "THEATRE: A new play based on this Sir
  Arthur Conan Doyle canine classic opened on the London stage in 2007".
  이 단서에서 포커스는 "this Sir Arthur Conan Doyle canine classic"이다.
  파서는 "this"를 표제어 "classic"과 연결할 필요가 있다. 파서는 명사구로
  이루어진 질문과 동사 구 사이의 차이점을 구별할 필요가 있다.

- **LAT (Lexical Answer Type)** – 왓슨은 어떤 유형의 대답이 필요한지 알아내기
  위해서 LAT를 사용한다. 예를 들어, 왓슨이 찾는 것은 영화의 이름, 도시의
  이름, 또는 사람의 이름?

- **질문 분류(Question Classification)** – 왓슨은 대답할 필요가 있는 질문의 유형을
  결정하기 위해서 질문 분류를 사용한다. 예를 들어, 질문이 사실에 근거? 퍼즐?
  어쩌면 말장난? 질문 유형을 이해하는 것은 왓슨이 질문에 대한 대답을 하기
  위해 올바른 방법을 선택할 수 있기 때문에 중요하다.

- **QSection** – 이것은 대답을 위해 특별한 접근방식이 요구되는 질문의 조각들이다.
  QSection은 대답에 대한 어휘적 제약사항(예를 들어, 대답은 반드시 세 단어
  로만 구성되어야 한다)을 식별하고 질문을 여러 개의 하위 질문으로 분해할 수
  있게 해준다.

슬롯 그래머 파서와 의미 분석을 위한 컴포넌트들

왓슨은 질문과 참조 콘텐츠의 언어적 분석을 제공하기 위해 일련의 딥 파싱과 의미
분석 컴포넌트들을 사용한다. 슬롯그래머(SG: Slot Grammar) 파서는 논리적이고
문법적인 구조를 나타내는 트리를 구축한다. 영어, 프랑스어, 스페인어, 이태리어 등을
포함하는 다수의 언어를 위한 SG가 존재한다. 왓슨에서 사용되는 파서는 영어슬롯그래머
(ESG: English Slot Grammar)다. ("IBM 연구 리포트: Using Slot Grammar,"
Michael C. McCord, 2010.) 이 파서는 왓슨을 위해 제퍼디의 특별한 요구사항에 맞게
확장되었다. 파서의 역할은 한 문장을 문장의 의미에 따라 여러 개의 구로 분할시키는
것이다. 이러한 의미적 역할 또는 구를 슬롯이라고 부른다. 또한, 슬롯이라는 용어는
단어의 의미를 표현하는 서술부분을 위한 아규먼트(argument) 위치의 이름을 나타낼
수도 있다. 슬롯의 몇 가지 예가 테이블 9-2에 예시되었다.

테이블 9-2: 슬롯 – 구문적 역할 또는 구의 네이밍

subj	주어(subject)
obj	직접 목적(direct object)
iobj	간접 목적(indirect object)
comp	서술 보어(predicate complement)
objprep	전치사의 목적어(object of preposition)
ndet	명사구 한정사(noun phrase(NP) determiner)

왓슨이 질문의 의미를 알아내기 위해서, 많은 다양한 구문적 패턴들 사이의 유사성과 차이점을 인식할 수 있는 방법이 필요하다. 같은 생각이나 행동이 약간 다른 방식으로 표현되는 것은 아주 일반적인 일이다. 예를 들어, 그림 9-2는 동일한 의미를 갖지만 구문적 컴포넌트들이 다른 두 개의 문장을 보여준다. 왓슨은 주어, 목적어, 간접 목적어, 그리고 문장의 여러 요소들을 인식하기 위해서 SG 파서를 사용한다. 문장 A에서는, 동사 "gave"에 대해서 Emily가 주어 슬롯에 해당되고 Jason이 간접 목적어 슬롯에 해당된다. 문장 B에서는 Emily가 여전히 동사 "gave"에 대해서 주어 슬롯에 해당되지만, "to Jason"이 간접 목적어에 해당된다. 다른 말로 하면, 간접 목적어 슬롯이, 문장 A처럼 명사 구 "Jason"으로 채워지거나, 문장 B처럼 전치가 구 "to Jason"으로 채워진다. SG를 위한 구문적 컴포넌트는 이들 두 가지 대안적인 구문적 사례들이 동일한 의미를 갖는다는 것을 이해할 필요가 있다. 이뿐만 아니라, SG 파싱 트리는 표면적인 구문적 구조와 내면의 논리적 구조를 둘 다 보여줄 필요가 있다. 그러면 왓슨은 파싱 스코어링 시스템에 근거해서 다양한 파싱 트리들의 순위를 매기고 가장 순위가 높은 파싱 결과를 선택할 것이다.

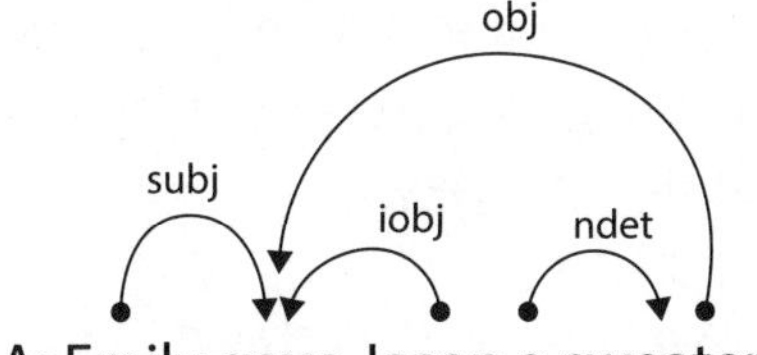

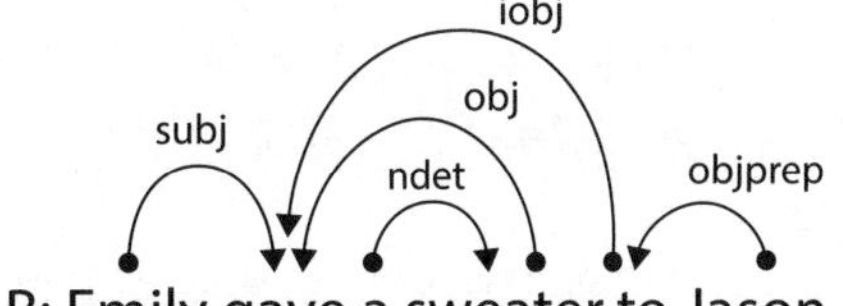

그림 9-2: 영어슬롯그래머를 이용한 문장 파싱

왓슨은 ESG뿐만 아니라 여러 가지 다른 파싱과 의미 분석을 위한 컴포넌트들을 사용한다:

- **Predicate–Argument Structure builder**는 구문에 있는 작은 차이를 일반적 형태에 매핑 시킴으로써 ESG트리를 단순화 시키기 위해서 사용된다. 보다 진보된 분석을 지원하기 위해서 ESG의 상위에 구축된다.

- Name Entity Recognizer (NER)은 이름, 수량, 그리고 위치를 찾아서 구문의 어떤 단어가 사람이나 조직을 지칭하는 적절한 명사인지 결정한다.

- Co-reference resolution component는 참조하고 있는 표현을 올바른 주어와 연결시키고 대명사와 관련된 개체들을 결정한다.

- Relation extraction component는 텍스트에 있는 의미적 관계들을 찾는다. 이는 다른 용어들이 유사한 의미를 갖고, 질문이나 단서에 있는 명사나 개체들 사이의 관계를 매핑 하는데 도움이 된다면 매우 중요하다.

질문 분류

질문 분류는 질문의 유형을 식별하는데 도움이 되기 때문에 질문 분석 프로세스에서 중요한 역할을 한다. 이 프로세스는 제퍼디에서 왓슨이 매우 다양한 유형의 단서들을 이해할 수 있도록 하기 위해서 개발되었다. 제퍼디에서는 주제, 어려운 정도, 문법적 구조, 대답 유형, 그리고 단서를 해결하는 방법에 의해 단서의 종류가 구별될 수 있다. 질문에 대한 답변을 위해서 사용되는 방법에 따라 단서를 구별하는 것은 질문 분류 알고리즘을 개발하는데 매우 큰 도움이 되었다. 올바른 대답을 찾는 다양한 방법들 중 세 가지는 다음과 같다:

- 사실적 정보에 근거해서 대답하기

- 단서를 분해해서 대답 찾기

- 퍼즐을 완성해서 대답 찾기

질문의 유형을 구별하는 것은 후반 프로세싱 단계에서 다양한 모델과 전략을 이끌어 낼 것이다. 왓슨은 또한 질문에 포함된 관계를 평가하기 위해서 질문 분석 프로세싱이 이루어지는 동안 관계감지(Relation Detection)라는 기능을 사용한다. 왓슨의 최대 강점 중 하나는, 뉘앙스를 인식하고 다양한 가능한 대답들을 위해 말뭉치 전체를 검색하는 등 질문을 매우 깊게 분석한다는 것이다 (테이블 9-3 참조).

질문에서 무엇을 물어보고 있는지 이해하는 것이 왜 중요한가? 왓슨은 질문과 대답을 위한 리소스에 있는 패턴과 연관성을 바탕으로 학습할 필요가 있다. 시스템은 어린아이도 쉽게 터득할 수 있는 개념을 실제로 이해하지는 않는다. 예를 들어, 어린아이는 비록 하나는 달마시안이고 다른 하나는 골든 리트리버일지라도 서로 다른 유형의 짖는 창조물이 둘 다 개라는 것을 배울 수 있다. 머신 러닝은 왓슨이 달마시안과 골든 리트리버가 둘 다 개라는 것을 구별할 수 있는 다양한 방법에 대한 정보를 분석할 수 있도록 해줄 것이다. 그 대신에, 왓슨에게 수천 개의 질문-응답 페어들을 유입시킬 수 있으나, 왓슨은 머신러닝 없이는 어떤 형태든 원본으로부터 벗어난 질문에는 대답할 수 없을 것이다. 왓슨은 새로운 유형의 질문마다 정확하게 대답하는 것을 배울 필요가 있다.

테이블 9-3: 서로 다른 제퍼디의 단서에 대답하기

단서 유형	사례	대답하는 방법
사실을 알아야 하는 경우	방향: 플로리다의 북부 경계선을 가로 지른다면 두 개의 주에 재 진입하게 된다. 대답: 조지아와 알라바마	하나 또는 그 이상의 개체에 대한 사실적 정보를 기반으로 질문에 답한다. 무엇을 묻고 있는지 그리고 단서의 어떤 요소가 대답을 얻는데 도움이 되는지 이해한다.
단서룰 분해해야 하는 경우	외교적 관계: 미국이 외교적 관계를 맺고 있지 않은 네개의 나라들 중 가장 북쪽 멀리 있는 나라 대답: 북한	외부 단서에 하나의 하부 단서가 내포되어 있다. 하부 단서를 그 대답으로 교체하면 외부 단서를 답하기 쉬워진다. 이 사례에서는, 내부에 있는 하부 단서는 "미국이 외교관계를 맺고 있지 않은 네개의 나라들"이다. 이 하부 단서에 대한 답은 부탄, 쿠바, 이란 그리고 북한이다. 하부 단서를 이 답과 교체한 후, 새로운 질문은 다음과 같이 된다: 부탄, 쿠바, 이란 그리고 북한 중에서 가장 북쪽에 있는 나라는?
퍼즐을 풀어야 하는 경우	이전과 이후: 랄프 로렌(패션 브랜드)의 위에 깃이 달린 짧은 소매를 입고 있는 13세기 베네치아 여행가 대답: 마르코 폴로	두 개의 하부 단서가 겹쳐지는 대답을 갖는다.

가설 생성

왓슨은 어떻게 어떤 질문에 대해 올바른 대답을 찾아내는가? 왓슨의 질문 분석 프로세스의 핵심 성공요인은 매우 많은 수의 후보 대답들을 고려한다는 것이다. 가설 생성(그림 9-3)은 올바른 대답이 될 것이라는 기대와 함께 질문에 대한 대답으로 다양한 가설들을 식별해낼 수 있다. 비록 후보 대답들 중에서 정답이 있어야 하지만, 선택된 후보들에 너무 많은 노이지가 있으면 곤란하다. 만일 너무 많은 오답이 포함되어 있다면, 질문 분석 프로세스의 전반적이 효율을 떨어진다. DeepQA는 검색과 후보 생성을 위한 컴포넌트를 사용해서 가설들을 생성한다.

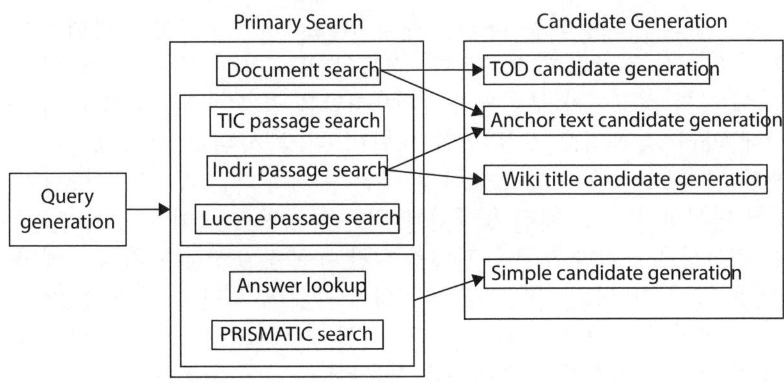

그림 9-3: 왓슨 DeepQA 아키텍처의 가설 생성

두 개의 컴포넌트는 다음과 같다:

- **검색** – Apache Lucene와 같은 검색도구를 이용해서 왓슨의 말뭉치로부터 질문과 연관되는 콘텐츠가 검색된다. IBM은 문서의 콘텐츠와 문서의 제목 사이의 관계를 활용하는, 고도로 효과적이고 시간-효율적인 검색 전략을 개발했다. IBM은 구문적 관계와 의미적 관계를 추출함으로써 검색 결과를 향상시키기 위해서 검색엔진 고유의 능력을 확장시켰다.

- **후보 생성** – 질문에 대한 수백 개의 가능성 있는 후보 대답들이 검색 결과로부터 식별된다. 왓슨은 검색 결과에서 구문적 어휘적 단서뿐만 아니라 사람이 생성한 텍스트와 메타데이터에 있는 지식도 사용한다.

그림 9-3을 보면, DeepQA 아키텍처가 다수의 검색엔진(Indri, PRISMATIC, Lucene)으로 구성되어 있는데, 이들은 비정형 텍스트와 문서들에 색인을 만들고, 검색하고, 그리고 후보 대답들을 생성한다. 각 방식마다 확실한 장점이 있으며, IBM은 이러한 방식들을 결합함으로써 결과를 최적화시킬 수 있었다. 예를 들어, 왓슨에서 검색을 위해 Apache Lucene를 사용하는 핵심 장점 중 하나는 API가 파일 포맷에 독립적일 수 있다는 아키텍처의 유연성이다. Apache Lucene는 Java로 작성된 오픈 소스이며, 텍스트 인덱스를 생성하고 검색하는 엔진이다. 왓슨의 말뭉치에 있는 다양한 유형의 소스에 있는 텍스트가 모두 색인될 수 있다 (PDF, HTML, Microsoft Word, 등). 이 방식은 제퍼디뿐만 아니라 상업적 어플리케이션을 위해서 개발된 말뭉치에도 적용된다.

스코어링과 신뢰도 평가

스코어링과 신뢰도 평가는 파이프라인(그림 9-1 참조)의 마지막 단계다. 왓슨이 신뢰도 평가에 사용하는 방식은 높은 수준의 정확도를 성취를 위한 핵심적인 요소다. 시스템을 구성하는 단일 컴포넌트가 완벽할 필요는 없다. 모든 후보 대답들은 증거 스코어링에 의해 순위가 매겨지고, 이러한 점수는 가장 정답일 것 같은 대답을 선택하는데 사용된다. 왓슨에 의해 사용되는 다양한 패시지(passage) 스코어링 방법들이 정확도를 향상시키기 위해서 결합되어 사용된다. 질문에 있는 용어와 패시지에 있는 용어와의 매칭 결과에 따라 스코어가 부여된다. 후보 대답을 평가하고 순위를 매기기 위한 이러한 방식에 따라 결과적으로 최상의 대답이 가장 상위로 오르게 된다. DeepQA에는 도메인 관계를 추출하고 스코어링 하는데 사용되는 두 가지 방법이 있는데, 수작업 패턴 명세화 그리고 패턴 명세화를 위한 통계적 방법이 그것이다. 수작업 방식은 높은 정확성을 갖지만 새로운 관계를 위한 규칙을 생성하기 위해 도메인 지식과 통계적 경험을 가진 사람들을 찾을 필요가 있기 때문에 시간이 오래 걸린다. 왓슨은 노이지를 걸러내면서 후보 대답을 찾는다. 히든마코브모델 등 많은 다양한 모델들이 패턴과 맞지 않는 노이지를 걸러내는데 사용된다.
많은 스코어링 알고리즘 중에서, 여기서 사용되는 네 개의 패시지 스코어링 알고리즘 (딥 에비던스 스코어링)은 다음과 같다:

- **Passage Term Match** – 이 알고리즘은 문법적 관계나 단어 순서와 관계없이 질문의 용어들을 패시지의 용어들과 매칭시킴으로써 스코어를 부여한다.

- **Skip-Bigram** – 이 알고리즘은 질문에 있는 특정한 용어와 증거 패시지에 있는 용어 사이에 나타난 관계에 의해 스코어를 부여하다.

- **Textual Alignment** – 이 알고리즘은 패시지와 질문 사이에서 발견되는 단어와 단어의 순서 관계에 따라 스코어를 부여한다.

- **Logical From Answer Candidate Scorer (LFACS)** – 이 알고리즘은 질문의 구조와 패시지의 구조 사이에 있는 관계에 따라 스코어를 부여한다. 후보 대답에 집중해서 이루어진다.

후보 대답들을 스코어링 하는 작업은 대단위 클러스터를 활용해서 병행으로 처리되므로 속도를 상당히 높일 수 있다. 이것은 병행처리가 이루어지는 DeepQA 아키텍처에서 처리되는 많은 프로세스들 중 하나이다. 이렇게 함으로써 왓슨은 속도와 정확성을 유지할 수 있게 된다. 이와 같은 스코어링 방법들을 함께 구현하는 것은 각각이 개별적으로 사용되는 것보다 좋은 결과를 낳게 된다. 예를 들어, LFACS는 개별적으로 사용되었을 때 다른 알고리즘들 보다 효과적이지 않다. 그러나 다른 스코어링 방법들과 함께 사용되면, 전체적으로 효과를 향상시키는데 도움이 된다. 궁극적으로 왓슨이 복수의 스코어링 알고리즘을 결합하는 방식은, 머신러닝을 사용해서 알려진 정답을 가진 질문을 가지고 트레이닝 시킴으로써 이루어 진다.

요약

IBM의 왓슨은 사람의 인지 영역을 확장하는데 도움이 되도록 설계된 인지시스템이다. 이 시스템은 사람이 컴퓨터와 보다 자연스럽게 상호작용할 수 있게 함으로써 컴퓨팅 기술에 있어서 새로운 시대를 열었다고 할 수 있다. 이러한 새로운 시대에, 사람은 새로운 방식으로 지식을 공유하고 활용할 수 있게 되었다. 왓슨은 사람이 자연어를 사용해서 질문을 하고 대답을 얻을 수 있게 해주는데, 그 대답을 통해 사용자는 대단히 많은 정보로부터 새로운 인사이트를 얻게 된다. 왓슨을 위한 연구는 자연어처리, 인공지능, 정보검색, 빅데이터, 머신러닝 그리고 컴퓨팅 언어학에서의 IBM의 폭넓은 경험을 바탕으로 이루어졌다.

인지컴퓨팅 시스템은 단순히 자동화된 프로세싱 시스템이 아니다. 인지시스템은 사람과 기계 사이에 새로운 차원의 협력을 이루고자 하는 목적을 가지고 있다. 비록 사람이 오랜 기간 동안 정보를 코드화 해왔지만, 전통적인 방식의 컴퓨팅을 통해 얻을 수 있는 분석결과와 인사이트에는 한계가 있다. IBM의 왓슨과 같은 인지시스템에서는, 비정형과 정형의 대용량 정보에서 빠른 속도로 패턴과 이상징후들을 찾아낼 수 있다. 인지시스템은 사람과의 지속적인 상호작용을 통해 정확도와 예측 능력을 개선함에 따라 점점 더 스마트해진다. 인지시스템에서 사람과 기계사이의 관계는 공생관계가 된다. 인지시스템으로부터 좋은 결과를 얻기 위해서는 사람이 머신러닝 기술을 이용해서 어느 정도의 매핑과 트레이닝을 실시하는 것이 필요하다. 사람이 의료와 금융과 같은 특정 영역에 맞는, 폭넓고 세밀하게 조정된 지식의 말뭉치를 구축함으로써 왓슨을 트레이닝 시키는 것이다. 말뭉치는 책, 백과사전, 연구결과 그리고 온톨로지를 코드화한 정보를 담고 있다. 그리고 나서, 왓슨은 광대한 양의 정보를 검색하고, 이 데이터를 분석해서 정확한 대답과 신뢰수준을 제공한다. IBM은 헬스케어, 금융, 소매와 같은 영역에서 다수의 산업솔루션들을 위해 왓슨에 사용된 기술들을 적용하고 있다.

인지 어플리케이션 구축 프로세스

다양한 산업에서 인지 어플리케이션이 개발되는 초기 단계에 있다. 헬스케어로부터 제조, 공공까지 의사결정자들은 대량의 다양한 데이터를 빠르게 이해할 필요가 있다. 문제 해결은 주로 내부와 외부 데이터의 결합을 포함해서 아주 많은 수의 분리된 데이터 소스들의 결합을 필요로 한다. 이뿐만 아니라, 문제에 대답하기 위해 필요한 데이터나 새로운 인사이트를 가져다 주는 데이터가 텍스트, 비디오, 이미지, 사운드, 또는 센서 데이터와 같이 비정형인 경우가 점점 증가하고 있다. 가치 있는 인사이트는 숨겨진 채로 남겨질 수 있는데, 이는 데이터의 크기와 다양성 그리고 속도를 관리하는 것이 매우 어렵기 때문이다. 기업은 비즈니스 결과를 향상시키는데 도움을 줄 수 있는 데이터에서 패턴을 발견하기 위해 인지 어플리케이션을 사용하는 것이 잠재적으로 유익하다는 것을 인식하기 시작했다.

11장에서 13장까지 다양한 산업에 걸쳐 떠오르는 인지컴퓨팅 어플리케이션들의 사례가 제공된다. 비록 여기서 설명되는 도메인과 어플리케이션들은 서로 다르지만, 이들의 공통적인 특성들이 인지 어플리케이션을 이해하는데 좋은 사례가 되고 있다. 인지 어플리케이션을 구현하고 있는 기업들은 일반적으로 유사한 도전에 직면하고 있는데, 이는 데이터와 의사결정 과정에 관련된 것들이다:

- 훌륭한 의사결정을 위해 분석되어야만 하는 대량의 비정형 데이터.

- 의사결정은 반드시 상시적으로 변하는 데이터와 새로운 소스 그리고 데이터 형태에 의존한다.

- 도메인에 대한 엄청난 양의 지식이 멘토링과 훈련과정을 통해 숙련된 전문가로부터 초보자에게 전달된다.

- 의사결정은 문제에 대한 다양한 대안과 해결방안에 대한 분석을 요구한다. 개인은 주로 각 대안들의 상대적인 리스크와 이점을 빠르게 평가하고, 확실성 보다는 자신감에 근거해서 의사결정 하는 경향이 있다.

이 장은 일반적인 인지 어플리케이션 설계의 핵심적인 7가지 단계에 대해 논의한다:

1. 목적 정의

2. 도메인 정의

3. 잠재적 사용자와 그들의 특성에 대한 이해

4. 질문 정의와 인사이트 탐색

5. 관련 데이터 소스 확보

6. 말뭉치 생성과 정제

7. 트레이닝과 테스팅

인지 플랫폼의 등장

초기 대부분의 인지 어플리케이션들은 벤더와 고객과의 협업을 통해 아무런 기반도 없이 구축되었다. 벤더와 고객에게는 함께 실험하고 배우는 과정이었다. 개발되고 전개되는 인지 어플리케이션의 숫자가 증가함에 따라, 벤더들이 그들의 경험을 바탕으로 패키지화된 서비스와 APIs, 그리고 딜리버리 모델을 코드화 함으로써, 고객이 인지 어플리케이션을 보다 독립적이고 신속하게 구축할 수 있게 되었다. 가장 최근의 인지 어플리케이션은 프로세싱, 스토리지, 그리고 메모리에 대한 확장성을 제공하는 클라우드 기반의 인지 엔진을 기반으로 개발된다. 이뿐만 아니라, 고객들은 인지 어플리케이션의 신속한 개발을 위해서 잘 정의된 기반 서비스들을 이용할 수 있게 되었다. 이러한 기반 서비스에는 말뭉치 서비스, 분석 서비스, 그래프 데이터베이스와 같은 데이터 엔진, 트레이닝 서비스, 프레젠테이션과 시각화 서비스 등이 있다. 가까운 미래에는, 엔진과 이러한 기반 서비스들을 제공하는 잘 정의된 APIs를 기반으로 인지 어플리케이션이 개발될 것으로 기대된다.

대부분의 경우, 벤더는 초기 인지 어플리케이션 단계에서 파트너들과 협업하고 있는데, 그 역할이 시스템 통합과 유사하다. 벤더들은 인지 엔진의 개발에 대한 책임을 지고 있지만, 관련된 툴과 서비스 개발의 상당부분은 그들의 필요에 따라 파트너들과 공동으로 구축된다. 파트너들은 그들의 인지 어플리케이션의 도메인을 정의하고, 데이터 소스를 수집 관리하고, 사용자들이 관심을 가질만한 질문과 정보 유형에 대해 이해하는 것으로 시작한다. 일반적으로, 시스템의 트레이닝과 테스팅을 포함하는 모델의 개발은 인지 플랫폼을 제공하는 벤더들과의 협업을 통해 완성된다.

인지 어플리케이션을 개발하는 각 단계는 시간이 많이 소모될 수 있으며, 도메인 전문가와 사용자의 도움을 필요로 한다. 대부분의 경우 초기에 말뭉치를 구축 정제하고 시스템을 트레이닝 시키고 테스팅 하는 등의 단계에서 엄청난 양의 수작업이 필요하다. 만일 인지 어플리케이션이 여러 산업영역에 걸쳐서 수용되고 가치를 전달할 예정이라면, 벤더는 고객이 새로운 어플리케이션을 빠르게 받아들일 수 있도록 해줄 수 있는 패키지와 툴을 제공할 필요가 있다. 인지 어플리케이션을 구축하는 측면에서 시간이 가장 많이 소요되는 것은 말뭉치를 위해 데이터를 선택하고, 액세스하고, 수집하고, 준비하는 것이다. 따라서, 벤더는 산업에 특화된 데이터를 사전에 유입하고 처리하는 말뭉치 서비스를 제공하기 시작했다. 예를 들어 헬스케어 산업에서, 이러한 소스는 헬스케어에 특화된 의미론적 분류체계와 질병 코드와 증상에 대한 온톨로지가 될 수 있다. 트레이닝은 어플리케이션의 성공에 필수적이지만 동시에 시간 소모적일 수 있다. 벤더는 특정한 도메인이나 문제 영역에서 어플리케이션을 위해 미리 훈련된 데이터를 제공할 수 있다. 또한 어플리케이션을 개발하고 유지하는 측면에서, 예상되는 어려움을 해결하기 위해서 수많은 APIs를 사용할 수도 있을 것이다. 예를 들어, APIs는 시각적 표현이나 관계를 추출하기 위해서 데이터를 받아들이는 프로세스를 단순화시킬 수 있다.

목적 정의

인지 어플리케이션을 만드는 일은 다른 기업용 어플리케이션을 개발하는 것과 많은 공통점이 있다. 만들고자 하는 어플리케이션의 목적이 무엇이고 이러한 목적을 어떻게 성취할 것인지 이해할 필요가 있다. 그러므로 인지시스템을 개발하는 첫 단계는 새로운 인지 어플리케이션이 해결하고자 하는 문제의 유형을 이해하는 것이다. 목적에는 시스템의 대상이 될 사용자의 유형과 이들 사용자에 다양한 계층이 존재하는지가 고려되어야 한다. 사용자가 관심을 가질 이슈는 무엇이고 그들이 알 필요가 있는 것은 무엇인가? 인지 어플리케이션과 전통적인 어플리케이션 사이에 존재하는 고유한 차이점 중에 하나는 사용자가 문의에 대한 답변 그 이상을 요구할 것이라는 것이다. 인지 어플리케이션은 질문에 대한 답변을 제공해야만 할뿐만 아니라, 좀더 깊이 들어가야 하고 어떤 것이 어떻게 그리고 왜 발생했는지 관련된 맥락을 탐색해야 한다. 전통적인 어플리케이션을 구축하는 일은 주로 비즈니스 프로세스로부터 시작한다. 이와 반대로, 인지 어플리케이션에서는 지식과 데이터에 근거해서 목적을 정의할 필요가 있다. 그러므로 설계단계에서 말뭉치의 중심이 되는 지식의 유형에 대한 한계를 설정할 필요가 있다. 다른 말로 하면, 인지 어플리케이션의 목적이 어떤 산업내의 모든 문제들을 해결하려고 시도하는 것 보다는 그 산업의 특정한 부분에 집중해야 한다는 것이다. 인지 헬스케어 어플리케이션의 목적에 대한 사례는 다음과 같다:

- 개인이 자신의 육체 및 정신 건강을 최대한 좋게 만들 수 있도록 지원하고 이를 위해 개인 맞춤형 정보를 제공한다.

- 헬스케어 산업의 소비자들이 그들 자신의 건강과 그들이 돌보는 사람들의 건강을 관리하는데 좀더 적극적인 역할을 하도록 돕는다.

- 환자를 위해 선택된 치료 계획이 최선이고 가장 비용효과적인지를 결정하는데 도움을 준다.

- 의대생들이 부전공분야 순환에서의 학습을 지원하기 위한 추가적인 지식을 제공한다.

인지 어플리케이션은 고객서비스를 대표하는 조직이나 세일즈맨을 지원하고자 하는 상황에서도 좋은 솔루션이 될 수 있다. 세분화된 많은 영업조직을 가지고 있는 소매 기업을 생각해보자. 이 기업은 다년간의 경험과 회사가 판매하고 있는 제품에 대한 심도 있는 지식을 가진 판매원이 많지 않다. 만일 어떤 고객이 서로 대안이 될 수 있는 두 개의 제품에 대해 구체적인 도움을 요청했다고 하면, 충분한 지식을 가지고 있는 판매원은 그들의 모든 질문에 답변할 수 있고 판매까지 이루어낼 것이다. 그러나 이 기업은 높은 이직률을 가지고 있고, 많은 판매원들은 고객을 지원하기에 충분한 수준의 지식을 가지고 있지 못하다. 이 기업은 모든 판매원들을 이 회사에서 가장 많은 지식과 경험을 가지고 있는 판매원만큼 스마트하게 만들어줄 수 있도록 설계된 인지 어플리케이션을 도입하기로 결정한다.

도메인 정의

다음 단계는 인지 어플리케이션의 도메인 또는 주제 영역을 구체화하는 일이다. 도메인을 정의한 후에 어플리케이션을 위해 어떤 데이터 소스들이 필요한지 식별하고 액세스할 수 있다. 이뿐만 아니라, 도메인 정의에 따라 시스템을 트레이닝 시키는데 필요한 전문가의 결정도 달라진다. 테이블 10-1은 인지 어플리케이션 도메인의 몇 가지 사례와, 그 도메인의 지식베이스를 생성할 수 있는 데이터 소스와 주제 전문가에 대해 예를 들고 있다. 이전 섹션에서 설명했듯이, 기 설정된 목적은 도메인 영역을 좁혀나가는데 도움이 될 수 있다. 예를 들어, 의대생을 훈련시키기 위해서 설계되는 인지 어플리케이션에서는 도메인으로써 의학이 요구될 것이고, 임상의가 유방암 환자를 위해 올바를 처방계획을 선택하는데 도움을 주고자 설계되는 인지 어플리케이션에서는 유방 종양학이 도메인이 될 것이다. 의학 도메인은 포괄적이고 광범위한 의학 분류체계, 온톨로지, 그리고 카탈로그를 필요로 할 것이고, 유방 종양학 도메인을 위해서는 의학 온톨로지의 일부분과 그 분야의 추가적인 특정한 데이터가 요구될 것이다.

테이블 10-1: 연지 어플리케이션 도메인 사례

도메인	필요한 데이터	주제 전문가
의학	국제 질문 분류 코드(ICD), 전자 의료 기록(EMR), 그리고 연구 기관들	선임 의사와 핵심 전문의
항공기 제조와 유지보수	완벽한 부품 리스트, 각 비행기의 유지보수 기록, 그리고 예비 부품 목록	장애를 어떻게 예측하고 효과적으로 예방정비를 수행하는지 알고있는 정비공과 경험 많은 파일럿
소매	고객과 제품 데이터	경험 있는 영업 인력

도메인에 따라 필요한 데이터 소스를 결정하지만, 그 도메인에서 해결하고자 하는 문제와 특별히 관련되지 않은 데이터 소스도 포함시킬 수도 있다. 이러한 데이터 소스를 포함시키는 것은 인지시스템이 전통적인 시스템과 다른 방식으로 문제해결을 지원하기 때문이다. 인지 어플리케이션은 사용자가 빠르고 효율적으로 지식을 완전히 이해하는 것을 돕는다. 이러한 지식의 일부분은 특정한 데이터 소스에서 발견될 수도 있고, 경험에 의해 전형적으로 학습된 정보에 포함되어 있을 수도 있다. 인지 어플리케이션의 장점 중 하나는 모든 사용자에게 검증된 비즈니스 사례를 제공하고, 가장 경험이 많은 도메인 전문가가 알고 있는 산업특화 지식을 제공할 수 있다는 것이다. 인지시스템의 가장 큰 가치는, 매우 경험이 많은 전문가들과의 상호작용을 통해서, 산업 데이터 소스로부터 얻어진 정보를 테스트하고 정제할 수 있다는 것이다. 예를 들어, 일반적이지 않은 문제에 직면했을 때, 30년의 경험을 가진 항공기 정비사는 과거에 발생했던 유사한 상황을 기억해내고 다음과 같은 조언을 할 수도 있다, "문제는 A 또는 B일 것으로 추정되며, 최선의 결과를 얻기 위해서는 이러한 5단계를 실행해야 한다."

잠재적 사용자와 그들의 특성에 대한 이해

구축될 인지 어플리케이션을 누가 액세스할 것인지 사용자의 유형을 이해할 필요가 있다. 사용자와 시스템의 상호작용에 대한 예상은, 말뭉치의 개발, 사용자 인터페이스의 설계, 그리고 시스템이 어떻게 트레이닝 될 것인가에 영향을 줄 것이다. 인지 어플리케이션에서 요구되는 정확도 수준은 목표로 하는 활용범위에 달려있다. 예를 들면, 부품 교체에 대한 질문에 답변하는 고객 서비스 담당자보다 과학자들은 훨씬 정교한 수준의 정확도를 요구한다. 그러나 사용자가 질문할 모든 질문들과 인지 어플리케이션이 사용될 모든 다양한 경우를 예측할 필요는 없다. 인지 어플리케이션에서는 새로운 데이터 소스가 발견되고 추가됨에 따라 데이터의 양은 점점 더 증가하고 변화될 것이다. 이뿐만 아니라, 머신러닝 알고리즘은 질문을 분석하고 대답하는 방식을 점점 더 정교화할 것이다. 유연성이 매우 중요한데, 이는 사용자의 요구사항이 변함에 따라 어플리케이션도 변할 수 있어야 한다는 것이다. 인지시스템의 학습 프로세스가 지속적으로 이루어지고, 그 결과 어플리케이션은 점점 더 스마트해짐으로써, 시스템이 많이 사용될수록 보다 훌륭한 가치를 제공하게 될 것이다.

다음의 사례는 사용자를 적절한 수준으로 지원하기 위해, 인지 어플리케이션이 어느 정도로 유연성을 확보해야 하는지 이해하는데 도움을 줄 것이다:

- 사용자의 도메인에 대한 이해도 고려하기. 인지 어플리케이션이 소비자를 위한 것인가 아니면 도메인 전문가를 위한 것인가? 사용자가 산업의 고유한 용어들의 의미를 이해할 수 있는가? 인지 어플리케이션이 특별한 도메인 내의 사용자를 훈련시키는데 도움을 주기 위해서 사용될 것인가?

- 질문 유형과 필요한 분석에서의 변이 정도를 계획하기. 어플리케이션 사용자

들이 다양한 백그라운드와 전문성을 가지고 있는가? 예를 들어, 만일 소비자와 도메인 전문가를 위해 계획하고 있다면, 이들은 서로 다른 단어들과 언어 스타일로 질문할 가능성이 높다. 비록 이러한 사용자들이 유사한 주제에 대한 인사이트를 찾고 있을지라도, 이들이 필요로 하는 인사이트 수준에 대한 기대는 완전히 다를 수 있다. 소비자는 정의 수준을 찾고 있는데 반해, 도메인 전문가는 복잡한 문제를 해결하고자 대안적 솔루션의 비교를 원할 수도 있다.

- 다른 유형의 사용자를 지원하기에 충분히 넓은 어플리케이션의 범위 유지하기. 만일 도메인에 대한 정의가 너무 특정되거나 좁은 경우, 말뭉치에서 적절히 커버되지 못하는 주제영역이 있을 수 있다. 도메인의 범위가 좁은 것보다는 약간 더 넓게 잡는 것이 좋은데, 이는 사용이 증가함에 따라 학습 프로세스가 연속적으로 말뭉치를 적절한 크기로 정제할 것이기 때문이다.

질문 정의와 인사이트 탐색

1장 "인지컴퓨팅의 기본 개념"에서 논의했듯이, 인지시스템은 데이터의 관찰과 트레이닝을 기반으로 도메인, 주제, 사람, 또는 이슈와 관련된 인사이트를 제공한다. 인지시스템은 도메인을 대표할 수 있는 모델을 생성하고 질문에 대답하거나 인사이트를 제공하기 위해서 가설을 생성하고 스코어링 한다. 인지 어플리케이션이 사용자가 원하는 인사이트를 제공하도록 하기 위해서, 사용자의 질문 유형을 준비하는 것으로 시작할 필요가 있다. 잘 정의되고 훈련된 인지 어플리케이션의 사용자는 여러 가지 측면에서 이점을 누릴 수 있다. 한가지 중요한 이점은 질문에 대한 대안이 되는 답변들을 관련된 신뢰도와 함께 제공받을 수 있다는 것이다. 이러한 이점은 도메인과 시스템을 위해 올바른 데이터가 말뭉치로 유입되어 적절하게 훈련되고 테스트 되었을 때만 얻을 수 있다. 그러나, 시스템을 트레이닝 시키기 이전이라도, 사용자가 문의할 질문들과 그들이 원하는 인사이트의 유형을 고려할 필요가 있다.

대다수의 초기 인지 어플리케이션들은 '고객 인게이지먼트' 또는 '발견과 탐험' 의 두 가지 유형이다. 고객 또는 사용자 인게이지먼트 어플리케이션은 일반적으로 사용자와 계속 진행중인 대화에서 나오는 질문에 대답하기 위해 설계된 고급 질문-응답 시스템을 사용한다. 질문에 대한 대답은 다수의 대안과 이와 연관된 신뢰도의 세트로서 제공된다. 발견과 탐험 어플리케이션은 질문 보다는 데이터 분석으로 시작한다. 무엇이 기대되는지 또는 정확하게 무엇이 질문될 것이지 알지 못할 수 있다. 발견 어플리케이션은 게놈 탐구, 보안 분석, 또는 위협 방지와 같은 상황에서 사용된다. 일반적으로 이와 같은 상황에서, 인지 어플리케이션은 데이터에 있는 패턴과 이상징후를 찾는 것으로 시작될 것이다.

인지 어플리케이션의 질문-응답 방식은 고객의 예상 질문을 이해할 수 있는 설계구조를 필요로 하며, 이 프로세스는 다음 섹션에서 설명된다. 모든 질문은 증거를 기초로 하는 분석에 적합할 필요가 있지만, 모든 질문이 사용자에 의해 시작될 필요는 없다. 실제로, 인지시스템을 정의하는 한가지 특징은 사용자가 시스템과의 대화에 참여한다는 것이다.

예측 시스템에서 어플리케이션은 사용자가 질문할 필요 없이 사용자에게 데이터를 분석하여 무언가를 제시하거나 권고하도록 설계된다. 그 결과, 사용자는 예전에 예측하지 못했던 분석을 진행하고 사용자/어플리케이션 상호작용을 기반으로 새로운 인사이트를 얻을 수 있다. 인지시스템은 질문, 답변 그리고 사용자가 주제에 대해 깊이 이해할 수 이는 콘텐츠 사이의 연관성을 알아낼 수 있다. 사용자의 질문은 일반적으로 다음과 같이 두 가지로 분류된다:

- **질문-응답 페어** – 질문에 대한 답변은 데이터 소스에서 발견될 수 있다. 데이터 소스 내에 상호 모순되는 답변들도 있을 수 있는데, 인지시스템은 신뢰도와 함께 복수의 대답을 제공하기 위해 대안들을 분석할 것이다.

- **예측적 분석** – 사용자는 인지 어플리케이션과의 대화에 참여한다. 사용자는 어떤 질문을 할 수 있으나, 모든 것이 질문은 아니다. 인지 어플리케이션은 사용자의 다음 질문 또는 일련의 질문들을 예상하기 위해 예측 모델을 사용할 것이다.

전형적인 질문-응답 페어

질문-응답 인지 어플리케이션 개발자들은 대략 1,000~2,000쌍의 질문-응답 페어를 가지고 시작할 필요가 있다고 판단했다. 이미 어플리케이션의 사용자가 정의되었기 때문에, 질문-응답 페어를 생성할 때 이들을 염두에 둘 필요가 있다. 선택된 대표적인 사용자 그룹이 어떤 질문을 할 것인 가? 질문의 내용뿐만 아니라 어떻게 물어볼지도 고려해야 한다. 질문은 사용자가 말하는 방식일 필요가 있다. 그들은 어떤 언어 스타일을 사용할 것인가? 그들은 어떤 기술적인 용어들을 알고 있을 것인가? 동일한 질문을 다양한 방식으로 할 수 있기 때문에, 초기 질문을 개발할 때 여러 가지 질문 스타일을 고려할 필요가 있다. 비록 답변은 사용자가 이해할 수 있는 용어와 언어 스타일로 이루어질 필요가 있지만, 대답의 콘텐츠는 주제 영역의 전문가에 의해 검증될 필요가 있다.

테이블 10-2는 의료 인지 어플리케이션이 세절기와 관련되어 받게 될 두 개의 예시 질문을 제공하는데, 하나는 의료 소비자가 하는 질문이고 다른 하나는 부인과 의사가 하는 질문이다. 의료 소비자는 어떤 정의를 찾고 있는 반면, 의료 전문가는 어떤 특정 절차의 리스크와 이점에 대해 보다 상세한 정보를 찾고 있다. 인지 어플리케이션에서, 이러한 두 가지 유형의 사용자들은 주제에 대해 보다 세분화된 정보를 제공하는 대화에 참여할 수 있을 것이다.

테이블 10-1: 연지 어플리케이션 도메인 사례

질문	응답
의료 소비자: 세절기는 무엇입니까?	세절기는 여성의 배를 절개해서 유섬유종을 자르기 위해 사용되는 회전하는 날개를 가진 기구입니다.
부인과 의사: 유섬유종 수술에서 세절기를 사용하는 것의 리스크와 이점이 무엇입니까?	리스크는 자궁육종이 퍼질 가능성이 있다는 것이고, 장점은 환자를 위한 작은 절개, 적은 출혈, 그리고 빠른 치유와 회복입니다.

말뭉치를 구축하는데 필요한 데이터 소스들을 선택하기 이전에, 샘플 질문들이 먼저 정의되어야 한다. 대표적인 질문들에 무엇을 대답할 필요가 있는지에 따라서 필요한 정보 소스들을 선정함으로써, 시스템이 동일한 도메인 내에서 유사한 질문들에 어떻게 대답하는지를 학습할 수 있다. 만일 말뭉치를 먼저 구축한다면, 이미 획득된 정보에 맞는 트레이닝과 테스트를 위해 질문을 맞추게 되는 실수를 할 수 있다. 인지 어플리케이션이 운영단계에 이르면, 사용자들은 시스템이 답변할 수 없는 질문을 할지도 모른다. 따라서 말뭉치는 트레이닝과 운영단계 동안 지속적으로 업데이트 될 필요가 있다. 그러나 선택된 도메인 내에서 적절한 수준의 인사이트를 제공할 수 있을 만큼 충분히 많은 데이터 소스들을 준비한 후에 시작하는 것이 좋다.

예측적 분석

사용자가 인지 어플리케이션에게 구체적인 질문을 할 입장이 아니라면 어떻게 될 것인가? 예측적 분석은 사용자가 무엇을 질문해야 할지 알기 어렵게 만드는 미지의 요인들이 많을 때 사용된다. 예를 들어, 군사 또는 보안 분석에서, 언제 어디서 미래의 이벤트가 발생하거나 또는 어떤 이벤트가 발생할지 모를 때가 있다. 이때는 무엇을 찾고 있는지 모르는 상태에서 데이터를 관찰하고 패턴을 찾을 필요가 있다. 관찰하고 분석할 필요가 있는 데이터는 오염되어 있거나 데이터 정의와 시공간에 걸친 측량에 일관성이 없을 수도 있다. 그러나, 이러한 데이터가 인지 어플리케이션에서 사용될 때, 정제되지 않은 데이터가 어떤 이벤트나 액션을 예측하는데 가치 있는 단서를 제공할 수도 있다. 데이터에 있는 이상징후 또는 특이점들은 모델을 수립하는데 사용되고, 올바른 대응을 취할 수 있는 시간 내에 보안 위협 또는 군사적 이벤트를 식별할 수 있도록 변화를 예측하는데 사용될 수 있다.

예측적 분석은 사용자가 무엇이 필요한지를 이해하고 그들의 의사결정을 도와줄 수 있도록 설계된 인지 어플리케이션에서도 사용된다. 사용자는 무언가를 권고 받기 위해 질문을 할 필요가 없기 때문에, 어플리케이션 개발자는 인지시스템의 보조 역할에 가장 적합할 수 있는 다양한 개인적 상황들에 집중할 필요가 있다. 예를 들어, 인지 어시스턴트는 사용자의 스케줄을 모니터링하고 만일 예정된 비행기나 기차 탑승에 지연이 발생하면 사용자에게 경보를 보낼 수 있다. 인지 어시스턴트는 개인의 의료기기와 어플리케이션을 모니터링 함으로써 사용자의 병세가 점점 더 악화되는 경우에 또는 그들의 다이어트 목표 달성을 돕기 위해서 경고를 보낼 수 있다. 사용자들은 헬스 모니터링 디바이스부터, 이메일, 여행 어플리케이션 그리고 달력 어플리케이션까지, 다양한 어플리케이션과 디바이스를 통해 여러 가지 개인 정보를 점점 더 많이 공유하고 있다. 인지 어플리케이션이 사용자에 대해서 많은 것을 배우기 위해서 이러한 정보들을 통합하도록 트레이닝 될 수 있다. 이뿐만 아니라, 인지 어플리케이션은 지리공간 정보, 여행, 헬스 그리고 기타 어플리케이션들을 통해 사용자의 주변에서 무엇이 발생하고 있는지 알아차리도록 설계될 수 있다. 그러므로, 사용자의 위치, 건강, 의학적 상태, 사용자 질문의 맥락 등을 이해하는 인지 어플리케이션은 개인에 맞추어진 무언가를 권고할 수 있다. 예측적 인지 어플리케이션은 개인이 과업을 쉽게 처리할

수 있도록 지원하고, 사용자가 요청하기 전에 그가 필요한 정보를 제공하기 위해
데이터를 활용한다.

인지 커머스

인지 커머스는 소매 또는 상거래 관점에서 사용자의 요구사항을 예측하도록 설계된
인지 어플리케이션을 의미한다. 모바일 또는 인터넷 상거래 사이트를 가지고 있는
기업들은 판매량을 증가시키기 위해서 지속적으로 그들의 사이트를 최적화시키기
위해서 노력하고 있다. 소비자가 그들이 원하는 것을 쉽고 빠르게 찾을 수 있도록
함으로써 판매 목표를 빠르게 달성할 수 있을 것이다. 예를 들어, 스트리밍 오락
콘텐츠를 제공하는 기업은 소비자가 원하는 영화를 쉽게 찾고 그들의 모바일
기기에서 쉽게 볼 수 있도록 할 수 있는 인지 어플리케이션을 구축할 수 있다.

인지 능력은 기존의 상업용 앱에 구축된다. 사용자는 사전에 상업용 어플리케이션이
개인정보(즉, 헬스 데이터, 여행 일정표, 그리고 운동량 추적 등)를 획득할 수 있도록
허용한다. 결과적으로, 어플리케이션은 사용자의 질문 없이 사용자에게 어떤 제안을
하거나 정보를 제공할 수 있다.

커머스 기능을 보유한 인지 어플리케이션 개발자는 사용자의 예상 질문뿐만 아니라
판매에 긍정적으로 영향을 미칠 수 있는 기능들도 고려할 필요가 있다. 예를 들어,
사용자는 "판매 가능한 사이즈 29 다크 워시 컬러의 XBrand 진이 있습니까?" 같은
특정 아이템을 주문하는 질문을 예상할 수 있다. 그러나, "'ABC' 쇼에서 'Y'에 있는
'X' 특징의 완벽한 실크 드레스를 보았는데, 사이즈 4의 비슷한 제품을 찾아줄 수
있습니까?"와 같이 보다 오픈된 질문을 고려해야 할 필요도 있다. 또한 드레스의
사진 이미지를 보내고 다른 색이나 사이즈의 아이템을 찾아달라고 시스템에
요청할 수도 있다. 인지 커머스 어플리케이션은 자연어로 표현된 복잡한 고객의
문의사항을 받아들일 수 있고 소비자가 구매하고자 하는 적합한 제품을 보다 쉽고
빠르게 찾을 수 있게 할 수 있다. 이뿐만 아니라, 상황에 맞는 개인 정보를
이해함으로써 소비자가 다음에 무엇을 살 것인지 예측할 수도 있다.

관련 데이터 소스 확보

말뭉치를 구축할 때, 정의된 목적 및 도메인과 가장 관련이 많은 데이터 소스가 무엇
인지 결정해야 한다. 이는 사용자들의 요구사항이 시간이 지남에 따라 변화하기 때문에
그들이 어떤 유형의 인사이트를 필요로 할지 확실히 알기 어렵기 때문에 쉬운 일이
아니다. 그러나 현재 보유하고 있고 그리고 추가로 획득하고자 하는 데이터 소스들을
평가하는데 시간을 들이는 것은 매우 가치 있는 일이다. 인지시스템에 의해 활용됨
으로써 새로운 인사이트를 제공할 수 있는 내부 데이터 소스가 있음을 발견할 수 있다.
추가적으로, 소셜미디어 데이터 또는 다른 외부 소스들의 포함이 필요할 수도 있다.
인지시스템은 새로운 방식으로 데이터 소스들을 활용할 수 있는 기회를 제공한다.

따라서 다양한 내부 외부 데이터 소스들에 대한 요구사항들을 이해할 필요가 있다. 테스트 단계를 지나서 어플리케이션이 운영단계에 이르면, 새로운 데이터 소스가 나타나고 어플리케이션의 범위도 확장될 것이므로, 이러한 새로운 소스를 추가하기 위한 준비도 필요하다.

정형 데이터 소스 활용의 중요성

지금까지 인지컴퓨팅에서 비정형 데이터가 가장 주목을 받아왔다. 그러나 인지 솔루션은 고객이나 다른 구성요소의 현재 상태를 바탕으로 인사이트를 얻어야 한다. 그러므로 내부의 어떤 데이터 소스가 의미가 있을 것인지 파악해야 한다. 예를 들어, 만일 어플리케이션이 여행과 관련이 있다면, 기업은 고객 또는 여행지와 관련된 내부 데이터를 필요로 할 것이다. 소매 어플리케이션은 주문이 이루어진 상품, 판매되고 있는 상품, 그리고 고객이 누구 인지와 관련된 데이터 소스를 필요로 하고, 병원을 위한 헬스케어 어플리케이션은 환자의 상태, 의료 기록, 그리고 병원입원에 대한 데이터를 필요로 할 것이다. 제조 어플리케이션은 생산 작업장의 센서 활동에 대한 데이터를 필요로 할 것이다. 이들 데이터 소스들은 CRM의 고객데이터, EMR의 환자데이터와 같이 관계형 데이터베이스에 정형 데이터로 저장되어 있을 가능성이 높다. 추가적으로, 센서 네트워크로부터 오는 스트리밍 데이터 소스도 있을 수 있다.

다크 데이터 분석

다크 데이터는 수년 동안, 때로는 십여 년간 저장되어 온 데이터를 의미한다. 이러한 데이터의 대부분은, 저장은 되었지만 지금까지 분석된 적은 없다. 예를 들어, 다크 데이터는 지난 십 년간 기업의 주식 상황에 대한 데이터 또는 보안 침입 시점에 저장된 데이터가 될 수 있다. 인지시스템에서는, 시간에 따른 변화를 분석하는데 다크 데이터가 기준점이 될 수 있다. 수년간에 걸쳐 수집된 데이터에서 패턴을 찾기 위해 머신러닝을 사용함으로써 이러한 데이터가 새로운 통찰력을 제공할 수도 있다. 새로운 분석 기술들의 출현으로, 이러한 다크 데이터는 이제 도메인에 따라 중요한 내부 데이터 소스가 될 수 있다.

외부 데이터 활용

사용자를 지원하기 위해서 어떤 외부 데이터가 필요할 것인가? 산업의 분류체계와 온톨로지에 대한 새로운 연구결과에 초점을 둔, 산업에 특화된 기술 저널에 있는 모든 것들이 외부 데이터 소스가 될 수 있다. 의학 연구에서는, 약물 상호작용에 대한 인사이트를 제공할 수 있는 임상 시험결과들이 있다. 대부분의 산업에는 정형과 비정형 데이터 모두를 가지고 있는 제3자 데이터베이스가 많이 있다. 특별히 어떤 특정한 산업이나 기술적 규약에 관련된 비디오, 이미지, 그리고 음성 저장소들이 점차적으로 등장하고 있다.

대다수의 산업에는 컨소시엄에 의해 관리되고 업데이트되는 코드화된 온톨로지와 분류체계가 있다. 이러한 소스는 말뭉치를 생성하는데 필수적이다. 그러나, 가능한 데이터의 단지 일부분만이 필요할 수도 있다. 이러한 데이터 소스는 주로 개체들의 계층적 분류 또는 도메인 내의 개념을 포함하고 있는데, 이는 맥락과 의미를 결정하는데 중요하다. 테이블 10-3은 산업에 있는 온톨로지와 분류체계 샘플이다. 이러한 외부 데이터 소스를 사용할 때 주의할 필요가 있다. 예를 들어, 데이터 소스의 원본은 어디인가? 그 데이터 소스는 누가 소유하고 있으며 어떻게 언제 생성되었는가? 이보다 중요한 것은, 지속적인 관점에서 그 데이터를 업데이트하는 책임은 누구에게 있는가? 그리고 데이터 소스의 보안과 관리체계 또한 매우 중요하다. 엄격한 정부 가이드라인에 맞춰서 사용되어야 하는 개인 정보를 포함하는 데이터 소스들도 있다. 만일 그러한 데이터가 잘못 사용되면, 기업에 심각한 문제를 발생시킬 수 있다.

테이블 10-3: 산업 고유의 분류 체계와 온톨로지

산업	분류체계/온돌로지	분류체계/온돌로지	분류체계/온돌로지
헬스케어	국제질병분류(ICD: International Classification of Disoases)	세계보건기구	질병, 질병증상, 그리고 질병에 대한 의학적 발견에 대한 국제 코드
헬스케어	헬스케어 에코시스템을 위한 의미분류체계 (Semantic taxonomy for the healthcare ecosystem)	Healthline Corp. 같은 기업들에 의해 개발됨	웹에서 헬스케어 정보를 분류하고 소비자와 임상용어의 관계를 매핑
건설	국제빌딩코드(IBC: Intemational Building Code)	건물 관리에 대한 국제 컴퍼런스	국제빌딩코드에 대한 표준과 규제 준수
금융	U.S.GAAP 금융분류체계	FASB(Financial Accounting Standards Board)	재무회계와 리포팅을 위한 미국 표준
정보기술	NIST 클라우드 컴퓨팅 분류체계	NIST(National Institute of Standards and Technology)	NIST의 클라우드 컴퓨팅 참조 아키텍쳐: 클라우드 아키텍쳐의 콤퍼넌트와 서비스 제공에 대한 커뮤니케이션을 지원하는 것이 목표

말뭉치 생성과 정제

인지 어플리케이션을 구축하기 위해서는 기술팀과 비즈니스 전문가들 사이에 광범위한 협력이 필요하다. 개발 프로세스의 초기 단계에 어플리케이션의 목적과 사용자의 요구사항에 대한 정의가 이루어진다. 이 단계에는 상당히 수준 있는 산업 또는 도메인 전문가들이 필요하다. 어플리케이션 개발 프로세스로 이어지는 다음 단계들은 기술팀의 역할이 매우 중요해진다. 말뭉치의 생성, 모델 개발, 그리고 시스템의 트레이닝과 테스팅은, 소프트웨어 개발, 머신러닝, 그리고 데이터 마이닝과 같은 영역의 기술을 필요로 한다.

말뭉치의 생성은 단번에 이루어지는 것이 아니다. 초기에는 선택된 데이터 소스들을 중심으로 말뭉치를 구축하게 된다. 그리고 나서, 인지 어플리케이션의 성능을 개선하기 위해 새로운 소스의 추가가 필요한지 또는 기존 소스를 확장시켜야 하는지 결정하기 위해서 지속적으로 데이터 소스들을 재평가해야 한다. 많은 데이터 소스가 정기적으로 업데이트되어야 하기 때문에 각 데이터 소스의 라이프사이클을 알아야 한다. 그러므로 데이터소스들의 업데이트가 적기에 이루어지고 있는지 확인하는 프로세스가 수립될 필요가 있다.

비록 인지 어플리케이션이 자신의 주요 지식베이스로써 말뭉치를 사용하지만, 시스템에 의해 사용되는 모든 데이터 소스들이 말뭉치로 유입될 필요는 없다. 대부분의 데이터는 클라우드 기반 서비스로 가져올 수 있고, 말뭉치에 포함되지 않은 상태로 어플리케이션에 의해서 사용될 수도 있다. 따라서 인지 어플리케이션은 하둡, 컬럼지향 저장소, 그래프 등 다양한 데이터관리 시스템들을 사용할 필요가 있다.

말뭉치를 생성하는 프로세스는 데이터를 준비하고, 데이터를 말뭉치로 유입하고, 데이터를 정제하고, 라이프사이클에 따라 데이터를 관리하는 과정으로 이루어진다. 다음 섹션부터 이러한 단계들이 설명된다.

데이터 준비

말뭉치로 유입되는 모든 데이터는 읽을 수 있는 것인지, 검색할 수 있는 것인지, 그리고 이해할 수 있는 것인지, 사전에 확인해야 한다. 이전 섹션에서 자세히 설명했듯이, 정형, 반정형 그리고 비정형 데이터는 인지시스템의 다양한 말뭉치 내에서 결합된다. 모든 데이터 소스들을 말뭉치로 유입시키기 전에 어떤 변형 또는 확장이 필요한지 검토할 필요가 있다. 유입하고자 하는 저널 아티클, 텍스트북, 연구 문서와 같이 문자기반으로 이루어진 리소스들은 제목을 나타내는 주석으로 태깅이 되어 있는가? 태깅은 시스템이 특정 아티클에 있는 내용을 식별하고 분류하는 데 도움이 된다. 이뿐만 아니라, 태깅은 인지시스템이 다양한 데이터 요소들 사이에서 적절한 관계를 빠르게 파악할 수 있게 해준다.

사용하는 인지 플랫폼에 따라 데이터의 구조를 변형할 필요성이 달라진다. 초기에 인지시스템의 말뭉치에 주로 비정형 텍스트기반의 콘텐츠가 유입되었다면, 결과적으로 복잡한 정형 데이터 소스들은 말뭉치로 유입되기 이전에 비정형 콘텐츠로 변형될 필요가 있었다. 초창기에 이러한 변형은 시간 소모적이었으나, 데이터의 구조를 빠르게 변형시키는 서비스들이 개발되었다. 벤더들은 인지시스템을 위한 데이터 준비 서비스를 지속적으로 개선한 결과, 시스템 내에서 정형 데이터가 자동적으로 변형될 수 있게 되었다. 이러한 변형과 여러 가지 데이터 준비 서비스들은 인지 어플리케이션의 확산에 긍정적인 영향을 주었다. 만일 대규모의 비즈니스 사용자가 인지 어플리케이션을 사용하고자 한다면, CRM이나 여러 데이터 어플리케이션과 같은 정형 데이터 소스로부터 얻는 데이터는 쉽고 빠르게 시스템으로 유입될 필요가 있다. 데이터베이스가 있는 그대로 완벽하게 유입될 필요는 없다. 실제로 기존 데이터 소스의 단지 일부분만이 도메인의 요구사항을 맞추는데 필요한 경우가 일반적이다.

데이터 유입

데이터 유입 프로세스를 효율적으로 관리하는 것은 인지 어플리케이션의 성공에 필수적이다. 데이터 유입은 시스템 개발 기간 동안 단지 한번 발생하는 그런 일이 아니다. 기존 데이터 소스들은 정확성과 최신성을 담보하기 위해 지속적으로 업데이트되고 정제되어야 한다. 모델의 트레이닝 및 테스트 결과는 취약점 또는 한계점을 드러내어 말뭉치에 데이터 소스를 추가하고 개정하는 것이 요구될 수 있다. 이뿐만 아니라, 사용자 요구의 변화가 말뭉치에 새로운 데이터를 추가해야 하는 결과를 낳을 수도 있다. 말뭉치에 요구되는 업데이트가 지연된다면, 시스템의 효과성과 정확성을 감소될 것이다. 그러므로 인지시스템을 활력 있게 유지하기 위해서는 데이터 소스들이 거의 실시간으로 유입될 필요가 있다. 일반적으로 유입 프로세스를 빠르고, 강력하고, 유연하게 해줄 수 있도록 설계된 일련의 서비스들을 이용하게 될 것이다. 때로는 어느 정도 코딩이 필요할 수도 있지만, 유입 서비스에는 프로세스를 가능한 매끄럽게 진행시킬 수 있는 커넥터와 도구들이 포함되어야 할 것이다.

전통적인 데이터관리처럼, 관리체계를 유지하고 오류를 예측하고 수정하기 위한 현장 관리와 지원이 필요하다. 예를 들어, 데이터 유입 프로세스를 실시간으로 추적 관리할 필요가 있다. 만일 오류에 의해 유입 프로세스가 예상치 못하게 중단되면, 언제 어디서 왜 문제가 발생했는지 추적할 필요가 있다. 이것을 검사점(checkpointing)이라고 부르는데, 이는 올바른 지점에서 유입 프로세스를 다시 시작시키는데 사용된다.

이뿐만 아니라, 보안 요구사항이 적절하게 다루어지기 위해서 어떤 레코드가 삭제 되거나 특정한 내용이 지워지는 것을 확인하기 위해서 유입 프로세스를 모니터링 할 필요도 있다.

말뭉치의 정제와 확장

이전 섹션에서 언급했듯이, 인지 어플리케이션이 정확한 정보를 전달하고 적절한 수준의 인사이트를 제공하기 위해서는 말뭉치가 지속적으로 정제될 필요가 있다. 비록 인지 어플리케이션을 위해 훌륭한 지식베이스를 제공하는데 필요한 콘텐츠 유입을 위해 많은 준비를 했더라도, 착수시점에서 데이터에 대한 모든 필요성을 예측하기는 어렵다.

트레이닝 프로세스 초기에, 어떤 질문에 대한 대답의 정확도가 수용 가능한 한계치에 못 미칠 수도 있다. (데이터를 좀더 추가함으로써) 도메인내의 특정 주제영역에 대한 커버리지를 증가시키면 정확도는 개선될 것이다. 이러한 트레이닝 프로세스를 얼마나 반복할지 계획을 세우고, 결과를 관찰하고, 말뭉치를 보충한다. 테스트 프로세스가 진행됨에 따라 그리고 어플리케이션이 운영단계에 이른 후에, 요구되는 데이터를 업데이트하고 말뭉치에 추가하는 지속적인 프로세스를 수립할 필요가 있다. 확장 알고리즘을 사용해서, 어떤 추가적인 정보가 갭을 가장 잘 메우고 말뭉치의 정보소스에 뉘앙스를 줄 수 있는지 판단할 수 있다. 고객 또는 기술 데이터의 정의에 대한 자세한 정보를 가지고 있는 추가적인 소스들을 검색함으로써 데이터의 품질을 높일 필요가 있는 상황이 올 것이다.

데이터 거버넌스

인지 어플리케이션의 말뭉치는 매우 폭넓은 데이터 소스들을 포함할 것이다. 기업 내의 다른 시스템에서 적용되는 프라이버시 규칙에 해당되는 개인적 데이터도 있을 수 있다. 그러므로 다른 모든 시스템의 프라이버시와 보안 요구사항들을 동일하게 준수할 필요가 있다. 정부규제에 의해 제한될 수 있는 데이터가 말뭉치로 유입될 수 있다. 어떤 상황에서는 말뭉치의 일부분에 저작권이 있는 이미지 또는 콘텐츠가 있을 수 있다. 이러한 경우 그러한 콘텐츠에 대한 라이선스를 확보할 필요가 있다. 헬스케어에서는 개인 정보가 익명화 될 것을 요구하는 환자 프라이버시 규정이 있다. 소매 시스템에서는, 그 사이트 사용자들의 프라이버시를 침해하지 않아야 한다. 예를 들어, 사용자는 그들의 위치정보가 노출되는 것을 더 이상 원하지 않을 수 있다. 어떤 국가에서는, 고객 데이터가 저장될 수 있는 장소에 대한 규제가 있다. 인지시스템은 시간이 지남에 따라 민감한 데이터가 유입될 것이기 때문에, 높은 수준의 거버넌스와 보안이 필요하다. 그러므로, 인지시스템을 설계하고 운영할 때 거버넌스와 보안에 대한 고려가 선행되어야 한다.

트레이닝과 테스팅

인지시스템은 모델 개발, 분석, 트레이닝 그리고 테스팅의 반복적인 프로세스를 통해서 학습을 한다. 어플리케이션이 운영시점에서 의도에 맞게 작동하는 것을 보장하기 위해서는 스케일러블 트레이닝과 테스팅 전략이 필요하다. 수용 가능한 최소한의 정확도 수준을 결정하기 위해서 시스템의 반응을 측정할 필요가 있다. 테스팅 프로세스를 통해서 이러한 것이 수립되면, 지상검증자료(모델의 정확성을 위한 금본위제도와 같은 역할을 하는 데이터 세트) 수립을 시작할 수 있다. 테스팅을 위해 사용된 정보의 객관성을 위해 추가적인 데이터 세트가 필요할 수도 있다. 초기에, 시스템이 무엇을 알고 이해하는지를 설정할 수 있는 검증 기준을 마련한다. 질문-응답 기반의 인지 어플리케이션에서, 그러한 검증 기준이 될 수 있는 질문-응답 페어들이 있다. 여기에 있는 질문들은 사용자가 질의할 질문 유형들을 대표한다. 이러한 질문에 대한 응답은 도메인 전문가들에 의해 검증을 통해 정확성을 가진다. 이들 질문-응답 페어들은 주제와 연관된 클러스터 내에서 머신러닝 프로세스의 도움으로 개발된다. 알고리즘은 시스템이 질문-응답 페어의 클러스터 내에서 연관성과 패턴들을 찾음으로써 맥락을 이해하는 것을 돕는다. 트레이닝과 테스팅 전략은 검증 기준을 바탕으로 새로운 분석을 비교하고 나서, 시스템의 정확성을 개선할 필요가 있을 때 검증 기준을 보완할 필요가 있다. 이러한 과정은 반복적인 프로세스에 의해 이루어지는 것이 일반적이며, 데이터가 트레이닝 되는 각 시점에서 어플리케이션의 정확성은 향상된다.
인지시스템은 실패를 통해서 학습하고 피드백을 통해서 개선되도록 설계된다. 인지 어플리케이션이 분명히 잘못된 응답에 높은 신뢰도를 부여할 수도 있다. 트레이닝 프로세스의 일부로써, 시스템이 왜 잘못된 응답을 도출했는지 분석할 필요가 있다. 비록 시스템은 자동적인 프로세스로 운영되어야 하지만, 어떤 경우는 특별하게 주제 전문가에 의해 수작업으로 조정될 수 있다. 그림 10-1은 오류의 원인을 분석하고 나서, 정확도 개선을 위해서 필요한 조치가 무엇인지 판단하는 과정들을 예시하고 있다.
리콜, 정밀도, 그리고 정확도와 같은, 인지시스템의 성능을 모니터링 하기 위한 핵심 측정치를 기준으로 이러한 오류들이 측정된다.

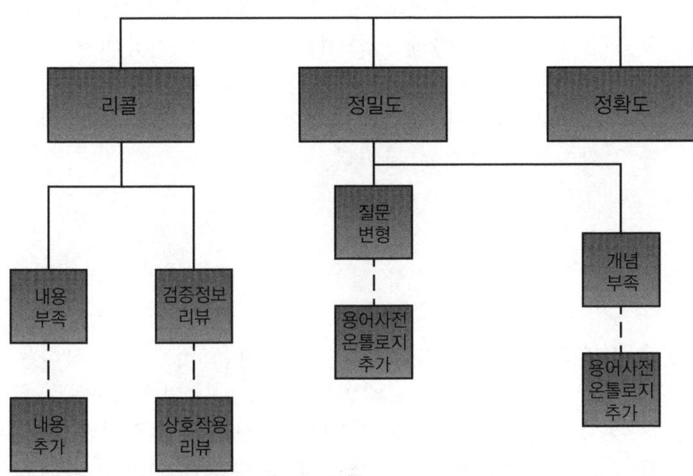

그림 10-1: 모델의 정확도 개선

이 장의 앞부분에 있는 "말뭉치의 생성과 정제" 섹션에서, 인지 어플리케이션 말뭉치에 데이터가 추가되고 업데이트되어야 하는 것의 필요성에 대해 자세하게 설명했다.
그러나 데이터의 부족이 어플리케이션이 부정확한 응답을 제공하는 유일한 원인은 아니다. 주제영역 전문가는 검증 기준을 재점검하고 시스템에게 제공된 응답을 조정해야 할 필요가 있을 수도 있다. 다른 오류들은 모델이 유사한 데이터 소스들 사이의 관계와 뉘앙스를 포착하지 못해서 발생할 수도 있다. 이러한 것을 개선하는 방법 중 하나는 시스템이 핵심 개념에 대해 보다 많이 학습할 수 있는 단서를 제공하는 용어사전과 온톨로지를 추가하는 것이다.
트레이닝과 테스팅 데이터는 인지시스템을 구축하는 프로세스에서 가장 시간 소모적인 부분 중 하나가 될 수 있다. 도메인이 작을수록, 말뭉치를 생성하는 것도 쉽고, 트레이닝 데이터를 찾는 것도 더 쉬워진다. 이러한 상황에서, 질문 유형과 다루고자 하는 문제의 유형을 대표하는 샘플 데이터를 선택할 수 있다. 만일 도메인이 넓고 더 복잡하면, 대량의 샘플 데이터가 필요하다. 대다수의 경우에, 문제에 직접 적용 가능한 샘플 데이터를 선택할 수 있다. 예를 들어, 당뇨병의 처방에 대한 소비자들의 질문에 관한 데이터는 잘 준비할 수 있으나, 결과가 확실하지 않은 경우도 많이 있을 수 있다. 예를 들어, 대도시 지역의 교통정보를 이해하고자 할 때, 엄청난 양의 센서 데이터가 필요할 수도 있다. 이러한 경우 식별하고자 하는 패턴을 대표하는 적절한 데이터를 선택하지 못할 수 있다. 트레이닝과 그 다음의 테스팅 결과는 범위와 규모에 따라 복잡해질 수 있다는 것은 당연한 일이다.

트레이닝 프로세스에서는 가설들을 테스트하기에 충분한 데이터를 준비하는 것이 가장 중요하다. 첫 번째 트레이닝은 주로 혼합된 결과를 제공한다. 이것은 가설을 정제하거나 보다 많은 데이터를 제공해야 할 필요가 있다는 것을 의미한다.

이 프로세스는 완전하지 않은 지식으로 수립된 가정을 바탕으로 시작해서 새로운 원칙을 배워나가는 것과 같다. 많이 학습할수록, 보다 많은 소스들로부터 보다 많은 데이터를 필요로 한다는 것을 알 수 있다. 데이터로부터 보다 많은 인사이트를 얻을수록, 초기의 가정은 변할 것이다. 이러한 시점에 이르렀을 때, 적절한 양의 지식을 보유하고 있는지, 또는 보다 많은 데이터를 수집해서 여전히 보다 많이 학습해야 하는지, 점검할 수 있는 것이다. 이것은 인지시스템을 설계할 때 자동화된 방식에 의해 어떤 일이 발생하는가를 정확하게 보여주는 것이다.

요약

인지 솔루션을 구현하는 것은 목표와 프로젝트의 목적을 이해하는 것으로 시작하는 다단계의 프로세스다. 이 단계들은 당신의 목적(도메인과 핵심 사용자의 특성들)을 수립하는 것으로 시작한다. 사용자가 질의할 것으로 예상되는 질문의 유형과 그들이 얻고자 하는 인사이트가 무엇인지 정의해야 한다. 그리고 또한 내부와 외부의 관련된 데이터 소스들을 결정하고 확보해야 한다. 이들 단계가 완료된 후에, 말뭉치를 생성하고 정제한다. 마지막 단계는 트레이닝과 테스팅 프로세스다. 이것은 순차적인 프로세스가 아니라는 것을 명심해야 한다. 인지시스템을 구축하는 것은 반복적인 프로세스인데, 이는 데이터가 지속적으로 변하고, 사용자의 본성과 특성이 변하기 때문이다. 잘 설계된 인지시스템은 비즈니스 지식 관점에서 중대한 인사이트를 얻을 수 있는 새로운 모델이 될 수 있다.

인지 헬스케어 어플리케이션 구축

헬스케어 산업은 환자의 건강을 지원하고 보살핌을 제공하는 매우 다양한 유형의 조직들로 이루어진 크고 복잡한 에코시스템이다. 에코시스템은 매우 넓으며, 다음과 같이 잘 정의된 역할들이 있다:

- 헬스케어 제공자
- 헬스케어 지불자
- 의료기기 제작자
- 제약회사
- 독립적 연구소
- 건강 정보 제공자
- 정부 규제 기관

비록 환자의 건강상태를 개선시킬 수 있는 막대한 기술의 발전이 이루어졌지만, 지속적인 기술 혁신에 대한 요구는 정점에 와있다. 일반적으로 이러한 에코시스템의 각 영역이 헬스케어 정보를 사일로 방식으로 관리하고 있는데, 이는 다양한 이해관계자들이 환자와 의학연구에 대한 데이터를 공유하는 것을 어렵게 만들고 있다. 관리되고, 분석되고, 공유되고, 보호되어야 할 필요가 있는 헬스케어 데이터의 볼륨과 다양성은 빠른 속도로 증가하고 있다. 심지어 에코시스템 참여자들이 상호이익을 위해서 정보를 공유하고자 할 때도, 필요한 데이터는 주로 일관성이 부족하고 단절되어 있어서, 의학연구 프로세스를 지연시킬 수 있고 사람의 생명을 위험으로 몰고 갈 수 있는 치명적인 오류로 귀결될 수도 있다. 의학적 실수를 측정하는데 사용되는 방법론에 의하면, 죽음에 이르는 것을 방지할 수도 있었던 의학적 실수는, 미국에서 심장병과 암 다음으로 세 번째 죽음의 원인이 되거나, 또는 사고보다 여섯 번째 뒤에 있고 알츠하이머 질병보다 앞에 있는 원인이 되고 있다.

이 장에서는 인지 어플리케이션을 구축하는 초기단계에, 잘 알려진 헬스케어 문제들을 새로운 방식으로 해결하고, 지금까지 다루기 어려웠던 문제들을 해결하기 시작하는데 도움을 준 전문가들이 있는 여러 헬스케어 기관들을 살펴본다. 헬스케어 에코시스템의 이러한 이해관계자들은, 새로운 치료법을 빠르게 추적하고 효율을 개선시키며, 보다 효과적으로 환자를 치료하는데 도움이 되는, 데이터 내의 패턴이나 특이점들을 발견하기 위해서 인지시스템을 사용하기 시작하고 있다.

헬스케어 인지컴퓨팅의 토대

헬스케어 에코시스템 내에서 CT스캔과 MRIs의 디지털 이미지, 의료기기의 기록들, 환자의 의료기록들, 임상시험 결과들, 그리고 청구기록들과 같은 막대한 양의 데이터가 생성되고 관리된다. 이러한 데이터는 수작업 기록과 스프레드시트의 작업내용으로부터, 비정형, 정형, 그리고 다양한 시스템에 의해 관리되는 스트리밍 데이터에 이르기까지, 매우 다양한 포맷으로 존재한다. 이러한 시스템들 중 어떤 것들은 잘 통합되어있지만, 대부분이 그렇지 못하다. 결과적으로 헬스케어 산업에서 생성되고 분석되는 막대한 양의 데이터는 심각한 도전이 되고 있다. 그러나, 이러한 데이터를 관리하고 공유하는 새로운 방법이 발견됨에 따라, 헬스케어 결과를 개선할 수 있는 놀라운 기회가 있음이 드러나고 있다. 예를 들어, 헬스케어 제공자들은 의료팀에 의해 공유될 수 있는 환자기록들을 통합하고, 일관성과 정확성을 유지하기 위해 EMR시스템을 구현해왔다. 이러한 EMR은 여전히 발전되고 있는 중이며, 각 환자의 문제와 치료에 대해 완벽하고 정확한 최신의 정보를 유지할 수 있다면, 매우 큰 도움이 될 것이다. 만일 의료 정보가 정확한 형태로 일관되게 제공된다면 치료에 대한 의사결정이 좀더 자신감 있게 매우 빠른 속도로 이루어질 수 있을 것이다.

헬스케어 조직에게 있어서 지속적으로 도전이 되는 것들 중 하나는, 환자를 보다 잘 진료할 수 있게 해줄 수 있는 정형 비정형 데이터에 있어서의 패턴과 특이점들을 발견하는 것이다. 그림 11-1에 나타난 바와 같이, 헬스케어 에코시스템에서의 데이터 관리는 문서 중심의 사일로 스타일에서 정형 비정형 데이터를 모두 포함하는 잘 통합된 지식베이스로 옮겨지고 있다.

표준 기반의 헬스케어 데이터 관리는 데이터가 적절하고 용이하게 공유되도록 해줄 것이다. 의료기기와 센서들은 환자의 상태를 나타내는 귀중한 데이터를 생성할 수 있지만 이러한 데이터가 항상 효과적으로 수집되고 있는 것은 아니다. 환자의 상태를 검토하는 방식을 개선하고, 데이터 스트림을 대상으로 예측적 분석 모델을 사용함으로써, 환자의 의학적 상태 변화를 예측하는 것은 매우 큰 도움이 될 것이다. 인지 시스템은 의학적 연구에 대한 전체 기록물과, 말뭉치를 형성하는 자연어 텍스트에 포함된 임상적 결과를 가지고, 이러한 새로운 센서기반의 데이터를 수집하고 통합할 수 있다. 시스템은 이러한 말뭉치를 기반으로 경험으로부터 학습함으로써 결과를 상당히 개선시킬 것이다.

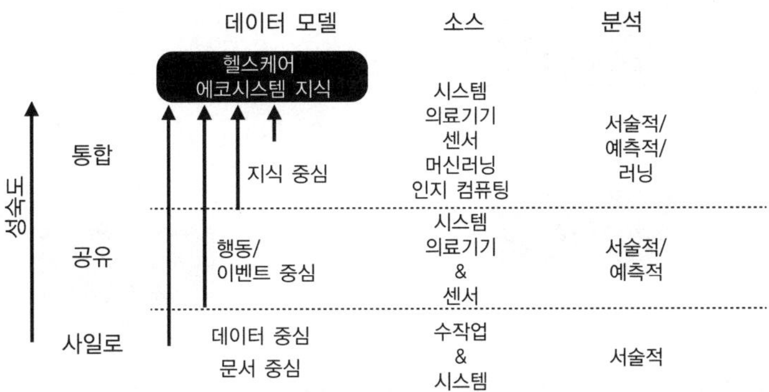

그림 11-1: 헬스케어를 위한 기본적인 인지컴퓨팅

예를 들어, 토론토 병원의 신생아실에 있는 의사들은 아기들의 생명에 위협을 일으킬 만한 감염에 대해 24시간 이전에 경고할 수 있는 분석모델을 개발했다. 늦게 발병하는 신생아 패혈증은 새로 태어난 일부 아기들에게서 발생할 수 있는 혈액 감염이다. 온타리오 과학기술대학에 있는 헬스 인포매틱스의 연구소장인 Carolyn McGregor 박사에 의해 이루어진 분석 연구 이전에는, 신생아 집중 케어는 유아의 활력 징후를 수집하고 한번에 단지 24시간 분량의 데이터만 저장하는 모니터링을 통해서 신생아 집중 케어가 이루어졌다. 지속적인 스트림으로 데이터를 수집함으로써, 인포매틱스 팀은 데이터를 시간의 흐름에 따라 분석하는 알고리즘을 개발했다. 이 알고리즘은 감염이 임상적으로 명백해지기 이전에 발생하는 패턴을 찾는다. 새로운 시스템덕분에 의사들은 호흡률, 심장 박동수, 혈압, 그리고 혈액의 산소 농도를 디지털로 확인함으로써 신생아의 활력 징후를 실시간으로 관찰하고 상태변화를 감지할 수 있게 되었다.

헬스케어 에코시스템의 구성원들

헬스케어 에코시스템은 다양한 조직들이 참여하면서 발전되고 있는데, 이들은 개발, 금융, 또는 건강이나 치료정보, 프로세스, 제품을 제공하는데 기여하고 있다. 그림 11-2과 같이 헬스케어 제공자, 지불자, 제약회사, 독립연구기관, 데이터 서비스 제공자 그리고 의료기기 제조기업 모두가 연관된 헬스케어 데이터 소스들의 여러 부분들을 액세스하고 있다. 정부기관과 심지어 환자들도 누가 어떤 데이터를 접근하고 있는지 관리하는 역할을 하고 있다. 이 데이터의 일부는 공유되고 있지만, 대부분의 데이터가 규제와 보안 요건에 의해 통제되고 있다. 데이터 공유의 관점에서 구성원들의 관계는 복잡하고 끊임없이 변화하고 있다. 헬스케어 에코시스템에 보다 예측적인 분석과 머신러닝을 포함하는 통합적인 접근방식으로 나아가기 위해서는, 에코시스템 내에서 공유되는 데이터의 일관성을 지속적으로 개선시킬 필요성이 있다.

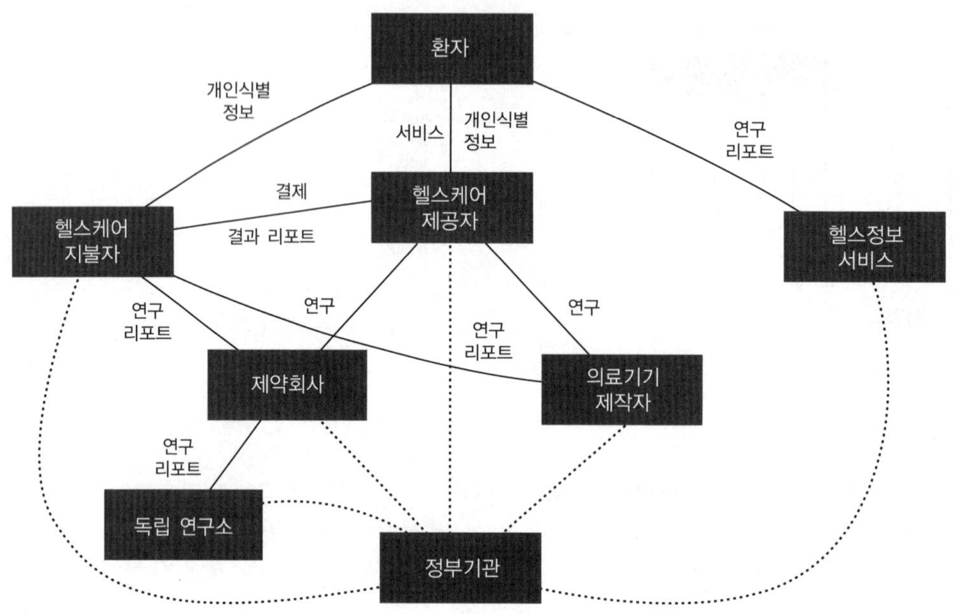

그림 11-2: 헬스케어 에코시스템 데이터 소스

헬스케어 에코시스템의 구성원들과 관리 및 활용되고 있는 데이터는 다음과 같다:

- **헬스케어 소비자 (환자)** – 가족력과 습관으로부터 검사결과까지, 헬스케어 에코시스템에 참여하는 개인들은 다양한 개인식별 정보를 생성하는데, 이 정보는 익명으로 통합되고, 허용되는 곳에서 유사한 특성을 갖는 사람들을 치료하는데 도움이 된다.

- **헬스케어 제공자** – 비정형과 정형 소스들을 매우 폭넓게 커버한다. 예들 들어, 환자의 의료 기록(EMR, 의사의 기록, 그리고 검사 데이터), 센서와 의료기기들이 생성하는 데이터, 병원에서의 섭취기록, 의학 텍스트북, 저널 아티클, 임상연구결과, 규제 리포트, 빌링 데이터, 그리고 운영비용 데이터 등을 제공한다.

- **제약회사** – 제약에 대한 연구, 임상시험, 약제 유효성, 경쟁 데이터, 그리고 의료제공자에 의한 약 처방전 등을 지원하기 위한 데이터.

- **헬스케어 지불자** – 빌링 데이터와 병상이용 데이터

- **정부기관** – 규제 데이터

- **데이터 서비스 제공자** – 처방에 사용된 약의 사용과 효과성에 대한 데이터, 헬스케어 용어 분류체계, 그리고 헬스케어 데이터를 분석하기 위한 소프트웨어 솔루션.

헬스케어 데이터의 패턴으로부터 학습하기

인지컴퓨팅의 이점은 모든 유형의 데이터와 콘텐츠로부터 헬스케어 전문가들이 원하는 인사이트를 더 쉽게 얻을 수 있게 함으로써, 그들이 자신의 의사결정을 신뢰하고 최적화할 수 있다는 것이다. 헬스케어 산업에서는, 데이터에 있는 올바른 관계와 패턴을 발견하지 못한다면, 이에 따르는 리스크가 높다. 만약 일부 중요한 정보가 간과되거나 잘못 이해된다면, 환자는 오랫동안 고통을 받거나 심지어 사망에 이를 수도 있다. 인지컴퓨팅은 머신러닝, 인공지능, 자연어처리와 같은 기술들을 결합시킴으로써, 헬스케어 전문가들이 데이터에서 발견되는 패턴과 관계들로부터 학습하도록 해준다. 인지시스템에 내재된 사람과 기계사이의 협업을 바탕으로 헬스케어 기관들이 데이터로부터 더 많은 가치를 얻고 복잡한 문제를 해결할 수 있는 것이다.

데이터에서 보다 많은 가치를 얻기 위해서는 기술과 사람의 지식이 모두 요구되는 다면적인 프로세스가 필요하다. 올바른 데이터를 얻는 것이 무엇보다도 중요하다.

데이터는 정확하고, 신뢰할 수 있으며, 일관되고, 신속하게 액세스할 수 있어야 한다. 그러나, 정확한 데이터를 갖는다는 것은 환자의 결과를 개선시키기 위한 기본에 불과하다. 의료진이 자주 나타나는 증상과 진단의 복잡한 관계들을 알아내기 위해서는 많은 기술과 경험이 필요하다. 그들은 중요한 사례들을 바탕으로 환자에게 적절한 질문을 하고 대답을 들을 필요가 있다. 환자의 문제에 대한 해결책이 검사결과와 이미지에서 항상 명확하게 나타나는 것은 아니다. 이질적인 모든 데이터를 연결하는 데 초점이 맞추어진 사례들은 의료진, 연구원 그리고 헬스케어 에코시스템 내의 여러 구성원들이 올바를 해결책을 찾는데 도움이 될 수 있다.

헬스케어 조직들이 그들의 가장 어려운 문제들을 해결하기 위해서는 데이터에 있는 패턴을 바탕으로 학습할 필요가 있다. 예를 들어, 아이오와 대학 병원은 수술환자들을 조사하여 수술 결과를 향상시키는데 도움을 주는 패턴을 찾아냈다. 그 병원은 재입원, 수술실 감염, 그리고 병원 내의 여러 감염 데이터를 모델링 했다. 그 모델은 어떤 환자들이 수술실에 있는 동안 수술실 감염 리스크에 가장 많이 노출되는지 예상해서 수정조치가 취해질 수 있도록 했다.

어떤 병원들은 비용이 발생하고 위험하기도 한 재입원을 줄이기 위해 예측 모델을 사용한다. 수천 가지의 병원 기록을 바탕으로 식별된 패턴들을 기반으로 환자의 의료 기록을 분석할 수 있는 모델을 구축하는데, 이는 환자가 병원을 떠난 후에 발생할지도 모르는 문제의 요인들을 식별한다. 예측적 분석 모델은 어떤 것들이 재입원율에 큰 영향을 미칠 수 있는 수많은 요인들을 살펴본다. 테이블 11-1이 보여주는 바와 같이, 이러한 요인들은 환자 또는 의사에 따라 달라진다.

테이블 11-1: 재 입원에 대한 예측 모델에서 고려되는 특성

환자특성	흡연, 약물 남용, 알코올 중독, 독거, 규정식사 불응
사회경제적 특성	교육 수준, 경제적 상황
의사 특성	맞지 않는 약 처방, 환자의 중요정보 간과

위험 요인에 대한 이해는 병원에서 프로세스를 개선하고 재입원율을 감소시키기 위한 올바른 조치를 취할 수 있도록 해준다. 예측 모델은 상황에 따라 어떤 환자가 퇴원 후에 집중적인 추적관리를 필요로 하는지를 나타낸다.

빅데이터분석의 기초 위에 구축하기

헬스케어 영역에 매우 흥미 있는 인지시스템의 사례들이 다소 있지만, 구현 측면에서는 아직 초기 단계에 있다. 그러나 헬스케어 기관들이 인지컴퓨팅과 빅데이터 분석을 제로베이스에서 출발한 것은 아니다. 의료 영역에는 데이터를 분석하고 머신러닝을 활용하는 측면에서 주목 받는 사례들이 있다. 이러한 헬스케어 플랫폼의 다음 단계는 빅데이터 분석의 튼튼한 기초 위에 인지시스템을 구축하는 것이다. 헬스케어 인포매틱스의 역량이 인지시스템 수준으로 성숙해감에 따라, 헬스케어 기관들이 전반적으로 동일한 목표를 갖게 되었다. 환자에게 최적화된 고품질의 케어를 제공하는 것과, 헬스케어 옵션과 결과를 비용효과적인 방식으로 지속적으로 개선하는 것이 그것이다. 환자를 돌보고 연구하기 위해 필요한 의료정보가 안전하게 저장되고 활용될 수 있는 통합된 시스템을 개발하는데 대부분의 노력이 집중되었다. 예를 들어, 헬스케어 제공자는 환자의 개별적 의료기록을 위해 EMR(electronic medical records)을 구현해왔다. 환자와 관련된 대부분의 데이터가 비정형인데, 이러한 대량의 데이터에는 디지털 이미지, 검사결과, 병리학 리포트, 그리고 의사의 기록 등이 있다. 이전 섹션에서 설명했듯이, 헬스케어 기관들은 이러한 데이터로부터 가치를 얻을 수 있는 새로운 방식을 빠르게 수립하고 있다. 환자 한 명을 위한 의사결정을 위해 EMR과 환자 고유의 여러 데이터를 사용하는 것뿐만 아니라, 많은 환자들을 위해 치료결과를 향상시킬 수 있는 예측 모델을 구축하기 위해서 다양한 그룹의 환자 데이터를 활용하는 것이 도움이 될 수 있다. 이러한 분석과정에서 데이터로부터 식별될 수 있는 개인 정보를 제거함으로써 보안과 프라이버시에 대한 요구사항들이 충족될 수 있어야 한다.

빅데이터가 새로운 연구의 완성속도를 빠르게 증가시키고 있는 분야는 생물약제학 분야이다. DNA 염기서열 결정 기술의 혁명적인 진전덕분에 분석에 필요한 엄청난 양의 게놈 정보의 수집이 가능하게 되었다. 연구의 흐름을 유지하기 위해서는 데이터 스토리지 배열, 프로세싱, 그리고 하향분석(downstream analytics)에 대한 기술이 필요하다. 게놈 데이터를 저장하고 분석하기 위한 새로운 컴퓨팅 방식에 대한 요구도 증가하고 있다. 과학자들은 고급 알고리즘, 방법론, 그리고 도구들을 이용해서 게놈 분석에 의해 생성된 데이터를 효과적으로 이해하고 있으며, 중요한 생물학적 질문에 답하는 데 도움을 얻고 있다. 고급 모델링에 대한 노력이 과거에 게놈 데이터를 분석하기 위해 사용되었던 수작업 방식들을 대부분 바꾸어놓고 있다.

헬스케어 에코시스템에서의 인지 어플리케이션

헬스케어 전문가들은 머신러닝과 인지컴퓨팅이 활용되는 빅데이터와 분석 영역에서의 성과를 바탕으로 어플리케이션들을 구축하고 있다. 목표는 헬스케어 연구 그리고 임상적 진단과 치료 결과를 지속적으로 최적화시키는 것이다. 사람이 기술 및 데이터를 어떻게 활용하는가에 속도, 혁신, 그리고 품질에서의 성과가 달려있다. 이뿐만 아니라, 헬스케어 기관 내에서 최고의 경험을 가진 사람들이 다음 세대의 헬스케어 전문가들에게 중요사례를 전파하고 공유하는 것이 매우 필요하다. 이러한 지식의 전달은 연구실의 보조원과 모니터링 프로그램에서뿐만 아니라, 의대생과 레지던트들을 위한 트레이닝 프로그램을 통해서도 지속적으로 일어난다. 헬스케어 전문가를 지원하기 위한 인지시스템의 등장은 이러한 지식전달에 도움이 되고 있다. 지금 당장은 초기 단계에 있지만, 향후 인지컴퓨팅이 대부분의 헬스케어 프로세스에 잘 통합될 것으로 기대되고 있다.

두 가지 다른 방식의 새로운 인지 헬스케어 어플리케이션

인지 헬스케어 어플리케이션의 구현은 두 가지 방식으로 진행되고 있는데, 고객 또는 사용자 인게이지먼트 어플리케이션과 디스커버리 어플리케이션이 그것이다. 고객 인게이지먼트 어플리케이션은 질문에 대해 개인 맞춤형으로 응답하기 위해 설계된다. 예를 들어, 다수의 신생 기업들은 고객의 건강과 웰빙 유지에 대한 질문에 대답을 제공하는 인지 어플리케이션을 개발해왔다. 어떤 인지시스템은 헬스케어 지불자를 지원하기 위해 고객 서비스 에이전트를 제공한다. 말뭉치가 사람들이 소비하는 정보보다 더 많은 관련된 정보를 담고 있기 때문에, 이러한 시스템은 관련된 질문에 대답하고 그들의 건강에 대해 새로운 인사이트를 제공한다. 디스커버리 어플리케이션은 약물을 찾아내거나 환자를 위해 최적화된 치료법을 찾아내야 하는 상황에서 사용된다. 두 가지 유형 모두, 시스템의 최종 사용자, 그들의 질문 유형, 그리고 시스템을 위한 지식베이스에 필요한 콘텐츠를 정의하는 것으로 시작할 필요가 있다. 인지시스템은 데이터에 있는 패턴을 발견하고 관계들을 이해함으로써 헬스케어 결과를 향상시키는데 사용된다.

인지 헬스케어 어플리케이션의 사용자 유형을 이해할 필요가 있다. 사용자의 의학적 배경지식과 전문지식은 어떤 수준인가? 예를 들어, 사용자가 의대생인가, 아니면 다년간의 경험을 보유한 임상의인가? 또는 사용자가 육체 및 정신건강의 소비자인가? 사용자와 시스템간의 상호작용에 대한 기대수준이 말뭉치의 개발과, 사용자 인터페이스의 설계, 그리고 시스템이 어떻게 트레이닝 될 것인가에 영향을 미친다. 사용자 유형은 또한 요구되는 시스템의 신뢰도와 정확도 수준에 영향을 준다. 사용자의 요구사항과 기대수준이 시간이 지남에 따라 변하기 때문에, 이러한 변화들이 인지시스템 개발에 반드시 고려되어야 한다. 인지시스템의 학습 프로세스는 지속적이며 결과적으로 시스템은 점점 더 스마트해져서, 사용할수록 사용자에게 더 큰 가치를 제공하게 될 것이다.

인지 어플리케이션에서 헬스케어 온톨로지의 역할

헬스케어 분류체계와 온톨로지는 - 의학용어 코드시스템 또는 의학용어 시맨틱 네트워크, 그리고 이러한 용어들간의 관계 - 인지 헬스케어 어플리케이션의 말뭉치 개발에 필요하다. 이러한 온톨로지는 유사한 의미를 갖는 용어들의 관계를 매핑 하는데 사용된다. 헬스케어 영역에서 이미 폭넓게 사용되고 있는 온톨로지들이 많이 있는데, 이들은 의학적 상태와 관련된 전문용어, 의학적 치료방법, 진단을 위한 검사, 의약품을 위한 재료와 복용량, 그리고 약물 합병증 등과 관련된 전문용어를 구조화한다. 의학 온톨로지의 한 예는 ICD(International Classification of Diseases)인데, ICD-10은 세계보건기구가 지지하고 있는 현재 버전이다. 그러나 아직 모든 나라에서 표준이 된 것은 아니다. ICD-10은 2015년 10월 1일부터 미국에서 표준이 되었는데, 질병에 대한 코드, 질병 증상, 이러한 질병에 대한 의학적 발견 등을 포함하고 있다. ICD는 에코시스템 내에서 사용되고 있는 다양한 분류체계와 온톨로지들 중 하나일 뿐이다. 헬스케어 어플리케이션을 위한 말뭉치를 효율적으로 구축하기 위해서, 다양한 소스 로부터 획득된 데이터가 통합되고 공유될 수 있도록 공통의 언어를 찾을 필요가 있다. 용어들의 분류체계 없이는, 동일한 의미를 갖는 수많은 용어들을 놓치게 되어, 인지 시스템이 빠르게 학습할 수 없고 결과에 대한 정확도도 낮아질 것이다.

헬스라인 코퍼레이션은 헬스케어 에코시스템을 위해 가장 방대한 시맨틱 분류체계들 중 하나를 개발했는데, 이는 소비자와 임상적 어플리케이션 사이의 관계를 매핑 하는 데, 이는 새로운 소비자에게 중심이 맞추어진 인지 헬스 어플리케이션을 지원할 수 있다. 알고리즘은 인지시스템에게 주어지는 문의를 더 잘 이해하기 위해서 이 분류체계를 참조할 수 있다. 이뿐만 아니라, 인지 헬스 어플리케이션은 포괄적이면서 정확한 온톨로지나 분류체계를 참조함으로써 의학적 개념들의 보다 정확한 관계를 찾아낼 수 있다.

헬스케어를 위한 인지 어플리케이션 출발하기

초기의 헬스케어에서 인지 어플리케이션들은 인지 엔진 또는 인지 플랫폼을 기반으로 구축되었다. 어플리케이션을 개발하기 위해서, 목표가 되는 최종 사용자에 대한 정의로 시작하고, 정의된 사용자들의 필요에 맞추어 인지시스템을 훈련시키게 된다. 인지 어플리케이션의 일반적인 주제영역은 무엇인가? 이 영역에서 사용자들의 지식 수준은 어떠한가? 그리고 인지 어플리케이션에 대한 그들의 기대나 요구사항은 무엇 인가?

인지시스템은 학습에 필요한 연결성 및 패턴의 발견에 도움이 되는 기준 정보로부터 출발할 필요가 있다. 학습 프로세스는 질문에 의해 시작되지만, 트레이닝된 시스템은 질문에 대한 대답을 제공하는 것보다 훨씬 더 많은 것을 할 수 있다. 인지시스템은 질문, 대답, 그리고 사용자의 주제 영역에 대한 깊은 수준의 이해에 필요한 콘텐츠들 사이의 관련성을 찾아낼 수 있다. 헬스케어에서 인지 어플리케이션을 구축하는데 필요한 기본적인 단계는 다음과 같다.

사용자의 질문 정의하기

사용자를 대표하는 그룹이 질의할 질문의 유형을 모으는 것으로 시작한다. 이 단계가 완성되고 난 후에는, 이러한 질문에 대답하기 위해 시스템을 효과적으로 트레이닝 시키는데 필요한 지식베이스를 모을 수 있다. 시스템을 위한 지식베이스 또는 말뭉치 구축에 필요한 데이터 소스들을 먼저 검토하고 싶어질지도 모르지만, 중요사례에 의하면 한 단계 뒤로 돌아가서 전반적인 어플리케이션 전략을 정의하는 것이 필요하다. 말뭉치로 시작하게 되면 모아놓은 소스들을 기준으로 질문을 맞추려 하는 리스크에 노출될 수 있기 때문이다. 만일 말뭉치로 시작한다면 운영단계에 이르렀을 때 최종 사용자의 요구사항에 맞추지 못하게 되는 상황이 발생할 수 있다.
이러한 초기 단계의 질문은 사용자가 질의하게 될 매우 다양한 유형의 질문들을 대표할 필요가 있다. 사용자는 어떤 질문을 원하는가? 그리고 어떤 방식으로 질문할 것인가? 일반적인 사용자들을 위한 소비자 중심의 어플리케이션을 개발하고 있는가? 또는 기술적 전문가들을 위한 시스템을 구축하고 있는가? 올바른 질문을 예상하는 것이 어플리케이션의 미래 성능에 매우 중요하다. 머신러닝 프로세스를 시작하기 위해서는 충분한 수의 질문과 답변 페어를 준비해둘 필요가 있다. 일반적으로 1000~2000개의 질문/대답 페어가 프로세스를 시작시기기에 적절해 보인다. 질문들은 시스템의 최종 사용자의 입장에서 고려될 필요가 있지만, 대답은 주제영역의 전문가에 의해 결정 되어야 한다.

말뭉치를 위한 콘텐츠 유입하기

말뭉치는 인지 어플리케이션이 질문에 답변하고 반응하기 위해 사용하는 지식베이스다. 인지 어플리케이션이 참조할 필요가 있는 모든 문서들이 말뭉치에 포함될 것이다. 준비해둔 질문/응답 페어들은 콘텐츠를 모으는 프로세스를 진행하는데 도움이 될 것이다. 질문을 준비하는 것으로 시작함으로써 말뭉치를 구축하는데 필요하게 될 콘텐츠에 대해 보다 나은 아이디어를 갖게 된다. 질문에 정확하게 답변하는데 필요한 콘텐츠는 무엇인가? 올바른 지식베이스를 제공하기 위해 현재 가지고 있는 리소스들과 수집할 필요가 있는 리소스들을 파악해야 한다. 콘텐츠는, 제약 연구, 임상 연구, 영양학, 의학 저널 아티클, 환자 기록, 온톨로지와 분류체계와 같은 건강이라는 주제에 대한 의학적 텍스트나 기반 정보 등이 될 수 있다.
선택한 콘텐츠는 읽기 가능하고 포괄적인지 확인하기 위해서 검증되어야 한다. 콘텐츠에 메타 태그를 다는 것은 문서들의 연관성을 나타내는데 도움이 된다. 예를 들어, 어떤 아티클이 당뇨병과 같은 특정 의학적 상태와 관련이 있다는 것을 나타내기 위해서 태깅을 사용할 수 있다. 뿐만 아니라, 콘텐츠는 인지시스템에게 내용에 대한 단서를 제공하기 위한 섹션과 헤딩 영역이 있어야 한다. 어떤 소스의 데이터가 적절하게 식별되고 검색될 수 있는지 확인하기 위해서, 소스 데이터의 포맷을 최적화할 필요가 있을 수 있다. 예를 들어, 영양상태에 대한 모든 데이터를 포괄적으로 가지고 있는 테이블과 같은 정형 데이터 소스들은 말뭉치로 유입되기 전에 비정형 데이터로 전환될 필요가 있을 수 있다. 간단한 테이블은 인지시스템에 의해 읽혀질 수 있지만 보다 복잡하고 다중적인 테이블들은 명확하게 비정형 텍스트로 변화되어야 한다. 소스 변환 프로세스는 말뭉치가 적절하게 기능하도록 하기 위해서 필요하다.

적절한 업데이트 계획을 위해 유입되는 문서의 라이프 사이클을 이해할 필요가 있다. 이뿐만 아니라, 새로운 그리고 업데이트된 콘텐츠에 대해 통보 받을 수 있는 프로세스를 수립해야 한다. 말뭉치는 유용한 상태를 지속적으로 유지하기 위해서 어플리케이션의 생애주기를 통해 지속적으로 업데이트 되어야 한다.

인지시스템 트레이닝 시키기

트레이닝 프로세스는 어떻게 시작되는가? 인지시스템은 분석과 트레이닝을 통해서 학습한다. 새로운 주제에 대해서 우리가 어떤 방식으로 학습하는지 생각해보자. 초기에 긴 질문 리스트가 있을 수 있다. 어느 정도 독서를 통해 주제에 대해 많이 학습하게 되면 질문의 내용과 범위가 바뀌게 된다. 더 많이 읽고 이해할수록, 질문은 점점 적어진다. 이와 유사하게 인지시스템도 분석되는 질문과 응답의 페어가 많아질수록 시스템이 배우고 이해하는 것도 늘어나게 된다.

전체적인 트레이닝 프로세스에서 질문/응답 페어를 분석하는 것이 핵심이다. 질문은 사용자를 대표하는 그룹이 생성하는 것이 중요하지만, 전문가들이 대답을 생성해서 질문/응답 페어들을 완결 지을 필요가 있다. 이때 전문가들은 대답이 정확한지, 말뭉치에 있는 콘텐츠와 일치하는지를 확인해야 한다. 테이블 11-2에 나타낸 바와 같이, 어떤 중복되는 질문들 또는 질문 군이 있을 수 있다. 이러한 질문들은 약간 다른 용어 또는 다른 관점을 사용해서 유사한 주제에 대해서 질문하고 있다. 또는 어떤 용어를 축약하는 질문을 제외하고 기본적으로 동일한 질문이라고 할 수도 있다. 인지시스템은 이러한 질문 군으로부터 학습한다.

테이블 11-2: 건강에 대해 인지 어플리케이션을 트레이닝 시키는데 사용되는 질문들

질문1	전유와 탈지우유의 차이점은 무엇인가?
질문2	저지방 우유는 전유와 다른가?
질문3	탈지우유는 전유보다 더 좋은가?

다양해진 질문에 따라 말뭉치 추가하기

인지 어플리케이션이 운영단계에서 의도한대로 작동하게 하기 위해서 트레이닝 프로세스가 사용된다. 초기에 트레이닝 데이터, 테스트 데이터, 그리고 블라인드 테스트 데이터를 사용해서 트레이닝을 여러 번 반복할 필요가 있다. 이러한 각각의 테스트들이 완결되고 난 후, 적절하지 못한 영역을 커버하기 위해서 말뭉치에 콘텐츠를 추가할 수 있다.

어플리케이션이 운영단계에 이른 이후에도, 질문/응답 페어를 업데이트하고 말뭉치에 콘텐츠를 추가하는 지속적인 프로세스를 수립할 수 있도록 트레이닝 단계로 지속적으로 돌아가라. 말뭉치에 있는 정보의 갭을 메우고 뉘앙스를 추가하는데, 어떤 추가적인 정보가 최적인지 결정하기 위해서 확장 알고리즘이 사용된다.

건강과 웰빙 증진을 위해 인지 어플리케이션 사용하기

환자 (또는 헬스케어 소비자)는 헬스케어 에코시스템의 중심에 있다 (그림 11-2 참조). 이러한 복잡한 에코시스템은 시스템 내의 모든 개인의 건강과 웰빙에 대한 엄청난 양의 데이터를 생성한다. 헬스케어 소비자들을 관리하는 많은 기관들은 소비자 그룹의 전반적인 건강을 개선하는데 도움이 되는 다양한 프로그램들을 시행해왔다. 그러나 이러한 프로그램들이, 사람의 행동을 변화시키고 건강을 증진시키는데 도움이 되는 개인 맞춤형 서비스와 인센티브를 항상 제공하는 것은 아니라는 것이 문제다. 개인이 체중을 감량하고, 운동량을 늘리고, 균형 있는 식사를 하고, 흡연을 중지하고, 전체적으로 건강한 선택을 하도록 도와주는 이점은 매우 크다. 만일 커뮤니티가 전체적으로 더 건강해지고 개인이 이전에 진단받은 상태를 잘 관리한다면 헬스케어 지불자, 정부, 그리고 기관들 모두에게 이익이 될 것이다. 다음의 리스트는 체중의 증가와 관련된 다양한 의학적 상태와 질병을 보여준다. 이러한 상태에 직면 했을 때조차 많은 사람들이 그들에게 필요한 긍정적인 변화를 이루는 것이 믿을 수 없을 만큼 어려운 것이 사실이다. 이러한 상태와 질병은 다음과 같다:

- 조기사망
- 제2형 당뇨
- 심장병
- 뇌졸중
- 고혈압
- 담낭질환
- 골관절염

- 수면무호흡증
- 천식과 기타 호흡질환
- 암
- 고 콜레스테롤

개인과 헬스케어 에코시스템의 연결성과 커뮤니케이션을 향상시킬 수 있는 방법을 찾는 것은 수많은 신생 기업들에게 있어서 우선순위가 높은 일이다. 다음 섹션에서 이러한 기업에 대해 알아보자.

Welltok

덴버에 있는 Welltok은 자신이 만든 CafeWell Health Optimization Platform을 통해서 개인이 그들의 건강을 최적화시키는 것을 돕기 위해, 개인 맞춤형 정보와 사회적 차원의 지원을 제공한다. Welltok은 헬스케어 지불자와 같은 다수의 헬스 매니저와 함께 일하는데, 행동변화와 건강증진이 필요한 사람들에게 다양한 지원과 교육 그리고 인센티브(예, 기프트 카드, 프리미엄 할인 등)를 줄 수 있는 플랫폼을 제공함으로써 헬스케어 비용을 절감하도록 돕고 있다.

Welltok 솔루션 개요

Welltok의 CafeWell 컨시어지는 개인을 올바른 리소스와 프로그램에 연결시킴으로써 그들의 건강증진을 돕기 위해 설계된 플랫폼이다. 이는 트래킹 디바이스, 앱, 그리고 커뮤니티와 같은 리소스들과 확대되고 있는 건강관리 프로그램의 범위를 조직화하고, 개별 소비자에게 개인화되고 맞추어진 계획을 생성한다.

Welltok은 IBM의 왓슨과 파트너를 맺고 CafeWell 컨시어지 앱을 만들었는데, 이는 소비자와의 대화를 통해 건강증진을 위한 개인 맞춤형 가이드를 제공하기 위해 인지 기술을 활용한다. 내외부의 엄청난 양의 데이터 소스들은 시스템의 지식베이스를 형성하는 말뭉치를 구축하는데 사용된다. CafeWell 컨시어지는 자연어처리, 머신러닝, 그리고 분석을 사용해서 정확한 개인 맞춤형 가이드를 제공하고 개별적으로 헬스케어 소비자들의 질문에 답변을 제공한다.

모바일 어플리케이션 덕분에, 헬스케어 소비자들은 그들이 편한 시간과 장소에서 CafeWell 컨시어지에 참여할 수 있다. 개인은 그들의 의료보험, 건강 상태, 선호도, 흥미, 인구통계학적 특성 등이 고려된 지능형건강일정표(Intelligent Health Itinerary)를 받는다. 일정표라는 것은 리소스와 활동내용, 헬스 콘텐츠, 그리고 컨디션관리 프로그램으로 구성된 개인 맞춤형 활동계획이다. 예를 들어, 당뇨나 천식과 같은 조절 가능한 건강 상태에 있는 소비자들은 그들이 매일 건강한 선택을 할 수 있도록 개인적으로 맞추어진 교육적 정보와 가이드라인이 포함된 지능형건강일정표를 받게 될 것이다.

Welltok의 파트너들 중에는 그들의 멤버에게 무료로 앱을 사용할 수 있게 해주는 헬스케어 지불자가 있다. 헬스케어 지불자는 일반적으로 인센티브나 보상을 제공하고 있는데, 코칭 세션을 마무리하면 주어지는 기프트 카드나 BMI(body mass index)를 개선하면 주어지는 비용의 감면 등이 그것이다. CafeWell은 소비자가 그들의 건강에 대한 동기를 부여하기에 적절한 인센티브나 보상이 그들의 행동을 이끌어내기 위해 고급분석 알고리즘을 사용한다. 이 시스템은 또한 시간이 지남에 따라 목표로 하는 개인의 행동을 이끌어내기 위해서 어떤 유형의 인센티브나 보상을 제공해야 하는지 학습하게 된다.

자연어처리를 통해서, 소비자들은 어플리케이션과 대화하고 육체 및 정신건강에 관련된 질문을 할 수 있다. Welltok은 이전 섹션에서 설명된, 대규모의 개인화 작업을 수행하고, 대량의 정보를 처리하며, 개방형 질문에 즉시 대답할 수 있는 인지 어플리케이션의 구축 단계를 따랐다. CafeWell에 적용된 질문-응답 트레이닝 프로세스를 위한 아키텍처와 데이터 흐름이 그림 11-3에 예시되어 있다.

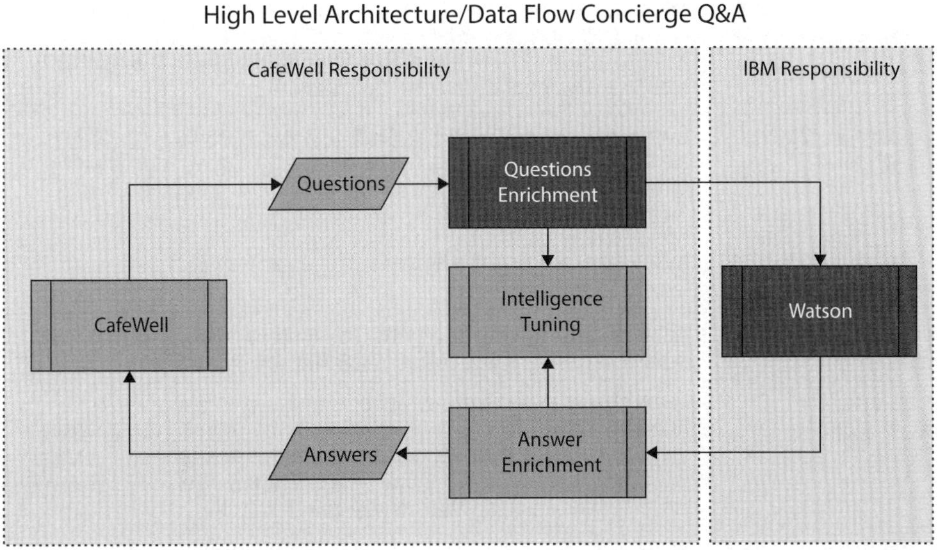

High Level Architecture/Data Flow Concierge Q&A

그림 11-3: Welltok 트레이닝 아키텍처

질문/응답 페어 개발에서, Welltok은 소비자의 관심을 반영하는 질문을 생성하기 위해 소비자로부터 의견을 수렴했고 질문에 대해 논리적으로 정확하게 답을 하기 위해 주제영역의 전문가들을 활용했다. 테이블 11-3은 Welltok이 CafeWell 컨시어지를 위한 트레이닝 프로세스를 위해 생성한 수천의 질문/응답 페어들 중 일부를 보여주고 있다. 초기의 질문/응답 페어들을 결정한 후에, Watson이 필요한 정보 소스들을 액세스할 수 있도록, 어플리케이션을 위한 말뭉치(그리고 온톨로지)를 개발했다. Welltok은 말뭉치에 필요한 모든 정보를 수집하기 위해 제3의 헬스케어 소스들로부터 비정형

정보를 수집했다.

Welltok은 Watson을 CafeWell 컨시어지에 맞게 트레이닝 시키기 위해 IBM과 밀접하게 작업했다. 말뭉치를 생성하고, 콘텐츠를 풍부하게 하고, 인지시스템의 인텔리전스를 향상시키기 위해 데이터를 유입하는 반복적인 프로세스는 그림 11-4에 예시되어 있다. Watson의 인지 역량을 활용함으로써 CafeWell은 상황을 이해하고 사용자의 건강에 관한 염려와, 목적, 그리고 선호도에 대해서 학습할 수 있었다. 왓슨의 머신러닝 능력은 CafeWell이 그의 반응과 조언의 수준을 지속적으로 향상시킬 수 있도록 했다. 왓슨은 육체 및 정신건강의 여러 측면을 커버하는 수십 개의 다른 말뭉치를 가지고 있는데, 여기에는 건강보험, 영양학 그리고 피트니스 등이 포함된다. 이러한 말뭉치는, 개인에 대한 정보에 덧붙여서, 개인 맞춤형 조언과 반응을 제공하는 고급 분석 알고리즘을 지원하는데 사용된다. 어플리케이션은 검색 결과를 제공하는 것을 넘어서서, 사용자와의 관계를 구축한다, 즉 그들을 알아가고, 건강 증진을 위해 그들에게 개인 맞춤형 조언과 가이드를 제공한다.

테이블 11-3: Welltok의 질문/응답 페어 예시

만일 내가 고혈압이 있다면 어떤 생활 스타일을 바꿔야 합니까?	생활 스타일의 변화는 약물 복용많큼 중요합나다. 단지 10파운드의 체중 감량이 당신의 혈압을 낮추는데 충분할 수도 있습니다. 체중 감소는 고혈압 치료약의 효과를 증진시키는데 도움이 될 수 있으며 당뇨와 고콜레스테롤과 같은 다른 위험요소들을 감소시킬 수도 있습니다.
몸에서 소비되는 칼로리는 어떻게 결정됩니까?	BMR은 주로 Hamis-Benedict 방정식을 이용해서 계산됩니다. 이 방정식은 3가지 변수에 근거해서 기초대사량을 계산합니다. 체중, 키, 그리고 나이. 이 방식을 사용해서 활동 팩터와 BMR을 곱함으로써 총 에너지 소비량이 계산될 수 있습니다. 남자를 위한 방정식: BMR = 88.362 + (13.397 X 몸무게 kg) + (4.799 X 키 cm) −(5.677 X age years)
생애에 걸쳐서 필요한 영양소가 달라지나요?	필요한 영양소는 생애에 걸쳐 달라집니다. 유아기부터 성년이 될 때까지 충분한 영양섭취가 생육과 이후의 건강유지에 필수적입니다.
음식 포장지에 있는 라벨을 왜 읽어야만 합니까?	대부분의 포장 음식은 영양소와 성분이 나열된 라벨이 있습니다. 미국에서는 FDA(Food and Drug Administration)가 영양성분 라벨을 감독하고 있습니다. 라벨의 목적은 소비자들이 건강한 먹거리에 도움이 되는 음식을 신속하게 선택하도록 돕는 것입니다. 특별히 저염식을 위해서, 나트륨 섭취를 제한하기 위해서는 음식 라벨을 살펴볼 필요가 있습니다.
나는 곡물 알레르기가 있는데 어떤 음식을 피해야 합니까? 어떤 종류의 음식을 곡물이라고 여기나요?	밀, 쌀, 귀리, 옥수수가루, 보리 또는 다른 곡물로 만든 모든 음식은 곡물제품입나다, 빵, 파스타, 오트밀, 아침 시리어, 토르티아, 그리고 그리츠(grits)는 곡물 음식의 예입니다. 곡물 낱알을 포함하고 있는 전곡이 있고, 겨와 발아부분을 제외하기 위해 제분된 정제된 곡물이 있습니다. 곡물을 풍부하게 섭취하면 많은 이점이 있습니다.

CafeWell 컨시어지는 왓슨의 머신러닝 기능을 사용해서 사용자들이 받게 되는 응답 수준을 향상시킨다. 그리고 공간과 시간을 인지하는 기능을 바탕으로, 어플리케이션이 시간과 장소에 매우 밀접하게 관계되는 정보를 제공할 수 있다. 예를 들어, 시스템은 사용자의 위치와 사용자에게 특별히 요구되는 영양소에 근거해서 어디서 무엇을

먹을지 조언할 수 있다.

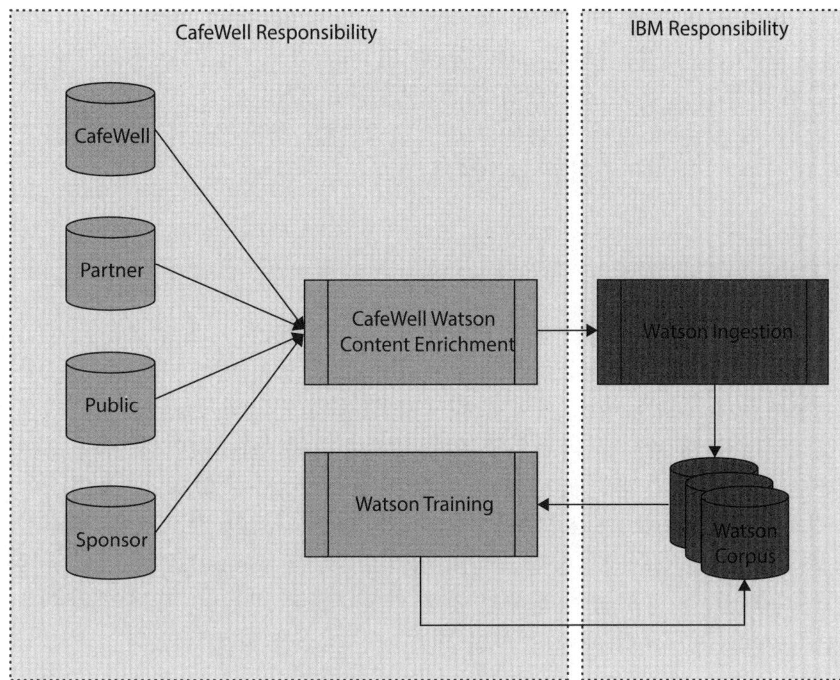

그림 11-4: Welltok 상위레벨 아키텍처와 데이터 흐름 콘텐츠 획득

CafeWell 컨시어지의 활용

CafeWell 컨시어지는 개인이 자신의 건강 상태를 이해하고, 그들이 원하는 육체 및 정신건강 목표를 성취하기 위해 개인 맞춤형 가이드를 제공받고, 그렇게 함으로써 보상받는 것을 지원하고자 만들어졌다. 다음의 예는 새로운 의학적 진단을 받은 개인이 어떻게 CafeWell 컨시어지와 상호작용함으로써 도움을 얻는지 보여준다. 의사로부터 방금 당뇨병 전증이라는 새로운 진단서를 받았다고 가정하자. 당신은 지난주에 내과전문의를 만나서 문진 후에 몇 가지 검사를 실시했다. 오늘 당신은 전화를 통해 당신의 진단에 대한 후속조치로서, 식습관을 바꾸고 20파운드를 감량하고 운동량을 늘릴 것을 권고 받았다. 그러나 당신은 음식점에서 대부분의 식사를 할 수 밖에 없는 출장 횟수가 매우 많고, 운동을 위해 헬스센터에 갈 시간은 절대로 없다. 이제 당신은 어떻게 할 것인가?

인지컴퓨팅 없이, 당신은 제2유형의 당뇨병에 대한 인터넷 검색을 통해, 혼란스럽고 두렵게 만드는 정보를 발견할지도 모른다. 비록 영양학적 정보를 검색하고 체중을 모니터링 하며 활동을 늘리도록 해줄 수 있는 어플리케이션들은 많이 있지만, 이것들은 단지 당뇨 직전단계에 대해서 일반적인 정보만을 제공할 뿐이다. 인지 어플리케이션은 당신에게 좀더 깊은 인사이트와 보다 높은 수준의 개인 맞춤형 서비스를 제공할 수 있다. CafeWell 컨시어지는 당신을 위해 지능형건강일정표를 생성하는데, 여기에는 영양학에 대한 비디오 코칭세션, 지역 음식점에서 음식의 선택, 당신의 BMI를 감소시키는데 도움이 되는 걸음걸이를 기록할 수 있는 기기, 그리고 추가적 지원을 위한 소셜 커뮤니티 등과 같은 프로그램과 리소스들이 포함된다.

CafeWell 컨시어지가 왓슨의 인지 능력을 기반으로 다양한 정보 소스들을 통합하고 분석함으로써 당신은 개인 서비스처럼 맞춤형의 지속적인 지원을 받을 수 있다.

GenieMD

GenieMD 역시 소비자들을 위해 인지 헬스 어플리케이션을 제공하는데 초점을 맞추고 있다. 이 회사의 미션은 고객이 헬스케어 제공자들과 보다 의미 있는 대화를 하도록 돕는 것이다. 전체적인 목표는 헬스케어 소비자가 그들의 건강과 그들이 사랑하는 사람의 건강을 관리하는데 보다 적극적인 역할을 수행하도록 돕는 것이다. 사용자는 자연어로 질문을 할 수 있고 개인 맞춤형 반응과 조언을 받을 수 있다. 사용자들은 모바일 어플리케이션을 통해 GenieMD를 액세스할 수 있다. 이 시스템을 통해서 낮은 비용으로 환자의 건강이 보다 향상되도록 하고 있다. GenieMD는 다양하게 분산된 소스들로부터 의학 정보를 수집해서 활용 가능하도록 만든다. IBM의 왓슨을 이용하고 있는 GenieMD는 Welltok과 유사한 개발 프로세스를 따르고 있다.

헬스 데이터 플랫폼

구글, 애플, 그리고 삼성 모두는 소비자 중심의 헬스 데이터 플랫폼을 개발하고 있다. 이 플랫폼들은 초기 단계에 있고, 이전 섹션에서 논의된 어플리케이션보다 좁은 범위의 유형과 다양성을 가진 데이터가 수집되고 있다. 구글은 개발자가 다양한 유형의 헬스 데이터를 관리하고 결합할 수 있도록 Google Fit APIs를 제공한다. 현재 수집되는 헬스 데이터는 일반적으로 FitBit, Nike Fuel Band, 그리고 생체측정 데이터를 감지할 수 있는 여러 의학 센서들과 같은 웨어러블 디바이스를 통해 얻어진다.

이러한 데이터에는 심장 박동수, 걸음걸이 수, 혈액의 당 수치 등이 있다. Nike Fuel Band는 Google Fit 플랫폼으로 수집되는 사용자의 헬스 데이터를 보여줄 수 있다.

EMR을 강화시키는 인지 어플리케이션

EMR(electronic medical record)은 헬스케어 제공자에 의해 디지털로 기록된 개별 환자들에 대한 의료 및 임상 데이터이다. 일반적으로 EMR은 진단과 치료를 위해 사용되는 환자에 대한 데이터를 저장하고 검색할 수 있도록 설계된다. EMR은 기본적인 레포팅 기능을 가지고 있는데, 예를 들어, 미리 정해진 기준에 의해 낮음 또는 높음으로 검사결과에 플래그를 다는 것이다. EMR은 세가지 주요 기능을 가지고 있는데, Think, Document, Act가 그것이다. 오늘날 의사들은 환자에 대한 EMR의 문서정보(Document)를 참고해서 환자를 위한 조치(Act)를 취한다. 그러나 EMR은, 환자에게 어떻게 최선의 케어를 제공할지 결정하는 측면에서의 "Thinking"은 제공하지 않는다. 머신러닝, 분석, 그리고 인지능력을 EMR로 결합시킨다면, 의사들이 진단결과가 나온 과정과 치료계획에 관련된 이슈들을 이해할 수 있을 것이다. 헬스케어 기관들은 다양한 제공자들 사이의 협업을 향상시키기 위해, 그리고 환자에게 보다 고품질의 개인 맞춤형 케어를 제공하기 위해, EMR에 있는 정보를 활용하는 방법을 찾는 것을 넘어서 EMR로부터 보다 큰 가치를 얻고자 노력하고 있다.

EMR 소프트웨어를 제공하고 있는 헬스케어 소프트웨어 기업인 에픽(Epic) 시스템은, 미국에서 대략 50퍼센트의 환자에 대한 의료 기록을 보유하고 있다. 이 기업은 EMR에 콘텐츠 분석 기능을 추가하기 위해 IBM과 파트너십을 맺고 있다. 이를 통해 의사들은 환자에 대한 텍스트 기반의 정보를 전자적 의료 기록으로써 활용할 수 있게 되었다. IBM의 자연어처리 소프트웨어와 콘텐츠 분석 기술은 의사들이 실시간으로 비정형 텍스트로부터 인사이트를 얻을 수 있도록 해준다. EMR이 인지시스템과 같이 사용될 수 있으며, 이는 의사들이 환자의 진단과 치료에 대한 복잡한 질문을 통해 응답을 얻을 수 있게 해준다. EMR에 저장된 정보는 인지시스템의 말뭉치 일부로 포함되거나, 인지시스템에 통합된 분석 엔진의 일부로써 사용될 수 있다. 에픽의 방식은, 의사가 환자에 대해 텍스트로 작성한 노트들을 분석하고 이러한 노트들을 환자 기록으로 포함시킬 수 있는 포맷으로 전환시킨다. 산업의 표준화된 진단과 치료 코드를 자동적으로 적용한다면 정확도와 효율성 측면에서 중대한 개선이 이루어질 것이다.

히다찌는 EMR의 비즈니스적 가치를 확대시킬 목적으로 헬스케어 기관들과 수많은 컨설팅 프로젝트를 진행하고 있다. 히다찌는 환자를 위한 치료계획이 최선의 선택이고 가장 비용효과적인지 판단하기 위해서 어떤 병원과 EMR 벤더와 함께 프로젝트를 진행하고 있다. 이 프로젝트에서 히다찌는 분석 엔진과 데이터베이스 추출 도구, 그리고 임상정보 저장소를 제공하고 있으며, 비정형 콘텐츠로부터 가치를 얻는 것이 핵심이다.

클리브랜드 클리닉(Cleveland Clinic)은 EMR의 활용성을 높이는데 초점을 맞추고, IBM 왓슨을 활용하여 인지 헬스케어시스템 작업을 하고 있다. 어떻게 EMR이 더 정확해지고, 의사들이 임상적 의사결정을 내리는 사고(thought) 프로세스에 대해서 학습하는 것을 도울 수 있는가? 클리브랜드 클리닉에 있는 마틴 해리스(Martin Harris) 박사는 모든 환자에 대한 하나의 통일되고 정확한 문제목록을 만드는 것이 얼마나 중요한지를 설명한다. 어떤 환자는 서로 다른 의학적 상태 때문에 네 명의 전문가를 필요로 할지도 모르지만, 환자의 이익을 위해서는 반드시 그 환자의 의학적 정보를 모두 포함하는 하나의 문제목록이 존재해야만 한다. EMR에서 어떤 정보가 누락된다면, 환자의 상태에 대한 정보가 불완전해질 수 있고 환자를 위험에 처하게 할 수도 있다. 비록 EMR이 중요한 정보의 일부를 누락시킬 위험이 존재하지만, 일반적으로 각 환자의 기록에는 검토할 수 있는 수많은 정보들이 있다. EMR에는 어떤 것도 삭제되지 않기 때문에 찾고자 하는 정보를 발견하기가 어려울 수도 있다. 만일 어떤 환자의 의학적 상태가 복잡하다면, EMR은 200 페이지 또는 그 이상이 될 수도 있다. EMR에 있는 환자 정보의 볼륨을 감안하면, 어떤 의사들은 구식의 종이 기록보다 EMR을 사용하는 것을 더 귀찮게 여길 수도 있다.

클리브랜드 클리닉은 포괄적인 지식베이스를 구축하고 있는데, IBM 왓슨을 사용해서 정보의 누락을 점검하고 EMR의 정확도를 개선하고 있다. 클리브랜드 클리닉은 EMR의 정보를, 그리고 의사와 병원의 입원 기록들을 포함하는 비정형 데이터를 함께 인지 시스템의 말뭉치로 유입시켰다. 비정형 데이터가 EMR의 문제목록과 비교되었을 때, 자주 누락되는 모든 것들이 식별될 수 있다. 인지시스템을 사용해서 질문을 하기 위해서는, 분석이 필요한 시점에서 병원이 한 환자에 대해 (누락 없이) 모든 정보를 취급하고 있다는 것에 대한 확신이 필요하다. 이 프로젝트의 목적은 환자의 상태에 대해 시각적으로 요약된 정보를 제공하는 EMR 보조시스템을 개발하는 것이다. 사용자들은 키워드를 입력함으로써, 환자의 의학적 기록을 찾는데 그리고 의사결정을 개선하는데 도움이 될 수 있는 시각화된 자료를 받을 수 있다.

임상교육을 위한 인지 어플리케이션

의료센터에 있는 시니어 그룹의 경험이 많은 의사들에게는 임상 진단과 치료에 대한 지식과 경험을 의대생과 레지던트들에게 전달해줄 책임이 있다. 이뿐만 아니라 규모가 큰 교육적 의료센터의 시니어 임상의와 연구원들은 작은 커뮤니티 병원들과 지식을 공유할 필요가 있다. 암과 같은 영역에서의 연구는 매우 빠르게 진전되고 있어서, 어떤 대형 의료센터의 전문가들은, 치료에 대한 새로운 정보가 커뮤니티 병원에서 제공되는 처방으로 전달되기까지 수년이 걸릴 수도 있다고 말하고 있다. 의학에서는, 누군가는 늘 학생이다. 의학의 하위 전문분야마다 전세계적인 주요 컨퍼런스가 개최되고 있는데, 여기서 많은 연구논문들이 발표되고 의료지식이 공유된다. 이뿐만 아니라, 의사들은 새로운 연구를 받아들이기 위해 저널 아티클들을 읽는다. 다수의 의사들이 사용하고 있는 서비스들 중 하나가 UpToDate인데, 이는 치료에 대한 증거를 바탕으로 제공되는 조언뿐만 아니라 최근의 의학 정보에 대해 편집된 요약 정보를 제공함으로써 임상적 의사결정을 지원한다. 이러한 모든 리소스들이 있음에도 불구하고, 약물과 치료에 대한 다양한 의사결정에 필요한, 모든 새로운 연구결과들을 습득한다는 것은 매우 힘든 일이다.

다음 세대의 전문의를 트레이닝 시키는 것은 시니어들에게 매우 중요한 일이다. 최고 수준의 여러 의료기관에 있는 리더 의사들은 의학적 중요사례와 진단기술에 대한 지식을 전달하는 어려운 작업에 새로운 차원을 열어줄지도 모르는 인지시스템을 개발하고 있다. 이러한 새로운 인지 시스템이 의료교육센터에서 시행되고 있는 도제식 전통적인 교육방법에 추가적인 어떤 역할을 할 것으로 기대되고 있다. 필드에서 시니어 전문가들 옆에 나란히 앉아서 훈련 받고 있는 의사들은 시니어들이 그들의 커리어를 통해 얻은 지식과 경험을 배우고 있다. 보스턴의 교육병원에 있는 한 신경과 전문의는 그의 역할을 "환자를 치료하는데 있어서 학생들이 따를 필요가 있는 행동의 모델이 되는 것"이라고 설명한다. 대다수의 의대생과 레지던트들이 그들의 병원 내에서 순회진료를 따라다니고 있다. 학생들은 각 세부 전문영역에서 다양한 질병의 환자들을 접할 필요가 있고 증상에 기반해서 어떻게 서로 다른 진단을 내리는지 배울 필요가 있다. 그러나, 그의 가르침은 질병의 증상과 처방을 이해하는 것 보다 훨씬 깊이가 있다. 그는 학생과 레지던트들이 무슨 질문을 해야 하고, 환자로부터 최적의 케어를 제공하는데 필요한 정보를 얻기 위해 어떻게 질문해야 하는지 가르친다.

클리브랜드 클리닉은 IBM과 함께, 학생들이 그들의 세부 전문영역 로테이션에서 배우는 것을 도와주기 위해 추가적인 정보를 제공할 Watson Paths라고 불리는 인지 시스템을 개발하고 있다. 일반적으로, 학생들은 일련의 세부 전문영역별로 로테이션을 하고 있는데, 각 로테이션마다 한달 또는 그 이상이 소요된다. 학생들의 임상 경험은 병원의 세부 전문영역 분야에 머무는 시간 동안 이루어진 경험에 따라 달라진다. 질병을 폭넓게 처방할 수 있도록 잘 훈련된 인지시스템은 의대생들이 학습하는 방식을 바꿀 수 있을 것이다.

만일 어떤 의대생이 로테이션 전에 인지시스템을 통해 학습한다면, 전체적인 트레이닝 프로세스가 보다 강력해지고 깊어질 수 있다. 만일 그 학생이 어떤 가장 일반적인 상태에 대해 진단을 내리는 프로세스를 잘 이해하고 있다면, 참석한 의사는 보다 덜 분명한 진단에 초점을 맞출 수 있을 것이다. 정확한 진단을 내리기 위해 가능한 많은 정보를 수집하는데 초점이 맞추어질 필요가 있다. ICD-9에 약 13,000개의 진단 코드들이, ICD-10에는 68,000개 이상의 진단코드들이 있다는 것을 고려해보면, 학생들에게는 어마어마한 양의 학습이 필요하다는 것을 알 수 있다. 훌륭한 내과의사는 약 600개의 진단에 대해서 알고 있는 반면에, 세부 전문가는 60개의 진단에 대해서 깊은 지식을 가지고 있을 수 있다. 다행히 인지시스템은 매우 큰 스케일로 정보를 유입할 수 있다. (트레이닝을 마친) 인지시스템은 최고의 600개의 진단에 대한 시나리오를 생성할 수 있고 의대생에게 진단을 내리는 단계별 접근을 보여줌으로써 그들을 가이드 해줄 수 있다. 인지시스템이 그들의 가설과 결론을 지원하는데 사용되는 증거를 계속 추적할 수 있게 함으로써, 그들의 진단이 옳다는 결과에 대해 확신할 수 있는 것이다.

학생들은 Watson Paths와의 상호작용을 통해, 어떤 일련의 문제들을 가지고 있는 환자를 치료하기 위한 다양한 방법들을 배울 수 있다. 학생들은 의사와 환자가 선택한 치료 방법을 기준으로 참고 그래프와 치료결과에 대한 확률을 제공하는 시스템과 상호작용 할 수 있다. Watson Paths는 증거기반의 학습에 초점을 맞추는데, 이는 선택된 치료 방법들의 영향을 검증하고 계수화 하는 것이다. 이 시스템은 의사결정마다 주석을 다는데, 이는 학생이 그들의 결정이 미치는 영향을 학습하도록 도울 것이다. 시스템의 머신러닝 능력으로 인해서, 보다 많은 사람이 Watson Paths와 상호작용할수록, 정확도와 이해도는 더욱 상승될 것이다.

MSK(Memorial Sloan Kettering) 역시 왓슨을 이용하는 의료 인지시스템을 개발하기 위해 IBM과 일하고 있다. MSK는 세계에서 가장 상위의 암 연구 및 치료 센터들 중 하나이며, 여기의 리더 의사들은, 새로운 연구가 대형 암 센터에 기반을 두지 않는 수천의 의학적 그리고 외과적 종양학자들에게 전달되는 데 소요되는 긴 시간에 대한 우려를 가지고 있다. MSK는 암 진단과 치료에 대한 의학적 지식을 공유하는 것이 그들의 중요한 미션 중에 하나라고 생각하고 있다. 이 메디컬 센터에서는 30명 이상의 의사들이 대량의 환자 데이터베이스로부터 데이터를 시스템으로 유입시키고 왓슨을 트레이닝 시키는 일을 하고 있다.

특별한 암 환자를 치료하는 데는 일반적으로 하나 이상의 방법이 존재한다. MSK는 의사가 여러 가지 방식들 중 어떤 방식을 선택했을 때 가능한 결과를 평가할 수 있도록 왓슨을 트레이닝 시키고 있다. 종양학 인지시스템이 새로운 치료법이 전파되는 속도를 증가시킬 것으로 기대되고 있다. 왓슨은 환자를 위한 최선의 치료방식에 대한 의사결정을 내릴 수 있도록 의사들을 지원할 것이다.

요약

이 장의 전반부에 인지 헬스 어플리케이션은 초기 단계에 있다고 언급하였다. 이러한 어플리케이션들이 얼마나 빠르게 진화하고 헬스케어 에코시스템 전반에 걸쳐 통합된 방식으로 운영될 것인가를 예측하기는 쉽지 않다. 그러나 인지컴퓨팅에서 헬스케어 전문가들과 기술적 리더들 사이에 빠르게 형성되고 있는 막대한 파트너십은 개발 속도가 빠르게 증가할 것이라는 것을 보여주고 있다. 인지 헬스케어 어플리케이션의 개발에 시간과 자금의 투자가 증가하고 있는 데는 많은 이유가 있다. 헬스케어 에코시스템 내에서 빠르게 증가하고 있는 대량의 정형과 비정형 데이터로부터 인사이트를 얻고자 하는 것이 인지 헬스케어 어플리케이션을 개발하고자 하는 가장 강력한 동력이 되고 있다. 헬스케어 에코시스템 내에서 생성되는 데이터가 잘 통합되지도 않고 쉽게 공유되지도 않는 과잉상태로 존재하고 있는 것이다.

초기 헬스케어 인지컴퓨팅에서는 환자가 어떻게 그들 자신의 데이터 생성과 활용에 참여하는가에 많은 초점이 맞추어졌다. Welltok의 CafeWell 컨시어지와 GenieMD는 이러한 유형을 대표하는 사례들이다. 이러한 어플리케이션들은 환자가 어떻게 헬스케어 제공자와 커뮤니케이션을 하고 그들의 의학적 상태에 대하여 의미 있는 방식으로 정보를 액세스할 것인가에 초점을 맞추었다. 이들은 헬스케어 소비자들이 그들의 전체적인 건강을 증진시키기 위해 식습관과 운동에 우선순위를 맞추도록 도와주는 실용적인 어플리케이션이다. 다른 측면에서 보면, 의학적 중요사례들로부터 무엇을 배울 수 있을 것인가에 초점을 맞춘 흥미 있는 어플리케이션들도 있다. 임상의와 연구원들은 매일 사람의 생명에 영향을 주는 의사결정을 내린다. 이러한 의사결정들은 중요사례에 대한 포괄적인 이해 없이 이루어질 때도 많다. 새로운 인지 헬스 어플리케이션의 목표는 모든 의사들이 잘 훈련된 인지시스템과의 협업을 통해서 그들의 진단과 치료선택에 대해 평가할 수 있는 기회를 갖게 하는 것이다.

12

스마터 시티: 공공의 인지컴퓨팅

전세계적인 도시화 추세로 인하여 발생하고 있는 다양한 문제들을 어떻게 기술을 이용해서 해결할 것인가 하는 것이 21세기 최대의 도전과제 중 하나가 되었다. 도시의 모든 곳에서, 증가하고 있는 인구밀도는 물리적 시스템과 자원에 부담을 주고 있다. 이러한 상황에서 개별 시스템들은 각각 자신의 단위 기능을 수행하기 위해 데이터를 수집하고 관리해왔다. 그러나 핵심 정보가 특정 서비스들 사이에서 공유되지 않으면, 안전에 관련된 이슈나 서비스를 최적화 할 수 있는 기회를 놓치게 된다.

인지컴퓨팅의 이점은, 데이터의 활용을 통해서 대도시 지역이 진화하고, 더 스마트해지며, 예상되거나 되지 않는 사건들을 효과적으로 처리할 수 있게 된다는 것이다. 그러므로 도시의 기능을 향상시키기 위해서는, 시간의 경과에 따라 데이터의 경험과 패턴으로부터 학습을 수행하는 것이 중요하다. 이 장은 도시가 직면하고 있는 문제들을 살펴보고, 인지컴퓨팅이 어떻게 도시가 운영되는 방식을 변환시킬 수 있는지 보여줄 것이다.

도시가 운영되는 방식

도시는 도로, 빌딩, 다리, 공원, 그리고 심지어 도시에서 발견되는 사람들이 전부가 아니다. 세계를 둘러싼 도시들은 수세기 동안 유사한 방식으로 진화해왔는데, 상황과 기술의 변화에 따라 주민들에게 적절한 서비스를 제공할 필요성에 따라 도시의 기관들이 생성되었다. 이러한 기관에게는 구성원들을 위해 필요한 데이터를 수집하고 그 데이터를 관리할 수 있는 능력이 요구되었다. 예를 들어, 인구밀도로 인한 질병의 빠른 확산이 공공의 건강이슈가 되었고, 이로 인해 공공의 건강데이터를 추적할 필요성이 생겼다. 또한 자동차와 비행기 같은 새로운 유형의 교통수단의 등장으로 보다 많은 데이터의 수집을 필요로 하는 새로운 교통관리부서가 필요해졌다.

지난 역사를 통해서, 이러한 기관에 의해 종이 기록물들이 생성되었는데, 이는 도시가 프로세스를 관리하는 전형적인 방법이었다. 종이 기록의 문제는 명백하다, 즉 저장하는데 비용이 많이 들고, 검색이 불편하며, 물이나 불 심지어 설치류에 의해 손상되거나 유실되기 쉽다는 것이다. 종이 문서에서 텍스트를 쉽게 찾기 위해 OCR(optical character recognition)로 스캔이 될 수 있지만 문제를 해결하지는 못했다. 이러한 문서들의 맥락과 의미 그리고 이력을 통해 인사이트를 얻을 수 있는 방법은 여전히 존재하지 않는다. 근본적인 이슈는, 문서에는 심층 구조가 존재한다는 것인데, 이러한 구조에는 암묵적인 가상의 정보가 담겨 있다는 것이다.

모든 데이터가 수작업에 의해 생성되고 종이 문서의 형태로 관리되면, 이들 간의 관계나 종속성을 인식하는 것은 어렵거나 불가능하다. 예를 들어, 교육과 위생의 관계, 위생과 질병의 관계, 범죄와 빈곤의 관계는 오늘날 우리에게 명백하다. 그러나 이러한 패턴들을 알아내기 위해 서로 다른 기관이나 부서들로부터 생성된 데이터를 분석할 수 있는 방법 없이는, 근거가 되는 데이터에 대한 탐색 없이 생성된 인사이트와 가설들에 의존할 수 밖에 없었다. 도시가 사일로 형태로 구성된 부서 형태로 성장함에 따라, 예산의 우선순위를 정하기 위해 여러 부서에 걸쳐 데이터를 살펴보는 것이 점점 더 어려워지게 되었다. 조각들을 함께 모으고 경험으로부터 배울 수 있는 체계적인 방법이 없었다. 정보에 있는 실제 가치는 사람들의 두뇌 속에 남아 있었다.

발전된 기술덕분에 보다 효율적으로, 데이터를 수집 관리 분석하고, 시나리오를 이해하고 설명하고, 결과 예측을 획기적으로 개선할 수 있게 되었다. 지난 몇 십 년에 걸쳐서 데이터 중심의 도시 행정으로 획기적인 진전이 이루어졌다. 변화하는 니즈를 지원하기 위해서는, 데이터베이스의 데이터를 단순히 관리하는 것에서 벗어나서 이러한 데이터를 기반으로 보다 나은 의사결정을 할 수 있도록 분석 도구의 적용을 필요로 한다.

그림 12-1에서 보여주듯이, 데이터관리는 문서 중심의 사일로에서 표준 기반의 정형과 비정형 데이터가 통합되는 저장소로 전환되는 과정에 있다. 수작업 시스템을 벗어나 센서 기반의 관련 데이터를 생성하는 것으로 프로세스가 극적으로 변하고 있고, 보유한 데이터와 경험으로부터 학습할 수 있는 시스템을 개발하는 새로운 기회가 열리고 있다.

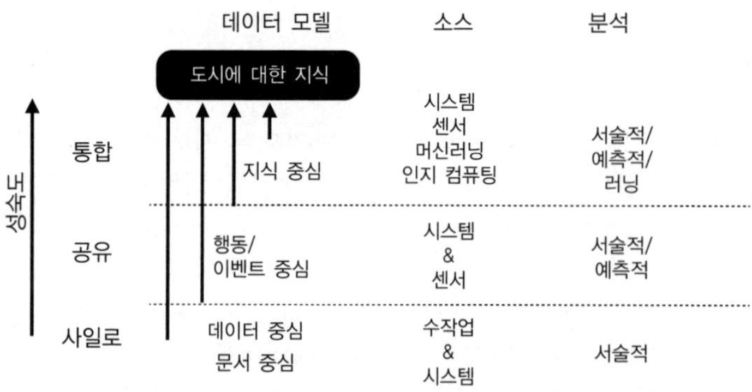

그림 12-1: 스마터시티를 위한 기본적인 인지컴퓨팅

예를 들어, 현대의 교통부서는 특정 시간대에 특정 지점을 지나는 자동차의 수를 보다 정확히 결정하기 위해서, 센서나 무선 응답기, 비디오 이미지를 위한 폐쇄회로 TV, 또는 모바일 폰 타워의 핑(ping)을 사용할 수 있다. 이러한 시스템들은 어디서 데이터가 생성되었고 어디를 향해 가는지 정확하게 추적할 수 있다. "누가"를 아는 것이 단순히 "얼마나 많이"를 아는 것보다 계획과 운영 측면에서 훨씬 더 가치가 있다. 트래픽 카운트가 기계적 또는 수작업 기록에 의해 이루어질 때, 이 작업자는 단지 얼마나 많은 차량이 지나 갔는지를 알 뿐이다. "누구"(비록 익명으로라도), "어디로", 그리고 "어디서부터"에 대해 보다 자세한 정보를 가진다면, 시뮬레이션 하는 것 보다 훨씬 더 정확하게 흐름을 예측할 수 있는 모델을 구축하는 것이 가능하고, 머신러닝 알고리즘을 이용하면 심지어 실제 상황에 근거해서 교통신호를 맞춤으로써 교통흐름을 제어할 수 있게 된다.

헬스로부터 시작해서 안전과 교육과 같은 다른 영역까지, 데이터 수집 기회에 있어서 유사한 발전이 이루어짐에 따라, 분석을 위한 새롭게 개선된 기회들이 생겨나고 있다. 전 부서에 걸쳐 정형과 비정형의 모든 소스들로부터 데이터가 수집되고, 기관 상호간에 공유가 가능한 표준 포맷이 가능해짐에 따라, 도시는 더 스마트한 어플리케이션을 개발하기 위한 데이터가 풍부한 이상적인 환경이 되어가고 있다.

스마트 시티의 특징

앞서 언급했듯이, 도시는 서로 협력해야만 하는 복잡한 시스템들의 조합으로 이해하는 것이 최선이며, 때로는 도시를 시스템의 시스템으로 부른다. 이것이 도시와 대도시 지역을 운영하기 어렵게 만드는 이유다. 뉴욕이나 도쿄 같은 전형적인 대도시를 예로 들어보자. 이러한 도시는 도로와 교량, 상업과 거주 빌딩들, 공공교통시스템, 개인 교통수단, 상하수도시스템, 학교, 그리고 공공 안전기반시설 등을 포함하고 있다. 이들 각 요소가 그 자체로 하나의 거대한 시스템이지만, 이들은 모두 상호의존적이다.

운영관점에서 보면, 관리자가 도시가 잘 작동되도록 관리하고 개선하는 최선의 실행 방법을 얼마나 잘 찾아내는가에 도시의 운영이 좌우된다고 볼 수 있다. 그러나 도시가 계속 성장함에 따라, 데이터를 통해 접근해야 하는 문제들에 관리자들이 체계적으로 접근하는 것이 불가능해지고 있다.

만일 충분한 데이터가 수집되고, 분석되고, 관리되어서 핵심적인 개선이 이루어질 수 있다면, 도시는 보다 더 스마트해질 수 있다. 도시가 스마트해진다는 것은 무엇을 의미하는가? 이것은 다양한 소스들로부터 필요한 정보가 수집되고 도시의 인프라스트럭처를 구성하는 영역들을 정의하는 통합된 데이터의 말뭉치를 기반으로 도시를 운영하는 것을 의미한다.

그림 12-2는 기본적인 (소방, 경찰과 같은) 안전 서비스부터, (수도, 전기, 가스 같은) 유틸리티, 공중보건, 교통, 그리고 인적자본관리까지 전형적인 정부기관들을 나타낸다. 시민이 개인으로서 모바일 인터넷에 지속적으로 접근하여 언제 어디서나 정부와 상호작용하는데 익숙해짐으로써, 커뮤니티 참여를 도시나 지정학적 단위의 차별화된

특성 또는 기능으로 볼 수 있다. 다음 섹션들은 이러한 기능들을 세분화해서 살펴본다.

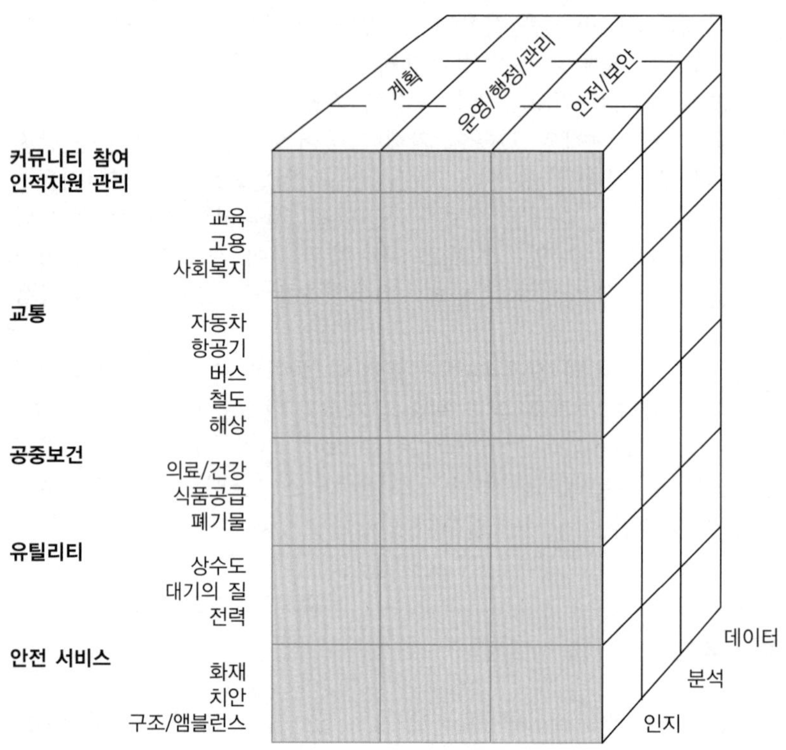

그림 12-2: 도시 데이터/지식 관리

기획을 위한 데이터 수집

도시의 각 기관들은 계획, 운영, 그리고 안전과 보안을 위해 데이터를 수집하고 있는데, 이는 모두가 계속 진행 중인 활동이다. 스마터 시티를 향하기 위해서는 각 단계에서 보다 향상된 수집과 분석 기술을 필요로 한다.

도시계획을 통해 도시의 성장을 촉진하기 위한 다양한 활동에 폭넓게 관심을 기울이는 것이 필요하다. 도시가 지속 가능하게 성장할 수 있는 적절한 운영 규모도 함께 고려되어야 한다. 이뿐만 아니라 성장은 시민들의 삶의 질을 향상시키도록 계획되어야만 한다. 계획하는 사람은 다양한 선택들을 평가하고 이것들을 정책으로 채택한다. 관리자들은 계획을 위한 그들의 직관과 미래에 대한 의사결정을 위해 데이터를 사용해야 한다. 최고의 의사결정자는 어떤 것이 제대로 작동하고 어떤 것이 문제를 일으킬 것인지 이해할 수 있는 충분한 경험을 가지고 있어야 한다. 그러나, 지식이 가장 풍부한 관리자들도 분석적인 데이터로부터 도움을 받아야 한다. 기상이변의 추세는 어떠한가? 지역 내의 불안, 농업 실패, 극단적인 인구 이동을 유발할 지도 모르는 어떤 사건들이 발생하고 있는가? 무엇 때문에 산업 내에서 수익이 이동하고 있는가? 임금은 어떻게 전망되는가? 이러한 모든 요인들이 대도시의 효율적이고 효과적인 운영에 어떻게 영향을 미칠 것인가? 만일 도시를 운영하고 있는 이러한 전문가들이 패턴과 이상징후들을 찾아낼 수 있는 분석으로 무장한다면, 그들은 변화에 대해 더 잘 준비할 수 있을 것이다.

인지컴퓨팅 어플리케이션은 역동적으로 계획을 역동적으로 수립하는데 매우 적합하다. 인지 계획 시스템을 위한 핵심 기술은 가설의 생성과 검증, 머신러닝, 예측적 분석 등이다. 방대한 양의 비정형 자연어 텍스트를 읽고 관련된 이벤트와 트랜드를 분석할 수 있는 이 시스템의 능력 덕분에 계획자들은 시간이 지나면서 어디에서나 보다 효과적으로 일을 할 수 있을 것이다. 인지시스템은 단순히 과거 이벤트들로부터 데이터를 분석하는 것이 아니고 도시가 운영되는 방식에 영향을 주는 모든 데이터를 수집한다. 이 시스템은 데이터 요소들 사이의 맥락과 관계들을 살펴보고 시간이 흐름에 따라 유입되고 관리되는 데이터로부터 학습을 수행한다.

운영관리

정책이 현장에 적용되면, 다양한 기관들이 일상적 운영에서 이를 관리할 필요가 있다. 물론 데이터와 간단한 분석의 사용을 통해서 대부분의 부서 운영방식이 변화되었다. 공공기관들에 의해 "공공 데이터" 저장소가 생성됨으로써 정부 프로세스의 가시성이 증가되고 지역 사회의 참여를 향상시킬 수 있다. 이와 동시에, 이러한 공개 프로세스는 상업적 벤처들이 데이터 분석을 통해 가치를 창출할 수 있는 기회를 만들거나 또는 단순히 데이터가 대중들에게 표현되는 방식을 개선시키고 있다.

내부적으로, 이러한 새로운 데이터는 처방적 분석을 기반으로 한 시스템을 보다 효과적으로 만들기 때문 공무원에게도 보다 큰 가치를 제공한다. 도시 관리자와 계획자는 도시의 장비나 인프라의 오류를 예측하고, 비용 증가 없이 더 좋은 서비스를 제공하기 위해서 항상 노력하고 있다. 인지컴퓨팅 같은 방식의 솔루션은 곧 도시운영센터의 중심이 될 것인데, 이는 이러한 시스템이 "고정관념에서 탈피하기"위해서 지역의 현실들을 인지하는 동안 정책에 있는 규칙을 학습할 수 있기 때문이다. 오늘날 항공기와 같이 고가의 복잡한 기계를 만드는 기업들은 이미 머신러닝을 사용하여 기계적인 결함을 예측하고 부품의 교환이 올바른 장소에서 이루어졌는지 확인하고 있다. 미래에는, 이러한 시스템 없이 얼어붙은 도로에 소금을 뿌리는 것과 같이, 스마트하지 못한 보수와 유지관리를 하는 도시는 없을 것이다.

보안과 위협 관리

사실상 모든 도시들은 공공의 안전과 보안에 대해 어느 정도 책임을 지고 있는 상황이다. 긴급구조를 넘어서, 자연재해와 범죄의 위협으로부터 시민들을 보호하는 것이 주된 관심사다. 거의 경고 없이 발생할 수 있는 잠재적 위협을(가스관의 누출이나 폭발, 그리고 허리케인까지) 식별하기 위해서는, 내부와 외부의 위협들이 반드시 모니터링 되고, 액세스되고, 그리고 측정되거나 대응지침에 맞추어져야 한다. 인지 시스템은 센서, 소셜미디어 그리고 커뮤니티 사이트의 데이터와 결합된 다양한 비정형 문서 소스들로부터 트랜드와 이벤트를 식별하기 위해 설계된다. 안전과 보안에 대한 이니셔티브가 보다 효율적이고 목표지향적이기 위해서는 이러한 모든 데이터가 활용될 필요가 있기 때문이다.

시민이 생성한 문서와 데이터의 관리

교통, 공공보건, 안전서비스와 같은 중요한 각 기관들마다, 기반기술과 인지 워크로드의 역할이 있다 (2장의 그림 2-1 참조). 정부와의 이러한 상호작용에서 시민은 상당한 양의 데이터를 생성한다. 모두 데이터를 생성하거나 수집하기 때문에 (그림 12-1 참조), 정형과 비정형의 데이터 관리 워크로드가 요구된다. 각 기관의 상층부에 있는 시니어 관리자는 운영을 계획하고 관리하는 역할을 하고 있다. 따라서, 이러한 관리자는 가설의 생성과 평가를 돕는 인지 보조원을 활용함으로써 인사이트를 얻을 수 있고 적절한 조치를 빠르게 취할 수 있을 것이다. 경험으로부터 오는 지혜는, 한번 확실하게 드러내서, 기관의 말뭉치에 코드화됨으로써 모든 레벨의 작업자들이 보다 효과적으로 일하는데 사용될 수 있을 것이다.

대중에게서 요청을 받거나 거주자에게 도움을 제공하는 모든 시스템은 자연어처리 인터페이스를 유익하게 활용함으로써, 거주자나 공무원들과의 상호작용과 센서 데이터를 바탕으로 말뭉치를 구축할 수 있고, 이는 시스템이 실제로 경험으로부터 학습할 수 있도록 함으로써 가장 큰 가치가 창출될 수 있다. 예를 들어, 센서의 정보와 시민들로부터 즉석에서 자연어로 얻어진 정보가 교통부서의 시스템으로 연결됨으로써, 실시간으로 도로의 상태와 교통흐름에 대해 정보가 업데이트되는 교통시스템은, 이러한 구성요소들 중 하나라도 누락된 시스템보다, 도로 수리를 위해 적절한 시간에 적절한 장비들을 효과적으로 보내게 될 것이고, 효과적으로 예방 정비를 시작하거나, 또는 심지어 효과적으로 시스템 업그레이드 일정을 잡을 수 있을 것이다. 모든 인지컴퓨팅 솔루션의 특징으로 정의된 바와 같이, 경험으로부터 학습하는 것이 핵심 기술이다.

정부기관들의 데이터 통합

정부 기관들간 상호교류의 중요성은 아무리 강조해도 지나치지 않다. 만일 물, 전기, 또는 가스 라인의 교체나 보수작업이 필요하다면, 연관된 지역의 전반적인 인프라에 영향을 미치게 될 것이다. 예를 들어, 가스관의 교체는 교통흐름을 돌려야 하거나, 심지어 주요 고속도로를 재포장해야만 한다는 것을 의미할 수도 있다. 유틸리티 관리에 책임을 지고 있는 기관은 핵심적인 정보를 교통계획시스템과 공유함으로써 혼란을 최소화하고 시민들이 대비할 수 있게 해야 할 것이다. 주요 이벤트를 예측하고 대체 루트를 계획하는 것은 도시 관리자가 변화하는데 도움이 될 수 있다. 다시 말하면,

경험으로부터 학습하는 시스템은 부서간의 데이터를 더 잘 공유함으로써, 전체적인 시스템이 보다 효과적이 되도록 할 수 있다. 모든 계획된 또는 계획되지 않은 활동들에 대한 인사이트를 가질 수 있는 관리자는 세상에 없다. 그러나 모든 기관들로부터 데이터와 지식을 모아놓은 공동 말뭉치를 가진 통합된 인지컴퓨팅 시스템은 모든 이벤트를 수집하고 기관들 사이에 필요한 정보를 공유할 수 있다.

학습 방식에는 "빠른 사고(fast thinking)"과 "느린 사고(slow thinking)"이 있다. 빠른 사고를 필요로 하는 과업은 관리자가 어려운 분석 없이 취할 수 있는 직관적인 행동을 필요로 하는데, 예를 들면, 시민 불만에 대한 대응하거나 곧 닥칠 기상 이변에 대해 시민에게 경고경보를 발령하는 일이 그것이다. 반면에 느린 사고는 깊은 생각, 분석, 그리고 판단을 필요로 한다. 도시 시스템에서는, 빠른 사고가 필요한 업무가 자동화됨으로써 도시 근무자나 시민들에게 사전에 결정된 응답을 제공하게 되어 기관이 보다 효율적으로 일할 수 있게 해준다. 이러한 시스템에 대한 액세스는, 미국에서 잘 알려진 311 정보 시스템을 통해서 요청되거나, 또는 가스 유출 시 대피시킬 필요나 경찰의 긴급통제기간 동안 그 자리에 남아있게 하기 위해 일정한 지역 내의 사람들에게 경보를 보내는 것과 같은 이벤트 기반으로 요청될 필요가 있다. 이러한 응답과 공지는 인지컴퓨팅 시스템 내에서 관리되는 지식을 기반으로 이루어질 수 있는데, 이는 시스템이 이벤트, 사람, 시스템 등과 같은 요소들 사이의 맥락을 이해하고 있기 때문이다. 인지시스템은 관계와 패턴들을 이해하도록 설계된다.

복수의 시나리오에 대한 고려가 필요한 느린 사고 문제를 위해서, 또는 단일의 정답이 없는 상황을 위해서, 인지컴퓨팅 시스템은 확률적으로 반응할 수 있다. 사용자나 고용인 또는 거주민에 대한 지식은 시스템이 보다 관련성 있는 응답을 할 수 있게 해준다. 전염병이 발생할 가능성에 직면했을 때 어떤 조치들을 취해야 하는지 결정해야 하는 공중보건 관리자에게, 11장에서 논의되었던 것과 같은 신뢰도와 함께 제공되는 선택적 대안들이, 백신의 공급이 적절한지 또는 치료가 적절히 제공될 수 있는지 확신하는데 도움이 될 수 있다. 이 시스템을 교육시스템과 통합하는 것은 버스 운행 계획에 파급효과를 가져올 수 있는데, 이는 순차적으로 운송물류에 영향을 미칠 수 있다. 도시에서는, 모든 것이 연결되고 상호의존적이 된다. 도시 말뭉치를 공유하고 오픈 데이터에 의해 지원되는 통합된 인지컴퓨팅 어플리케이션은 그러한 상호의존성을 약점이 아닌 강점으로 만들 수 있을 것이다.

인지 도시를 활성화시키는 데이터 공유

국가는 자신의 고유 목적을 훼손하지 않을 때 개인과 기업에게 가치를 제공할 수 있는 데이터를 오랫동안 공유해왔다. 19세기의 해상지도부터 20세기의 GPS데이터까지, 데이터를 공유하는 것이 점점 기본적인 트랜드로 자리잡고 있다. 21세기에, 이러한 트랜드는 도시들 사이에 더욱 가속화되고 있으며, 이는 공개된 데이터의 전파에 영향을 미치는 보다 발전된 커뮤니케이션 시스템, 표준화, 그리고 규정 등에 의해서 더욱 수월해지고 있다.

2012년 3월에, 뉴욕의 시장 블룸버그는 New York City Open Data Policy (Introductory Number 29-A)에 사인을 하고, 공공데이터가 온라인으로 공유 가능하도록 모든 기관들을 위해 표준을 만들고 공표하는 임무를 IT통신부서에 부여했다. 이러한 이니셔티브의 목적은 모든 기관들이 생성하는 공공 데이터에 대한 액세스를 2018년까지 단일 웹 포털을 통해 제공하는 것이었다. NYC 기관들, 위원회들, 그리고 여러 그룹들로부터 생성된 공공 데이터 1000세트 이상이, 개인적으로 그리고 상업적으로 다양하게 활용이 가능해졌다.

NYC는 "시민의 문제들을 해결하고 뉴요커의 삶의 질을 향상시키기 위한 새로운 또는 기존의 프로젝트들을 진전시키고자 하는 팀들에게 도움을" 주고자 BigApps라는 프로그램도 마련했다. 이들은 상금(2014년 전체적으로 100,000불 이상)을 위해서는 경쟁했지만, 오픈 데이터를 사용하는 어플리케이션을 개발하고자 시민조직들과 함께 일을 했다.

데이터를 가능하도록 만드는 것이 첫 번째 단계지만, 오늘날의 문제는 데이터의 부족이나 심지어 데이터에 접근이 어렵다는 것이 아니다. 문제는 모든 데이터에 실제로 존재하는 가치가 무엇인지 이해할 수 있는 능력이다. 떠오르는 인지컴퓨팅 솔루션을 구성하는 기본적인 기술들을 사용함으로써, 데이터가 현대의 대도시 지역이 관리되는 방식을 다이내믹하게 혁신할 수 있을 것이다.

IoE(Internet of Everything)과 스마터(Smarter) 시티

이전 장에서는 인지컴퓨팅을 가능하게 하는 기술들에 대해서 알아보았다. 여기서는 공공 영역의 인지컴퓨팅을 위한 두 가지 핵심적인 질문에 대한 대답을 발견할 수 있을 것이다, 즉 "데이터는 어디에서 오는가?" 그리고 "가치는 어떻게 창출되는가?" 이제 첫 번째 질문을 살펴보자. 현대의 스마트 도시 또는 더 스마트해지고 싶은 염원을 가진 도시에서, 데이터는 세가지 주요 소스들로부터 얻어지는데, 시민, 정부, 그리고 비즈니스가 그것이다. 비즈니스의 경우, 대부분의 정보는 스마트빌딩들로부터 나오는데, 이는 모든 내부 시스템과 난방설비, 환기 및 공기조절 설비, 수도, 전력, 운송(엘리베이터와 에스컬레이터), 그리고 보안 설비들로부터 나오는 정보를 조정하는 시스템에 의해 운영된다. 모든 종류의 디바이스들을 인터넷에 연결할 수 있게 해주는 표준을 적용하는 것은, 연결할 수 있는 모든 것이 연결될 미래에 대하여 쉽게 상상할 수 있게 해준다. 인터넷 프로토콜 어드레스를 (IP_address) 디바이스에 부여함으로써 그 디바이스를 다른 존재들로부터 독립적으로 식별할 수 있게 해주며, 인터넷상에서 그 어떤 것과도 정보를 공유할 수 있는 가능성을 열어준다. 컴퓨터는 인터넷 통신에 있어서 더 이상 유일한 존재가 아니다. 센서를 장착한 다양한 디바이스들이 증가하고 있다. 오늘날, 냉장고, 스마트 시계와 옷을 포함한 디바이스들이 기계와 기계의 통신을 가능하게 해주는 기능을 포함하고 있다. 꼭 필요할 때 꼭 필요한 것만 알려주는 방식으로 이러한 센서 기반의 시스템을 사용해서 요약 정보가 수신 시스템이나 사람에게 제공된다. 이러한 소위 IoT(Internet of Things) 또는 IoE(Internet of Everything)는 비즈니스와 정부가 사람들이 그들의 일상을 영위함에 따라 그들에 대한 모든 종류의 데이터를 드러나지 않게 수집하거나 얻어낼 수 있도록 해줄 것이다. 그리고 그 대부분이 기꺼이 허용되거나 큰 저항감 없이 이루어질 것이다. 가정에서 에너지 사용량을 측정하는 스마트 미터기부터, 정차할 필요 없이 톨게이트를 통과할 수 있게 해주는 무선 응답기와, 우리의 자동차에서 가속과 위치를 모니터링 할 수 있는 장치들과, 집단과 개인의 움직임을 감시할 수 있는 폐쇄회로 TV카메라까지, 데이터의 생성은 무궁무진하다.

이러한 도시 중심의 빅데이터는, 예측적 분석 알고리즘에 사용되거나 인지컴퓨팅 솔루션을 위한 말뭉치로 개발된다면 이전에는 발견할 수 없었던 새로운 인사이트를 제공할 수 있을 것이다. 이러한 인사이트는 개별부서 내에 데이터가 보관되고 다른 부서와 공유하는 것에 대한 인센티브 없이 분석된다면 절대로 발견될 수 없을 것이다. 이러한 데이터 통합으로 인지컴퓨팅 어플리케이션이 향후 십 년을 위한 스마터 시티를 만드는 것이 가능하게 될 것이다.

데이터의 권리와 가치에 대한 이해

새로운 인지컴퓨팅 시대에, 누가 그 데이터를 소유하는가, 누가 그 데이터로부터 이익을 얻고 있는가, 누가 그 데이터를 지식으로 변환시키는가, 그리고 누가 그 지식을 소유하는가 하는 전통적인 질문들이 중요하게 등장하고 있는데, 이는 상호연결이 삶의 질을 향상시키기 위한 새로운 기회를 창출하고 있기 때문이다. 동시에 이 질문들은 프라이버시와 보안의 모든 필요성을 제거할 것 같이 위협하고 있다.

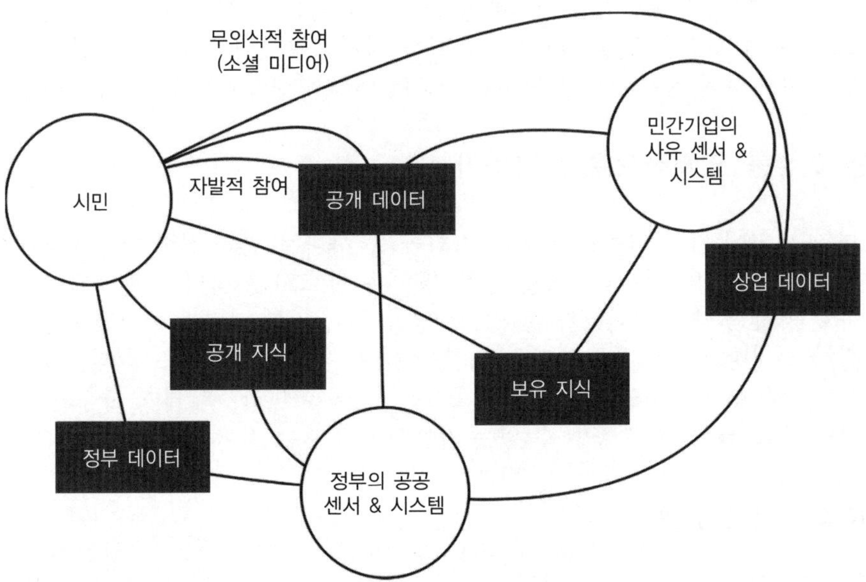

그림 12-3: 현대 도시의 데이터 소스와 관리자

그림 12-3은 시민과 비즈니스 그리고 정부 사이의 몇 가지 중요한 관계를 보여주는데, 이 관계는 지식 생성의 선순환을 가능하게 해준다. 소셜미디어의 출현과 명시적으로 그리고 암묵적으로 데이터를 레포팅 하는 시민들의 놀라운 참여덕분에 도시는 매일 점점 더 스마트해지고 있다. 명시적 데이터 레포팅에는 보스턴에 있는 Street-Bump(과속방지턱이 있는 곳을 알려준다)같은 어플리케이션이 있는데, 이러한 모바일 앱은 포트홀과 같은 잠재적 문제들을 식별하기 위해 사용자의 GPS와 가속도계를 모니터링 함으로써 도시의 도로에 대한 실시간 데이터를 수집한다.

암묵적인 데이터 레포팅에는 정부 기관이 관심을 같은 소셜미디어상에서 이루어지는 정부의 활동에 대한 대중의 코멘트 등이 포함된다. 또한 소매상점에 있는 포인트적립 프로그램으로부터 CCTV네트워크가 있는 공개 공간에서 사용되는 안면인식 소프트웨어까지, 정보가 수집되고 있는 가능성에 대해 거의 생각하지 않고 일반적으로 사용되는 시스템과 센서들도 포함된다.

주요 도시기능에 스마터 기술 적용

이 섹션에서는 인지 그리고 예비인지 솔루션을 구현하는데 앞서 있는 벤더들과 협업해서 이미 작업을 하고 있는 도시에 있는 프로젝트들에 대해 조사한 내용을 간략히 소개하는데, 이 프로젝트들은 미래 인지컴퓨팅을 위한 길을 닦는 예측 분석과 같은 기술에 기반을 두고 있다. 인지컴퓨팅 분야가 성숙도 측면에서 여전히 초기에 있기 때문에, 대부분의 프로젝트들은 계속 진행형이며 도시와 벤더들이 그들의 경험으로부터 배워나감에 따라 지속적으로 개선되고 있다. 전형적인 도시의 조직구조를 사용함으로써 (그림 12-2 참조), 미래에 통합된 인지컴퓨팅 솔루션을 위한 기초를 형성할 수 있는 몇 개의 프로젝트에 초점을 맞출 것이다. 특별히 경험으로부터 학습하는 '분석과 네트워크'를 통해서 삶의 질이 개선될 수 있는 기회에 대해서 생각해볼 수 있을 것이다.

법률 집행 이슈를 인지적으로 관리하기

스마터 시티가 되기에 가장 가능성이 높은 기회들 중 하나는 법률 집행 영역이라는 것은 어쩌면 당연한 일일 것이다. 법률 집행 영역은 반드시 분석되고 관리되어야 하는 다양하고 엄청난 양의 데이터가 존재하는 영역이며, 또한 패턴과 이상징후들이 범죄를 해결하고 예방하는데 매우 커다란 역할을 할 수 있는 영역이기도 하다. 인지 방식을 활용함으로써 단지 치안 부서만 혜택을 보는 것이 아니라, 폭 넓게 사용될 수 있는 반복적인 중요사례들을 제공할 수 있는 가능성이 있다는 것이다.

범죄 데이터의 상관관계 문제

대도시 지역의 경찰이 직면하는 가장 큰 문제는 수백의 심지어 수천의 서로 다른 데이터 소스들로부터 데이터의 상관관계를 찾아내야 하는 어려움이다. 경찰서는 범죄와 체포에 대한 지역적 국가적 기록들, 그리고 다른 사건 기록들에 대한 과거 데이터를 저장하고 있는 대형 데이터베이스를 자주 액세스한다. 이러한 데이터 소스들은 주로 관계형 데이터베이스에 저장되어 있다. 다른 정보 소스들은 비정형이고, 이는 사건 리포트, 종이 파일, 목격자 인터뷰 등과 같은 형태로 저장되어 있다. 비디오 이미지와 오디오 데이터 또한 반드시 분석되어야 한다. 이뿐만 아니라, 이러한 대량의 데이터가 공공 및 개인의 감시 카메라로부터 매일 생산되는 상황도 있을 수 있다.

청각적 사건 탐지 모니터링은 수작업으로 운영하는 것이 불가능하다. 최근의 안면 인식 알고리즘은 이러한 작업을 자동화시키는데 도움이 되고 있다 (컬러에 따른 안면 부분과 공간부분의 관계에 기반해서). 그러나, 비디오가 녹화되자마자 실시간으로 분석하는 문제는 여전히 도전해야 하는 영역으로 남아있다. 빅데이터는 새로운 기회를 제공하지만, 빅 케이스들은 여전히 사람의 개입을 많이 요구하고 있다.

그러므로 기관은 범죄를 해결하기 위해 데이터의 조각들을 함께 맞추어낼 수 있는 충분한 시간과 스킬을 필요로 한다. 이는 수작업으로 데이터의 상관관계를 찾는 것이 항상 가능한 것이 아니기 때문에 복잡한 일이다. 경험이 있는 형사는 어떻게 데이터를 분석해야 하는지를 알고 점들을 연결하는 프로세스를 마스터 하게 될 것이다. 이뿐만 아니라, 대다수의 범죄들은 수백 수천의 새로운 리포트와 사진, 목격자 비디오, 그리고 기타 고려해야 할 요소들을 생성하지만, 이것들은 모두 비정형 자연어 음성 녹음이나 텍스트로 받게 된다. 데이터의 엄청난 볼륨과 복잡성에 압도당할 수 있다. "답변"이 데이터 내에 있다 하더라도, 더 이상의 범죄를 막기 위해 시간 내에 그들을 발견하는 것은, 사람이 데이터 소스들간의 패턴을 찾아야만 한다면, 불가능할 수 있다.

COPLink 프로젝트

COPLink는 아리조나주 투손(Tucson)에 있는 경찰서와 아리조나 대학의 연구원들에 의해 처음으로 개발된 법률집행정보관리시스템이다. 이 시스템은 IBM의 관계사 i2에 의해 상업화되었고 미국 전역의 도시에 4,500개 이상의 법집행기관에 배포되었다. 이 프로젝트는 IBM의 왓슨을 기반으로 하는 인지솔루션으로 한번 더 재탄생하고 있는 중이다.

COPLink는 개인, 부서, 기관들이 과거의 그리고 현재의 범죄 정보를 수집하고 공유하고 분석할 수 있도록 해준다. 현장에 있는 사람들의 효율적 작업을 돕기 위해 컴퓨터나 모바일 디바이스를 사용해서 거의 어느 장소에서나 지역과 국가의 데이터베이스에 있는 데이터를 액세스할 수 있다. COPLink는 다른 어플리케이션과의 통합을 단순화하고 데이터 공유를 증진시키기 위해, 일반적인 데이터 표준 XML과 LEXS-SR(Logical Entity exchange Specification Search and Retrieve)과 같은 법률 집행 영역에서 공통적으로 사용되는 표준들을 지원한다.

A3(Adaptive Analytic Architecture)는 사용자가 데이터를 추출하지 않고서도 전략적인 후속 조치를 위해 단서(가설)를 생성할 수 있도록 해준다. COPLink는 또한 유사한 검색이 실행될 때 협업을 지원하기 위해 관련자들에게 에이전트 기반의 경보를

제공하고, 저장된 검색을 기반으로 새로운 정보가 가능해졌을 때 알림을 보낼 수 있다. COPLink는 분석을 사용해서 공보에 근거해서 의심스러운 행동에 대한 리포트를 생성하고 관련된 관할경찰서와 공유할 수 있다. 검색을 단순화하고 데이터베이스의 통합을 제공하는 것은 개인의 일을 보다 효율적으로 만든다. 커뮤니케이션을 개선하기 위해 새로운 데이터와 이벤트를 지속적으로 모니터링 하는 것은 이들을 보다 효과적으로 일할 수 있도록 해준다.

이러한 유형의 법률집행 어플리케이션이 인지적 확장을 통해 기능이 확대될 수 있는 방법은 다음과 같이 수없이 많다:

- 현장에서 비정형 리포트가 생성될 때 이에 대한 자연어처리를 이용한 분석을 제공한다.

- 현재 사무원들에 의해 수작업으로 이루어지는 가설 생성 프로세스를 강화시키기 위해 왓슨의 가설 생성과 평가 기술을 활용한다.

- 지역적으로 생성된 데이터베이스를, 비상 스태프들과 리소스를 기획하고 관리하기 위한 인지적 운영시스템으로 통합될 수 있는 말뭉치로 유입시킨다. (COPLink는 범죄 지역을 예측하기 위해 분석을 사용하지만, 말뭉치를 – 가설 검증의 경험으로부터 학습한 새로운 지식을 포함해서 – 기획 툴들과 통합시키는 것은 부서 관리자들이 실제 경험으로부터 도움을 받을 수 있게 해줄 것이다.

- 활동을 지속적으로 모니터링 하기 위해 스마트 교통시스템으로부터의 센서 데이터를 (거의) 실시간으로 통합한 결과, 개별적으로 무해한 것으로 보일 수 있으나 그렇게 하지 않았다면 간과되었을 패턴이 나타날 수 있다.

스마트한 에너지 관리: 시각화에서부터 분배까지

사람들이 복잡한 데이터의 관계를 발견할 수 있도록 도와주는 시각적인 리포트의 중요성에 대해서 이전에 논의했다. 복잡한 시스템의 상태에 대한 시각적 표현은 운영 시스템의 신뢰도를 확인하고 이상징후가 발생했을 때 사람이 관리 프로세스에 참여할 수 있도록 해준다. 예를 들어, 스마트 그리드를 위해서 에너지 생산 리소스를 할당하는 것이나, 예측적 분석을 기반으로 예상되는 수요의 변화에 반응하는 것은, 운영을 위해 사람의 개입이 도움이 될 수 있다. 시각적으로 간결하게 표현하는 것은 운영자가 디바이스위로 관련된 숫자들이 스크롤 되는 것을 단순히 보고 있는 것 보다는 패턴을 쉽게 감지할 수 있게 해준다. 전력 시스템이 다양한 특성 또는 에너지 소스를 가진 하부 시스템들을 통합시킴에 따라, 시각적 인터페이스는 모든 정보를 지속적인 스트림으로 표현할 수 있는 유일한 실행 방안이 되었다. 이것은 데이터를 단순한 컬러 맵으로 추상화시키는 자동차 대시보드가 취하는 방식(위험은 붉은색, 경고는 노란색, 정상 운영상태는 파란색)과 매우 유사하지만, 재급유 이전에 여행할 수 있는 거리를 숫자적으로 표현하는 것과 같은 다른 기능들을 위해 보다 상세한 정보를 제공한다.

물, 바람, 원자력, 태양광으로 생산되는 전력의 균형을 맞추는 단일 시스템에서는,

시각화가 시스템이 감지하자마자 운영자가 어디에 주의를 기울여야 하는지 이해할 수 있도록 해주는 핵심 요소다.

지역 유틸리티 관리의 통합 문제

새로운 스마트 시티는 공공기관과 민간부분 기업과의 협업을 통해 일본 '카시와-노-하'에서 개발 중이며, 환경적 공생, 건강과 장수 지원, 그리고 새로운 산업의 창출이라는 3가지 목표를 가지고 있다. 설계에 의해 새로운 도시를 구축하는 것은 최첨단 기술에 바탕을 둔 유틸리티 기반의 인프라스트럭처를 구축할 수 있는 기회를 제공하는데, 노후 된 시스템으로부터의 제약이 최소화된다.

지역에너지관리솔루션 프로젝트

일본의 '카시와-노-하'에 있는 지역에너지관리솔루션(AEMS: Area Energy Management Solutions) 프로젝트는 에너지 생산, 공급, 그리고 최적화를 위해 포괄적이고 통합된 솔루션을 제공하기 위해 고급 분석을 사용한다. AEMS 설계와 개발은 히다찌 컨설팅이 이끌고 있다. $90BUSD의 세계적인 기술과 서비스 제공자인 히다찌는 스마터 시티 운동에서 리더로 등장하고 있다. 히다찌는 2014 연차보고서에서, "사회적 혁신: 이것이 우리의 미래"라는 제목에서 사회의 도전적인 문제를 해결하기 위한 기술의 개발과 활용에 대한 비전을 제시했는데, (1) 수자원 보호, 에너지와 식량, (2) 노후 인프라스트럭처 시스템의 교체, (3) 교통시스템의 개선이었으며, 이는 스마트시티 계획자들에 의해 널리 퍼져나갔다.

AEMS 프로젝트는 도시 전역에 있는 센서들로부터 지속적으로 전달되는 신호들을 기반으로 수요와 공급을 다이내믹하게 예측함으로써 (전기, 물, 가스, 그리고 궁극적으로 '카시와-노-하'에 의해 도입된 여러 생산 기술들) 에너지관리를 위한 분석기법을 사용하는데 초점을 맞추었다. 재생 가능 에너지원(태양과 바람)을 보다 일반적인 소스들과 결합하고, 스토리지 배터리를 통해 잉여분을 저장하는 솔루션을 구축함으로써, 시스템이 적절한 시점과 비용효율적인 상황(주간 햇빛은 태양광발전, 중간에서 강한 바람은 터빈발전)에 맞추어 생산 일정을 계획하는 것을 가능하게 했고, 생산된 에너지를 수요에 따라 그리드에 직접 투입하거나 초과생산 기간에 저장된 에너지를 배터리로부터 그리드에 투입할 수 있게 되었다.

AEMS는 최고점의 부하를 예측하고 자원배분의 선택적 대안들을 고려하기 위해 분석기법을 사용한다 (물리적 리소스를 공유하기 위한 클라우드 기반의 모델과 유사한 빌딩들 사이의 리소스 공유 등).

수력발전, 태양광, 그리고 다른 데이터 관리시스템들을 개별적으로 개발하기보다는 통합된 에너지시스템을 계획함으로써, 각 서브시스템으로부터 발생하는 데이터를 활용하고 전체적으로 효율적인 로드 밸런스를 위해 분석기법을 사용할 수 있도록 시스템이 설계될 수 있었는데, 이 시스템은 전력수요와, 요구되는 리소스들, 그리고 분배를 보다 효율적으로 예측할 수 있었다. AEMS는 상업적 설비, 정부기관의 설비, 그리고 주거 설비에 있는 빌딩에너지관리시스템들과 정보를 공유한다.

인지컴퓨팅의 기회

'카시와-노-하'에 대해서 공개된 계획과 보고된 프로세스에 의하면, 스마트시티 계획자는 그들의 새로운 홈 오퍼레이션에 적용될 수 있는 모든 스마트시티 제품과 사례들을 이용하고자 했다. '카시와-노-하'는 떠오르는 인지 기술들을 위한 하나의 모델, 테스트베드가 될 것으로 기대되고 있다. 이 장에서 논의되었던, 각 지역을 위한 시스템들을 포함하는 대통합은 시스템 설계의 초석이 되고 협업을 위한 기회를 제공할 것이다. 히다찌의 AEMS는 새로 구축되었지만, 시간이 지남에 따라 '카시와-노-하'에 있는 다른 스마트 시스템들과 통합될 것으로 기대되었다. 예를 들어, 교통관리시스템과의 통합 그리고 심지어 일기예보와 모니터링 시스템과의 통합은 머신러닝 알고리즘에 의해 발견된 새로운 패턴들을 공유함으로써 모든 시스템들의 성능을 향상시킬 것이다. 어느 날 온화한 날씨로 예보가 되었을 때, 실제 그날의 날씨는 계절에 맞지 않게 습하고 추웠다고 해보자. 공유된 경험으로부터 학습해온 통합된 시스템은, 공공 교통시스템의 전력 수요의 변화를 초래하는 교통흐름 패턴들의 연관성을 알아낼 것이다. 이 시나리오에서, AEMS는 집에서 근무하는 사람들의 비율이 증가할 것을 예측하고, 현재의 소비모델을 기준으로 하지 않고 거주민의 행동에 근거해서 전력 재분배를 준비할 수 있다. 이러한 시스템들 사이의 알고리즘과 데이터의 통합으로, 예보와 실제 날씨 사이의 차이에 대해서 실시간 또는 적기 센서 데이터를 통해서 인지함으로써, 생산과 분배 패턴에 자동적응을 필요로 하는 전력의 수요변화가 있을 것이라는 것을 알 수 있다.

머신러닝으로 파워그리드 보호하기

미국에서 파워그리드는 2014년의 국가사이버보안과 중요인프라보호법에 의해 사이버공격으로부터 보호되어야 하는 에너지 부분의 중요한 인프라스트럭처에 포함되었다. 이 법은 국토안보부장관이 "사이버 사건으로부터 보호하고, 예방하고, 완화시키고, 대응하고, 회복시킬 것"을 요구하고 있다. 에너지 기업들은 리스크 완화를 위해 지속적으로 모니터링 되어야 하는 데이터의 볼륨에 따라가고, 점점 강화되는 규제에 대응하기 위해 머신러닝 알고리즘을 도입하기 시작했다. 텍사스 오스틴에 있는 Spark Cognition이라는 신생 소프트웨어 기업은 파워그리드와 같은 IoT(Internet of Things) 환경의 안전을 도모할 수 있는 인지시스템을 개발해왔다.

새로운 패턴으로 위협을 식별하는 문제

파워그리드는 공공기물파손으로부터 테러리스트의 공격까지 다양한 물리적 위협의 매력적인 목표물이다. 그러나 그러한 위협은 서비스를 방해하고자 하는 사이버공격으로부터 점점 더 많이 발생하고 있다. 물리적 인프라스트럭처의 스케일과 연결의 복잡성 그리고 상호의존성 때문에, 위협과 공격의 감지를 반드시 자동화해서 위협 가능성을 감지할 필요가 있다. 위협과 취약점의 새로운 패턴이 알려짐에 따라, 유틸리티는 구현되기 전에 반드시 대응방안을 마련해야 한다.

그리드 사이버보안 분석 프로젝트

C3 에너지는 Siebel Systems의 설립자에 의해 만들어진 에너지 정보 관리 기업인데, 그 미션은 분석을 통해 에너지 시스템을 보다 효율적이고 안전하게 만드는 것이다. TRUST로 불리는 캘리포니아 대학 내셔널사이언스재단 사이버보안센터에 근무하는 연구원들과 함께 작업하는 C3는 GCA(Grid Cybersecurity Analytics)를 개발했는데, 이는 잠재적 위협을 감지하고 식별하기 위해 머신러닝 알고리즘을 사용하는 스마트 그리드 분석 어플리케이션이다. GCA는 정상적 운영상태(통신 트래픽 수준, 정보자산 활동 등)의 특성을 이해하고, 잠재적 위협 행동이나 이상징후들을 식별할 수 있도록 설계되었다. 머신러닝 알고리즘은 GCA가 시간당 65억 레코드를 읽어 들이고 페타바이트 스케일의 분석을 제공함으로써 시간의 흐름에 따라 진화하거나 성숙해짐으로써 새로 등장하는 위협을 식별하고 조치할 수 있게 될 것이다. 대형 파워그리드가 서비스되고 있는 도시에서는 이정도 수준의 성능이 필요할 것이다.

인지컴퓨팅의 기회

그리드 사이버보안 분석 시스템은 머신러닝 알고리즘과 위협 평가와 대응에 있어서 최신의 연구결과들을 이미 활용하고 있다. 이러한 시스템을 그리드 보안에서의 적용을 넘어서 국가적으로 확장시킨다면, 이 시스템이 교량, 터널, 정보네트워크와 같은 다른 중요한 인프라스트럭처에 대한 잠재적 공격과 유사성을 갖는 위협에 대한 경험을 얻어감에 따라 이렇게 얻은 데이터와 교훈을 활용하는데 중점을 둘 것이다. 위협에 대한 경보를 발생시키는 개인이나 그룹에 대한 데이터를 공유함으로써 공격을 예방하거나 완화시키는데 도움이 될 수 있도록, GCA같은 시스템이 COPLink나 센서기반의 스마트 자산모니터링 시스템과 데이터를 공유하는 시나리오 역시 준비되었다. 일상적인 측면에서, 기저를 이루는 분석 플랫폼으로부터 생성된 데이터 역시 리소스관리 시스템을 위한 말뭉치에 공유될 수 있는데, 이 시스템은 보다 훌륭한 에너지 관리와 전기 운송수단에 대해 인센티브를 제공한다.

인지커뮤니티 서비스로 공중보건 개선하기

도시의 공중보건은 웰빙과 의학적 치료와 관계가 된다. 웰빙은 정보에 대한 접근과 예방적 치료, 건강에 영향을 미치는 행동에 대한 피드백, 그리고 예방이 충분하지 않을 때 모든 치료수단을 제공할 수 있는 능력을 포함한다. 어떤 사법 관할권에서는 식품 공급에서 나타날 수 있는 리스크에 대한 모니터링과 관리, 전체적인 건강을 개선시키거나 저하시킬 수 있는 폐기물관리도 웰빙에 포함시킨다. 인지컴퓨팅 기술의 초기 적용 사례들 중에서 상업적 건강관리 기업들도 있었는데, 이들은 활동과 영양에 대해 개인 맞춤형 권고안을 제공하고 때로는 바람직한 행동에 대해 인센티브를 제공했다. 그러나 도시에서는, 식품의 소금함량에 대한 제한이나 소프트 드링크 사이즈의 제한과 같이 모든 경우에 적용될 수 있는 방식을 찾기 위해 노력했다. 논리적으로 보면, 진단에 대한 결과와 권고 그리고 개인별 웰빙 계획을 맞춤형으로 제공할 수 있는 인지컴퓨팅 기술을 이제 적용해야 할 단계가 된 것이다.

예방적 건강관리를 위한 보다 스마트한 방식

대다수 도시에서 예방 치료는 경제적으로 불리한 상황에 놓인 사람들을 위한 사회적 서비스, 또는 민간이나 공공 근로자의 보험정책을 통한 특전으로 여겨진다. 개인의 건강을 모니터링 하는 비용이 낮아지고, 무료 또는 저렴하게 책정된 온라인 교육 리소스와 센서기반의 피드백 디바이스가 가능해짐에 따라, 지역 정부는 분석에 의해 이루어지는 개인 맞춤형 의료서비스를 제공하는 커뮤니티 중심의 헬스 서비스의 유용성을 인정하기 시작했다.

타운헬스스테이션 프로젝트

일본의 '카시와-노-하'는 예방 치료에 도움을 줄 목적으로 커뮤니티 헬스케어 영역에 인지컴퓨팅 솔루션을 적용하기 위해 학계(도쿄 대학)와 미쓰이 부동산(Mitsui Fu-dosan)과 같은 기업과 함께 작업해왔다. 이 도시의 타운헬스스테이션(Town Health Station)은 국제적으로 도입해도 좋을 만한 공중보건 모델이다. 이 프로젝트는 시작 단계부터 IoT를 활용하고, 모바일폰과 운동팔찌부터 업무현장과 거주지역의 센서까지 개인 디바이스들의 데이터와 같이 새롭고 지속적인 건강정보소스를 활용하도록 설계되었다. 이 헬스스테이션은 지역정보, 도쿄대학의 노인연구센터, 치바대학의 예방의학센터, 그리고 지역주민들 사이의 파트너십으로 이루어진 센터다.

인지컴퓨팅의 기회

타운헬스스테이션 프로젝트에서는 (그리고 커뮤니티 운동활동과 같은 보조적인 프로그램) 이미 센서와, 치료의 질을 높이기 위해 지역적으로 그리고 원격으로 다른 커뮤니티와 공유될 수 있는 전문가들로부터 얻은 데이터로, 개인과 커뮤니티의 말뭉치를 구축하고 있다. 계획된 스마트도시로써, '카시와-노-하'는 교통을 관리하고 심지어 새로운 글로벌 공유경제 개념으로 운송수단의 공유를 계획하기 위해서 분석기법을 사용한다. 거주민의 경험과 행동으로부터 학습한 공동의 말뭉치로 이러한 시스템들을 통합하는 것은 타운을 위한 자연스러운 진화이며, 스마터 시티의 선두를 지킬 수 있는 방법이다. 히다찌의 AEMS 솔루션에서 보여준 통합과 유사하게, 타운, 학계, 그리고 의료 커뮤니티 사이에 새로운 지식을 공유하는 학습 시스템 역시, 성능을 향상시키는데 사용될 수 있는 모든 시스템들과 익명화된 비정형 건강과 웰빙 데이터를 공유할 것으로 기대되고 있다.

보다 스마트한 교통 인프라 구축하기

도시내의 교통관리는 인구와 구조물의 밀도 때문에 지역간이나 국가교통관리보다 더 어렵다. 도시가 만들어질 때, 정보를 더 잘 활용함으로써 운송과 교통흐름을 관리하는 것이 점점 더 중요해지고 있다. 도로나 철도에 레인을 추가하는 것과 같이 인프라스트럭처에 무언가를 추가하는 것이 엄두도 못 낼 만큼 비싸고 혼란스러워질 때, 누가 어디로 언제 가는지에 대해 알 정도로 스마트해지기 위해서 도시에 인지컴퓨팅 솔루션이 필요해질 것이다.

성장하는 도시에서의 교통관리

도시의 모든 곳에서 교통정체는 운전자들을 고통스럽게 하고, 에너지가 낭비되고, 비상대응을 지연시키고, 공해를 유발하며, 사람들이 일을 하거나 쇼핑을 할 수 있는 시간보다 운전과 주차에 더 많은 시간을 소비하게 함으로써 상업활동이 비효율적으로 이루어지게 만든다. 또한 일반적으로 평상시에는 충분히 활용되지 못하는 최대 부하를 대비한 인프라를 필요로 한다. 대부분 모든 교통흐름의 변화는 사람들을 불편하게 하고 상업활동을 방해하며 비상대응을 느리게 할 가능성이 있다. 2014년 미국의 대도시지역을 잇는 교통량이 매우 많은 다리의 차선을 폐쇄한 사건은 거의 정치적 스캔들로 비화되었는데, 이때 의료종사자들이 다수의 부상자들이 발생하는 사고에 대응하는데 일상적일 때보다 두 배 긴 시간이 걸렸다.

조절 가능한 교통신호 제어기 프로젝트

캐나다의 토론토는 MARLIN-ATSC(Multi-Agent Reinforcement Learning Integrated Network of Adaptive Traffic Signal Controllers)를 적용했는데, 이것은 인상적인 결과를 보인 스마트 교통관리 시스템이다. 토론토는 단순히 교통 신호등을 보다 효과적으로 운영함으로써 도심에서의 지연이 이미 평균 40퍼센트 감소했다고 보고하고 있다. 230억불의 정보와 문서관리기업인 제록스는 토론토대학의 지능형 교통센터와 함께 작업했는데, 패턴을 감지하고 다이내믹하게 신호등의 타이밍을 조절하기 위해, 교통신호등 사이에 실시간 커뮤니케이션을 가능하게 해주는 머신러닝 칩을 내장하고 카메라 이미지를 처리하는 시스템을 개발하고 설치했다. 헬싱키는 제록스와 유사한 교통 프로젝트를 수행 중인데, 비교할만한 결과를 내고 있으며 인지컴퓨팅 환경으로 확장될 유사한 기회를 얻고 있다. 제록스가 상업적 교통시스템에 지속적으로 초점을 맞추고 제조업으로부터 탈피함에 따라 회사의 신뢰도를 전문적인 스마트 시티 서비스와 MARLIN-ATSC와 같은 프로젝트 통합에서 쌓아가고 있다.

인지컴퓨팅의 기회

MARLIN-ATSC는 이미 머신러닝과 자동적응 방식의 통합된 서비스의 예가 되고 있다. 다음 수년간은 이 시스템과 다른 인지 지방자치 관리시스템의 통합과 같은 기회와, 자동차와 같은 외부 시스템으로부터 데이터를 수집함으로써 자체적인 기능을 확장할 수 있는 기회가 많이 있을 것이다.

예를 들어, 미국 교통부는 "연결된 자동차(connected vehicle)" 프로젝트를 하고 있는데, 이는 MARLIN-ATSC와 같은 시스템의 효과성을 향상시키기 위해서, 교통 신호등과 통신하고 차량 상호간 통신을 할 수 있는 자동차에 탑재된 무선 디바이스의 사용을 촉진하고자 추진되었다. 이와 같은 프로그램도, 개인의 프라이버시와 보안과 같은 명백한 이슈뿐만 아니라, 정부가 이러한 디바이스를 새로 출고되는 차량에 사용할 것을 요구하기 이전에, 수년에 걸친 테스트와 법률적 변화를 필요로 할 것이다. 그러나 기술적으로는 지금도 가능하다.

교통관리는 분석과 인지 솔루션 측면에서 가장 발전된 도메인들 중 하나다. 이는 데이터를 수집하고 공유하기 위한 센서와 시스템이 준비된 덕분이 일정부분을 차지한다. 사실상 교통시스템을 이루고 있는 모든 구성요소들은, 자동차부터, 버스, 비행기, 열차, 그리고 보트까지, 그리고 이들을 뒷받침하고 있는 도로와 공항까지, 측정하기 쉽다고 할 수 있다. 이러한 유형의 시그널로부터 오는 데이터와 CCTV 또는 무선응답기의 데이터를 결합함으로써 도시에서 혼잡을 줄일 수 있는 기능을 훨씬 더 개선시킬 수 있는 반면, 보안과 기획을 위한 입력자료도 제공할 수 있다. 범죄가 발생한 후에 패턴들을 식별하기 위해 COPLink와 같은 보안시스템과 통합하는 것은 미래의 범죄를 예측하는 경찰의 능력을 향상시킬 수 있다. 그리드 사이버보안 분석과 같은 시스템과의 통합은 위협이 발전할 수 있는 기회를 제한하면서도, 전기자동차의 사용 패턴을 더 잘 이해함으로써 충전소의 위치를 최적화하고 인프라에 대한 수요를 최소화하도록 사용 패턴을 고무시킬 수 있는 가격 변동제를 도입함으로써 전기자동차의 사용을 증가시킬 수 있는 실질적 가능성을 제공한다.

이러한 통합 유형은 무인자동차와 사람이 운전하는 자동차 사이의 커뮤니케이션을 촉진함으로써 전이가 매끄럽게 진행되어 자율주행차가 더 빠르게 도입되는데 도움이 될 수 있다.

근로자의 기술력 격차를 좁히기 위해 분석기법 활용하기

도시에서의 인적자원관리는 고용, 교육, 그리고 사회 서비스들 사이에서 상당히 상호의존적이다. 도시는 또한 실업률을 낮출 수 있는 방법을 찾아야 하는데, 이는 지원이 최대로 요구되는 시기에 범죄가 증가하고 세수가 감소되기 때문이다.
실업이 고도로 집중된 지역은, 낮은 수입이 소규모 비즈니스와 부동산가치에 불균형적으로 영향을 미치기 때문에 추가적인 문제에 직면하게 된다. 비즈니스에서 고용을 위해 필요한 기술과 경험이 엄격하게 요구됨에 따라, 새로 직업을 구하는 사람들과 실업자들은 취업기회에 맞는 적절한 기술을 보유하는 것이 매우 중요하게 되었다.

새로운 기술 수요 파악과 적절한 훈련의 제공

가장 큰 항공우주 기업들 중 하나인 보잉의 대표는 "우리에게 노동자에 대한 챌린지가 반드시 필요한 것은 아니다, 우리는 기술에 대한 챌린지를 가지고 있다."라고 말했다. 비록 수천 개의 일자리와 수천의 지원자가 있지만, 이 회사의 많은 일자리가 아직 채워지지 않고 있다. 사전에 필요한 기술을 식별하고 시민들을 훈련시킴으로써 시민들의 취업기회를 준비하는 것은, 분석기법을 통한 새로 요구되는 기술들에 대한 이해를 필요로 한다. 지원자들의 풀에서 기술훈련과 적성을 매칭하는 것은 인지컴퓨팅 어플리케이션에게 완벽한 역할이 될 것이다.

DOR(Digital On-Ramps) 프로젝트

대략 150만의 인구를 가진 펜실베니아의 필라델피아에 있는 주민들은 산업 현장에서 요구되는 디지털 사용능력과 기술에서 뒤처지고 있으며 이에 대한 심각한 대책이 필요한 상황이었다. 2011년에 실시한 예측에 의하면, 2030년까지 새로운 직업에 효과적인 경쟁력을 갖추지 못한 시민이 600,000명이 될 것으로 추정되었다. 이 시점에, 필라델피아에 있는 가정집 중에서 단지 41 퍼센트만이 인터넷에 연결되었고, 증가하는 모바일 접속이 교육훈련을 향상시키는데 효과적으로 이용되지 못하고 있었다. 이러한 배경을 바탕으로 필라델피아는 IBM과 협력하여, 도시의 스마터 시티 챌린지 프로그램 지원금과 클린턴 글로벌 이니셔티브의 지원을 받아 DOR(Digital On-Ramps)을 개발했는데, 이는 산업의 요구사항과 개인의 적성과 학습 스타일에 맞추어진 학습제공 시스템이었는데, 여기에는 개인을 위한 디지털 교육이 포함되었다. 12장에서 언급된 EHR(electronic health records)과 유사하게, DOR은 범용 ID를 제공하고, 각각의 학습자를 위해 학력, 훈련기록, 업무 경험과 성취내용 등을 추적할 수 있는 "디지털 기록 보관소"를 만들었다. 정형 비정형 데이터로 저장된 개인 포트폴리오는 카운슬러의 조언과 함께 취업목표를 향해 학습자를 안내하는데 사용되었다. 상담은 전문가에 의해 이루어지지만, 시스템은 서술적 분석을 사용해서 학습진척을 평가하는데 유용한 데이터를 보유하고 있다. 이러한 데이터는 예측적 분석의 입력 데이터로써 유용하게 사용될 것인데, 이는 DOR 프로세스의 마지막 두 단계(개인적 스킬을 구축하고 이것을 직업 및 네트워크와 매칭시키는 것)에서 인지컴퓨팅 솔루션을 위한 말뭉치를 구축하는데 충분한 데이터가 생성된 시점에서 이루어질 것이다.

DOR의 초기 결과에 의하면, 자유도서관으로부터 지역학교와 기업의 자선프로그램까지 다양한 개별 리소스들을 활용하면서, 매래 산업에 맞는 개인 맞춤형 프로그램을 생성하는 것이 성공요인이 될 수 있었다. 필라델피아는 맥아더 파운데이션의 지원금을 사용하여, DOR 프로그램을 마친 사람을 고용하고자 하는 고용주를 위하여 인증 프로세스를 개발했다.

인지컴퓨팅의 기회

능력 있는 직원들은 비즈니스를 활성화시키고, 이는 다시 직원들을 강화시킴으로써 선순환의 결과를 낳는다. DOR은 필라델피아에서 시작되었지만, 시작부터 거주민의 기술부족과 산업의 일자리가 맞지 않아 어려움을 겪고 있는 다른 도시들을 위한 모델로 고려되었다. 인지컴퓨팅의 기능들을 DOR로 통합시키면 프로그램을 더욱 강화시킬 뿐만 아니라 지속적인 도시 계획과 관리 역시 강화될 것이다. 예를 들어, 자연어처리 기능을 시민과 시스템 사이의 인터페이스에 적용시키면 시민들의 참여가 더욱 쉬워질 것이고 시스템이 보다 맞춤형으로 반응할 수 있을 것이다.

참여자들이 자연어로 개인의 열망과 경험에 대한 정보를 시스템과 편하게 공유하게 되면, 시스템은 효과가 있었던 것은 무엇이고 그렇지 못한 것이 무엇이었는지 경험으로부터 학습할 수 있게 되고, 고용상황에 변화가 감지되면 코스의 중간에 이를 반영하기 위해서 보다 좋은 조언과 제안을 하기 시작할 것이다. 노동통계, 일자리 광고, 그리고 지역과 세계로부터 비정형 텍스트로 편집된 기사들을 읽고 해석함으로써, 이 시스템은 지속적으로 개인 맞춤형 가이드를 주민들에게 제공할 수 있을 것이다.

마지막으로, 모든 주요 도시의 시스템들과 데이터를 공유하는 통합된 인지컴퓨팅 환경이 되면, 새로운 일자리의 영향이 도시와 지역전체에 퍼져나감에 따라, DOR 데이터를 교통계획과 운영, 유틸리티 수요예측, 그리고 공중보건의 향상을 위해서 사용할 수 있을 것이다.

인지커뮤니티 인프라 구축하기

지금까지 논의한 바와 같이, 인지컴퓨팅 솔루션은 시간이 지남에 따라 가설이 검증되고 정교화되기 때문에 운영되는 기간 동안 생성된 지식을 계속 유지하는 것이 도움이 된다. 유사한 취미 또는 경험을 중심으로, 또는 단순히 지역적 근접성으로 모이게 된 사람들이 구성하는 자연스러운 커뮤니티들이 서로 정보를 주고 받을 때, 커뮤니티의 집단지성이 발생하게 된다. 인지컴퓨팅 솔루션을 통해서 정보를 주고 받는 전문가들의 커뮤니티는, 의학적 진단 사례를 통해 보았듯이 학습효과를 증폭시킬 수 있다. 특정

지역 거주민으로 구성되는 물리적인 커뮤니티 역시 인지컴퓨팅을 이용한 협업이 도움이 될 것이다.

스마트하게 연결된 커뮤니티 추진

한국의 송도신도시에서, 한국정부와 기업간의 파트너십으로, 처음부터 대규모의 센서들과 분석기법을 적용한 새로운 그린 스마트시티가 건설되고 있다. 미화 350억 불이 소요되는 프로젝트는 세계에서 가장 큰 신도시 벤처들 중 하나이다. 미화 480억 불에 달하는 글로벌 네트워킹과 커뮤니케이션 기업인 시스코는 송도신도시의 모든 가정과 상업지역을, 비디오 스크린과 협력을 촉진시키는 시스템들로 연결했는데, 2016년까지 물리적 커뮤니티 내에 65,000명의 가입자가 예상되는 디지털 커뮤니티가 탄생할 것으로 예상된다. 이처럼 스마트하게 연결된 커뮤니티를 추진하는 것은, 시스코와 개발조직이 아시아 전역에서 진행하고 있는 십여 개의 유사한 프로젝트들 중 처음이다. 시스코는 IoT 디바이스 개발영역의 리더이며 세계를 연결하는 개념의 선구자였다. 시스코는 송도신도시를 하나의 실증사례로 만들고 있는데, 이는 주거와 상업용 에너지 관리와 보안을 위해 서로 연결하고 원격으로 조정하는 것이 가져다 주는 이점을 보여주기 위한 것이다. 이를 위한 시스템들은 초기부터 통합될 것이며, 새로운 위협이 식별되면 학습하고 조정하는 시스코의 인지위험분석(Cognitive Threat Analytics)과 같은 머신러닝 도구는 송도신도시가 거의 완성될 즈음에 배치될 것이다. 2015년에 운영될 예정이고 2016년이면 한국에서 가장 많은 고층건물로 이루어질 이 도시에는 비즈니스 목적으로 방문한 중역들을 위한 국제초등학교가 있는데, 이 학교는 캘리포니아에 있는 자매학교와 모든 학년이 연결된다. 일반들의 학습커뮤니티를 개발하기 위해서 대규모의 비디오 사용을 통해 협업과 커뮤니케이션이 가능하도록 계획되었다. 비디오 분석 기술이 성숙해짐에 따라, 이 기술은 자동화된 학습을 지속적으로 지원할 수 있도록 통합될 것이다.

개인 맞춤형 서비스를 모든 주민과 상업지역에 제공하기 위한 대규모의 원격현실 기술 및 센서 데이터의 사용은 에너지가 많이 소요되는 이동을 감소시키면서도 커뮤니케이션을 강화시킬 것이다. 이것은 세계적 수준의 지속가능성에 대한 송도 신도시의 목표에 적합한 방식이 될 것이다.

인지컴퓨팅의 기회

송도신도시는 기존 도시들에 비해 많은 장점을 가지고 출발하고 있는데, 예를 들어 도시건설 초기에 대규모 네트워크가 설치되었는데, 이는 사람이 도착하기 전에, 센서 기반, 비디오 기반, 시스템 기반의 정보를 수집하고 커뮤니케이션 하는 것을 활성화 시킬 수 있는 기반이 된다. 커뮤니티들이 이러한 기반 시설을 공유하는 것을 넘어서, 이러한 시스템은 교통, 에너지, 그리고 수자원관리시스템과 통합되는데, 이는 인지 컴퓨팅 기술의 지원을 받는 시민들이 살고 있는 도시를 위해 전례 없는 기회를 제공하게 될 것이다.

인지 시티의 다음 단계

세계의 인구가 점점 더 도시지역으로 이동함에 따라, 도시기반의 인지컴퓨팅이 더 중요해질 것이다. 개인, 공공기관, 그리고 기업에서 일상적으로 생성되는 빅데이터를 보다 잘 활용하는 것은, 가치 있는 사람들과 기업을 유치하고 협업의 효과성을 증진시키기 위해 경쟁하고 있는 도시에게 차별화된 경쟁력을 가져다 줄 것이다. 그러나 인구밀도가 높은 도시지역을 위한 지능적 솔루션의 시장 경쟁이 치열해짐으로써, 데이터와 지식의 소유권에 대한 민간과 공공 사이에 지속적인 갈등이 예상된다. 그러나 이것은 인지컴퓨팅의 이슈가 아닌, 대량의 데이터를 스마트하게 처리한 결과로써 창출될 중대한 가치를 반영한 것이라고 할 수 있다.

이장에서 많은 사례들을 통해, 기존의 도시들에서 발생하고 있는 물리적 인프라와 정보 인프라의 문제점들을 해결하기 위한 분석과 인지컴퓨팅 기술의 적용을 소개했다. 이러한 문제들은 가시적인 미래까지 계속 이슈로 남을 것이지만, 도시화에 대한 열망이라는 요구에 따라 새로운 도시는 계속 등장할 것이다. 비록 지난 세기에 계획된 커뮤니티들은, 버지니아의 레스턴부터 플로리다의 셀러브레이션까지, 수세기에 걸친 유기적인 도시 성장에 대한 연구로부터 얻어진 아키텍처적이고 공간적인 패턴들을 중심으로 구축되었지만, 다음 세대의 커뮤니티들은 커뮤니케이션과 협업적 필요성을 중심으로 이루어질 것인데, 이는 타운광장의 향수어린 광경들 보다는 인지컴퓨팅 분석에 훨씬 더 잘 들어맞을 것이다.

일본의 '카시와-노-호'와 한국의 송도신도시는 근본적으로 오래된 인프라스트럭처와 선입관에 의해 방해되지 않는 새로운 도시들이다. 이들 두 도시가 성숙해고 다음 20년 동안 이들과 유사한 도시들이 발생함에 따라, 이들은 도시생활을 향상시키기 위해 사용되는 통합된 분석과 인지컴퓨팅의 가치를 증명하게 될 것이고, 심지어 가장 보수적인 도시들도 인지컴퓨팅 시대에 이와 관련된 기능을 도입하게 될 것이다.

요약

스마트 시티들은, 자동차와 동물의 등록, 그리고 가정과 수입에 매겨지는 세금과 같은 데이터를 수집하는 수준을 넘어서서 발전했다. 지금 도시 운영자들은 부서간의 협력을 통해서 데이터를 수집하고 있다. 어떤 리더들은 가장 상위의 데이터 관리자로 임명되는데, 이들은 새로운 시스템이 생성될 때마다 데이터가 공유될 수 있도록 해야 한다. 예를 들어, 새로운 공중보건 데이터베이스는 교육 데이터베이스 또는 보안 데이터베이스와 공유될 수 있는 요소들을 포함할 수 있도록 설계될 수 있다. 대다수의 도시들은 공공기관과 혁신적인 기업들에 의해 무료로 사용될 수 있도록 가능한 많은 데이터를 능동적으로 공개하고 있는데, 이들은 이러한 데이터를 기반으로 새로운 서비스를 구축할 수 있다. 모든 공유와 새로운 상업적 사용은 거주민들에게 가치 있는 서비스를 제공할 수 있을 것이다.

선출된 공직과 공무원을 포함해서 스마트 시티 관리자들이 도시 생활을 전환시키는 데이터의 힘을 이해하기 시작함에 따라, 이들은 부가가치의 소스로서 고급분석과 인지컴퓨팅을 포용하고 있다. 스마트 시티들이 그들의 모든 자원을 더 잘 활용함에 따라, 좋은 데이터를 보유하는 것이 더 좋은 의사결정을 위한 핵심이 되었다. 오늘날 이러한 데이터를 생성하는 가장 훌륭한 시스템은 떠오르는 인지컴퓨팅 어플리케이션 유형인데, 이들은 경험으로부터 학습하고 더 좋은 의사결정과 가이드를 사용자에게 제공할 수 있다. 주민으로서의 우리의 니즈를 예측해보면, 미래에는 도시를 더욱 안전하고 효율적으로 만드는 인지컴퓨팅 어플리케이션을 당연하게 생각할 것이다. 오늘날, 이러한 흐름이 이제 막 시작되었지만 그 이점은 이미 명백하다.

제4차 산업혁명의 핵심 기술 인지 컴퓨팅

COGNITIVE COMPUTING

AND

BIG DATA ANALYTICS

13

인지컴퓨팅 시대의 도래

인지컴퓨팅이 여러 산업에 영향을 미치기 시작했다. 초기에 인지컴퓨팅은 11장에서 논의한 바와 같이 헬스케어 산업을 변화시키기 위해 시작되었다. 이미 인지컴퓨팅 어플리케이션은:

- 어떤 전문의보다 더 많은 연구서와 사례들을 읽을 수 있는 능력을 바탕으로 특정 질병들을 나타내는 증상들의 패턴에 대한 새로운 발견을 가능하게 하고 있으며,

- 의대생들이 그들의 진단 능력을 정교화 할 수 있도록 결과를 설명하며,

- 공유하지 않으면 특정 증상이나 상태를 좀처럼 경험하기 힘든 특별한 지식을 다른 의사들과 공유하고 있다.

헬스케어에 인지컴퓨팅의 적용을 필요하게 하는 이러한 모든 능력들은 다른 산업에서도 동일한 가능성으로 떠오르게 될 것이다. 예를 들어, 질병의 진단을 위해 패턴을 발견하고 치료에 대해 조언을 하는 것은, 결점을 식별하고 복잡한 시스템을 교정하는 일반적인 문제의 특별한 케이스라고 할 수 있다. 진단 문제에 대한 이러한 능력은 제조업 같은 산업에도, 예를 들어 가전제품으로부터 오일조작 장치까지, 심지어 문제해결을 위한 콜센터를 위해, 기계 유지보수와 수리를 위해 적용될 수 있다. 새로운 전문가를 훈련시키는데 도움이 되도록 증거를 기반으로 이루어지는 설명들은 크고 복잡한 지식체계가 코드화되어 있는 모든 영역에서 사용될 수 있다. 마지막으로, 거의 모든 전문직 종사자들은 특별한 지식을 모아서 분석하고 서비스로서 그 데이터를 패키징하고 판매할 수 있다. 법률가부터 회계사와 증권 중개인까지, 전문가들이 인지컴퓨팅의 도움으로 새로운 최신 전문지식을 제공하고 경험이 없는 사용자들이 이러한 지식을 활용할 수 있도록 할 수 있을 것이다.

이 장은 다른 산업에서 유사한 변화를 일으키는데 적합한 도메인의 특성들을 살펴보고, 모든 산업에 걸쳐져 있는 기능적 영역이 어떻게 변화될 수 있는지 보여줄 것이다.

이상적인 인지컴퓨팅 시장의 특성

모든 인지시스템의 중심에는 경험을 통해 향상될 수 있고, 복수의 후보 대답이 있을 때 확률적 결과를 제시할 수 있는 지속적인 학습 엔진이 있다. 고급 시스템은 자연어처리를 이용해서 출판물의 텍스트에 있는 의미와 뉘앙스를 포착한다. 이뿐만 아니라, 이러한 시스템은 이미지, 제스처, 사운드를 이용할 수 있고, 인터넷에 연결된 센서들로부터 스트리밍 데이터를 수집할 수 있다. 이러한 기능을 특정한 비즈니스 업무(산업 내와 산업간에 존재하는 데이터 중심의 업무들)와 매핑 함으로써, 인지컴퓨팅 어플리케이션에 적합한 도메인의 특성들이 나타나게 된다.

인지컴퓨팅을 위한 이상적인 후보 영역은 다음과 같다:

- 도메인의 특정 지식의 볼륨이 빠르게 증가하거나 변하는 산업. 이러한 영역에서는 프리세일즈가 구매자에게 가치를 제공하지만 판매자에게는 비용을 발생시킨다. 이러한 영역에는, 제품과 제공되는 서비스가 항시 변하는 소매업, 선택과 기회가 항상 변하는 여행업과 같은 산업이 포함된다.

- 전문적인 제품/서비스를 판매한 후, 복잡한 제품 때문에 지원/진단이 원가화되거나 매출 기회가 될 수 있는 산업. 이는 특별히 직원 이직률이 높고 제품의 변화 때문에 상시적인 훈련이 필요할 때 중요하다. 이 영역에는 소매부터 기업용 소프트웨어 지원까지 사실상 현재 콜센터를 사용하는 모든 산업이 포함된다.

- 소규모 전문가 그룹에 대량의 특정한 지식 또는 경험이 상당히 집중되는 산업. 여기에는 제품 구성에 대한 의사결정이 매우 중요한, 많은 전문영역과 복잡한 제품의 프리세일즈가 포함된다.

- 전통적으로 훈련과 인증을 위해 현대적인 도제/인턴 모델을 따르는 산업. 이 영역에는 법률, 의료, 금융 서비스와 같이 많은 양의 데이터가 연관되는 전문영역이 포함된다.

- 중요사례들이 알려져 있거나 알 수 있고, 필드에서 가장 효과적이고 효과적이지 않은 전문가들 사이에 편차가 큰 산업. 최고 수준의 전문가들은, 비 경험자들에게는 알려져 있지 않거나 복잡한 패턴들을 인지하는 능력 또는 개인적 경험을 바탕으로 한 능력을 바탕으로 평균적인 성과에 비해 차별적인 경쟁력을 가지고 있다. 대부분의 전문가 영역이 이에 속하게 된다.

- 센서 데이터의 갑작스런 등장이 지금까지의 방식으로는 활용될 수 없었던 기회를 만들어내는 산업. 교통부터, 헬스케어까지, 센서가 어디서든지 의미 있는 데이터를 수집할 수 있고, 전문가에 의한 실시간 분석이 가치를 제공하며, 인지컴퓨팅 어플리케이션이 적용될 수 있는 산업이 포함된다.

- 대량의 데이터에서, 특별히 비정형 자연어 텍스트에서, 패턴을 발견하는 것이 성공으로 이어질 수 있는 산업. 전문가들이 자신의 능력을 넘어서서 새로운 연구의 흐름을 생성하는 산업이 후보가 될 수 있다. 여기에는 대부분의 자연과학, 제약, 그리고 전세계에 있는 새로운 판례들, 규제의 변화 등에 대한

전문적 활동들이 포함된다.

일반적으로, 인지컴퓨팅 시스템이 최고 성과자가 보다 효율적인 성과를 낼 수 있도록 함으로써 조직을 더 스마트하게 변화시킬 수 있다. 사실, 심지어 가장 수준 높은 전문가들도 해당 분야에서 새로 등장하는 모든 것을 인식하지는 못할 것이다. 인지 시스템은 의사결정이 왜곡이나 편향으로부터 영향을 받지 않도록 한다. 가장 경험이 많은 전문가들이 그들이 이전에 알지 못했던 새로운 데이터가 있다는 것을 고려하지 않고 그들 자신의 최고 경험에만 의존해서 의사결정을 내리는 것이 아주 일반적인 일이다. 오히려 경험이 적은 사람이 공유된 지식으로부터 도움을 얻을 수 있기 때문에 훨씬 높은 수준에서 성과를 낼 수 있는 것이다.
인지시스템은 고정적이지 않다. 이 시스템은 데이터로부터 그리고 성공과 실패 모두로부터 새로운 정보를 지속적으로 유입한다. 이러한 다이내믹한 특성이 전체 조직의 전문성을 향상시킬 수 있는 가능성을 열어주는 것이다.

수직적 시장과 산업

이 섹션에서는 성과를 향상시키기 위해서 이미 고급분석을 사용하고 있고 인지컴퓨팅 솔루션의 활용을 모색하고 있는 몇 개의 분야를 살펴보고자 한다. 의도하는 바는 그러한 공통적인 특성들이 어떻게 인지컴퓨팅의 도입에 영향을 미치는지 보여주고, 이와 유사한 특성을 갖는 분야들이 많이 있다는 것을 보여주며, 인지컴퓨팅에 대한 사람들의 인식을 바꾸고 많은 영역에서 이에 대한 수요를 이끌어낼 수 있는 시범적인 프로젝트들이 많이 진행 중이라는 것을 보여주는 것이다.

소매업

소매업은 경쟁이 심한 산업으로 악명이 높다. 살아남고 번창하기 위해서, 소매기업들은 사전에 트랜드를 예상해서 어떤 상품이 판매될 것이지 예측해야 한다. 이들은 경제적, 사회적, 인구통계학적 요인의 변화가 주는 영향을 이해해야만 한다. 소매기업들은 또한 그들의 종업원이 팔리고 있는 제품과 회사를 대표하는 일을 잘하고 있는지 확신할 수 있어야 한다. 외부 요인들 역시 계획과 예측에 막대한 손해를 끼칠 수 있다. 적절하지 않은 날씨, 연료비의 변화, 고용률의 동요, 그리고 심지어 정치적 불안까지 구매 행위에 영향을 미칠 수 있다. 대형 기업들은 수십 년 동안 예측적 분석과 시나리오 계획을 위한 도구들을 사용해왔다. 이러한 기업들은 주문과 납기 사이의 지연을 축소시키기 위해 공급망을 최적화 해왔다 (유행이 지난 상품이나 원하지 않는 상품을 수령할 리스크를 낮추기). 그러나, 소매기업들은 구매 선호도에 있어서의 미세한 변화를 놓치고 경쟁자들보다 유리해질 수 있는 기회를 예측하지 않는 경우가 많다. 인지솔루션은 독창적인 방법으로 소매기업들의 지식 활용에 사용될 수 있다.

예를 들어, 일반적은 대형 소매기업은 고객 문제를 처리하기 위해서 자신의 공급망 자동화에 너무 많이 의존하고 있다. 이러한 시스템은 예측하지 못한 문제가 발생했을 때 이를 해결하는데 취약하다. 고객이 만족하는 상태에서 충성고객으로 남기 위해서는 문제를 창의적인 방식으로 해결할 수 있어야 한다.

인지컴퓨팅의 기회

많은 소매기업들은 포인트적립카드의 데이터를 기반으로 인사이트를 얻기 위해서 흥미로운 상관관계를 감지할 수 있는 예측적 분석도구를 사용한다. 예를 들어, 이러한 분석은 소매기업이 고객의 습관과 구매 선호도의 변화, 그리고 생활환경의 변화(결혼, 임신 등)를 인식할 수 있도록 도와준다. 구매 선호도에서 이례적인 것과 진성변화 사이를 구별하는 것이 가능하다. 예를 들어, 어떤 제품이 어떤 하나의 이벤트 때문에 갑자기 인기가 올라갈 수 있다. 예를 들면, 어떤 지역에서 갑작스러운 폭설은 눈을 치우기 위한 삽을 구매하게 만든다. 인지컴퓨팅으로, 이러한 변화들이 좀더 일찍 감지될 수 있고, 이는 소매기업들이 고객 경험을 변화시킬 수 있는 혁신적이고 새로운 방식을 실행할 수 있도록 해준다. 소매기업들은 가치가 높은 고객들과 자연어 대화를 통해서 좀더 소통할 수 있을 것이다. 이 기업들은 소셜미디어와 콜센터를 통한 고객과의 상호작용을 통해서 수집된 정보로부터 학습할 수 있는 능력을 갖게 될 것이다. 이들은 이러한 데이터를 모두 모아서 가장 성공적인 판매원의 실적으로 그리고 가장 성공적인 캠페인으로 학습할 수 있다. 이러한 역동적인 기능으로 무장함으로써, 소매기업은 고객과의 관계를 변화시킬 수 있는 새로운 영업방식을 발견할 수 있을 것이다. 반복적인 소량의 구매고객에 의해 증가하는 매출도 커다란 이익을 안겨줄 수 있다.

개인 맞춤형 고객서비스

소매 현장에서, 고객은 지속적으로 새로운 선택, 특징, 또는 패션과 마주하게 되고 어떤 제품을 구매할지, 언제 구매할지, 누구로부터 구매할지를 결정해야 한다. 비록 브랜드 친밀도와 판매자 의 권고가 중요하지만, 상점 또는 웹사이트에서의 고객 경험이 일상적인 관심과 실제 구매 사이의 차이를 만들어 낼 수 있다. 이러한 것을 염두에 두고, 소매기업들은 각 쇼핑고객을 위해 얼마나 개인 맞춤형 안내를 제공할 것인가 하는 이슈로 고군분투하고 있는데, 때로는 높은 이익을 위해 대량 매출을 포기하기도 한다. 구매가 물리적인 상점에서 이루어지건 온라인에서 이루어지건, 구매자는 일반적으로 상품에 대한 지식이 있는 판매원이 있는 상점과 그렇지 못한 상점 사이에서 선택을 해야만 한다. 이때 사치품부터 복잡한 가전제품까지 고가 상품의 경우, 상점에서의 훌륭한 안내가 저렴한 가격을 중요시하는 온라인 구매로 이어질 수도 있다. 이러한 경우에 인지컴퓨팅이 제공하는 이점은 훌륭한 안내를 일반화시킨다는 것이다. 이렇게 하기 위해서, 소매기업은 구매자가 원하는 것에 대한 개인 맞춤형 안내를 제공해야 하고, 제품에 대한 심도 있는 지식을 사용할 필요가 있다. 소매기업이 그러한 고객들에 대한 인사이트를 가지고 의미 있는 안내를 할 필요도 있다. 대량의 데이터를 수집하고 분석함으로써 지속적으로 학습하고 적응해나가는 시스템의 이점을 활용하는 것은 성공과 실패 사이에 커다란 차이를 만들어 낼 수 있다.

이 시장의 초기 진입자는 Fluid인데, 선두 소매기업을 위해 온라인 고객 경험 도구를 구축하는데 특화된 15년 업력을 가지고 있다. 이 기업은 (Fluid의 지분투자자로 알려진) IBM과 파트너십을 맺고, 고객들이 개인 맞춤형 제품 안내를 제공받기 위해 온라인 소매 사이트와 커뮤니케이션을 할 수 있도록 해주는 왓슨 기반의 플랫폼을 개발했다. 이 서비스의 목적은 판매원을 흉내 내는 개인 맞춤형 대화로 구매자를 끌어들이는 것이다. Fluid의 첫 고객은, 야외활동을 위한 수백 개의 제품을 제공하고 품질을 위해 높은 가격을 지불할 의사가 있는 "탐험가"들을 상대하는 소매기업인 NorthFace 였다.

고객은 왓슨 기반의 플랫폼에 "나는 5월에 아르헨티나로 여행을 가기 위해 슬리핑 백이 하나 필요합니다"로부터 "3명의 어린아이들과 캠핑 여행을 가기 위해서 무엇을 준비해야 합니까?"까지 그들의 요구사항을 자연어로 서술해서 입력시킬 수 있을 것이다. 구매자와의 대화에 참여함으로써, 시스템은 물품 목록에 있는 각 상품에 대한 말뭉치의 정보와 온톨로지에 있는 활용유형(예를 들어, 캠핑부터 하이킹까지)에 대한 정보를 활용할 수 있다. 시스템은 이러한 대화 프로세스를 통해서 제안의 범위를 줄여나갈 수 있는데, 이는 제공이 가능한 상품들과 대화를 통해 고객에 대하여 획득한 정보를 매칭 시키는 방법으로 이루어진다. 시스템은 또한 이전에 행해진 고객과의 대화와 질문으로부터 얻은 모든 배경 지식을 저장한다. 시스템은 다른 고객들로부터 받은 유사한 질문과 결과도 찾을 수 있다. 이것은 일련의 가능한 선택 대안들을 제공하는 단순한 조언 엔진과는 다르다. 왓슨 시스템에서는, 시스템이 깊은 지식을 가지고 있다는 가정하에 사용자가 질문할 수 있다. 시간이 지남에 따라 시스템이 고객에 대하여 보다 많은 정보를 수집하게 되면, 제안의 신뢰도가 증가하게 된다. 상호작용 세션들 사이의 정보를 유지함으로써 시스템은 각 상호작용으로부터 학습할 수 있고, 동일한 또는 다른 사용자와의 후속 세션에서 더 나은 조언을 제공할 수 있게 된다.

소매업 종사자 훈련과 지원

상점에 있는 판매원이 제품에 대한 지식과 훌륭한 고객응대 기술을 바탕으로 일관성 있는 안내를 제공하는 것이 매우 중요하다. 그러나 일반적으로 판매원의 이직률이 높기 때문에 평균적인 판매원들은 그들이 판매하고 있는 제품에 대해 깊은 지식이 부족하다. 영국의 소매기술 기업인 Red Ant는 온라인 여론조사 기업을 이용해서 18-55세 1,000명의 판매원에 대한 연구를 실시했는데 그 결과는 다음과 같다:

- 50퍼센트의 응답자들은 제품지식에 대한 부족으로 당황스러운 느낌을 갖는다고 응답했다.

- 43퍼센트는 그들이 제품지식에 대한 부족 때문에 매주 고객들을 속이고 있다고 응답했다.

- 73퍼센트는 그들이 고객을 다른 상점으로 보내고 있다고 응답했다.
- 57퍼센트는 그들이 고객응대에 나서기 전에 2시간 이하의 훈련을 받았다고 응답했다.

이 결과는 훈련이 절실하게 필요함을 분명하게 나타내고 있다. 종업원들은 그들이 판매하고 있는 상품을 이해할 필요가 있으며 중요사례에 대해 배울 필요가 있다. 종업원들은 이상적인 근무환경에 못 미치는 상태에서 그만두거나 해고되는 경우가 많다. 소매업 근로자들의 성과를 향상시키기 위해서 인지컴퓨팅을 사용할 기회가 있다는 것은 명백했다. Red Ant는 고객과 소매기업의 행동을 분석해서 소매기업의 프로세스 개선을 도와주는 것을 전문으로 한다. 그러므로 Red Ant는 왓슨 기반의 소매판매 훈련을 위한 어플리케이션을 개발하고 있다. 이 제품이 제공하고자 하는 목적은 판매 관련자들이 고객의 인구통계학적 특징과 구매 이력을 분석하는 것을 돕는 것이다. 소매 근로자들은 이 어플리케이션을 통해서 고객에게 더 좋은 안내를 제공하기 위해서, 제품 정보와 감성분석으로 얻어진 시장 반응을 액세스할 수 있을 것이다. 고객이 매장에 있는 동안, 고객정보와 제품정보를 함께 고려함으로써 왓슨이 제공하는 자연어처리를 사용한 대화에 고객을 참여시키고, 고객을 위해 보다 개인 맞춤형 쇼핑 경험을 제공할 수 있을 것이다. 이러한 고객과의 모든 상호작용은 시스템에 기록되고 유사한 디지털 기록에 있는 상호작용들과 비교될 수 있다. 말뭉치는 가장 효과적인 것이 무엇이었고 결과가 어떠했는지를 예측하고자 만들어진다. 판매 관련자들은 고객과 공유될 수 있는 전통적인 스크린 프롬프트를 통해 조언을 얻거나, 이어폰을 통해 텍스트를 메시지로 변환한 음성을 통해 얻을 수 있다.

여행업

지난 십여 년 동안 온라인에 무료로 제공되는 교통, 숙소 그리고 레저 활동을 위한 비용과 스케줄에 대한 정보가 넘쳐나게 되었다. 셀프 예약 사이트에서는 개인이 다수의 사이트들이 제공하는 여행에 대한 설명, 가격, 심지어 다른 고객의 리뷰까지 살펴본 후 별도의 비용지불 없이 스스로 예약을 할 수 있고, 어떤 사이트들은 한번의 검색으로 다른 사이트들로부터의 검색결과를 보여줄 수 있다. 이러한 사실은, 고객이 누군지 알고, 그들이 원하는 것을 파악하기 위해 질문을 할 수 있고, 교통편과 숙박 그리고 다양한 체험활동을 제공할 수 있는, 경험이 많은 여행사 에이전트를 접촉할 필요가 없어진다는 것을 의미한다. 비록 정보의 접근 그리고 예측적 분석과 고객의 과거기록에 따라 여행스케줄을 최적화 시키는 측면에서 많은 진전이 이루어졌지만, 고객의 여행 목적을 이해하고 과거 경험을 기반으로 여행상품을 추천하는 것이 어려워졌다. 개인마다 개인적인 여행과 비즈니스 여행에 대해 다른 선호도를 가질 수 있으며, 기간과 장소, 그리고 여행비용을 누가 부담하는 지 또는 누가 동행하는 지에 대해 다른 선호를 가질 수 있지만, 오늘날 이러한 모든 정보를 수집할 수 있는 단일 사이트는 없다.

여행산업을 위한 인지컴퓨팅 기회

개인의 선호도 그리고 이들을 위한 새로운 선택과 기회들을 잘 알고 있는 여행 에이전트에게 의존하는 것이 한때는 일반적인 일이었다. 오늘날 여행자들은 일반적으로 그들이 사용하는 각 사이트마다 그들이 요구하는 표준화된 프로파일을 제공해야 한다. 그러나, 이러한 사이트들 중 그 어떤 것도 고객의 행동을 바탕으로 한 추론을 제공하지 못한다. 이러한 측면은 여행자의 행동 패턴들을 수집함으로써 명확하게 정보를 획득할 수 있는 인지컴퓨팅 여행 어플리케이션에게 커다란 기회를 남겨주고 있다. 소셜미디어 스트림을 모니터링 함으로써 여행자들을 암묵적으로 이해할 수 있는 가능성도 있다. 여행자들이 자연어처리를 통해서 시스템과 상호작용하도록 할 수 있는 기회도 있다. Travelocity의 설립 CEO이자 Kayak의 초기 의장인, Terry Jones에 의해 설립된 회사를 예로 들어보자. WayBlazer는 Jones이 그의 제품에 IBM 왓슨의 인지컴퓨팅 서비스들을 활용해서 증거기반의 조언을 추가하고자 하는 의도로 설립된 스타트업이었다. WayBlazer는 또한 인지 통찰력 서비스 플랫폼을 제공하는 회사인 Cognitive Scale에 의해 구축된 클라우드 솔루션을 기반으로 설립되었다. 이 회사는 개인 맞춤형 상품을 추천할 수 있는 어플리케이션을 구축하기 위해, 오스틴에 있는 텍사스 컨벤션과 방문객 안내소와 협업 중이다. 시간이 지나면서, 이 회사는, 전체적인 사용자 경험을 개선하고 이러한 에코시스템 내의 파트너들에게 추가적인 매출 기회를 제공하기 위해, 호텔과 항공사에게 컨시어지 서비스를 제공하는 방향으로 사업을 확장하고자 한다. WayBlazer는 초기에 목적지와 이동수단의 공급자들로부터 얻은 데이터로 채워진 말뭉치를 평가하기 위해 왓슨의 자연어처리와 가설 생성/평가 기능들을 사용하고 있지만, 말뭉치는 여행자의 요구와 여행 결과를 모니터링 함으로써 수집한 지식에 의해 확장될 것이다. 거래에 대해 고객의 수수료를 얻는 것뿐만 아니라, 시스템은 개인과 그룹 행동에 대하여 학습할 수 있다. WayBlazer는 여러 공급자들에게 판매할 수 있는 값진 데이터를 수집할 것이다. 여행 산업은 인지 방식이 적용되기에 적합한 영역이고, 여행자들에게 증거기반의 조언을 제공할 수 있는 많은 경쟁적인 서비스들이 등장할 것이다.

운송 및 물류

운송 및 물류 산업에는 치열한 경쟁, 다양한 규제, 테러리즘으로부터 토네이도까지 사람과 자연에 의한 위험이 상존하고 있다. 따라서 이 산업에서는 인프라스트럭처를 안전하게 유지하는 것이 지속적인 기본 과제가 된다. 이뿐만 아니라, 새로운 매출 기회를 위한 고객 행동의 패턴들을 알아낼 필요도 있다. 물류기업은 도시에서 좌회전을 최소화하고 고도로 최적화된 터미널을 최대한 사용함으로써 이동시간을 최적화하고자 노력한 최초의 기업들 중 하나다. 센서기술과 GPS도구의 사용은 효율성을 훨씬 더 개선하였지만, 지금은 인지컴퓨팅 기술이 폭넓게 적용됨으로써 더 스마트한 산업이 되는 새로운 시대의 시작점에 와있다.

운송 및 물류를 위한 인지컴퓨팅의 기회

기술에 있어서 많은 변화가 운송 및 물류 산업을 변화시키고 있는데, 이는 이 산업에서 복잡한 데이터의 처리와 관리가 필요하기 때문이다. 첫 번째 변화는, 센서 데이터를 실시간으로 해석함으로써 효율과 안전을 개선할 수 있는 기회를 얻고 있다는 것이다. 두 번째 변화는, 인지컴퓨팅의 모델을 사용해서 진단과 예방적 유지보수가 가능해졌다는 것이다. 이러한 변화에 힘입어, 운송 및 물류 시스템이 보다 효과적으로 운영되고 유지보수 될 수 있을 것이다. 예를 들어, 이러한 기술들 덕분에 발생 가능한 혼란을 최소화시킬 수 있는 예방적 유지보수가 수행될 수 있을 것이다.

플로리다 젝슨빌에 있는 185년된 운송 및 물류 기업인 CSX는 이러한 유형의 시스템을 구현하였다. 미국에서 거의 모든 인구와 제조업 허브를 연결하는 21,000 마일 이상의 철도 트랙을 기반으로, CSX는 240개 이상의 짧은 철로와 70개의 항구를 연결한다. 이 기업은 600명의 마스터와 트랙 조사원들에 의해 고도의 수작업으로 페이퍼에 트랙 상태가 기록되는 트랙검사시스템을 교체하였는데, 기존의 종이에 기록된 정보는 분석과 레포팅을 위해서 수작업으로 시스템에 입력되었다. ITIS(Integrated Track Inspection System)이라고 불리는 이 시스템은 SAP의 분석 기술을 활용해서 CSX에 의해 개발되었다. ITIS는 수작업 시스템에 비해 보다 기능이 많고 모바일 액세스가 가능하며 예측분석 도구를 제공하는 시스템이었다.

CSX와 SAP는 또한 자연어처리와 비정형 고객 피드백의 감성분석이 가능한 보조적인 시스템을 개발하고 있다. 이러한 시스템의 데이터를 교통 패턴에 대한 데이터와 판매 데이터와 함께 단일 말뭉치로 결합시킴으로써 CSX는 지속적으로 학습이 가능한 상태에서 새로운 매출 기회를 식별할 수 있게 될 것이다. CSX가 실시간 데이터를 제공하기 이해서 센서의 사용을 증가시킴에 따라, 이러한 시스템들의 통합은 라인을 더 안전하게 만들고 결과로부터 지속적으로 학습할 수 있는 새로운 기회들을 생성할 것이다. 이러한 학습은 CSX 운영의 효율을 향상시킬 수 있는 새로운 중요사례를 낳게 될 것이다.

통신

통신 제공자들은 측정하기는 쉽지만 관리하기는 어려운 성능 지표에 대한 의존도가 매우 높다. 이러한 통신 제공자의 고객들은 관리서비스제공자인 대형 기업들에게 서비스를 재판매 하는 대형 기업들인 경우가 많다. 성공하기 위해서, 그들은 예측 가능한 서비스수준을 제공해야만 한다. 이들은 종종 SLAs(service level agreements)의 제공을 필요로 하는데, 이는 서비스 제공을 위해 요구되는 성능 수준을 상세화한 것이다. 만일 통신 벤더가 약속한 서비스를 제공할 수 없으면, 금전적인 패널티가 부과되는 경우가 많다. 제공자가 SLA에 부합되는 것을 보여주거나 성능에 미달하는 경우 이를 빠르게 인식하고 조치하기 위해서 성능을 지속적으로 모니터링하고 관리하는 것은 매우 필요한 일이다. 통신 제공자들은 음성 통신 채널과 상대적으로 고정적인 데이터에 대한 기본적인 액세스의 제공으로부터 가정과 모바일 디바이스의 소비자들에게 제공되는 비디오 스트리밍까지, 그리고 최신의 모바일 고객의 데이터에 대한 요구에 대응하면서 성장해왔다. 통신 제공자들에 의해 제공되는 다양한 서비스들이 증가함에 따라, 수요에 있어서의 다양성도 증가하고 있다.

초 단위 이하의 반응이 필수적일 수도 있는 지속적인 성능 모니터링에 대한 요구는, 고객에게 가능한 실제 서비스 수준을 실시간으로 보여주기 위해서, 네트워크의 끝에 센서와 탐지기를 배치함으로써 이끌어 왔다. 수요는 일상적인 유지보수로부터 자연재해로 인한 수요의 급격한 과잉에 이르기까지 다양한 이벤트에 따라 변할 수 있다.

통신을 위한 인지컴퓨팅의 기회

이러한 모든 데이터를 모으는 것은, 심지어 실시간이라 하더라도, 쉬운 일이다. 어려운 일은, 약한 신호에 대해서 지속적으로 SLA의 확실한 준수를 보장하도록 서비스를 재설정하거나 재배치하기 위해, 곧 일어날 긴급한 수요의 변화를 나타내는 상태(심지어 잘 훈련되고 경험이 있는 네트워크 엔지니어의 감지를 벗어나는 패턴들)을 실시간으로 식별하는 일이다. 이것은 인지컴퓨팅의 이점이 어디서 나타날 것인가를 보여준다. 통신 기업들의 문제는, 수요의 변화를 초래할 수 있는 임박한 이벤트를 나타내는 상황에서 발생하는 신호들을 평가하는 동안, 패턴과 인과관계를 발견하기에 충분한 과거의 기록들을 평가하는데 있다.

히다찌 데이터 시스템은, 머신러닝 알고리즘, 오픈 소스 지적 자산, 그리고 API가 제공되는 제3자의 서비스를 조합해서, 통신관리서비스제공자가 데이터를 실시간으로 모니터링하고 관리하는 데 필요한 솔루션을 개발해왔다. 히다찌는 시공간적 이벤트의 감지, 복잡한 이벤트 프로세싱, 비정형 데이터로부터의 이벤트 추출, 그리고 머신러닝 알고리즘을 사용한 근본원인 분석 등이 포함된, 과거의 고객 데이터를 기반으로 구축된 컴포넌트 라이브러리를 사용한다. 이 시스템은 지속적으로 현재의 성능을 모니터링하고 이것을 과거의 성능과 비교한다. 이 시스템은 또한 네트워크 성능에 영향을 미칠 수 있는 소셜미디어 스트림과 같은 비정형 데이터를 분석한다 (기상이변이나 곧 발생 예정인 유명한 텔레비전 이벤트). 실시간 데이터분석과 비정형 데이터분석을 결합함으로써 이 시스템은 패턴 기반의 수요변화를 예측할 수 있다. 핵심적인 기능인 지속적인 학습을 통해, 이러한 인지컴퓨팅 솔루션은 임박한 수요를 네트워크 엔지니어에게 통보하거나 또는 심지어 재난을 방지하기 위해 능동적으로 용량을 조절할 수 있다.

보안과 위협 감지

오늘날 상업용 네트워크의 보안은 거의 모든 산업에서 비즈니스 연속성과 일반적 리스크관리를 위한 주요 관심사가 되었다. 클라우드의 네트워크, 웹사이트, 그리고 어플리케이션은 모두 매력적인 공격대상이다. 경제적 이득을 위해 행해지거나 또는 단순히 공격자의 능력을 보여주기 위해 행해지는 사이버테러가 증가하고 있으며 줄어들 기미를 보이지 않고 있다. 통상적인 기술을 사용한 상시적인 방어로는 정보를 훔쳐가고 혼란을 야기하기 위해 나날이 복잡해지는 공격자의 방식을 따라잡을 수 없게 되었다.

보안과 위협 감지를 위한 인지컴퓨팅의 기회

위협 감지를 위해 인지컴퓨팅을 적용하는데 있어서 세가지 주요 동인은 다음과 같다:

- 새로운 위협이 나타나는 속도
- 공격에 효과적으로 대응하기 전에 피해가 발생하는 속도
- 일반적인 시스템과 네트워크 관리자가 지킬 수 있는 능력을 넘어서서 점점 복잡해지는 네트워크

과거에는, 새로운 위협이 감지되었을 때, 이에 대한 처방이 네트워크 관리자들 또는 보안과 안티바이러스 패키지에 가입되어 있는 개인들에게 배포되었다.

감지와 업데이트 사이의 지연은 몇 시간, 몇 일, 또는 몇 주가 될 수 있었다.

다행히, 머신러닝 솔루션은, 무엇을 찾아야 하는지 말해줄 필요 없이, 네트워크 액세스 포인트를 지속적으로 감시하고 현재의 활동과 과거의 활동을 비교해서 이상징후를 찾는다. 업데이트를 위해 기다릴 필요 없이, 시스템은 일반적이지 않은 활동 패턴들을 하이라이트 시키고, 심지어 오퍼레이터가 상황을 평가하는 동안 데이터나 네트워크 세그먼트를 격리시키는 조치를 취한다. 거짓 양성반응(단순히 새롭게 나타나서 이상 징후로 판단되었지만 실제로 안전한 활동 패턴)의 경우, 시스템은 새로운 패턴이 양성이라는 것을 학습하고 자신의 지식을 업데이트함으로써 향후에 동일한 상황이 발생하는 경우 위협으로 인지하지 않을 수 있다.

시스코의 인지위협분석 솔루션은 이 시장의 초기 제품이다. 이 솔루션은 안전한 게이트웨이에서 발생하는 트래픽을 분석하고 공격방식에 관계없이 증상(비정상적인 행동)을 찾기 위해 머신러닝 알고리즘을 사용한다. 이러한 방식은 첫 번째 단계로서 위협의 식별을 요구하는 오래된 루핑 프로세스를 필요 없게 만든다. 시스코는 개인 사용자들과 대규모의 유사한 사용자그룹의 활동들을 분석함으로써 정상정인 행동 패턴들에 대한 말뭉치를 구축할 수 있다. 예상치 못한 새로운 양성의 활동이 발견되면, 클라우드 서비스의 모든 사용자들에게 업데이트된 말뭉치를 즉시 사용 가능하게 할 수 있다. 이전의 위협을 기반으로 구축된 대응책이 갖는 편향의 영향 없이 네트워크 내에서 활동을 감시하는 것은 시스템이 관련된 증거에만 기반해서 학습할 수 있도록 해준다.

인지컴퓨팅에 의해 영향을 받는 다른 영역들

비록 인지컴퓨팅이 필요한 산업에 대해서 많이 언급하였지만, 고려해볼 수 있는 영역은 아직 많이 있다. 이러한 영역들 중 이미 프로젝트가 진행되고 있는 것도 있고, 향후

지속적인 학습 시스템을 적용할 시장도 계속적으로 나타날 것이다. 다음 섹션은 인지 방식에 의해 영향을 받을 수 있는 몇 가지 영역에 대해서 설명한다.

콜센터

콜센터는 다양한 산업에서 필요한 기능인데, 이는 조직의 평판관리에 매우 중요하다. 콜센터 종사자는 제품과 고객 이슈에 대한 깊이 있는 지식을 필요로 한다. 그러나 콜센터는 이직률이 높기로 악명이 높다. 매우 숙련된 직원이 떠났을 때, 중요사례도 그와 함께 없어진다. 제품과 서비스에 대한 복잡하고 상세한 정보를 알고, 고객을 붙잡아 두기 위해 "차선의 선택"을 제공하고, 이들에게 다른 제품과 서비스를 판매해야 한다는 엄청난 압박이 존재한다. 이뿐만 아니라, 콜센터 종사자들은 그들의 산업에서 요구되는 규제를 이해하고 준수해야만 한다.

인지컴퓨팅의 기회

콜센터를 위한 인지컴퓨팅 솔루션을 구축하는데 엄청난 양의 데이터가 적용될 수 있다. 정형 데이터는 고객지원 데이터베이스에 존재한다. 그러나 고객과의 상호작용과 안내와 관련된 노트나 문서에, 콜센터 어플리케이션을 위한 말뭉치에 더해질 수 있는 상당한 양의 비정형 데이터가 존재한다. 시간이 지남에 따라, 머신러닝 프로세스가 고객 이슈를 다루는 최적의 방식을 가이드해줄 수 있다. 자연어처리 인터페이스는 고객지원 에이전트가 차선의 방식을 결정하는 데 도움이 될 것이다. 이뿐만 아니라, 고객들은 콜센터와의 통화를 오랫동안 기다리지 않고 솔루션을 결정하기 위해서 직접 온라인 시스템과 상호작용할 수 있다. 궁극적으로는, 인바운드 업무(고객의 입력을 얻는 것)의 대부분은 자연어처리와 가설의 생성에 의해 자동화될 것이다. 정제된 쿼리는 사람의 행동에 맡겨지거나 인지 콜센터 어플리케이션에 의해 직접 다루어질 것이다. 시스템은 전화를 건 사람이 사람의 응대를 선호할 것인지 여부를 알 수 있는데, 이는 질문을 하거나 또는 그 고객 또는 유사한 고객들의 과거 경험을 기반으로 결정할 수 있다.

다른 영역에서의 인지 솔루션들

이 외에도, 인지컴퓨팅 솔루션을 구축하기 시작한 많은 영역들이 있다. 이들은 모두 많은 양의 정형과 비정형 데이터가 존재하는 영역이며, 유망해 보이는 영역들은 다음과 같다:

- **금융 서비스** – 금융 서비스와 같이 데이터가 풍부한 환경에서는, 개인의 요구사항을 이해하고 최선의 상품을 제공하는 것이 가능하다. 다수의 고객으로부터 대량의 다양한 데이터가 생성되고, 인지시스템은 차선의 대안들을 성공적으로 제공했던 패턴들을 기반으로 학습할 수 있을 것이다.

- **법률 어플리케이션** – 법률 산업은 비정형 문서가 엄청나게 많은 영역이다. 이러한 데이터는 이메일로부터 트윗, 임상실험결과까지 다양한 기록들에서 나오는데, 이는 수년 동안 보관되다가 필요 시점에서 제공되어야 한다. 이러한 법률적 활동들은 내부의 변호인에 의해 수행되거나 아웃소싱 될 수 있지만, 이들 모두는 전자적인 열람을 필요로 한다. 이는 때로 비정형 자연언어로 생성된 관련 문서와 파일을 샅샅이 뒤지기 위해 엄청난 양의 리소스를 필요로 한다. 지속적인 학습 시스템에 내재된 고급 자연어처리 시스템과 패턴 인식 알고리즘은 이러한 작업을 위해 이상적인 솔루션이 될 수 있다. 오늘날 이를 위해 EDRM(Electronic Discovery Reference Model: 변호사, IT관리자, 기타 관련기관의 연합으로 탄생됨)을 사용하는 것이 일반적이다. 미래에는, 인지컴퓨팅 시스템을 사용함으로써, 프로세스를 단순화시킬 수 있고, 실제로 벌어지기 전에 임박한 소송을 암시하는 새로운 징후와 소셜미디어 데이터의 감성분석으로 업데이트된 회사의 말뭉치로부터 정보를 결합함으로써 비즈니스에게 새로운 기회(예를 들어, 프로파일에 맞는 투자) 또는 리스크(법률적 조치가 예견되는 시나리오)를 알려주도록 사람들을 훈련시킬 수 있다.

- **마케팅 어플리케이션** – 마케팅을 위한 대부분의 어플리케이션들은 기존의 캠페인 결과들을 분석하거나 미래 고객의 요구사항을 예측하기 위해 예측적 분석을 사용한다. 고객관련 정보와 예상되는 상호작용 관련 정보를 적극적으로 모니터링함으로써 기회가 나타날 수 있다. 아웃바운드 측면에서, 산업, 회사, 현재의 고객과 잠재고객, 그리고 경쟁자들과 관련된 데이터로 이루어진 말뭉치를 대상으로 테스트될 수 있는 가설들로써, 메시지와 가격정책이 구성될 수 있다. 잘 훈련된 지속적인 학습 시스템은 대안들을 평가할 수 있으며, 프로세스 초기에 적절한 질문을 던짐으로써 마케터가 메시지와 가격정책을 정교화하는 것을 도울 수 있다. 자연어처리를 사용해서, 관련된 소셜미디어와 뉴스 아이템으로 말뭉치를 상시적으로 모니터링하고 업데이트 하는 것은, 이러한 프로세스와 대중적인 브랜드 인지도를 모니터링 하는데 커다란 도움이 될 것이다. 감성분석은 이미 이러한 맥락에서 사용되고 있는데, 지속적인 학습 컴포넌트를 사용해서 지능적인 가설과 질문을 생성할 수 있다는 측면에서 인지방식의 이점이 있다.

요약

의학적 진단, 제조결함 예측, 헬스케어 연구와 같은 영역에서 초기 인지컴퓨팅의 성공은 '지속적인 학습 시스템'이 전체 산업에 대해서 우리가 생각하는 방식을 변화시킬 가능성을 확실하게 보여주고 있다. 다음 십 년간은 이러한 학습시스템이 모든 산업 또는 비즈니스 기능 영역에 적용될 것으로 보이는데, 이러한 영역은 도메인 지식의 급격한 증가 또는 변화, 대중들에게 매우 큰 도움이 되는 작은 전문가 그룹에 집중되는 특별한 지식, 또는 불확실성과 함께 위대한 혁신이 진행되는 분야로서 특징지어진다 - 대부분의 상황에서 올바른 답이 하나만 존재하는 경우는 없다. 이러한 시스템을 배포하는 비용이 자본비용이라기 보다는 운영비용이 되어감에 따라, 진입장벽이 훨씬 더 낮춰지고 도입이 빠르게 증가할 것이다. 모든 종류의 기능을 서비스로 제공하는 트랜드는, 비용관리부터 생산성관련 제품군과 고객관계관리 어플리케이션에 이르는 영역까지 이미 SMB (Small/Medium Business) 시장을 변화시켜왔다. 기업을 위한 인지컴퓨팅 어플리케이션의 다음 물결이 곧 일어날 것이며, 기능적 영역을 위한 서비스로서의 인지가 곧 등장하게 될 것이다.

제4차 산업혁명의 핵심 기술 인지 컴퓨팅

COGNITIVE COMPUTING
AND
BIG DATA ANALYTICS

14

인지컴퓨팅의 미래 어플리케이션

인지컴퓨팅의 개발은 초기 단계에 있지만, 이러한 새로운 세대의 시스템을 구축하기 위한 빌딩블록들은 준비가 되어 있다. 다가오는 다음 십 년은 하드웨어와 소프트웨어에서 이루어지는 많은 발전들이 인지컴퓨팅을 위한 기술에 영향을 미칠 것이다. 따라서, 인지컴퓨팅의 미래는 진화와 혁신의 조합이 될 것이다. 인지컴퓨팅의 진화적인 측면은 보안, 데이터 시각화, 머신러닝, 자연어처리, 데이터 클리닝, 관리, 그리고 거버넌스와 같은 기반 기술들에서 이루어질 것이다. 사람과 기계간의 인터페이스에서는 혁신이 이루어질 것이다. 이뿐만 아니라, 하드웨어에서도 상당한 혁신이 이루어질 것이다. 수십 년 동안, 칩의 발전은 컴포넌트 밀도와 시스템 통합 수준의 발전을 바탕으로 이루어졌다. 비록 일반적인 아키텍처가 이러한 방향을 따라 계속 개선되겠지만, 근본적으로 다른 아키텍처들이 등장하고 있는데, 이는 인지컴퓨팅의 성능에 커다란 영향을 미칠 것이다. 뇌에서 영감을 받고 신경망을 본뜬 프로세스를 사용하는 뇌신경 아키텍처는 속도와 이식성에 심대한 영향을 미칠 것이다. 특별히 뇌신경 하드웨어는 고도의 확장성을 제공할 것이고, 데이터는 모바일 디바이스에서 직접 프로세싱 하는 것을 포함하여 생성된 소스에서 가까운 곳에서 프로세싱 될 것이다. 양자역학의 특성에 기반을 둔 퀀텀컴퓨팅 아키텍처는, 인지컴퓨팅 어플리케이션에서 자주 발견되는 대량의 데이터 세트를 빠르게 처리할 수 있는 길을 열어줄 것이다. 이러한 새로운 칩과 시스템들은 상황인지컴퓨팅에 요구되는 것들을 맞춰줄 수 있을 것이다. 이 장에서는 무엇이 오고 있는지 그리고 무엇이 가능할 것인지 다가오는 십 년을 내다본다.

다음 시대에 필요한 것들

지식을 공유해야 할 필요성은 크고 작은 조직들에게 있어서 언제나 높은 우선순위를 갖는다. 소프트웨어 개발과 코딩이 필요 없는 방식으로 지식을 코드화할 수 있는 학습 시스템을 구축하기 위해서 수십 년 동안 수없이 많은 시도가 이루어졌다. 인사이트를 얻기 위해서 데이터를 관리하고 해석하는 능력을 가속화 시킬 수 있는 새로운 기술들이 나타나고 있다. 수많은 중요한 혁신들이 데이터를 다이내믹하고 공유가능하며 예측 가능한 지식으로 변환시킬 수 있도록 해줄 것이다.

예측력 향상을 위한 인지컴퓨팅

고급분석기술이 인지솔루션에 통합되고 있다. 인지컴퓨팅이 성숙해지면, 솔루션을 구축하기 위해 엄청난 양의 데이터를 수집하고 유입시키는 프로세스를 보다 자동화 시킬 수 있을 것이다. 데이터의 말뭉치들이 보다 많은 경험을 통해 확장됨에 따라, 차선책을 결정하거나 숨겨진 패턴들을 찾기 위해 데이터의 관련성을 찾는 분석을 위해서, 고급분석 알고리즘을 말뭉치나 부분적 데이터에 적용하는 것이 가능해질 것이다. 이렇게 하기 위해서는 데이터 소스들을 조사하는 프로세스를 자동화시킬 수 있는 일련의 도구들이 필요한데, 이는 데이터의 품질이 원하는 수준에 있다는 것을 확신하기 위해서 필요하다. 분석이 완료된 후 그 결과는 머신러닝 방법을 개선하기 위해 인지시스템에 피드백 될 수 있다. 이렇게 함으로써 인지시스템이 보다 나은 결정을 하기 위한 풍부한 지식과 전문성을 가질 수 있을 것이다.

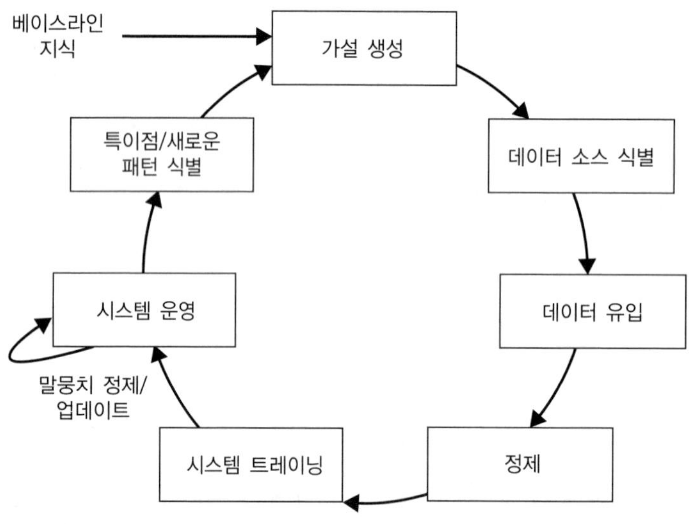

그림 14-1: 지식관리 라이프사이클

지식관리를 위한 새로운 라이프사이클

어떤 의미에서, 지식관리를 위한 새로운 라이프사이클이 등장할 것이다. 해결하고자 하는 문제에 대해 가설을 생성하는 것으로 시작하고, 문제 영역과 관련된 모든 데이터를 끌어 모은 후, 데이터 소스들을 검사하고 클리닝한 후 소스를 검증한다. 트레이닝을 위한 데이터를 준비하고, 자연어처리와 시각화를 적용하고, 말뭉치를 정교화한다. 시스템이 운영단계로 들어가면, 무엇이 변하고 있는지 이해하기 위해서 예측적 분석 알고리즘으로 데이터가 지속적으로 분석된다. 그리고 프로세스가 처음부터 다시 시작된다. 가설로부터 시작해서 빅데이터 분석으로 가는 이러한 라이프사이클은 정교하고 다이내믹한 학습환경을 만들어낸다 (그림 14-1 참조).

사람과 기계사이의 직관적인 인터페이스 구축

인지시스템의 첫 세대에서 가장 정교한 어플리케이션들은 자연어 인터페이스에 대한 의존도가 매우 높았다. 자연어처리는 지속적으로 사람이 인지시스템과 상호작용하는 기본적인 방법이 될 것이다. 그러나, 업무의 특성에 따라 추가적인 인터페이스가 존재할 수 있다. 예를 들어, 인터페이스가 시각화를 제공함으로써 더 깊은 탐구를 필요로 하는 패턴이 어디에 존재하는지 알려줄 필요가 있을 수도 있다. 만일 생물공학 연구원이 질병을 일으키는 분자와 치료가능 물질 사이의 관련성을 확인하고자 한다면, 시각적으로 감지된 패턴들이 새로운 약물을 신속히 개발하는데 도움이 될 것이다. 또 다른 인터페이스도 새롭게 등장하고 있다. 예를 들어, 말할 때 주춤거리는 것을 감지함으로써 두려움과 같은 감성을 알아낼 수 있는 음성인식기술의 발전은 사용자와 시스템을 안내하는데 유용하게 사용될 수 있다. 음성을 통해서 지시가 불명확하다는 것을 감지했을 때, 시스템은 새로운 설명으로 반응을 보일 수 있다. 시간이 지나면서, 시스템은 대다수의 사용자들이 명확하게 받아들일 수 있는 새로운 안내음성을 생성하는 것이 가능해질 것이다. 음성인식시스템은 나이가 많은 사람들을 위해 작업하는데도 도움이 될 것이다. 만일 시스템이 불명료한 언어와 다른 단서들을 통해서 공포나 뇌졸중의 증거를 감지할 수 있다면, 집에 거주하고 있는 노인들에게 도움이 될 수 있을 것이다.

시각적 인터페이스의 가장 흥미로운 실험들 중 하나는 오클랜드 대학의 애니매이트 기술 연구소에서 개발된 BabyX라고 불리는 실험이다. 이 대학의 웹사이트 (http://www.abi.auckland.ac.nz/about/our-research/animate-technologies.html) 에 따르면, 이 실험에서 생명공학, 계산이론뇌과학, 인공지능, 그리고 대화형 컴퓨터 그래픽 연구를 결합함으로써 얼굴과 뇌의 "살아있는 계산적 모델(live computational models)"이 만들어지고 있다고 한다. 이 대학은 BabyX 프로젝트를 다음과 같이 설명한다:

> *BabyX는 대화형으로 애니매이트 되는 가상의 유아 프로토타입이다. BabyX는 애니매이트 기술연구소에서 개발되고 있는 컴퓨터에 의한 정신생물학적인 시뮬레이션이며, 대화형 행동과 학습에 관련된 기본적인 신경 시스템의 계산모형을 결합시키는 실험도구다.*

> *이 모델은 얼굴과 유아의 상체에 대한 고급3차원 컴퓨터그래픽 모델을 통해 구현된다. 시스템은 행동모델을 사용해서 보호자나 또래의 행동에 반응하는 유아의 비디오와 오디오 입력을 분석할 수 있다.*

BabyX에는 연구실에서 사용되는 많은 기술들이 적용되었고, 신경모델, 감지 시스템과 실시간 컴퓨터그래픽의 사실성에 대해서 지속적인 개발이 이루어지고 있다.

연구원들은 프로그래머가 신경시스템을 구축하고, 시각적으로 모델링하고, 애니매이트 할 수 있도록 해주는 시각모델링기술을 개발했다. 개발에 사용된 프로그래밍 언어를 BL(Brain Language)라고 부른다. 이 언어로 무장함으로써, 연구원들은 대화형으로 시뮬레이션 작업을 하고 새로운 행동을 모델링 할 수 있다. 이러한 인터페이스 유형의 가능성에 대한 인사이트를 위해서, BabyX의 몇 가지 비디오를 참고할 수 있다 (http://vimeo.com/97186687).

중요한 사례가 많아지기 위해서 필요한 것들

대다수의 인지컴퓨팅 어플리케이션들은 주제와 관련된 전문가들과의 협업으로 이루어지는 프로젝트를 통해 만들어진다. 어떤 새로운 기술분야의 개척자들이 새로운 길을 열기도 하는데, 시간이 지나면서 점점 더 많은 어플리케이션들이 구현되면, 이러한 결과들이 패턴으로 코드화되어 유사한 문제를 해결하고자 하는 다른 프로젝트에서 사용될 수 있을 것이다. 처음에는 개발자를 위한 일련의 기능적 서비스들이 가능할 것이다. 그러나 시간이 지나면서, 유사한 산업에 있는 여러 조직에서 사용함으로써 이러한 서비스들이 검증되고 패키지화 될 것이다. 어떤 의미에서는, 패키지화에 대해 지금 생각할 수 있는 당연한 결과일 수 있다. 차이점은 전통적인 패키지 어플리케이션은 블랙 박스라는 것이다. 사용자는 데이터를 바꾸고 규칙과 비즈니스 프로세스를 바꿀 수 있지만, 어플리케이션 자체는 사용자로부터 가려져 있다.
패키지화된 인지시스템에는, 어느 정도 투명성이 있다. 먼저, 패키지에 있는 데이터 소스뿐만 아니라 모델에 내재된 가정과 가설들을 이해하는 것이 필수적일 것이다.
이러한 방식으로, 사용자가 조금 다르게 사용하고 싶다면 패키지의 일부를 사용할 수도 있다. 또한 산업의 표준처럼 어디에나 있는 중요사례가 되는 패키지도 있을 것이다. 복잡한 분야에서 새로운 전문가를 훈련시키는 것부터 일년 또는 몇 개월 내에 새로운 인지어플리케이션을 구축하는 것까지, 이러한 패키지 인지어플리케이션의 사용은 매우 다양할 수 있다.

인지컴퓨팅의 미래를 변화시킬 기술의 발전

지금까지 이 책을 통해서, 우리가 인지컴퓨팅의 성숙과 혁신의 초기 단계에 있음을 보아왔다. 많은 기반 기술들이 이미 가능하다. 그러나 시스템을 쉽게 만들고 운영할 수 있게 해주는 예측가능성과 반복성을 위한 기술의 혁신이 여전히 필요하다. 학습의 속도는 아마도 가장 혁신이 필요한 분야일 것이다. 실시간 프로세싱은 빠른 학습을 위한 핵심요소다. 소프트웨어 측면에서, 특별히 비디오, 이미지, 음성, 센서 시그널과 같이 데이터가 풍부한 환경에서 정보를 처리하기 위해서는 데이터가 실시간으로 분석되어야 한다. 이러한 시스템들은 시그널의 의미를 더 명료하고 더 빠르게 식별할 필요가 있을 것이다. 예를 들어, 시스템이 위협 상황에서 충분히 빠르게 반응하기 위해서 비디오 내의 특정한 개인의 행동을 인식하고 이해할 수 있게 된다면, 더 의미 있는 결과가 가능하게 될 것이다. 데이터 사이의 관계를 실시간으로 식별하고 프로세싱 하는 것은 맥락을 설정하는데 도움이 된다.

소프트웨어와 하드웨어에서 미래의 혁신은 오늘날 복잡하고 시간이 많이 소요되는 데이터 분석을 변혁시킬 것이다. 오늘날, 이러한 전문수준에 다다르기 위해서는 수많은 수작업 노력이 필요하다. 미래에는, 머신러닝이 개발환경 속으로 녹아 들어갈 것이다. 데이터로부터 패턴이나 연결성이 감지될 때 실시간으로 시스템과 상호작용 하는 것이 가능해질 것이다. 우리가 데이터로부터 정보를 향해, 그리고 지식을 향해 옮겨감으로써 이러한 혁신이 필요해진다. 지식을 더 빠르게 처리하고 패턴과 맥락을 더 빠르게 이해할수록, 시장과 산업을 가로지르는 혁신과 발견의 속도를 변화시킬 수 있는 방법을 더 빠르게 발견하게 될 것이다.

미래의 모습

미래에는 인지시스템이 어떻게 보일 것인가? 필요한 기술의 변화는 모두 한번에 이루어지지 않는다. 오히려, 두 번의 시간적 수평선을 고려해볼 수 있다, 즉 첫 5년간 그리고 장기적으로 다음 10년이후를 생각해볼 수 있다. 인지컴퓨팅의 미래를 정의할 3가지 측면은, 소프트웨어 혁신, 하드웨어 변혁, 그리고 정제되고 신뢰할 수 있는 데이터 소스의 가용성이다. 이 모든 것들은 표준의 개발에 따라 이루어질 것이다. 미래에 활용될 기술의 유형을 논의하기 전에, 향후 5년간 그리고 보다 먼 미래에 기대될 수 있는 것이 무엇인지 잠깐 살펴보자.

다음 5년

다음 5년동안은 상당한 변화가 있을 것이다. 가장 중대한 변화들 중 하나는 잘 정의된 기초적이고 산업특화적인 컴포넌트들이 많아진다는 것이다. 예를 들어, 어떤 도매인 내에서 자연어로 이루어진 텍스트에 대한 깊은 분석을 기반으로, 자동적으로 온톨로지를 구축할 수 있는 서비스가 등장할 것이다. 오늘날, 이러한 프로세스는 수많은 수작업과 의견 일치를 필요로 한다. 비록 사람들이 가시적인 미래에도 여전히 결정적인 역할을 하겠지만, 온톨로지 구축 소프트웨어가 경험으로부터 학습함에 따라 사람들의 프로세스 참여는 감소하게 될 것이다.

여행의 경우, 목적지와 예상되는 기상 패턴 그리고 소셜미디어 데이터 사이의 상관관계를 구축하는 프로세스를 자동화 할 수 있는 서비스가 등장할 것이다. 인터페이스가 표준화 됨에 따라, 이러한 서비스들을 함께 연결하는 것이 가능해질 것이다. 이러한 기능적 서비스들은, 비용효과적인 클라우드 배포를 가능하게 해주는 새로운 컨테이너 표준을 사용해서, 하나의 업무단위로 함께 패키지화 될 것으로 보인다.

특정한 유형의 데이터를 유입시키는 것으로부터 그 데이터를 실시간으로 분석하고 그들이 의미하는 것과 패턴이 존재하는 곳을 지시하는 시각적 인터페이스를 제공하는 것까지, 일련의 잘 정의된 모든 것을 위한 서비스들이 존재할 것이다. 자연어 인터페이스 사용자는 자연어 인터페이스를 통해 수행되는 분석의 유형에 가장 적절한 인터페이스 유형을 선택할 수 있을 것이다. 관심을 끄는 새로운 방식들 중 하나는, 단순히 레포팅을 하거나 데이터를 보여주는 것으로부터 서술적인 인터페이스를 사용해서 데이터를 설명하는 "이야기"를 전달하는 것으로 전환되는 것이다. 원하는 결과를 기반으로 데이터 요소들이 어떻게 서로 연관되어 있는지 이야기를 제공하는 것은 어떤 상황에서는 가장 명확한 의미를 전달하게 될 것이다. 오늘날 많은 어플리케이션들은 데이터의 의미에 대한 이야기를 전달하기 위해 그래프와 차트를 사용하고 있다.

고객이 소매 사이트에 질문을 던지는 상황에서는 키워드와 가장 잘 매칭되는 일련의 제품들이 보여질 것이다. 그러나, 그러한 엔진이 고객이 의도하는 맥락을 더 잘 이해하고 있다면? 슬리핑 백을 찾고 있는 그 고객은 전 가족을 위한 슬리핑 백을 구매할 준비를 하고 있을 수 있다. 성공적인 사이트는 당신의 필요와 열망 그리고 심지어 경제적인 제약사항까지 고려해서, 오직 당신만을 위한 이야기를 만드는데 도움을 줄 것이다. 이제 당신은 하나의 아이템을 보여주는 화면에서 벗어나 당신의 미래 관심사에 대한 이야기를 보여주는 곳으로 옮겨간다. 캠핑의 세계는 많은 뉘앙스를 가지고 있고, 스마트한 소매업자가 소비자에게 제공할 수 있는 또 따른 제품과 서비스들이 있을 수 있다. 이러한 새로운 유형의 시스템은 당신이 허용하는 만큼 인지적이 될 것이다. 소비자가 벤더에게 자신과의 관계에 참여하는 것을, 단지 한번 또는 일생에 걸쳐, 허가해줄 수 있는 신뢰와 능력은 미래의 관계에서 핵심이 될 것이다.

한 여행자가 인지적인 여행시스템을 가지고 있는 시나리오를 상상해보자. 시스템은 당신의 목적지와 당신이 선호하는 길, 길을 따라 있는 주유소, 자동차의 상태, 선호하는 음식, 그리고 당신이 묵을 호텔의 유형을 알고 있다. 적절한 수준의 입력과 보안으로, 이 시스템은 당신을 위한 예약을 할 수 있고, 대안적인 경로를 사전에 알려주고, 자동차를 점검하기 위해서 멈춰야 하는 지점을 알려줄 수 있다 (비록 정말로 스마트한 시스템은 자동차의 수리 없이 여행이 완결될 수 없다고 예측된다면 집을 떠나지 말라고 충고하겠지만). 이 시스템은 당신이 필요한 아이템을 보유한 상점을 알려주고 심지어 가격을 흥정하고 구매할 시점을 알려줄 것이다.

이와 동일한 방식을 당신이 보험회사와 문제를 처리하는 방식에도 적용할 수 있다. 당신이 입고 있는 (당신이 추적을 허용했다는 가정하에) 디바이스에 의해 추적될 수 있는 당신의 습관들을 고려해서 그 보험회사와 거래를 협상할 수 있다. 당신이 보험회사에 제공하는 정보는 리스크 수준을 이해하기 위해서 수백 수천의 다른 보험 고객들의 정보와 함께 집계될 것이다. 이렇게 함으로써 보험회사가 실제 리스크를 더 잘 이해하게 되어 비용이 내려가거나 유사한 프로파일을 갖는 사람들과 공유경제 풀을 생성할 수도 있을 것이다. 이렇게 파악된 리스크가 보험이 불가한 재난적 손실로 이어질 수 있다면, 인적자원 관리를 위한 인지시스템이 개입함으로써 새로운 정부정책으로 이어질 수도 있는데, 이러한 위험이 투명하고 연결된 사회에서는 감추어질 수 없기 때문에 사회적 불안으로 이어질 수도 있다.

장기적으로 바라보기

지금까지 논의했던 기술들이 지속적으로 성숙해짐에 따라, 이들은 분리된 컴포넌트들로서 조합되기 보다는 플랫폼이나 인지시스템 속으로 내재화될 것이다. 학습은 실시간으로 발생하고 제스처, 얼굴표정, 그리고 겉으로 표현되는 코멘트들에 의해 점점 더 영향을 받게 될 것이다. 그러므로, 이러한 시스템은 어제의 또는 5년전의 이벤트와 데이터를 기반으로 맥락을 자동적으로 이해할 수 있을 것이다. 이러한 시스템은 모든 소셜미디어 히스토리를 깊이 있는 방식으로 저장하고 지속적으로 분석할 것이다. 이러한 깊이 있는 분석을 통해서, 인지시스템은 당신이 이제 무엇을 왜 하게 될지 예측할 수 있을 것이다.

10년내에, 허용을 바탕으로(permission-based)하는 상호작용이 규칙이 될 것이라는 것을 명심하자. 따라서 당신이 허용하는 수준을 가정하고 확인하는 보다 자동화된 기술도 등장할 것이다. 사실 이 시스템은 수백만 또는 아마도 수천만의 상호작용에서 나타난 패턴들을 분석함으로써 구축될 수 있다. 소비자가 허용한 수준은 이러한 환경에서 상호작용의 수준과 보안 수준을 결정할 것이다. 최적의 시스템은 백그라운드에서 활동하면서, 필요할 때 제안을 하거나 권고된 행동을 하지만 대부분의 시간에는 조용히 대기하게 된다. 본질적으로, 당신에게 편안한 당신의 모습(자아적 측면)을 생성하도록 해주는, 더 발전되고 자동화된 에이전트가 당신을 상대할 것이다. 이 에이전트 소프트웨어는 시간이 지남에 따라, 당신이 직접 제공하는 데이터와 축적된 정보를 기반으로 머신러닝이 만들어낸 가정들을 바탕으로, 당신의 선호도와 성격을 알아가게 될 것이다. 이 시스템은 사람이 기계와 편안하게 상호작용하는 방식을 바탕으로 만들어진 일련의 에티켓과 함께 설계될 것이다.

본질적으로, 이것은 새로운 인지시대를 위한 개인의 디지털 비서라고 할 수 있다. 이것은 물리적 장치라기 보다는 어떤 표현의 형태, 또는 적절한 유형의 인터페이스를 통해서 사용자가 관여하는 시점에 등장하는, 클라우드에 있는 개인적 에이전트의 형태일 수 있다. 이것은 당신 그리고 당신의 개인적 상호작용일 수 있다. 이것은 또한 당신의 세탁기에 대한 인터페이스 일수도 있다. 우리는 이미 인터넷이 어디에나 존재하는 그러한 시대에 접어들기 시작했지만, 다가오는 시대에 당신이 단절을 선택하지만 않는다면 당신은 항상 연결되어 있을 것이다. 상황에 따라, 인터페이스는 자연어, 제스처, 또는 물리적 행동일 수 있다. 인지시스템은 당신의 인터페이스에서 뉘앙스를 수집하고 당신의 요구와 상태의 변화에 맞추어 인터페이스의 상호작용을 변화시킬 것이다. 이 시스템은 일어나는 상황들 뒤에서 당신의 행동으로부터 지속적으로 학습하고 있다. 시스템은 시간이 지남에 따라 학습한 것을 바탕으로 자신의 행동을 교정한다. 이러한 기술은 도시의 교통 패턴들로부터 인프라스트럭처의 보안까지 모든 것에 폭넓게 적용될 것이다.

센서가 내장된 점점 더 많은 디바이스들이 어디에나 존재하게 됨에 따라, 데이터와 행동에 대한 인지수준이 폭발적으로 증가할 것이다. 정교한 인터페이스를 갖는 센서기반

디바이스는 사회적 상황에서 소통하는데 어려움을 겪는 사람들에게 다른 수준의
소통방식을 제공할 것이다. 이 시스템은 커뮤니케이션 방식의 옳고 그름을 판단하지
않는다. 자폐 스펙트럼에 있는 개인들은, 그 동안 막혔던 커뮤니케이션 방식을 열어줄
수 있는 최선의 상호작용 방식을 학습하는 시스템에 의해서 도움을 받을 수 있을
것이다. 인지시스템은 다양한 장애를 갖는 다양한 개인들을 위해 가장 효과적인 스타일의
커뮤니케이션에 적응해나갈 것이다. 이것은 알츠하이머 질병으로 고통 받는 노인들
에게도 도움이 될 것이다.

다가오는 시대에 가장 중대한 변화는 인지컴퓨팅이 컴퓨팅이라는 일반적인 개념의
일부가 된다는 것이다. 그러므로 이러한 사실은 많은 산업과 사람이 실행하는 많은
과업에 심대한 영향을 미칠 것이다. 머신러닝과 고급분석은 모든 어플리케이션으로
내재화 될 것이다. 지속적으로 자연어 인터페이스는 우리가 시스템과 상호작용하는
방식의 근간을 이룰 것이다. 결국, 자연어처리는 독립된 상품이라기 보다는 하나의
유틸리티 서비스가 될 것이다.

새로운 혁신들

이러한 기술들이 당신이 사용하는 모든 것에 깊게 내재화된 상태에 이르기까지 얼마나
걸릴 것인가? 인지시스템에서 중요한 역할을 하는 기존의 수많은 기술들은 다음 5년
동안 계속 진화할 것이다. 이러한 진화는 더 강력한 기능을 갖는 시스템을 더 빠르게
구축할 수 있게 해줄 것이다. 이 섹션에서는 핵심 기술들에 대해서 논의한다.

Deep QA와 가설 생성

오늘날 다양한 수준의 의미를 탐색하기 위해서, 사람이 대답할 수 있는 일련의 질문을
생성할 수 있는 Deep QA는 현실에서 찾아보기 힘들다. IBM 왓슨에서는, 전문가들과의
대화모드를 통해서 복잡한 도메인에서 대답을 이끌어 낼 수 있는 질문을 생성한다.
예를 들어, 어떤 의사가 환자와 관련된 일련의 증상들을 묘사할 때, 왓슨은 진단의
신뢰도를 높일 수 있거나 대답의 범위를 좁히는데 도움이 될 수 있는 질문을 할 수 있다.
예를 들어, 어떤 특별한 검사가 이루어졌는지 질문하거나 가족력에 대한 좀더 자세한
정보를 요청할 수 있다. DeepQA는 한 세션 동안 이전의 대답에서 제공된 모든 정보를
추적하고 있을 것을 시스템에게 요구하고, 사람의 대답이 성과를 향상시키는데 도움이
될 수 있을 때만 좀더 질문을 한다. DeepQA는 주어진 대답들을 평가하고 각각의
대답에 신뢰도를 부여하며, 추가적인 정보요청의 기준이 되는 신뢰도를 변화시킬 수
있는 추가적인 증거를 찾는다.

관련된 질문에 대답하는 수많은 시스템들의 학습 경험이 공유된다면, 이러한 지식체는
도메인에서 재사용 가능한 패턴이 될 수 있을 것이다. 예를 들어 헬스케어에서, 세상에서
가장 뛰어난 전문가들에 의해 분석되고 검증된 데이터가 하나로 합쳐졌을 때, 특정

유형의 피부암을 최적으로 치료하는 방법을 발견하기 위한 충분히 깊은 QA분석이 수행될 수 있을 것이다. 시간이 지나면서, 어떤 가설들은 증명되고 받아들여져서, 동일한 질문이 나중에 요청된다면 많은 분석이 필요 없어질 것이고, 말뭉치가 성숙되어짐에 따라 생성되는 가설의 수도 줄어들 것이다. 해결해야 하는 문제가 다하지는 않겠지만, 대부분의 경우 복잡한 도메인에서 문제를 해결하는 프로세스가 인지컴퓨팅을 중심으로 합쳐지기 시작할 것이다. 과학적 방법이 자연과학에서 발견을 가이드 하는 것처럼, DeepQA 그리고 가설의 생성과 테스트를 통한 발견은 많은 전문적인 학문영역에서 기본적인 접근방식이 될 것이다.

자연어처리

자연어처리는 IBM 왓슨이, 고의적으로 이해하기 어렵게 만든 상황에서 비정형 텍스트로부터 의미를 추출하는 능력으로 증명했듯이, 최근에 획기적인 발전을 이루었다. 제퍼디의 QA 포맷은 "대답"을 표현하고 있는데, 이는 모호하거나 맥락 또는 특유한 말투와의 친밀감을 필요로 하며, 참가자들은 가장 절절한 질문의 내용을 식별하기 전에 대답의 의미를 결정해야만 하는 상황이었다. 이러한 포맷이 사람들에게도 도전이 되었지만, 왓슨은 관련된 의미를 찾는데 어려움이 없었거나, 그렇지 않은 경우에는 자신의 대답이 신뢰도가 낮다는 것을 인식했다. 왓슨 팀은 제퍼디 작가가 과거에 사용했던 말투를 연구함으로써 게임을 준비했다. 이러한 레슨은 IBM과 다른 확장된 자연어처리 기술들이 보다 일반화된 은어, 구어적 표현, 지역적 방언, 산업에 특화된 전문용어 등을 다루는데 값진 경험이 될 것이다. 언어의 맥락을 이해하기 위해서는 많은 트레이닝이 필요하며, 자연어처리 시스템이나 서비스들은 이전에 재현되었던 상태와 조건을 반드시 이해하고 있어야 한다.

깊은 의미를 내포하는 자연어의 번역을 자동화하는 것은 자연어처리의 어려운 문제로 남아있다. 단어들은 적절하게 하나의 언어에서 다른 언어로 매핑 될 수 있다 (예를 들어, 영어에서 프랑스어로). 그러나 자연어 커뮤니케이션의 번역에서는, 다른 언어의 문자열 단락 또는 심지어 역사적인 의미까지 명시적이고 암묵적으로 나타낼 수 있어야 한다. 자연어처리의 핵심적인 혁신은, 언어들이 동일한 하부 구조를 갖는 다는 가정하에, 전문 번역가들에 의해 사용된 수작업 프로세스를 식별하고 모방함으로써, 무의식적으로 적용되어온 번역 규칙이나 체험적 지식을 발견할 수 있었다는 것이다. 예를 들어, 번역의 공통점과 차이점을 알아내기 위해서 높이 평가되는 서로 다른 번역을 분석하는 것이 이러한 번역 규칙에 대한 인사이트를 제공할 것이다. 오늘날, 심지어 간단한 언어분석도 프로세싱이 집중적으로 필요하므로, 모바일 시스템은 응답하기 전에 문장이나 스트링을 클라우드 기반의 서비스로 보내야 한다. 모바일 디바이스에서 복잡한 문장이 필요할 때 즉시 깊은 번역이 가능하도록 하기 위해서는 디바이스 자체에 보다 강력한 자연어처리용 칩을 장착하거나 획기적인 진전이 필요할 것이다.

인지 트레이닝 도구들

오늘날, 유입된 지식을 기반으로 트레이닝 시스템을 통해 말뭉치를 구축하는 일은 지루하고 시간 소모적인 일이다. 모든 새로운 말뭉치 구축에는 수많은 시행착오와 사람의 판단이 필요하다. 오늘날 사람의 작업이 집중적으로 필요한 대부분의 트레이닝은, 보다 훌륭한 도구들을 구축하는데 도움이 되는 프로세스에 현재 세대의 인지컴퓨팅 시스템이 사용됨으로써 자동화될 것이다. 고도로 정교한 모든 세대의 제조 도구들은 이전의 보다 덜 정교한 도구들을 사용해서 만들었다. 이와 유사하게, 인지컴퓨팅 기술은 더 나은 인지컴퓨팅 솔루션을 구축하는 프로세스에 반복적으로 사용될 것이다. 트레이닝에서 편향은 앞으로 다루어야 할 가장 중요한 이슈들 중 하나다. 전문가들은 수많은 비정형 데이터와 이러한 데이터를 이해하는데 필요한 표준 없이 그들 자신의 경험에 의해 판단을 한다. 그러나 대부분의 전문가들은 가능한 해석의 전체 세계를 한번도 본적이 없기 때문에, 그러한 판단은 편향될 수밖에 없다. 예를 들어, 심지어 매우 특수한 의학 분야에서도, 대부분의 전문가들은 모든 가능한 증상이나 치료방법들을 본적이 거의 없다. 그러나 그들은 그들의 상황에서 이러한 편향을 인식조차 하지 못한다. 미래에는, 인지도구들이 보다 강력해지고 보다 인지적인 트레이닝에 적용됨으로써 편향의 근원을 결정하고 전문가에게 그것을 보여주는 것이 쉬워질 것이다.

데이터의 통합과 표현

오늘날, 커넥터, 어댑터, 캡슐화, 그리고 인터페이스는 복잡한 데이터의 통합을 위해서 사용된다. 비록 데이터 소스에 대해서 잘 이해하고 있고 데이터가 잘 조사되었다면 이것으로 충분하지만, 이제 막 수천의 데이터 소스들을 함께 합치기 시작했다면 문제가 달라진다. 시스템이 데이터 소스들 사이의 패턴을 살펴보고, 이전에는 알려지지 않았던 새롭고 중요한 관계를 보여주는 징후 또는 일관성이 없는 데이터 소스로 인한 문제를 감지함으로써, 데이터 통합은 인지프로세스로 자동화될 필요가 있다. 온톨로지가 도매인 내의 복잡한 관계에 대한 공통적인 이해를 코드화 할 수 있다는 것을 보았지만, 온톨로지를 구현하는 것은 실제로 전혀 쉬운 일이 아니다. 완벽한 세계에서는, 인지컴퓨팅 시스템이 관계와 맥락을 이해함으로써 우주에 대한 자신의 모델을 다이내믹하게 구축할 수 있을 것이기 때문에 온톨로지가 필요하지 않을 것이다. 그러나 이것은 충분한 데이터와 경험을 가지고 충분히 빠르게 이해하고 프로세싱할 수 있을 때에나 가능한 일이다. 오늘날, 우리는 온톨로지를 구축함으로써 현재 시스템의 제약조건하에서 수용 가능한 성능을 내고 있다. 만일 이러한 프로세싱이 필요 시점에 즉시 이루어질 수 있다면, 당신은 온톨로지가 무엇이 되어야 하는지 미리 결정할 필요가 없다. 오히려 당신은 온톨로지를 구축하기 보다는 발견할 수 있을 것이다. 충분한 프로세싱 성능으로, 온톨로지는 실제로 실행되는 동안 시스템의 상태 그 자체가 될 것이다. 만일 감사 목적을 위해서 필요하다면, 아마도 왜 어떤 결정이나 권고를 했는지 이해하기 위해서, 온톨로지는 오직 필요할 때만 생성될 것이다.

새로운 하드웨어 아키텍처

단기적이고 장기적인 두 가지 측면에서 하드웨어의 혁신은 인지컴퓨팅의 진화에 극적인 영향을 미칠 것이다. 오늘날, 인지시스템을 구축하는데 사용되는 시스템은 주로 전통적인 하드웨어다. 비록 병행 구조가 사용되지만, 이러한 시스템들은 여전히 일반적인 폰 노이만 아키텍처 컴퓨터이며, 중앙처리장치(CPU) 또는 그래픽처리장치(GPU) 내에 있는 레지스터에서 모든 실제 프로세싱이 발생된다. 다음 수년 동안 곧 일어날 실제 비약적인 진전은 칩 아키텍처와 프로그래밍 모델에서의 주요 변화들이 될 것이다.

소프트웨어와 데이터 아키텍처에서의 노력에 대한 보완으로서, 우리는 하드웨어 아키텍처가 진화하는 두 가지 서로 다른 방식을 보고 있다. 하나는 하드웨어에 직접적으로 신경시냅스 행동(뇌에서의 신경과 시냅스 관계)을 모델링 하는 것이다. 이러한 신경 구조와 유사한 칩들은, 화학적 또는 전기적 시냅스들을 통해 신호를 전달하는 사람의 두뇌와 매우 유사하게 커뮤니케이션 하기 위해서, 근접한 요소들과 단단히 상호 연결된 수많은 작은 프로세싱 요소들로 이루어진다.

두 번째 기대되는 방식은 퀀텀 컴퓨팅인데, 이는 나노 스케일의 물리적 특성들을 탐구하는 물리학의 한 지류인 양자역학에 기반을 두고 있다. 스토리지와 프로세싱의 기본 단위가 모든 경우에 1 또는 0이 되어야 하는 비트(2진 숫자)로 이루어진 일반적인 컴퓨터들과 달리 퀀텀 컴퓨터들은 큐비트(퀀텀 비트)를 사용하는데, 이는 어떤 주어진 시점에 하나 이상의 상태에 있을 수 있다. 다음 두 섹션에서는 지금까지 설명한 경쟁적인 두 가지 아키텍처 방식의 전망에 대해서 알아보자.

신경시냅스 아키텍처

왜 이러한 새로운 세대의 하드웨어 아키텍처에 대한 논의가 필요한가? 간단히 말해서, 일반적인 아키텍처로 인지컴퓨팅에서 필요로 하는 대규모의 데이터 요소들 사이에서 관계를 식별해내기 위해서는 엄청난 양의 컴퓨팅 리소스가 필요하기 때문이다. 본질적으로, 오늘날의 문제점은 한 시점에 64비트를 처리하는 아키텍처로 엄청난 양의 데이터를 효과적으로 유입시키기 위해서는 데이터를 분할시켜야 한다는 것이다. 예를 들어, (대부분의 랩톱에서 사용되는) Core i7 프로세서에서 사용되는 현재의 기본적인 인텔 마이크로아키텍처와 (현재 세상에서 가장 빠른 슈퍼컴퓨터 Tianhe-2 에서 사용되는) Xeon 계열의 프로세서는 64비트의 증분으로 데이터를 처리한다. 지난 수십 년간, 컴퓨터 과학자들은 하드웨어의 제약사항을 보완할 수 있는 정교한 차선의 해결책을 개발해왔다. 예를 들어, 클러스터나 시스템에 프로세서를 추가하는 것은 상대적으로 쉬운 일이다. Tianhe-2에 있는 개별 프로세서들은 현대의 랩톱에 있는 프로세서들 보다 더 빠르지 않지만, 병렬적으로 3,120,000개의 코어가 운영되는 효과를 볼 수 있도록 260,000개의 프로세서들을 함께 연결시킨다. 어려운 점은 이와 유사하게 구성된 프로세서들에게 효과적으로 작업량을 분배하는 것이다. 데이터에 기반해서, 수백의 가설들을 생성하고 나서 이들을 서로 다른 프로세서, 코어, 쓰레드에서 처리하는 것이 바람직할 것이다.

사람이 보는 것과 유사한 방식으로 실시간으로 이미지를 처리하는 것도 인지컴퓨팅 어플리케이션에서 가치가 있는 작업이다. 이 또한 패턴들을 찾기 위해 수백만 바이트의 정보를 매핑 해야 하는데, 이는 문제를 분할해서 순차적으로 일을 처리하는 것보다, 사람이 하는 것처럼 병렬처리가 필요하다. 정지 화상의 경우, 이러한 작업을 위해서 수천의 프로세서들이 필요할 수 있다. 2장에서 언급된, 단지 고양이를 식별하기 위해서 16,000개의 프로세스를 사용한 구글의 실험이 예가 될 수 있다. 비디오의 경우 문제는 훨씬 더 어려워진다. 고화질의 캠코더는 일반적으로 초당 30프레임을 기록하는데 약 5기가바이트의 데이터를 만들어낸다. 모든 이미지를 분석하려면, 패턴을 알아내기 위해서 각 프레임을 분석하고 이 결과를 이전 프레임 그리고 후속 프레임과 비교할 필요가 있다. 예를 들어, 범죄장면이 담긴 비디오를 평가할 때, 수사관들은 대중 속에서 나머지 사람들과 행동이 유사하지 않은 사람을 찾는다. 사람은 하나의 비디오 스트림으로 상대적으로 쉽게 이런 일을 할 수 있지만, 복수의 스트림이 관여되면, 충분한 프로세싱 성능이 있어야 자동화 될 수 있는 벅찬 일이 된다. 오늘날 대부분의 어플리케이션에게, 대량의 가설을 생성하고 평가하거나 실시간으로 비디오를 분석하는 것은 실행하기 어려운 일이다.

이제 이러한 사실을 우선 신경시냅스 하드웨어 방식과 대비해보자. 이 분야의 현재 리더는 (DARPA로부터의 자금지원으로 개발된) IBM의 TrueNorth 인데, 신경에서 영감을 받은 백만개의 프로세싱 유닛과 256백만 개의 신경들을 가지고 있는 신경시냅스 칩이다 (프로세싱 유닛들 사이의 연결인데, 컴퓨터의 버스와 유사하지만, 훨씬 더 강력하고 빠르다). 성능을 향상시키기 위해서, 추가적인 64비트 레지스터로 제한된 기계를 덧붙이는 대신에, 신경 구조와 유사한 칩으로 병렬처리로 규모를 늘리는 것이 가능한데, 이 칩은 각각의 신경 프로세싱 유닛이 하나의 기능을 실행하는 동안 다른 많은 유닛들과 커뮤니케이션을 할 수 있기 때문이다. 두뇌에 있는 신경세포들처럼, 이들은 물리적으로 가깝게 연결되어 있어서, 이들은 사실상 동시에 즉각적으로 커뮤니케이션 할 수 있다. 테스트 시스템은 16M 신경세포와 4B 시냅스의 시스템을 만들어 내는 여러 개의 TrueNorth 칩들을 사용해서 구축되었다.

신경시냅스 칩 내에서 모델이 된 근본 원리는 헵의 규칙(Hebb's rule)인데, "동시에 활성화되는 신경은 함께 묶인다"로 간단히 말할 수 있으며, (실제로는 빠른 순서로) 함께 활성화되는 거리적으로 가까이 있는 신경들은 학습을 강화시킨다는 의미다. 이 이론은 1949년 Donald O. Hebb의 책 "행동의 구조"에서 언급되었는데, 이는 오늘날의 연상학습과 병렬처리에 의한 패턴 매칭 알고리즘을 개발하는 근간이 되었다. 이처럼 사람 뇌에 있는 요소들의 작동방식을 하드웨어 아키텍처의 기반 구조에 적용 함으로써, 우리가 문제를 보는 방식과 해결하는 방식 사이의 자연스런 연결고리를 제공하게 되었는데, 이 때문에 신경 구조와 유사한 컴퓨팅이 (뇌에서 영감을 받은 하드웨어로서) 커다란 호응을 받게 되었다. 가까운 미래에, 1조개의 시냅스와 10억개의 프로세싱 유닛을 갖는 신경시냅스 칩을 보게 될 것이다. 이러한 칩들이 시스템 내로 모아지게 되면, 인지컴퓨팅 시스템의 패턴 매칭과 학습을 위해 어플리케이션에게 확장성을 제공할 수 있는 병렬처리의 새로운 현실적인 표준이 될 것이다.

이러한 아키텍처가 상용화되기 위해서는, 새로운 프로그래밍 모델과 정교한 소프트웨어 개발 환경, 그리고 이러한 모델을 중심으로 한 새로운 산업을 창출할 전문가들과 기업들로 이루어진 생태계가 필요할 것이다. 이러한 기술과 도구를 개발하기 위한 노력은 이미 진행 중이며, 가까운 장래에 신경 구조와 유사한 방식이 일반적인 컴퓨터와 결합되는 하이브리드 솔루션을 보게 될 수도 있다. 그래픽과 사운드를 위한 특별한 프로세서들이 동반되는 오늘날의 일반적인 컴퓨터와 유사하게, 이러한 컴퓨터에 통합된 신경 구조와 유사한 칩은 활용해서 대부분의 전처리(preprocessing)를 처리할 수 있는 기존의 프로그래밍 모델의 이점을 누리게 해줄 것이다.

이러한 아키텍처적인 접근이 왜 이렇게 중요한가? 새로운 아키텍처가, 실제 프로세싱에서 부자연스럽게 64비트 대역폭의 제한을 받지 않고 수백만의 신경세포를 병렬로 처리하는 것이 가능하기 때문이다. 이러한 신경세포에 데이터가 적재되면, 이 칩 또는 시스템은 실시간으로 패턴을 찾을 수 있다. 지금의 전통적인 시스템으로는 불가능한 어플리케이션들, 예를 들어, 의료와 과학탐구를 위한 가설들을 병렬처리 하는 또는 사람과 같은 시각을 처리하는 시스템이 가능해진다. 데이터를 분할하지 않고 병렬로 처리하는 것은 신경 구조와 유사한 아키텍처의 엄청난 이점이다. 분할과 재조합 작업은 시간을 많이 소모하고 복잡성을 증가시킨다. 대규모의 신경 구조와 유사한 칩을 구축하기 위한 연구가 수행되고 있고, 모바일 디바이스를 위한 소규모의 특수목적을 갖는 신경시냅스와 같은 프로세싱을 모방하는 방식의 칩은 이미 상업화되고 있다. 퀄컴은 상황인지 서비스를 제공하는 모바일 디바이스를 통해 사람의 행동 패턴을 수집할 목적으로 만들어진 Zeroth라고 불리는 칩 세트를 가지고 있다. 2015년까지 이 칩을 생산하는 것으로 계획되어 있다.

이 아키텍처는 효율적으로 병렬로 작동함으로써 작업 유닛당 전체 소비전력이 레지스터 기반의 아키텍처보다 낮다. 이는 이러한 아키텍처가 모바일 디바이스로 적합하고, 대형의 경우는 데이터센터를 위한 전력과 공간을 줄여줄 수 있다는 것을 의미한다. 확장성과 단순한 아키텍처 모델로 인해서 인지컴퓨팅 어플리케이션에 신경 구조와 유사한 칩을 적용하는 것은 필연적이 될 것이다.

퀀텀 아키텍처

퀀텀 컴퓨터의 본질적인 개념은 이진법, 이진상태(two-state)의 원자적 프로세싱 유닛을 넘어서 큐비트로 불리는 복수상태 유닛으로 가는 것이다. 큐비트는 양자역학에 의해 정의된 바와 같이 동시에 여러 상태에 존재할 수 있는 것(중첩)을 포함해서 복수의 상태를 가질 수 있다. 개념적으로 이것은 수학적이고 과학적인 지식과 세상의 대다수의 사람들의 경험을 넘어서기 때문에 극도로 어렵겠지만, 이는 학습과 발견을 위해서는 퀀텀 알고리즘으로 처리하는 가장 자연스러운 방식이다. 각각의 가능한 상태를 이진상태로 매핑 함으로써 전통적인 컴퓨터를 사용해서 퀀텀 컴퓨터가 시뮬레이션 될 수는 있지만, 성능의 오버헤드는 상당할 것이다. 예를 들어, 단일의 전통적인 64비트 레지스터에서, 2의 64승 값을 표현할 수 있다 (64개가 모두 0인스트링부터 모두 1인 스트링까지, 또는 1.8 x 10의 19승). 3가지 상태(0, 1, 또는 둘다)가 가능한 큐비트에서, 64 큐비트는 3의 64승 또는 3.4 x 10의 30승을 표현할 수 있는데, 이는 이진 솔루션보다 2000억배 큰 숫자이고 전통적인 시스템에서는 처리가 불가능하다. 이론적으로, 퀀텀 컴퓨터는 인위적인 레지스터의 제약 없이 확장될 수 있는데, 이는 대량의 병렬 계산과 기존의 퀀텀 알고리즘을 처리하는데 적합하다. 신경 구조와 유사한 컴퓨팅과 같이, 퀀텀 컴퓨팅은 완전히 다른 프로그래밍 모델, 기술, 도구들을 필요로 할 것이다.

아마도 퀀텀 컴퓨팅으로 가는데 있어서 가장 중대한 장벽은, 이와 같은 중첩의 상태에 실제 있을 수 있는 물질적 재료가 필요하다는 것인데, 이는 절대 영도(섭씨 −273.16도) 근처의 온도에서 작동하는 프로세싱 유닛을 필요로 한다. 이러한 이유로 최소한 당분간은 어떤 모바일 어플리케이션이나 보통 크기의 시스템의 설치는 불가능할 것이다. 그러나 여전히 성능측면의 가능성이 너무 커서 무시하기는 어렵다. 오늘날 IBM, 구글, 그리고 (퀀텀 컴퓨팅에만 전념하는) DWave같은 기업들이 퀀텀 컴퓨팅분야에서 중대한 연구와 투자를 진행하고 있다. 구글은 DWave의 독자적인 노력을 계속해서 지원하면서 캘리포니아 대학의 학자들과 함께 인공지능 연구를 위한 퀀텀 컴퓨터를 구축하기 위한 새로운 시도를 하고 있다.

에너지, 공간, 냉각 그리고 수학적 기술에 대한 요구사항들 때문에 퀀텀 컴퓨팅은 다음 세대에서 주류로 등장하지 못하게 될 것이다. 비록 신경 구조와 유사한 아키텍처가 퀀텀 아키텍처보다 빠르게 대중화되고 모든 측면에서 더 일반화 되겠지만, 근본적으로 슈퍼컴퓨터로 더 빠르게 이끌 수 있는 기술적 진보가 거의 없기 때문에 퀀텀 아키텍처는 지속적으로 연구할 가치가 있을 것이다.

자연인지모델을 위한 대안적 모델

비록 활발히 진행되고 있는 기존의 과학(신경과학과 양자역학)에 기초하여 신경 구조와 유사한 아키텍처와 퀀텀 컴퓨팅 아키텍처가 연구되고 있지만, 이들은 제프 호킨스에 의해 개척되고 있는 새로운 방식의 도전을 받고 있다. 팜 파일럿을 소개함으로써 모바일 디바이스에 대해 우리가 생각하는 방식을 바꾸어놓은 호킨스는 사람의 학습에 대한 대안적 관점을 가지고 있다. 그는 신피질의 역할에 기반을 둔 계층적 학습모델에 대한 연구를 지원하기 위해서 2002년에 레드우드 이론신경과학센터를 설립했다. 그의 기업 누멘타(Numenta)는 뇌가 이벤트에 대한 정보를 저장하고 처리하고 검색하는 방식에 대한 그의 이론에 기반해서 인지컴퓨팅을 위한 어플리케이션과 인프라스트럭처를 구축하고 있다. 그의 방식은, 신경과 시냅스가 아닌 사람 기억영역에 있는 신피질의 역할을 컴퓨터 아키텍처의 중심 구성 원칙으로 삼는다. 비록 이러한 방식의 가능성을 평가하기에는 너무 이르지만, 이를 기반으로 만들어진 머신러닝 이상징후 감지 제품인 Grok for Analytics는, 이를 뒷받침하고 있는 이론이 큰 규모의 과학적인 커뮤니티에 의해 궁극적으로 받아들여지지 않았음에도 불구하고 유용할 수 있다는 것을 보여주었다.

요약

미래에는 인지시스템이 하나의 통합된 환경으로 정의될 것인데, 이는 소프트웨어와 하드웨어가 하나의 통합된 시스템으로 작동할 것이라는 것을 의미한다. 이러한 새로운 아키텍처는 사용되는 상황에 맞추어 확장과 축소가 가능할 것이다. 스마터 시티와 헬스케어 같은 어플리케이션의 경우, 고도의 아키텍처덕분에 거의 실시간으로 머신러닝이 가능해질 것이다. 개인용 디바이스와 센서기반의 보조장치들이 내장된 사용자 하드웨어는 소스가 발생되는 지점에서 데이터를 처리할 수 있도록 해줄 것이다. 하드웨어, 소프트웨어, 그리고 네트워크들의 이와 같은 수렴은, 인지기술의 수많은 새로운 응용사례와 어플리케이션들을 위한 플랫폼을 제공할 것이다.

COGNITIVE COMPUTING

AND

BIG DATA ANALYTICS

제4차 산업혁명의 핵심 기술 인지 컴퓨팅